杏坛哲思

基于高中数学核心素养发展的教学探究

江　泽◎主编

福建省中学数学学科江泽名师工作室◎著

海峡出版发行集团
THE STRAITS PUBLISHING & DISTRIBUTING GROUP｜福建教育出版社

图书在版编目（CIP）数据

杏坛哲思：基于高中数学核心素养发展的教学探究/
江泽主编；福建省中学数学学科江泽名师工作室著. —
福州：福建教育出版社，2023.4
ISBN 978-7-5334-9509-1

Ⅰ．①杏… Ⅱ．①江… ②福… Ⅲ．①中学数学课—
教学研究—高中 Ⅳ．①G633.602

中国版本图书馆 CIP 数据核字（2022）第 161346 号

Xingtan Zhesi

杏坛哲思
——基于高中数学核心素养发展的教学探究

江　泽　主编

福建省中学数学学科江泽名师工作室　著

出版发行	**福建教育出版社**
	（福州市梦山路 27 号　邮编：350025　网址：www.fep.com.cn
	编辑部电话：0591-83784514　83786912
	发行部电话：0591-83721876　87115073　010-62024258）
出 版 人	江金辉
印　　刷	福建新华联合印务集团有限公司
	（福州市晋安区福兴大道 42 号　邮编：350014）
开　　本	710 毫米×1000 毫米　1/16
印　　张	22.25
字　　数	328 千字
插　　页	4
版　　次	2023 年 4 月第 1 版　2023 年 4 月第 1 次印刷
书　　号	ISBN 978-7-5334-9509-1
定　　价	58.00 元

如发现本书印装质量问题，请向本社出版科（电话：0591-83726019）调换。

工作室简介

　　本工作室是福建省教育厅遴选认定的首批省级中小学名师工作室之一，整个团队包含 10 位核心成员及 28 位研修人员，核心成员来自福建教育学院、福州一中、福州三中、福建师范大学附属中学、厦门双十中学等福建省名校，研修人员则是由福建省教育厅遴选的来自全省各地的优秀青年数学教师. 工作室由福建师范大学附属中学江泽老师领衔.

　　工作室自成立以来，始终倡导"返璞归真、自然和谐"的教学主张，秉承"学习与发展共同体"的创办宗旨. 在领衔人江泽老师的带领下，工作室全体成员树立终身学习理念，立足课堂研究，不断实践课程新理念，努力探索课堂教学新模式，用自己的行动践行社会主义核心价值观.

　　经过近五年时间，工作室团队成员专业进阶喜人，学术荣誉丰富，更加彰显团队教科研实力及引领示范作用. 工作室核心成员中现有 8 位正高级教师，6 位特级教师，4 位福建省教学名师，3 位苏步青教学成果奖获得者；研修人员中有多位教师获得福建省学科带头人、市教学名师、市学科带头人、市骨干教师、市教坛之星、市教学能手等学术称号.

　　工作室团队之所以取得如此突出的成绩，是因为全体成员始终不忘初心，牢记信仰，致力于把工作室打造成一个充满活力的学习与发展共同体，使它既成为团队核心成员发挥聪明才干、教育智慧与提升自我、追求卓越的平台，又肩负着对研修人员的培养指导任务，充分发挥省教学名师、正高级教师、特级教师、省学科带头人的示范引领和辐射带动作用. 在工作的具体开展过程中，江泽老师紧紧围绕理论研修、课题研究、课堂实践、常态读写、示范引领等方面进行全面计划并有效实施. 正像一台机器的正常运作流程一般，工作室成员的学习工作过程也是一个不断充电放电的过程. 我们通过理论研修、课题研究，更新教育理念，拓宽专业视野，实现阶段性的"充电"；我们又将新观点、新理念融入到教学实践中，用实践检验理论，用实践完善理论；然后我们再通过常态读写、示范引领进行"放电"，将我们的观点和理念进一步向外传播，如此循环，就形成了一个更大的学习共同体，达成名师工作室创立的初衷.

近年来，正值新课程改革的全面推进阶段，江泽老师依托工作室平台，积极创建多种机会，鼓励支持团队成员参与各级各类研修活动. 工作室团队不仅积极参与福建省内的各类教育学术活动，还曾远赴北京、云南、南京等地参与各类教学研讨高级研修班，聆听国内外知名专家学者，如史宁中教授、林崇德教授、梁贯成教授、罗增儒教授、何小亚教授、章建跃博士等人的专题讲座，涉及的主题有"高中数学新课程标准与数学核心素养""核心素养背景下数学教师专业发展""核心素养统领下的数学教学变革""数学新课程教学与评价"等. 工作室成员积极参与课题研究，累计主持省市级课题达 25 项之多，内容涉及"基于学科核心素养的数学解题教学研究""核心素养视域下的高中数学建模实践研究""互联网自媒体环境下高三数学解题教学的微课应用研究""追求简约自然的高中数学课堂教学研究""整体性数学思维培育下的教学案例研究"等. 依托课题研究，开展主题丰富的课堂实践活动，积累经典优秀的教学案例，形成系统科学的教学观点；累计开设省市级公开课 150 多场，在 CN 刊物上发表论文达 80 篇以上，其中在核心期刊上发表论文 8 篇. 工作室在江泽的引领下，一方面要实现内部成员的自我成长；另一方面，还要成为学科教学的示范者和青年教师成长的帮扶者. 通过课堂实践指导、讲座开设、大会发言、各级比赛评委担任等途径传达教学理念、传授教学经验；积极对接帮扶学校，到新疆、甘肃、南平、宁德、三明、泉州、漳州，及福州各县区等地进行送培送教活动，开设讲座达 300 场以上，辐射人数超过 10000.

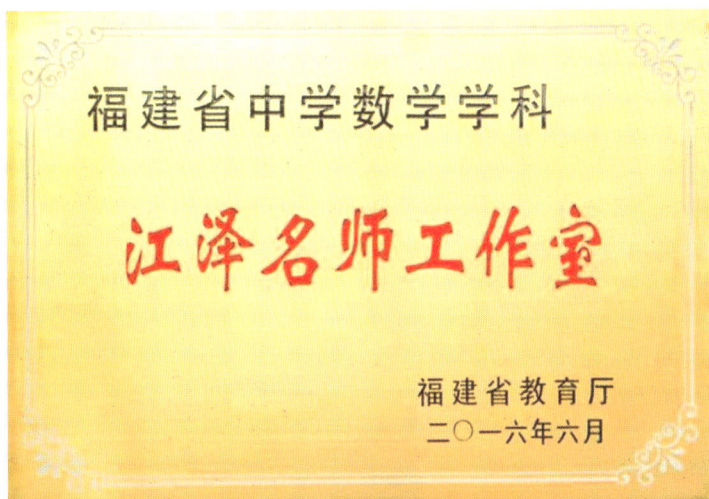

序

在我们的人生旅途上，有些人尽管和我们朝夕相处，但却是形同陌路之人；有些人尽管只是和我们擦肩而过，但其音容笑貌却永远刻在了我们的脑海中．江泽先生就是这样一位让我一见如故之人．

只要你出过高考题，你一定会知道台球，因为在与世隔绝的四五十天生活里，你不可能不面对台球．你只要是个有点好奇心和率真的数学高考命题者，数学求真的几何本能一定驱动着你走近台球．告诉各位一个小秘密，文科佬不会和我们数学佬抢台球杆的，呵呵！

在下与江泽先生都有过多年的数学高考命题经验，于是我们都喜欢上了台球，但一直没有机会同台竞技．不过，2019 年 7 月 6 日，在"中国梦"的思想发源地却有机会与他过了一把全色、半色球之瘾．受台球启发以及 2006 年第 48 届世乒赛在德国不莱梅举行，鄙人把台球改为乒乓球而命制了下面这道 2 分、3 分的两空高考题：

14. 在德国不莱梅举行的第 48 届世乒赛期间，某商店橱窗里用同样的乒乓球堆成若干堆"正三棱锥"形的展品，其中第 1 堆只有 1 层，就一个球；第 2，3，4，…堆最底层（第一层）分别按图所

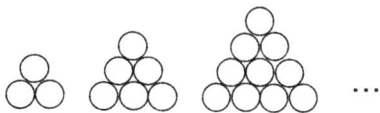

1

示方式固定摆放，从第二层开始，每层的小球自然垒放在下一层之上，第 n 堆第 n 层就放一个乒乓球，以 $f(n)$ 表示第 n 堆的乒乓球总数，则 $f(3)=_____$；$f(n)=_____$（答案用 n 表示）.

江泽先生任教于福建师范大学附属中学，是数学高考命题专家，福州市数学会理事长，第九届苏步青数学教育奖获得者，福建省中小学教学名师，正高级教师，特级教师. 江先生的数学、教学功底皆深厚，被选为福建省首批中学数学名师工作室（全省仅两个）主持人.

与中国相比，西方数学教师的专业成长渠道比较狭窄. 既缺少大面积培训教师的国家政策，也没有"师傅带徒弟"式的青年教师培养机制，更没有什么公开课、同课异构的教研活动. 因为在西方的教育文化里，教师的授课是个人隐私，教师们不愿意公开，而中国则不然.

中国数学教师的职后教育按照新任教师、普通教师、骨干教师这三个层次分别实施. 新任教师的教育由其所在的任职学校、数学组、配备的导师负责. 普通教师的教育主要有两类：一是学校自身组织或所属地的市、县教研室组织的常规的教研活动，诸如培训报告、公开课、同课异构研讨课、说课比赛、说题比赛等等；二是省地市政府委托培训机构组织实施的网络职务培训. 骨干教师的培训分成省市级和国家级两个层次，主要采取短期集中培训项目与后续跟踪研讨培训的模式，其培训目标是：以实施好基础教育新课程为主要内容，以满足教师专业发展的个性化需求，引领教师专业成长为目标. 培训的内容主要分成五类：师德修养、观念更新、知识拓展；数学教育理论及其运用；数学教育研究方法；现代教育技术；教学实践问题研讨. 管理与评价的措施主要包括：国家构建全国教师培训管理信息系统；制订培训质量标准；定期开展培训质量评估.[1]

在骨干教师的培训中，名师工作室是一种重要的模式. 数学名师工作室主要是由数学名师、专家顾问和 10 个左右的骨干教师组成的教研共同体. 其

---

[1] Xiaoya He. Ch. 18 Post-service Education of Mathematical Teachers. Yiming Cao. Fredrick. S. Leung. The 21st Century Mathematics Education in China. Springer，2018.

主要功能是：数学教学、教育理论素养的提升；诊断数学教学问题，开展课题学术研究，促进数学教学改革；发挥名师的示范引领和辐射作用，实现优质教育资源的均衡共享，促进骨干教师队伍的专业成长．

江泽名师工作室是中国数学名师工作室的一个典范．通过开展各类教学研讨活动、课堂实践活动、送培送教活动，来表达教学主张，传播教学理念，推进了数学课程改革的实施．借助于江泽名师工作室及其搭建的优质平台，发挥名师团队的示范、引领、辐射、帮扶作用，促进了福建、新疆、甘肃等地数学教师的专业成长．江泽名师工作室教研实践成效显著，真可谓实践示范遍地开花，学术成果硕果累累，专业成长名师辈出．本书就是江泽名师工作室的一项成果．

《高中数学课程标准（2017 年版）》要求数学课程要体现数学学科的特征，要突出数学主线．那么，数学学科的特征、主线是什么？很多数学家、院士、数学教育家总是喜欢说数学具有三大特点："高度的抽象性，严密的逻辑性，应用的广泛性."我想说，抽象性不是数学所特有的，哲学不更抽象吗？逻辑性更不是数学所独有的，逻辑学不更具有逻辑性吗？为什么大专辩论赛数学系的学生辩论不过中文系、政教系、法律系的学生？数学系开设《形式逻辑》课程吗？"应用的广泛性"更是一句正确的废话．请问：为什么数学应用那么广泛？

鄙人认为，数学有别于其他学科的本质特点是：精确、严谨、简洁、概括、统一．数学的灵魂是追求简单化！没有对简单化的追求，何来数学？数学教材的编写、数学教学的实施都要贯穿"追求简单化"这根数学灵魂主线，要体现数学特有的精确、严谨、简洁、概括、统一这五大本质特点．

本书从理论和实践层面很好地诠释了数学学科的本质特点和数学新课程的育人理念、内容理念、教学理念和评价理念．

前言部分揭示了知识方法、数学能力、数学学科素养之间的辩证关系，阐述了"和谐数学"的意义与本质．

第一篇提出了数学知识的教学，要注重知识的生长点与延伸点，把每堂课的知识置于整体的知识体系中，感受数学的整体性．整体视域下的教学才能让零散的知识联系成知识网络；才能让学生在大视野和顶层处中阅读、诠释和领悟数学的本质.

第二篇揭示了数学学习的本质是数学思维活动的过程，数学教学不仅要教给学生数学知识，还要揭示获取知识的思维过程，提升学生的思维品质，促进学生领悟数学思想方法的产生及其应用. 数学思想方法是数学思维的磨刀石，数学思维是数学思想方法的导航器，两者相辅相成.

第三篇指出了培养学生的学习能力是数学核心素养的最终目标，以学科知识、能力、思想、经验的融合为特征的学习能力决定了其习得必然依赖于深度学习，只有将学生引向深度学习的深度教学，才是基于能力提升的教学.

第四篇强调了核心素养的培育离不开学习、运用与创新. 教师应加强对学生"如何思考""如何发现"的启发和引导，把如何抽象数学对象、发现和提出数学问题作为教学的关键任务，以实现从"知其然"到"知其所以然"再到"何由以知其所以然"的跨越.

第五篇倡导了人的全面发展是人在发展中的最高阶段和理想层次，教育必须以人的全面发展作为自己的最终目的，努力促进学生知识、方法、能力、素养等相生相成和谐发展，促进学生个体与群体全面和谐发展，促进学生与社会、自然和谐发展.

古人云：道不同，不相为谋. 按马克思主义哲学的"世界观、价值观、人生观"的三观标准，在下与江泽先生是同道中人. 比照数学的"同类项"标准，鄙人与江泽先生是"同类项"般的好兄弟. 在下喜欢江泽先生，不只是因为其深厚的数学教育功底，而是江泽先生符合孔子的"能行五者于天下为仁矣"之"仁者"标准，"五行"即"恭、宽、信、敏、惠". 为此，鄙人愿意以上述文字为江泽先生的这本新书鸣锣开道，摇旗呐喊，擂鼓助威！

权以为序.

何小亚

2021 年 12 月 31 日于华南师范大学

前　言

　　《中国高考评价体系》由"一核""四层""四翼"组成，标志着高考命题理念从"知识立意""能力立意"向"价值引领""素养导向""能力为重""知识为基"的时代变革.《深化新时代教育评价改革总体方案》中的"重点任务20"明确指出"改变相对固化的试题形式，增强试题开放性，减少死记硬背和机械刷题现象"的新高考命题要求.命题的变革呼唤课堂教学的变革.高中新课标明确指出，高中数学学科六大核心素养需要教师在课堂中践行.正确理解知识建构、方法习得、能力提升、素养涵育及它们之间的内在关系，是搞好课堂教学的关键.

　　笔者在长达三十多年的一线课堂教学实践中，深入钻研，积极探索，对比分析，实践检验，开拓创新，形成知识、方法、能力、素养和谐发展的教学主张，简称"和谐数学".本书前言部分以一些试题为案例，从解题分析、考查分析、教学启示三个维度揭示知识方法（数学必备知识）、数学能力、数学学科素养之间的辩证关系，阐述"和谐数学"的意义与本质.

案例（一）

　　【2021年八省适应性考试数学第13题】圆台上、下底面的圆周都在一个直

径为 10 的球面上，其上、下底面半径分别为 4 和 5，则该圆台的体积为____

____.

解题分析：在圆台的体积公式没有提供的背景下，需要学生回顾圆台的形成过程，用联系变化的观点，化归为两个圆锥体积之差，依圆锥体积公式正确求解，规避公式简单套用.

【2021 年新高考数学试卷 B 第 8 题】有 6 个相同的球，分别标有数字 1、2、3、4、5、6，从中有放回地随机取两次，每次取 1 个球. 甲表示事件"第一次取出的球的数字是 1"，乙表示事件"第二次取出的球的数字是 2"，丙表示事件"两次取出的球的数字之和是 8"，丁表示事件"两次取出的球的数字之和是 7"，则

A. 甲与丙相互独立　　　　B. 甲与丁相互独立

C. 乙与丙相互独立　　　　D. 丙与丁相互独立

解题分析：A、B 两个事件相互独立的数学表达 $P(B|A)=P(B)$，且 $P(A|B)=P(A)$，结合条件概率公式，化归为 A、B 两个事件同时发生的概率等于它们各自发生的概率之积（即 $P(AB)=P(A)P(B)$），作出正确选择，规避概念简单套用.

考查分析：以上两题突出考查了知识的整体性，充分体现了《中国高考评价体系》对"必备知识，各个知识点之间不是割裂的，而是处于整体知识网络之中"的要求.

教学启示一：在过程性教学中，应重视知识的发生、发展过程；在知识的建构中，应充分关注新旧知识的联系，这样才能形成有机的知识板块，关注知识的整体性，秉承"整体性"的教学观念.

案例（二）

【2020 年高考数学卷 I 理 3】埃及胡夫金字塔是古代世界建筑奇迹之一，它的形状可视为一个正四棱锥. 以该四棱锥的高为边长的正方形面积等于该

四棱锥一个侧面三角形的面积，则其侧面三角形底边上的高与底面正方形的边长的比值为（　　）.

A. $\dfrac{\sqrt{5}-1}{4}$　　　B. $\dfrac{\sqrt{5}-1}{2}$

C. $\dfrac{\sqrt{5}+1}{4}$　　　D. $\dfrac{\sqrt{5}+1}{2}$

解题分析：设正四棱锥的高为 h，其侧面三角形底边上的高为 h'，底面正方形的边长为 a，问题即为在已知 $h'^2=h^2+\dfrac{a^2}{4}$，且 $h^2=\dfrac{1}{2}ah'$ 条件下，求 $\dfrac{h'}{a}$ 的值，可类比圆锥曲线离心率的求解方法，消去 h 得到关于 h' 和 a 的齐二次方程 $h'^2-\dfrac{1}{2}ah'-\dfrac{1}{4}a^2=0$，再进一步化归为以 $\dfrac{h'}{a}$ 为未知数的一元二次方程问题求解.

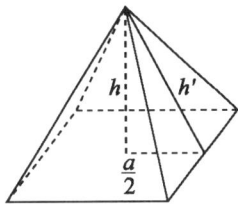

【2021 年福建师大附中启明级高三模拟考第 16 题】17 世纪，笛卡尔在《几何学》中，通过建立坐标系，引入点的坐标的概念，将代数对象与几何对象建立关系，从而实现了代数问题与几何问题的转化，打开了数学发展的新局面，创立了新分支——解析几何. 我们知道，方程 $x=1$，在一维空间中，表示一个点；在二维空间中，它表示一条直线；那么在三维空间中，它表示_____. 过点 $P(1,-1,2)$ 且法向量为 $v=(1,2,3)$ 的平面的方程是_____.

解题分析：本题需依托二维空间上曲线的方程基本概念（陈述性知识）与求曲线的方程基本方法步骤（程序性知识：建系、设点、寻找几何条件、代入、化简），将知识方法迁移运用于三维空间，进而解决问题.

考查分析：以上两试题突出考查了知识方法（即必备知识）的迁移运用能力，充分体现了《中国高考评价体系》对"必备知识的积累是形成关键能力和学科素养的基础，在对关键能力和学科素养进行考查时，必然涉及对必备知识的考查"的考查要求.

教学启示二：问题的解决离不开相应的基本方法，方法体系也是"必备知识"．要善于运用变式教学，通过"多题一解"，达到"方法的类比同构""方法的迁移运用"，发展学生的聚合思维；通过"一题多解"，发展学生发散性思维，并优化思维品质，突出问题与方法的匹配，重视"必备知识"构建网络化体系的教学．

案例（三）

【2020 年高考数学卷 Ⅰ 理 12】若 $2^a + \log_2 a = 4^b + 2\log_4 b$，则（　　）．

A. $a > 2b$　　　B. $a < 2b$　　　C. $a > b^2$　　　D. $a < b^2$

解题分析：由已知等式变形得：$2^a + \log a_2 = 2^{2b} + \log b_2 < 2^{2b} + \log 2b_2$，构造函数 $f(x) = 2^x + \log x_2$，此时有 $f(a) < f(2b)$，由 $f(x)$ 在 $(0, +\infty)$ 上单调递增，可知 $a < 2b$．

【2021 年八省适应性考试数学第 8 题】已知 $a < 5$ 且 $a\,\mathrm{e}^5 = 5\mathrm{e}^a$，$b < 4$ 且 $b\,\mathrm{e}^4 = 4\mathrm{e}^b$，$c < 3$ 且 $c\,\mathrm{e}^3 = 3\mathrm{e}^c$ 则（　　）．

A. $c < b < a$　　　B. $b < c < a$　　　C. $a < c < b$　　　D. $a < b < c$

解题分析：构造函数 $f(x) = \dfrac{x}{\mathrm{e}^x}$，此时 $f(a) = f(5)$，$f(b) = f(4)$，$f(c) = f(3)$，由 $f(x)$ 在 $(-\infty, 1)$ 上单调递增，在 $(1, +\infty)$ 上单调递减，可知 $f(c) > f(b) > f(a)$，且 $a, b, c \in (-\infty, 1)$，从而 $c > b > a$．

【2021 年新高考数学卷 B 第 22 题】已知函数 $f(x) = x(1 - \ln x)$．

（1）讨论 $f(x)$ 的单调性；

（2）设 a, b 为两个不相等的正数，且 $b\ln a - a\ln b = a - b$，证明：$2 < \dfrac{1}{a} + \dfrac{1}{b} < \mathrm{e}$．

解题分析：问题（2）由已知条件 $b\ln a - a\ln b = a - b$ 两边同除以 ab 得，$\dfrac{\ln a}{a} - \dfrac{\ln b}{b} = \dfrac{1}{b} - \dfrac{1}{a}$，移项得 $\dfrac{1}{a} + \dfrac{\ln a}{a} = \dfrac{1}{b} + \dfrac{\ln b}{b}$，进而有 $\dfrac{1}{a}\left(1 - \ln\dfrac{1}{a}\right) =$

$\dfrac{1}{b}\left(1-\ln\dfrac{1}{b}\right)$，即 $f\left(\dfrac{1}{a}\right)=f\left(\dfrac{1}{b}\right)$，结合问题（1）函数 $f(x)$ 的单调性，通过构造适当的函数进一步完成不等式的证明.

考查分析：以上各题均需将已知条件进行同构变形，化归为函数的单调性问题，对函数单调性的考查有较高的能力要求.

教学启示三：在深度学习理论的引领下，重视必备知识（包括基础知识与基本方法）的拓展运用教学，对核心概念与重要方法，可通过"微专题"形式授课，拓展学生对必备知识理解的深度、高度、宽度与提升运用必备知识解决问题的能力.

案例（四）

【2021 年新高考数学 B 卷第 7 题】若过点 $(a，b)$ 可以作曲线 $y=\mathrm{e}^x$ 的两条切线，则（　　）.

A. $\mathrm{e}^b<a$　　　　B. $\mathrm{e}^a<b$　　　　C. $0<a<\mathrm{e}^b$　　　　D. $0<b<\mathrm{e}^a$

解题分析：依指数函数图象及其基本性质，由直观感知和操作确认可知，点 $(a，b)$ 在 x 轴上方，在 $y=\mathrm{e}^x$ 的图象下方，故 $0<b<\mathrm{e}^a$.

【2021 年新高考数学 B 卷第 10 题（多项选择）】已知 O 为坐标原点，点 $P_1(\cos\alpha，\sin\alpha)$、$P_2(\cos\beta，-\sin\beta)$、$P_3(\cos(\alpha+\beta)，\sin(\alpha+\beta))$、$A(1，0)$，则（　　）.

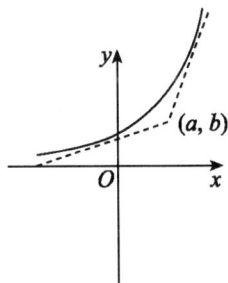

A. $|\overrightarrow{OP_1}|=|\overrightarrow{OP_2}|$

B. $|\overrightarrow{AP_1}|=|\overrightarrow{AP_2}|$

C. $\overrightarrow{OA}\cdot\overrightarrow{OP_3}=\overrightarrow{OP_1}\cdot\overrightarrow{OP_2}$

D. $\overrightarrow{OA}\cdot\overrightarrow{OP_1}=\overrightarrow{OP_2}\cdot\overrightarrow{OP_3}$

解题分析：由正余弦函数性质，可知 $P_2(\cos\beta，-\sin\beta)$ 可写成 $P_2(\cos(-\beta)，\sin(-\beta))$，从而使 P_1，P_2，P_3 是单位圆上的三个点，又因为 $\alpha+\beta=\alpha-(-\beta)$，结合向量数量积的定义可知正确选项为 A 与 C.

【2021 年新高考数学 B 卷第 15 题】函数 $f(x)=|2x-1|-2\ln x$ 的最小值为_____.

解题分析：由于 $f(x)=|2x-1|-2\ln x\geqslant 2x-1-2\ln x=2(x-1-\ln x)+1$，结合直线 $y=x-1$ 是函数 $y=\ln x$ 的图象在点（1，0）处的切线，直观可知 $x-1-\ln x\geqslant 0$，进而有 $f(x)\geqslant 1$，又因为 $f(1)=1$，从而 $f(x)$ 的最小值为 1.

考查分析：以上各题均可依托数形结合的思想，依函数图象或单位圆实现解题方法的优化，突出考查了数学直观想象的核心素养.

教学启示四：学科核心素养需要培育，更需要涵育. 在日常教学中，要把数学学科核心素养的涵育作为教学目标之一，以必备知识为载体，将数学解题定位为"问题解决"，切实提高学生的能力和水平，关注学科核心素养的落地生根.

案例（五）

【2020 年高考数学卷 Ⅰ 理 20】已知 A、B 分别为椭圆 E：$\dfrac{x^2}{a^2}+y^2=1$（$a>1$）的左、右顶点，G 为 E 的上顶点，$\overrightarrow{AG}\cdot\overrightarrow{GB}=8$. P 为直线 $x=6$ 上的动点，PA 与 E 的另一交点为 C，PB 与 E 的另一交点为 D.

（1）求 E 的方程；

（2）证明：直线 CD 过定点.

解题分析：（1）椭圆 E 的方程为 $\dfrac{x^2}{9}+y^2=1$；（2）由椭圆的对称性及其与直线 $x=6$ 的位置关系，可知所证直线 CD 过的定点在 x 轴上（需要直观想象与逻辑推理），当直线 CD 与 x 轴不重合时，设直线 CD 的方程为 $x=yx+n$（$-3<n<3$）（必备知识，优化运算），只要证明 n 是定值即可.

联立椭圆 E 方程 $\dfrac{x^2}{9}+y^2=1$，消去 x 得关于 y 的一元二次方程.

$(m^2+9)y^2+2mny+n^2-9=0,$

再设 $C(x_1，y_1)$、$D(x_2，y_2)$，则有

$$y_1+y_2=-\frac{2mn}{m^2+9}，\qquad\qquad\qquad\qquad ①$$

$$y_1y_2=\frac{n^2-9}{m^2+9}，\qquad\qquad\qquad\qquad ②；$$

由直线 CA、DB 和直线 $x=6$ 三线共点，可得

$$3y_1(x_2-3)=y_2(x_1+3)（不对称）；\qquad\qquad ③$$

（解决直线与圆锥曲线相交问题的基本方法设而不求）

由 $\dfrac{x_2^2}{9}+y_2^2=1$，可得 $y_2^2=-\dfrac{(x_2+3)(x_2-3)}{9}$；$\qquad ④$

由③④两式，可得 $27y_1y_2=-(x_1+3)(x_2+3)$；$\qquad\qquad ⑤$

（实现不对称转化为对称，对代数变形需要较高的能力要求）

进而把①②以及 $x_1=my_1+n$，$x_2=my_2+n$ 代入⑤得关于 m，n 的方程，解得 $n=\dfrac{3}{2}$（与 m 无关），此时直线 CD 过定点 $\left(\dfrac{3}{2}，0\right)$. 当直线 CD 与 x 轴不重合时，结论也成立.

【2021 年八省适应性考试数学第 20 题】北京大兴国际机场的显著特点之一是各种弯曲空间的运用. 刻画空间的弯曲性是几何研究的重要内容. 用曲率刻画空间弯曲性，规定：多面体顶点的曲率等于 2π 与多面体在该点的面角

之和的差（多面体的面的内角叫做多面体的面角，角度用弧度制），多面体面上非顶点的曲率均为零，多面体的总曲率等于该多面体各顶点的曲率之和.

例如：正四面体在每个顶点有 3 个面角，每个面角是 $\dfrac{\pi}{3}$，所以正四面体在各顶点的曲率为 $2\pi-3\times\dfrac{\pi}{3}=\pi$，故其总曲率为 4π.

（1）求四棱锥的总曲率；

（2）若多面体满足"顶点数－棱数＋面数＝2"，证明"这类多面体的总曲率是常数".

解题分析：（1）四棱锥的总曲率 $2\pi\times5-(\pi\times4+2\pi)=4\pi$；（2）因为多面体的顶点数为 V，棱数为 E，面数为 F，相应面的边数为 $n_i(1\leqslant i\leqslant F)$，则所有面角和为 $\sum_{i=1}^{F}(n_i-2)\pi=\pi\sum_{i=1}^{F}n_i-2\pi F=\pi\cdot2E-2\pi F=2\pi(E-F)$，多面体的总曲率为 $2\pi V-2\pi(E-F)=2\pi(V-E+F)=2\pi\cdot2=4\pi$，所以这类多面体的总曲率为常数.

考查分析：以上各题有较高的难度，综合性强，问题的解决取决于知识、方法、能力、素养之间紧密相连、和谐统一，特别是多面体总曲率的求法更突显了"用数学的眼光观察世界，用数学的思维分析世界，用数学的语言表达世界"的精辟论述.

教学启示五：学科素养是对知识、方法、能力的综合运用；能力是以知识、方法的学习探究为载体培养出来的，表现为对知识与方法的运用，是形成学科素养的必要前提；知识与方法的积累是形成能力和素养的基础；基础知识与基本方法构成"必备知识"，解题方法的探求离不开知识的积累. 概括而言，一切教学活动的宗旨是促进学生实现知识方法能力素养的有机融合、和谐发展.

笔者作为名师工作室的领衔名师，引领团队成员在教学教研中认真践行"和谐数学"的教学主张，深化完善了"和谐数学"的内涵，积累了丰富的实践案例. 本书依"和谐数学"的各要素，分五个主题进一步展示工作室团队成员的研究成果，希望能给一线数学教师，特别是高中数学教师的课堂实践带去一些启示.

江 泽

福建师范大学附属中学

2022 年 9 月

目　录

谋全局，融知广教

　　数学知识的教学，要注重知识的生长点与延伸点，把每堂课的知识置于整体知识的体系中，感受数学的整体性．整体视域下的教学才能让零散的知识连成线，织成网；才能让学生在大视野和顶层处中阅读、诠释和领悟数学的本质．

阅千帆，观法妙教

　　数学学习的本质是数学思维活动的过程，数学教学不仅要教给学生数学知识，还要揭示获取知识的思维过程，提升学生的思维品质，促进学生领悟数学思想方法的产生及其应用．数学思想方法是数学思维的磨刀石，数学思维是数学思想方法的导航器，两者相辅相成．

撷英华，提能深教

新课程标准提出培养学生的学习能力是数学核心素养的最终目标，以学科知识、能力、思想、经验的融合为特征的学习能力决定了其习得必然依赖于深度学习，只有将学生引向深度学习的深度教学，才是基于能力提升的教学.

育素养，对标细教

核心素养的培育离不开学习、运用与创新，教师应加强对学生"如何思考""如何发现"的启发和引导，把如何抽象数学对象、发现和提出数学问题作为教学的关键任务，以实现从"知其然"到"知其所以然"再到"何由以知其所以然"的跨越.

促和谐，佳哉与共

人的全面发展是人在发展中的最高阶段和理想层次，教育必须以人的全面发展作为自己的最终目的. 努力促进学生知识、方法、能力、素养等相生相成和谐发展，促进学生个体与群体全面和谐发展，促进学生与社会、自然和谐发展.

谋全局，融知广教

整体是事物的一种真实存在形式. 数学是一个整体. 《普通高中数学课程标准（2017 年版 2020 年修订）》（下文简称《普通高中数学课程标准》）指出，数学知识的教学，要注重知识的生长点与延伸点，把每堂课教学的知识置于整体知识的体系中，感受数学的整体性. 事实上，学生的学习是循序渐进、由浅入深的，概念要逐个学，知识要逐步教，这样难以感悟整体性. 值得庆幸的是，在教学过程中，我们可以培养学生的整体视域，培育学生的整体性思维，让所学知识连成线，织成网，系统化，整体化，进而感受数学的整体性.

把握数学的整体性，应重视核心知识的"核效应". 数学是一门历史悠久、内容丰富、体系完整的基础性学科. 数学教学内容虽然纷繁复杂、纵横交错，但每节课都有居于教学内容中心的核心知识，它们是课堂教学的主旋律. 正如章建跃博士所言，"数学核心知识是数学课程内容结构和功能的基本单位"；围绕核心知识建立起来的教材结构体系，是以核心知识为中心的"概念图"，它所承载的知识和技能是学生发展所必不可少的知识网状体系. 我们重视核心知识在数学学习中的作用和意义，不仅要让学生能够掌握核心知识的基础性内容，还要着眼于促进培养学生一种整体观，让他们能够从整体上理解知识链上每个节点的意义与内涵，了解知识和方法的辩证转化过程，感悟数学的整体性.

把握数学的整体性，应注重整体性数学思维的培育. 数学的整体性思维是指学习者在研究问题时，利用全方位的研究视角去思考知识整体及局部的内在结构．从数学知识认识的高度、深度、广度出发，整体性思维可被划分成系统性思维方式、延拓性思维方式、迁移性思维方式．系统性思维方式重在充分挖掘每本书的序言、阅读材料、结束语等文本材料的价值，引导学生理解数学知识之间的横纵向关系、知识发生发展的逻辑链条，建构有序、完整的科学知识体系．延拓性思维方式则需要在概念、公式、定理等数学新对象的探究过程中，遵循学生的认知规律，着眼于最近发展区，使学生理解内延外扩的缘由，感悟知识自然的生长过程．迁移性思维方式侧重在遇到与元认知结构相似的新问题时，引导学生合理迁移、大胆推测，用统一性的思想方法解决（或看待）同一类问题，可以是学科内部的，也可是跨越不同学科的．

把握数学的整体性，应注重将数学文化融入数学教学．数学文化是数学学科的一个有机组成部分．发生学的一项基本定律指出，个体的成长要经历种族成长的所有阶段且顺序相同，只是所经历的时间缩短．学生对数学的认识，在某种意义上是与人类对数学认知的历史过程相对应的．因此，在数学教学中应科学、适当地关注数学知识与数学文化的有机结合，借助历史设计教学活动，引导学生沿着历史发展的路径，了解知识的发生发展过程．如此一来，学生能获得广泛的数学基本活动经验，能提高对数学知识和方法理解的认知水平，进而从本质上感受理性思维的内涵，提升数学文化素养，促进对数学整体性的把握！

把握数学的整体性，还应加强信息技术与课堂教学的有效融合．一般来说，数学新知的生成方式有两种，一种是基于数学知识之间的逻辑关系进行演绎，即由原有知识重生新的知识，具有抽象性、严谨性的特点；另一种就是数学实验．长期以来，人们以为物理、化学需要实验，而数学不需要实验，其实这是一种误解．我们的祖先从结绳计数开始就在进行着数学实验，并且通过实验不断地发展数学．当今时代是一个信息时代，信息技术的普及深刻影响着我们的日常学习和生活，也为数学实验带来了很大的便利．在教学过程中如果能促成信息技术与数学课程的深度融合，就能为学生提供数学探究的策略与方向，促进学生学习方式的改变，提高学生的数学学习信念，激发学生的创造性本能，并能让学生更充分地经历新知产生的过程，从而更深刻地理解数学知识的整体性.

数学学科的教育价值在于培养理性精神. 整体视域下的数学教学才能让学生感悟数学的辩证观、发展观和思想观，才能让学生在大视野中和顶层处阅读、诠释和领悟数学的本质，涵养深嵌其间的数学理性精神、思辨品质和创新意识，才能实现"大数学"教育的终极目标！

数学教学要重视核心知识的"核效应"

福州第三中学 林风

数学教学内容虽然纷繁复杂、纵横交错，但每节课都有居于教学内容中心的核心知识，它们是每节课的主干，也是课堂教学的主旋律，正如章建跃博士所言"数学核心知识是数学课程内容结构和功能的基本单位"，这些核心知识具有超越课堂之外的持久价值和迁移价值的概念、方法和技能，是整个教学活动链条的关键链环，是推动教学活动的轴心和栖息地. 当下数学课堂教学普遍存在内容多但缺核心、少味道，有知识但缺思想的现象，多为繁杂冗余的知识技能枝节所牵绊，为繁复重叠的题海所困扰. 如何在课堂教学中理解、寻找和把握核心知识，发挥核心知识的"核效应"，是教学是否能够有效落实课程目标，体现数学本质和促进课堂有效生成的关键，笔者从以下四个方面浅谈一些教学体会和思考.

一、从数学内涵上理解核心知识的本质性

数学的概念、性质、定理和公式是教学的主要内容，从中寻找和把握数

学的核心内容是课堂教学的重中之重. 数学的核心知识是指位于学科中心的概念性知识（重要概念、原理、规律、理论等的基本理解和解释，以及数学发展过程中所形成的基本思想和方法），这些内容能够展现当下学习的图景，具有前沿性、纲领性、思想性和延续性，是学科结构的主干部分. 同时核心知识又具有两种特性，即表观特征和本质特征. 表观特征是外在的、宏观的和表象的，而本质特征则是内隐的、微观的和本质的.

著名的数学家、数学教育家赫斯指出："数学教学的问题并不在于教学的最好方式是什么，而在于数学到底是什么，……如果不正视数学的本质问题，便解决不了关于教学上的争议." 如何深刻理解和诠释教学内容中的核心知识是教学的首要任务. 照本宣科、依样画葫芦的教学只能蜻蜓点水，浮光掠影，死背硬记，套题应试. 重视知识的机械记忆和表层运用，以及知识在学习过程中的程序性和操作性的作用，死抠知识的一些"犄角旮旯"，力求通过大量的题型和练习让学生记住概念、定理、公式，掌握解题步骤，学会应用技巧，懂得应付考试，在一定的情况下可能可以帮助学生对知识的"工具性理解"，或许考试成绩也不错，但是往往会淡化数学内在的"关系性理解"，因此难免不得要领，甚至相去甚远.

以《函数的单调性》为例. 不少教师在单调性教学中把重点放在单调性的证明、单调区间的求解、含参数函数单调性的讨论，力求把"取点、作差、变形、定号、作答"形式化的操作作为教学的落脚点，开门见山，直奔解题. 当然，这些内容也是本节课的重要组成部分. 我们从更深层次思考函数单调性的核心和本质，不难发现单调性概念是函数定义学习之后的一个具有里程碑意义的重要概念，是反映函数变化规律的最基本的性质（第一个函数性质），也是学生在高中阶段遇到的第一个用数学符号语言刻画的概念，对进一步学习函数的其他性质具有示范和引领作用. 因此需要从知识的特点、教材的地位和学生的认知特点出发，思考《函数的单调性》是如何从浅表直观抽象到理性解析，从松散零散中贯通成一脉相承的知识链. 教学中有两条关键的线索：①初中对函数图象性质的研究以直观感知的经验性认知为基础（能说出函数图象是上升还是下降，并会画图说明），高中的单调性研究则以抽象的形式化（符号化）分析为手段，要求能用符号形式表述和理解函数的单调性，并能加以证明；②从函数的整体宏观的感知（图象）开始走向通过"算法（数学化）研究局部微观法"，从函数三要素（函数的宏观感知）的学习到定义域的某一区间上函数单调性的研究（微观的图象上点坐标之间关系的研究），这是从粗放型直觉性认知走向严谨性理性思辨的开端，通过符号的算法进行推理论证，以保证结论的严密性．这种"算法思维"具有引领性和奠基性的作用，在后续的奇偶性、周期性和最值等学习中都发挥着重要作用．通过分析、提炼，最终落实到一根"线"，即"两域、四数、两个不等"是单调性概念的特征属性，其中借助符号进行推理辨识的"算法思维"本质是数学转化思想的体现．需要突破的矛盾就是"上升、下降、单调"等名词的数学意义与学生的生活理解之间的差异，通过函数图象上升——x 越大，y 也越大，例如：当 $x_2 > x_1$ 时，$y_2 > y_1$，则 $f(x)$ 为增函数，实现自然语言、符号语言和图形语言的有机结合和有效融合．如何用"任意"刻画无限、解决概念中自变量不能穷尽的矛盾，如何用符号语言（$x_1 > x_2$ 时，$f(x_1) > f(x_2)$……）表述"y 随 x 的增大而增大"等现象……，这些内涵单靠解题是不能看到的．从定性到定量，从具体到抽象，从宏观到微观需要让形式化的概念在文字语言、图象语言和符号语言的转化交融中自然地"生长"出来，而不是想当然地"天上掉下个林妹妹"，需要伴随归纳、抽象、概括的教学"慢"过程，这样才能寻找和淬炼出知识表层下的核心内涵，洞穿知识的本质，使学生不仅能获得知识，也能逐步提高自我分析、理性领悟的能力．

二、从教材的脉络上感悟核心知识的整体性

核心知识不是单一的、离散的、碎片化的，其涵盖的不仅仅是知识点，而且还综合了数学知识的结构和思想方法的内容体系．围绕核心知识建立起来的教材结构体系，是以核心知识为中心的"概念图"，包括纵向发展的主线和横向联系的节点，具有知识联系的联结性、紧密性、持续性和多向性等特点．它所承载的知识和技能是学生发展所必不可少的知识网状体系．通过螺

旋上升的组织形式，渐次加强所学概念和观念的深度以及复杂程度，使数学核心知识的发展过程与学生内部心理认知体验融合起来．重视核心知识在数学学习中的作用和意义；不仅要让学生能够掌握核心知识的基础性内容，也要着眼于培养学生一种思想观、辩证观和整体观，让学生能够从整体上理解知识链上每个节点的意义与内涵，了解知识和方法的辩证转化过程，而不是简单地因事论事，就题论题，一叶障目不见森林．

以直线的斜率为例．如果只是停留在具体概念辨识和解题技能的训练，局限在狭隘的解题一招一式中，拘泥于知识的枝节碎片里，可能觉得内容浅显、方法单一，因此教学中大多数教师都只是轻描淡写、直接讲题．其实，纵观教材的设置，本节内容体现了数学知识的发生、发展经历从粗到精、从单一到多元、从形象到抽象的过程，以及从几何感知（平面几何）到代数分析（解析几何）再到三角函数，从坡度（直角三角形）到倾斜角的正切值（三角函数）再到斜率（坐标）的发展过程．体现数学认知从具象到形象再到抽象的不断上升过程，如从实验几何（倾斜角）到平面几何（坡度）再到三角函数（$k = \tan \alpha$）最后到解析几何 $\left(k = \tan \alpha = \dfrac{y_2 - y_1}{x_2 - x_1} \right)$，这些脉络既贯穿着数学的本质与内涵，也蕴含着研究现实客观事物的方法，既是一种知识观，也是一种方法论，自此开启解析几何坐标法的序幕．或许这样教学看不到具体的问题，也没有常见的题型套路，但却深刻地勾勒出直线斜率知识内容的丰富性、联系的广泛性以及表现方式的多样性等特点，体现了数学既有特性又有交融的发展特点，从中可以感悟到数学的辩证观、发展观和思想观．让学生在大视野中和顶层处阅读、诠释和领悟数学的本质，涵养深嵌其间的数学理性精神、思辨品质和创新意识．在当下应试教学盛行的时候，数学教学更需要"不为浮云遮望眼，风物长宜放眼量"的视野和情怀．

三、在教学拓展中催发核心知识的生发性

数学核心知识的意义与价值在于它能产生"$1+x$"的扩容与增值的"核

效应"，让教材有更为广阔的宽度，让思维有升华的空间．数学知识一方面能大道至简，另一方面又能衍化至繁，由核心知识的"衍生性"和具体情境、具体问题的对接中生发出一系列新知识，例如奇函数 $f(x)$ 的图象关于原点成中心对称及其关系 $f(-x)=-f(x)$ 是其表征和核心．由奇函数的定义可知 $f(-x)=-f(x)$（或 $f(-x)+f(x)=0$），从图象原点$(0，0)$出发可以衍生出一系列问题：关于 x 轴上点$(a，0)$对称的函数具有怎样的关系？（即 $f(a-x)=-f(a+x)$ 或 $f(a-x)+f(a+x)=0$ 或 $f(x)+f(2a-x)=0$）再进一步拓展：关于平面上任意一点 $(a，b)$ 对称的函数具有怎样的特征？（即 $f(a-x)+f(a+x)=2b$ 或 $f(x)+f(2a-x)=2b$），由原点到 x 轴上的任意点再到平面上的任意点，图象的中心对称关系转化为函数解析式的链式关系的 $f(-x)=-f(x)$、$f(2a-x)=-f(x)$、$f(2a-x)=-f(x)+2b$，从形式上看，上述解析式也是复合函数转化为函数 $f(x)$ 的一种表征．奇函数的多元表征、辨证转化、数形结合在合情推理中被自然推广，在数学关系解构和重组中熠熠生辉，那种脱离知识本源，盲目进行一题多解、一题多变高考"母题"其实只得皮毛，未见本质，不得其味．在教学拓展和演绎生成中只有超越对零散知识的片段式、零散式的模仿和记忆，核心知识才能展现其广阔和厚重的教学意蕴，体现其特有的教学价值与意义．

四、在思想渗透中品味核心知识的精髓性

"核心知识其实就是一颗思想的种子，它是具有思维生发力的．"教学的意蕴在于超越具体的事例和知识，对问题的一般性意义和内核能做出合理的抽象和深刻的概括，对知识进行过滤、筛选、提纯，把那些无用、冗余、偏多的"旁枝末节"剔除出去，把被教学秀场花样遮蔽了的核心重现出来，将凝结在数学知识和技能中的数学思想内涵揭示出来．

以"曲线上一点处切线的斜率"为例．常见的教学思路大致是：曲线上一点处切线的斜率的定义叙述（教学中往往是一带而过）—提炼求法步骤（"一切三式"即设一个切点、三个表达式，切点在曲线上，切点在切线上，

切点处的导数为切线的斜率）—巩固练习．这种设计重知识轻过程，重技能轻内涵，重应试轻领悟，关注短期效益，讲究"短平快"，但缺乏知识的提炼和思想的提升，"涨知识"却不"涨智慧"，可谓"小数学"，其价值取向是知识取向和应试技巧．如果我们注意到认知的发展过程不只是知识的简单叠加和复合，它应当伴随核心内容的不断凸显和思维方式的逐渐孵化的历程，重视"一个概念、一个过程、一次探究、一种思想"，通过一系列的设问和追问，知识才能波澜起伏，意蕴深长．

教学剪影：设曲线 $y=f(x)$、$y=g(x)$ 均过点 A、B 两点，（1）两曲线在区间 $[x_A, x_B]$ 上的平均变化率是否都是 $\dfrac{y_B-y_A}{x_B-x_A}$？（否）在区间 $[x_A, x_B]$ 上的变化趋势都一样吗？（否）如何刻画二者的变化趋势？（缩小区间，即取极限令 Δx 趋于 0）从问到疑再到思，这样切线斜率的思想内涵——以直代曲、有限到无限，割线逼近切线的内核才能逐渐显现出来，数学思想的张力才能得以伸长，再通过具体案例深化理解．求函数 $y=x^3$ 在（1，1）处的切线方程，并观察该切线与曲线公共点的个数，以此引起学生对相切问题认知的冲突，思考"$\Delta=0\Leftrightarrow$相切$\Leftrightarrow$切线与曲线恰有一个公共点"这样一个似是而非的问题．通过示例 $y=x^3$ 在（1，1）处的切线与 $y=x^3$ 的交点不止有一个，说明以往的对相切的认知不能迁移到一般的曲线上．用割线无限逼近的极限思想理解切线，不仅是微积分发展的过程，也是数学探究、思想进步、认知升华的过程．只有诠释核心知识的思想内涵的教学才能实现"大数学"教育的终极追求，只有透过文字和符号的表象思考其数学本真和思想内涵才能登临教学的"智"高点．

基于整体性数学思维培育的数学教学

——以"对数与对数运算"教学设计与实录为例

福建师范大学附属中学 许丽丽 江泽

整体是事物的一种真实存在形式. 数学是一个整体,《普通高中数学课程标准》指出,数学知识的教学,要注重知识的生长点与延伸点,把每堂课教学的知识置于整体知识的体系中,感受数学的整体性.

事实上,学生的学习是循序渐进、由浅入深的,概念是逐个学,知识是逐个突破,故难以感悟知识的整体性. 值得庆幸的是,教师可以依托过程性教学培育学生整体性数学思维,教会学生在面对问题时,不断把树立解题目标、实现解题目标、解决过程优化及对问题的拓展、深化等作为一个整体进行研究. 这也是培育善于认知、善于解决问题的人才的科学教学方向.

数学的整体性思维是指学习者在研究问题时,利用全方位的研究视角去思考知识整体及局部的内在结构. 从数学知识认识的高度、深度、广度出发,整体性思维可被划分成系统性思维方式、延拓性思维方式、迁移性思维方式.

【教学内容分析】

对数在高中教材中处于比较尴尬的位置. 在电子计算机出现之前,对数的发明大大简化了冗长数值的运算,它被广泛应用于天文、工程、航海和测绘等领域. 然而在计算机功能日益强大的今天,学生学习对数已经感受不到它的必要性和重要性,理解不了它在数学史上的突出贡献,学习目标并不明确;加上对数难懂的运算、复杂的记号,学生学习时畏难情绪较严重,学习过后遗忘得快.

为了解决这个问题，我们尝试在教学中注重数学的整体性和系统性，基于数学史进行教学设计、实施，使学生能够置身于对数发展的历程中，感受对数的作用．实践表明，这种教学的效果显著，预期目标得以达成．学生不仅掌握了对数课的知识，还能将新学知识纳入原有的认知体系，建构线条清晰、内涵深刻、多维立体的概念网络体系，形成数学概念认识、理解的整体视角．

【教学设计及实录】

一、方程引入，概念建构

课堂活动：解下列三个关于 x 的方程，并思考解方程的过程分别在做什么运算？

(1) $x^b = N$；(2) $a^b = x$；(3) $a^x = N$.

学生基于原有认知，容易回答前两小题是在做开方运算和乘方运算（可以统一说成是指数幂运算），解第 3 小题则遇到困难．

师：解方程 $a^x = N$ 有困难吗？我们用一些具体的例子来试试看：$5^x = 625$、$\left(\dfrac{1}{3}\right)^x = 27$、$3^x = 2$.

生$_1$：$5^x = 625$、$\left(\dfrac{1}{3}\right)^x = 27$ 的解分别是 4、-3，$3^x = 2$ 的解无法求出．

师：如果方程 $3^x = 2$ 的解无法求出具体的值，那就退而求其次，思考这个解存在吗？如果存在，解的个数能确定吗？

生$_2$：解一定存在，而且只有一个，可以通过指数函数图象来说明．

师：我们确实可以将方程问题转化为函数问题，去研究函数 $y = 2^x$ 与 $y = 3$ 图象的交点．

师：明明有，还知道它的大致范围，但就是表达不出来，怎么办呢？以前有碰到类似的情形吗？你们是用什么方法解决的？

生$_3$：在解 n 次方根问题时碰到类似的情形，可以用符号来表示它．

活动小结：类比 $\sqrt[n]{a}$，这个数被 3 和 2 所决定，所以可以引入合适的符号来表示，我们用 $\log_2 3$ 来表示它，读作以 2 为底 3 的对数．同样的方程 $5^x =$

625、$\left(\dfrac{1}{3}\right)^x = 27$ 的解也可以表示 $\log_5 625$、$\log_{\frac{1}{3}} 27$. 这就是对数的概念, 而解此类方程所做的运算就叫做对数运算.

设计意图: 学生对对数概念的理解是随着对对数运算的理解而深入的. 对数运算和所有的逆运算一样, 都是通过方程来定义的. 因此, 本节课从方程 $a^x = N$ 引入, 通过指数函数的图象研究方程的解. 在上述认识的基础上, 类比根式解的符号表达方式, 引出对数的符号. 这个设计从学生的原认知基础出发, 局部挖掘内在关系, 抽象出新的研究体系, 是整体观中延拓性思维的体现.

二、探幽入微, 概念理解

课堂活动: 请将刚才的例子一般化, 试着给出对数的一般定义.

一般地, 如果 $a^x = N$ $(a > 0$ 且 $a \neq 1)$, 那么数 x 叫做以 a 为底 N 的对数, 记作 $x = \log_a N$, 其中 a 叫做对数的底数, N 叫做真数.

师: 认识一个新的数学对象, 我们可以通过文字语言、符号语言、图形语言来描述它. 你们可以用这三大语言来描述对数吗?

生$_4$: 方程 $a^x = N$ $(a > 0$ 且 $a \neq 1)$ 的解是对数的文字语言, $\log_a N$ 是对数的符号语言, 而函数 $y = a^x$ 与 $y = N$ 交点的横坐标是对数的图形语言.

设计意图: 引导学生利用特殊到一般的思想, 给出对数严谨的定义, 又通过三大语言对定义进行解读, 使学生对概念的认识更全面、更立体. 这也恰好是认识数学对象的一般性思想方法, 是基于整体观中系统性思维的培育而设计的.

课堂活动: 请认真分析定义中出现的两个等式, 思考它们所反映的 x、a、N 的关系是否一致.

这两个等式其实是等价的, 是可以相互转化的. 当然在不同的形式中, x、a、N 的身份会有所不同, 名称也有所区别. 我们可以作如图 1 的示意图.

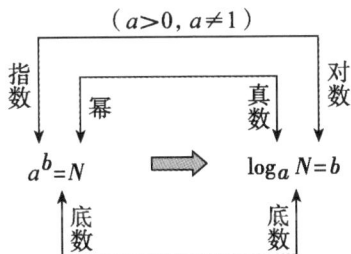

$(a > 0, a \neq 1)$

指数　幂　真数　对数

$a^b = N \Rightarrow \log_a N = b$

底数　底数

图 1

课堂活动：请在纸上写出几个你喜欢的对数，并说说你喜欢它的理由.

师：有同学写出 $\log_{10}(-2)$，这个对数存在吗？为什么？

生$_5$：不存在，因为方程 $10^x = -2$ 无解.

师：有同学写了 $\log_3 1$、$\log_4 1$、$\log_5 1$，请你说说为什么这么写？

生$_6$：$\log_3 1$、$\log_4 1$、$\log_5 1$ 结构简洁，且数值都是 0.

师：很好！还有同学写 $\log_e 3$，这个 e 是什么？

生$_7$：e 是自然对数，是一个无理数，值约是 2.718.

活动小结：通过上述例子，可以得到一些对数的常用结论，例如：只有正数有对数，负数和零没有对数；1 的对数恒等于 0. 为了使用的方便，我们将 10 为底的对数叫做常用对数，记作 $\lg N$，e 为底的对数叫做自然对数，记作 $\ln N$.

设计意图：从引导学生感知个例到分析通例，遵循从特殊到一般的思想. 学生在具体实践的基础上进行理性分析，认识底数、真数的取值范围，认识特殊的对数，理解"对数的本质是指数"这一思想. 从整体上看，通过不断对比指数、对数的概念，加强学生对对数概念的内涵、外延的认识，为学生后续学习对数函数做好了铺垫.

三、关系探求，纳入系统

课堂活动：我们已经厘清对数式与指数式之间的关系了. 那么，对数运算与指数幂运算之间的关系如何呢？

师：指数运算是已知什么量，求什么量？新学的对数运算又是已知什么量，求什么量？

生$_8$：从指数式来看，指数运算是已知底数和指数，求幂；对数运算是已知底数和幂，求指数.

师：对于一个正数 N，指数运算和对数运算双重作用的结果是什么？也就是 $\log_a a^N$ 与 $a^{\log_a N}$ 运算的结果是什么？

生$_9$：我们可以利用换元法，将对数式改为指数式再代入求解. 设 $\log_a a^N = t$，则 $a^t = a^N$，由于指数函数 $y = a^x$ 是单调的，所以 $t = N$，即 $\log_a a^N = N$. 同理可证，$a^{\log_a N} = N$.

师：这就意味着指数运算和对数运算互为逆运算．那么，现在我们来梳理一下数的运算发展过程．运算的起点是什么？（加法）几个相同的数相加就有了什么运算？（乘法）类似地，就有了乘方运算．这一条线发展规律是特殊的低级运算可以产生高级运算．那么，另一条线，它们的逆运算是怎么产生的呢？（用方程定义）

活动小结：在解关于 x 的方程 $a+x=b$、$a \cdot x=b$、$x^a=b$ 时，我们可分别定义减法、除法以及开方运算．当然，今天又通过方程定义了指数幂的逆运算——对数运算．具体关系见图 2．

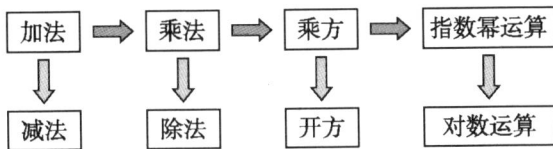

图 2

设计意图：一方面，学生以新学的对数运算为生长点，探索实数运算发展的规律，将对数运算纳入到原有的体系中，形成更完整的新知识体系，形成数学整体性思维中的系统性思维方式．另一方面，学生用不断扩充数系的办法来解决运算矛盾，正像人类社会用不断扩展生存空间的方式来谋取发展一样，充满哲理，体现逻辑与历史统一的辩证思维．这种迁移性思维是学科交汇的高级思维形式，值得学生深刻感悟．

四、巩固练习，深化理解

课堂活动：解下列关于 x 的方程．

(1) $\log_{64} x = -\dfrac{2}{3}$；

(2) $\log_x 8 = 6$；

(3) $\lg 0.01 = x$；

(4) $-\ln e^2 = x$；

(5) $x = \log_{(2-\sqrt{3})}(2+\sqrt{3})$；

(6) $\ln(\log_3(\lg x)) = 0$．

设计意图：学生在解题中加深对对数概念的理解，形成解题的基本思路，体验指数式与对数式转化的等价性，提升对对数运算的认识.

五、回溯历史，总结提升

师：历史上，许多名人都曾给对数的发明以高度的评价．拉普拉斯说："这是一项使天文学家寿命倍增的发明."伽利略说："给我空间、时间以及对数，我就可以创造一个宇宙。"恩格斯说："对数的发明、解析几何的创始、微积分的建立，是 17 世纪数学的三大成就."今天，你们学习了对数，感受到它如此重要的地位了吗？

生$_{10}$：并没有.

师：那就让我们走进对数的发展进程，看看为什么名人们能给它这么高的评价吧！

数学史简介：苏格兰数学家纳皮尔是对数的创始人，为了帮助天文学家朋友，他制作了粗陋的对数表，将较大数字的乘法运算转化为较小数字的加法运算，大大地简化了运算过程，使得天文学家寿命倍增．后来，英国数学家布里格斯将对数改造并使之广泛流传，著有《对数算数》，公布了以 10 为底的 14 位常用对数表．瑞士数学家、物理学家欧拉，发现了指数与对数的互递关系，首先使用 $y = a^x$ 来定义 $x = \log_a y$.

师：有些同学可能会说，对数发明的初衷是简化运算，这个功能在信息技术时代已经微不足道，但今天对数在考古、物理、地理、化学、音乐等领域都有广泛的应用，这同样值得我们感叹它存在的意义！

设计意图：对数的发明是 17 世纪三大成就之一，在数学史上有着极其重要的地位．要让学生感受对数的伟大，必须将历史进程还原到学生眼前.

【教学启示】

数学是一个整体，从数学的整体性出发思考问题是一个非常重要的思维方式．章建跃先生提出："从教的角度说，把握好整体性，才能有宏观、微观的多层次教学目标，才能把数学教得本质而自然，才能发挥数学的育人功能；

从学的角度看，注重整体性，才能了解知识的源头、发展和去向，才能掌握不同内容的联系性，才能学到真正的数学."注重整体性的数学教学才是"授人以渔"的数学教学，才是落实核心素养培育的数学教学.要善于挖掘每一章节的前言、每一册教材的引言、每一套教材的序言的价值，合理渗透数学知识发生发展的历史进程，科学引导学生建构完备的数学知识体系，最终让学生有"既见树木又见森林"的学习体验，形成系统、科学的数学思维.

例谈数学文化试题的三个层次

福建省福州第一中学　丘远青

近年，在高三数学试卷中频繁出现具有"数学文化"背景的试题，试题出现伊始确实给人耳目一新之感.但见得多了就会发现，大部分此类试题的命制方式就是把一道数学题从古代搬到现代，这样造成的一个结果是：学生对这种题仅停留在"就题解题"的层面，也许见到了"文化"，但很难领会到"数学文化"中蕴含的数学思维价值，甚至很多老师对数学文化的认识也比较浅薄.高质量的数学文化试题应源于数学文化而高于数学文化，既能体现数学文化的过程性特点，又能考查数学文化背后所蕴含的数学思想和数学方法，将数学文化试题置于整个数学思维训练的大局中，而不只是一种穿越到今天的数学题.

面对数学文化，究竟应该考什么？怎样考？通过对近几年大量的数学文化试题的研究，笔者认为高质量、有价值的数学文化试题应有如下三个层次.

一、以数学文化为试题，渗透中国古代传统文化

以数学文化为试题的特点是直接取材于数学名著或名题，借其中提出的

数学问题，检验考生对数学基本知识和基本技能掌握的情况.

例 1 （2015 年高考数学新课标Ⅰ卷理 6）《九章算术》是我国古代内容极为丰富的数学名著，书中有如下问题："今有委米依垣内角，下周八尺，高五尺. 问：积及为米几何？"其意思为："在屋内墙角处堆放米（如图，米堆为一个圆锥的四分之一），米堆底部的弧长为 8 尺，米堆的高为 5 尺，问米堆的体积和堆放的米各为多少？"已知 1 斛米的体积约为 1.62 立方尺，圆周率约为 3，估算出堆放的米约有（　　）

（A）14 斛　　　（B）22 斛　　　（C）36 斛　　　（D）66 斛

例 2 （2017 年高考数学Ⅰ卷理 2）如图所示，正方形 $ABCD$ 内的图形来自中国古代的太极图，正方形内切圆中的黑色部分和白色部分关于正方形的中心成中心对称. 在正方形内随机取一点，则此点取自黑色部分的概率是（　　）

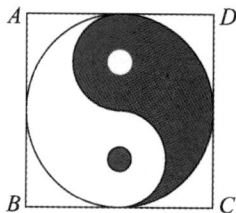

（A）$\dfrac{1}{4}$　　　（B）$\dfrac{\pi}{8}$　　　（C）$\dfrac{1}{2}$　　　（D）$\dfrac{\pi}{4}$

评析：例 1 源于中国古代数学名著《九章算术》卷五《商功》，例 2 图中圆形区域为中国古代的"太极图". 两道试题均取材于中国传统文化，又巧妙地将中国传统文化与现代教育元素相结合，对培养学生认识中华传统文化有着深刻的教育意义. 如例 2，"太极"是中国古代的哲学术语，意为派生万物的本源，太极图形象地表达了阴阳轮转、相反相成是万物生成变化的哲理，试题以此为情境，设计了一个几何概型以及几何概率的计算问题，贴近考生实际生活，通过问题的求解，既使学生体会概率在生活中的应用，又传播了中国传统文化.

以数学史为试题情景材料，可以引导学生理解数学，培养学习数学的兴趣，探究解决数学问题的过程. 这样设计的试题，可以考查学生的基础知识和基本技能，既符合学生的认知水平，又可以引导学生关注中华传统文化.

二、以数学文化为背景，渗透数学精神

以数学文化为背景的试题，其特点是渗透数学精神，考查学生应用数学文化中所蕴含的数学思想、方法解决问题的迁移能力.

例3　如图所示，圆锥 SO 的轴截面 $\triangle SAB$ 是边长为 4 的正三角形，M 为母线 SB 的中点，过直线 AM 作平面 $\beta \perp$ 面 SAB，设平面 β 与圆锥侧面的交线为椭圆 C，则椭圆 C 的短半轴为（　　）

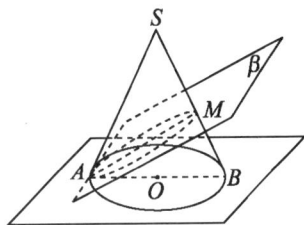

A. $\sqrt{2}$　　B. $\dfrac{\sqrt{10}}{2}$　　C. $\sqrt{3}$　　D. 2

分析：历史上，许多人从纯几何角度出发对"从一个平面去截圆锥，得到的截口曲线是椭圆"这个问题进行过研究，其中数学家丹德林（Germinal Pierse Dandelin）的方法非常巧妙，本题的命制是以"Dandelin 双球探究圆锥曲线的生成"为背景，取材于人教 A 版数学选修 2-1 第二章圆锥曲线与方程的"探究与发现为什么截口曲线是椭圆"的内容. 在这道试题中，通过设问将不同知识和方法有机整合，侧重考查对知识的理解和运用，让学生独立思考、分析问题、研究问题，并最终解决问题，而采用"Dandelin 双球"实验所蕴含的思想方法，无疑是最有效的.

解：如图，作球 O' 与圆锥侧面及平面 β 相切，切点分别为 C、F，则 F 为椭圆的一个焦点，因为 $\triangle SAB$ 是边长为 4 的等边三角形，M 为 SB 的中点，所以 $AM \perp SB$，在 $\mathrm{Rt}\triangle SAM$ 中，$SA=$

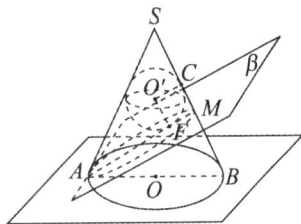

4、$SM=2$、$AM=2\sqrt{3}$，设椭圆长半轴长 a，短半轴长 b，半焦距 c，所以 $a=\dfrac{1}{2}AM=\sqrt{3}$，且 FM 是直角三角形内切圆半径，故 $FM=\dfrac{SM+AM-SA}{2}=\dfrac{2+2\sqrt{3}-4}{2}=\sqrt{3}-1$，又因为 $FM=a-c$，所以 $c=1$、$b=\sqrt{2}$.

评析：数学是学习、培养理性思维的一个主要途径，数学精神就是重视

理性认识活动，以寻找事物的本质、规律及内部联系的精神. 在试题中渗透数学精神，可以体现反思性、探究性、独立思考、迁移能力等. 该解法延续了"Dandelin 双球"的解法，解法简捷高效，使"Dandelin 双球"这一数学文化又重现生机，发挥了巨大威力，不禁令人拍案叫绝.

三、以数学文化为载体，渗透数学应用

以数学文化为载体的试题，其特点是在试题中渗透数学应用，通过设计合适的试题情境，要求学生能够利用所蕴含的数学文化知识分析、解决实际问题，考查学生分析问题、解决问题的能力.

例 4 （2015 年高考数学湖北卷理 14）如图，圆 C 与 x 轴相切于点 $T(1，0)$，与 y 轴正半轴交于两点 A、B（B 在 A 的上方），且 $|AB|=2$.

(1) 圆 C 的标准方程为_____；

(2) 过点 A 任作一条直线与圆 O：$x^2+y^2=1$ 相交于 M、N 两点，下列三个结论：

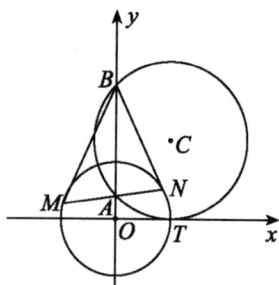

①$\dfrac{|NA|}{|NB|}$：$\dfrac{|MA|}{|MB|}$；②$\dfrac{|NB|}{|NA|}=\dfrac{|MA|}{|MB|}$；③$\dfrac{|NB|}{|NA|}+\dfrac{|MA|}{|MB|}=2\sqrt{2}$.

其中正确结论的序号是_____.（写出所有正确结论的序号）

分析：本题的解答多数学生，甚至教师都是采用特殊法解决，这无疑背离了本题命制的意图和考查目的. 本题在试题呈现上似乎与数学文化无关，而实质上是以著名的"阿波罗尼斯圆"为背景（在人教 A 版教材上与其相关的题目也有两处）. 如果没有阿波罗尼斯圆的知识，你可能发现不了题中的圆 O 就是阿波罗尼斯圆，这是一个巧妙的隐含条件，会给问题的解决带来困难，甚至让人无法理解问题的数学本质.

解：根据阿波罗尼斯圆的定义可知，题中的点 M、N 都在阿波罗尼斯圆圆 O 上，设圆 O 与 y 轴的两个交点分别为 P、Q，则 $P(0，1)$、$Q(0，-1)$，于是 $\dfrac{|NA|}{|NB|}=\dfrac{|MA|}{|MB|}=\dfrac{a}{b}=\dfrac{|AP|}{|PB|}=\dfrac{2-\sqrt{2}}{\sqrt{2}}=\sqrt{2}-1$，即与线段 MN 的

旋转位置无关，因此①②③三个命题都正确.

例5　两次购买同一种物品，可以用两种不同的策略. 第一种是不考虑物品价格的升降，每次购买这种物品的数量一定；第二种是不考虑物品价格的升降，每次购买这种物品所花的钱数一定. 哪种购物方式比较经济？能把所得结论作一些推广吗？

分析：本题以两个实际购物方案为背景，引导学生应用不等式有关知识分析两种购物方式的相互关系. 试题的设计源于社会实际，体现了数学与我们社会生活的密切相关性.

知识储备：如果 a、$b \in \mathbf{R}^+$，那么 $\dfrac{2}{\dfrac{1}{a}+\dfrac{1}{b}} \leqslant \sqrt{ab} \leqslant \dfrac{a+b}{2} \leqslant \sqrt{\dfrac{a^2+b^2}{2}}$，当且仅当 $a=b$ 时，式中等号成立，即调和平均数≤几何平均数≤算术平均数≤平方平均数.

解析：设第一次物品价格为 a，第二次物品价格为 b，且 $a \neq b$.

第一种策略：设每次购买这种物品的数量为 m，那么两次购物的平均价格为 $\dfrac{am+bm}{2m}=\dfrac{a+b}{2}$；

第二种策略：设每次购买这种物品所花的钱数为 n，那么两次购物的平均价格为 $\dfrac{2n}{\dfrac{n}{a}+\dfrac{n}{b}}=\dfrac{2ab}{a+b}$；根据不等式知识，显然调和平均数不大于算术平均数，且 $a \neq b$，即 $\dfrac{2ab}{a+b}<\dfrac{a+b}{2}$，因而第二种策略比较经济. 一般认为，如果是 n 次购买同一种物品，那么用第二种策略购买比较经济.

评析：本题以两个实际购物方案为背景，设计实际问题，考查学生处理数据及运用不等式知识（调和平均数、几何平均数、算术平均数以及平方和平均数）解决问题的能力. 试题贴近生活，具有现实意义，在提高学生学习数学的兴趣，培养学生的应用意识，提升学生解决实际问题的能力等方面有着很好的引导作用.

数学文化是数学学科的一个有机组成部分，数学试题在渗透数学文化时，应当注意与数学知识有机结合，注重体现其理性思维的本质内涵；数学试题在渗透数学文化时，可以通过创设新的情境、改变设问方式，选取适合的知识内容等多种方法渗透数学文化及现代数学思想和方法，增加试题的基础性、综合性、应用性、创新性；高考试题渗透数学文化的重要意义在于能充分发挥高考命题的育人功能，可以适当引导中学数学的教学，使得更多的教师关注数学文化，研究数学文化，将数学的本质教授给学生，而学生通过数学文化的熏陶，可以形成和践行社会主义核心价值观. 这就是数学文化试题应具有的三个层次.

高质量、有价值的数学试题，一定是将数学文化、数学知识、思想方法融为一体的，一定是渗透中国优秀传统文化的，一定是源于数学文化而高于数学文化的.

数学魔术在高中数学教育教学中的应用价值研究

南平市高级中学　陈军

数学魔术具有神秘性、趣味性，是一种寓教于乐的数学游戏，在教学改革不断深入的背景下，数学魔术与高中数学教学的整合也受到了更多关注. 数学魔术为高中数学教学的形式和内容注入了更多活力，能够促使学生去观察、提问、探索，有效调动了学生主观能动性，培养学生良好的数学思维以及解题能力. 另外，数学魔术能够提升数学课堂教学的趣味性，更好地吸引学生的注意力，从而确保课堂教学的有效性.

一、高中数学教学中数学魔术的应用价值分析

1. 有助于课堂效率的提高

兴趣是最好的教师，只有学生自己感兴趣了，他们才会愿意主动探究，即使这个探究过程很辛苦，他们也很乐意．兴趣是学生主动学习和创新的原动力．魔术本身具有一定的神秘性和趣味性，很容易吸引学生的好奇心和探究兴趣．学生在进入到魔术的探究活动中，会产生一些问题，这些问题会促使他们主动学习，了解数学概念、原理，在完成问题探究的同时，收获一些数学知识，教师的课堂教学效率也会明显提高．

2. 促进教师和学生的个体发展

数学教学中融入魔术，能够在课堂中营造一种神秘的教学氛围，这种神秘感会激发学生对数学知识的学习渴望．学生在一个轻松愉悦的环境中学习，收获的学习效果会更好，更有利于激发其内在的创造力．教师在带着学生探究魔术的过程中，也是一个对知识进行深刻理解的过程，在给学生传授一些知识的同时，教师的数学专业素养也会得到提升．

3. 符合教育发展的要求

新课改之后，数学教学大纲中明确要求，数学教学内容应该多元化，课程设计要结合学生的生活，符合学生的认知规律，能够激发学生的学习兴趣，帮助学生形成自主学习习惯．数学魔术在教学中的应用，正好符合数学大纲的要求，坚持以人为核心的教育模式，改变学生在课堂中的角色，从被动学习者转变为主动要学者，从传统教学中的客体变为主体，不断提高学生的学习效果．

二、数学魔术在高中数学教育教学中的研究

1. 纸牌魔术在代数教学中的应用

纸牌魔术中包含着一些代数知识，所以教师在授课过程中，可以将纸牌魔术和代数教学进行结合，以此来激发学生的学习兴趣，为学生创设一个全新的学习环境，帮助学生更好地理解代数知识．

例如：教师在带着学生学习"二元一次方程式的整数解"时，按照传统的教学方式，只能够通过直接教学法来给学生讲解知识，但是由于这个知识

点相对复杂，很多学生理解起来很困难. 在教学中应用"洞识牌点"数学魔术，能够让学生在理解魔术原理的同时，学习一些代数知识，具体的应用如下.

魔术过程：教师在课前准备一副纸牌，留下其中带数字 $1-9$ 的纸牌，四种颜色，合计 36 张牌. 然后教师开始表演魔术，邀请一名学生上台配合，让学生从 36 张牌中任意选出 2 张牌，然后组成一个两位数. 这里假设学生抽取出来的两张牌是 2 和 8，组成的两位数是 28，教师再让学生将组成的两位数再加上个位上数字和十位上的数字，最后将结果告诉教师，学生给出的答案是 38. 然后就是教师表演的时刻，教师要做出一种侦查的感觉，制造出一种神秘氛围，经过思考说出这个数字，这会让学生们感到十分吃惊，认为老师太厉害了，甚至会跃跃欲试.

原理分析：假设学生抽取的两张纸牌的数字分别是 x、y，然后学生将其排成一个两位数，那这个两位数就是 $10x+y$，再分别加上个位数和十位数，这个代数式就会变成 $11x+2y$. 假设抽取的数字是 2 和 8，代数式的和就应该等于 38，即 $11x+2y=38$. 这就将魔术问题变成"二元一次方程"求解的问题. 先求 x 值，$x=(38-2y)\div11=2+(16-2y)\div11$，为了保证 x、y 为整数，所以 $(16-2y)\div11$ 也得为整数，因此 x 只能等于 2，是十位数字，然后推出个位数字 y 应该等于 8，最后求出答案是 28.

教师是怎么快速得到答案的呢？如果按照上面的数学原理进行计算，需要花费一定的时间. 其实，计算的步骤很简单，可直接用 38 来除以 11，得到结果 2 余 16，然后再用 16 除以 2，得到结果 8，就能求出结果 28.

假设学生抽取的数字分别是 5 和 7，那么代数式为 $11x+2y=69$，代数式就转变为求解二元一次方程的解. 假设先求 x，$x=(69-2y)\div11=6+(3-2y)\div11$，为了保证 x、y 为整数，所以 $x=5$，是十位数字，然后推出个位数字 y 应该等于 7，最后答案是 57.

综合上述的例子，针对这种二元一次方程求解，主要有两种类型. 当用总和除以 11 后，判断余数是奇数还是偶数，如果是偶数，那商就是"十位上的数字"，然后再用余数除以 2，得到的就是"个位上的数"；如果余数是奇数，那商需要减 1，得到的就是"十位上的数字"，然后再用余数除以 2，得到的就是"个位上的数".

利用魔术可以创设一种神秘的课堂教学氛围，帮助学生构建数学思维，提高学生对代数的应用能力.

2. 扑克魔术在公式推导中的引用

数学魔术的背后就是数学原理，数学公式是高中数学教学的重要内容，很多公式推导是相对繁琐的、复杂的，如果仅仅凭借传统的数学教学讲解，学生往往兴趣不高，记忆效果较差，而引入扑克牌魔术后，不仅可以丰富课堂教学的趣味性，而且还可以大大提升学生的学习兴趣，辅助解释公式推导的过程，从而达到提高数学教学效果与学生学习效果的目的.

例如："头牌之和"是一个非常有趣的魔术，就是魔术师不管抽出的三张"头牌"是什么，它们相加之和都会是 16，也就是一个常数. 那么，此时就能够推断，这个魔术背后一定有一个数学原理，如果利用数学公式推导的方法，一定可以解密这个魔术. 课堂上，教师可以带领学生一同研究魔术背后的数学原理，强化学生公式推导的能力，让学生在探究魔术的过程中增强学习兴趣，逻辑思维也得到提升.

魔术过程：教师拿出一副 54 张的纸牌，取出大小王，剩下的 52 张牌平均分成两份，从任意一份中取出三张纸牌作为头牌，然后邀请学生来到台上，并指导他以头牌上的数字为起点往后数，数到 13 即停. 如果头牌中有一张是数字 9，那么就以 9 为起点，往后数就是 10、11、12、13，将这四张牌放在头牌 9 的扑克牌上. 另外两张头牌也采用同样的做法，全部完成后就获得了三小堆纸牌. 最后，计算 3 张头牌的和，让学生根据这个和，在剩下扑克牌中按照顺序数到这个数的位置，教师就可准确地猜出这张牌是什么！

原理分析：在魔术的启发下，学生的思维都开始活跃起来，都想要一探究竟，那么魔术完成之后，教师就可以带领学生进行探秘. 实际上教师在快速数出 26 张牌的时候牢记第 16 张就足够了，这个数是常数，无论怎么选牌，到最后都会落在第 16 张牌上. 那么此时设教师数出 26 张牌的时候，记住的牌为第 N 张牌，3 张头牌分别设为为 X、Y、Z，"头牌之和"为 R. 以第一

小堆的头牌 X 为例，因为往后数每次都数到13，那么第一小堆牌的张数为13－X＋1，1就是头牌．同理，推出第二堆、第三堆为13－Y＋1 和13－Z＋1．

三小堆总和即为：$(13-X+1)+(13-Y+1)+(13-Z+1)=42-(X+Y+Z)$．从上面得知，$X+Y+Z=R$，因此得$(13-X+1)+(13-Y+1)+(13-Z+1)=42-R$，而手中剩下的牌数为$26-(42-R)=R-16$．

魔术师记忆的那张牌的张数即为：$R-16+N$．我们已知这个数恒等于头牌之和 R，所以可列出等式：$R-16+N=R$．等式两边抵消后，得出 $N-16=0$．所以，$N=16$．

由此可见，神奇的魔术背后蕴藏着深奥的数学原理，在解密完成之后，学生表示十分惊讶，但同时也感到非常有趣、非常神奇，在这个过程中，学生的公式推导能力得到了提升，逻辑思维与分析能力也有所发展．

高中数学教育中，融入数学魔术是未来教育发展的必然趋势，也是一种活动探究的最佳方式，能帮助教师培养学生的数学核心素养，提高课堂的教学效率，促进学生个体的全面健康发展．

基于"超级画板"的数学课堂教学案例探究

福建师范大学附属中学 黄喜滨 江 泽 刘文清

课堂是教学活动的主战场，素质教育的主阵地．因此，数学教学应以优化课堂教学为切入点，全面提高课堂效率，而提高效率的关键是教师采用怎样的教学方法．针对这一问题，众多学者从多个方面进行研究，包括课前准备、课堂节奏、课堂艺术以及教学技巧等．笔者认为，合理利用信息技术也能有效地辅助课堂教学．下面就"超级画板"在高中数学问题解决过程中的案例进行探究．

众所周知，教育信息化是教育现代化的重要内容，是实现教育现代化的重要环节. 作为教师，我们要认识到，信息技术的教学绝不仅仅是信息技术课的专利，更重要的是利用其声像结合的方式，改变传统的教学模式. 一直以来，软件以它强大的功能被广大使用者赞美，而"超级画板"是为中国基础数学教育量身定做的软件，和"几何画板"相比，它不仅功能齐全而且使用简单. "超级画板"一方面吸取并强化了"几何画板"的主要优点，如动态作图、参数驱动动画、动态测量、跟踪和轨迹等；另一方面它对"几何画板"不足之处做了改进，如"超级画板"的智能画笔使得构图更加方便，它的函数作图功能更加智能化，运动跟踪方式也更加多样化，并且实现了符号运算程序编写，具有独创的智能推理功能等. 现阶段我校数学组正在开展基于"超级画板"的数学课堂教学课题，笔者也是其中一员，因此在利用信息技术辅助课堂教学方面有较多实践感悟.

一、数学定理的案例探究

新课程把"以学生发展为本"作为基本理念，因此，鼓励学生积极参与课堂教学的每个环节，主动经历数学定理的发现与证明过程，体会蕴涵在其中的思想方法，这是新课程所倡导的学习方式.

例1　（人民教育出版社 A 版高中数学必修 4 第二章《平面向量》）平面向量基本定理：如果 e_1、e_2 是同一平面内的两个不共线向量，那么对于这一平面内的任意向量 a，有且只有一对实数 λ_1、λ_2，使 $a = \lambda_1 e_1 + \lambda_2 e_2$.

向量是近代数学中重要和基本的数学概念，是沟通代数、几何与三角函数的一种工具，它有着极其丰富的实际背景，又有着广泛的实际应用，具有很高的教育价值. 平面向量基本定理揭示了平面向量的基本关系和基本结构，是进行向量运算的基本工具，为平面向量坐标表示的学习打下基础，是解决向量或利用向量解决问题的基本手段. 因此如何带领学生发现以及证明本定理显得尤为重要.

对于教师而言，分析本定理时最困难的地方是定理中涉及的基底 e_1、e_2 和向量 a 的任意性，很难在黑板上快速而又清楚地呈现给学生，但是如果借助"超级画板"，这些问题便迎刃而解：

当基底 e_1、e_2 夹角为锐角时，如图 1，对于向量 $\overrightarrow{OP}$，过 P 点分别作平行于 e_1、e_2 的直线，分别与 e_1 所在直线交于 P_1，与 e_2 所在直线交于 P_2，接着通过"超级画板"的测量工具，马上可以知道 $\overrightarrow{OP}=1.25e_1+1.47e_2$，从而让学生迅速发现定理中涉及的系数 λ_1、λ_2，这是在黑板上无法达到的效果.

当基底 e_1、e_2 夹角为钝角时，如图 2，如果是在黑板上演示，则必须重新作图，可是在"超级画板"上只需鼠标拖动基底 e_2 即可，马上得到 $\overrightarrow{OP}$ 分解后对应的 λ_1 和 λ_2. 在短暂的时间内轻松解决问题，同时让学生在直观上对本定理有了更深刻的认识.

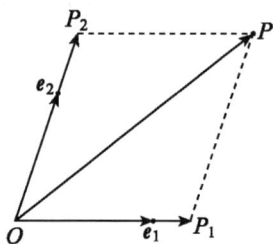

图 1

$$\overrightarrow{OP}=\overrightarrow{OP_1}+\overrightarrow{OP_2}=1.25e_1+1.47e_2$$

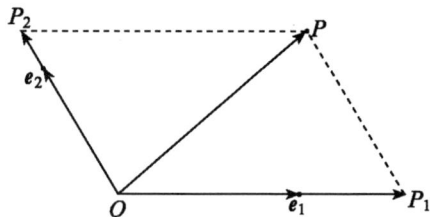

图 2

$$\overrightarrow{OP}=\overrightarrow{OP_1}+\overrightarrow{OP_2}=1.57e_1+1.30e_2$$

接着我们考虑图 3 的情形，即向量 $\overrightarrow{OP}$ 分解后对应的系数 λ_1 和 λ_2 中有负数的情形. 为了达到这个效果，我们可以拖动基底，也可拖动点 P，下面截取拖动点 P 时的画面：此时 $\overrightarrow{OP}=-1.01e_1+1.31e_2$，学生清楚看到系数的符号后，稍加总结便对本定理有了直观上的证明. 教师再对此情况下的分解方法稍加指导，便能快速又高效地讲解这一定理.

最后考虑基底 e_1、e_2 垂直的情况，如图 4. 由于 e_1、e_2 互相垂直，我们把它放在直角坐标系中研究. 对于 x 轴正方向上的单位向量 i 和 y 轴正方向上的单位向量 j，显然它们不共线. 由平面向量基本定理可知，平面上的任意向量 $\overrightarrow{OP}$，都有 $\overrightarrow{OP}=x*i+y*j$（实数对 $(x，y)$ 唯一），从而自然地定义向量 $\overrightarrow{OP}$ 的坐标为 $(x，y)$. 这样，一方面，既完善了对定理的分析，又加深了对定理的认识；另一方面，为下一节课的平面向量正交分解做好准备.

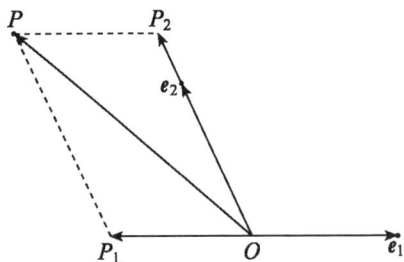

图 3

$$\overrightarrow{OP}=\overrightarrow{OP_1}+\overrightarrow{OP_2}=-1.01e_1+1.31e_2$$

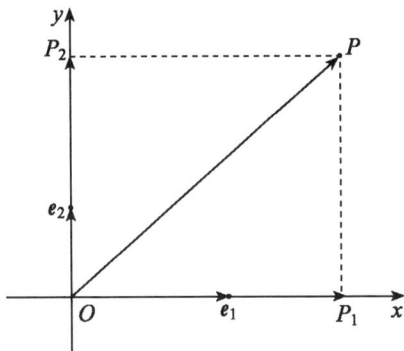

图 4

$$\overrightarrow{OP}=\overrightarrow{OP_1}+\overrightarrow{OP_2}=1.74e_1+2.64e_2$$

二、数学应用问题的案例探究

新课程理念指出，数学学习是让学生亲身经历将实际问题抽象成数学模型并进行解释与应用的过程．作为教师，更应当注重学以致用，培养和发展学生的数学应用意识．

例 2　人民教育出版社 A 版高中数学必修 2 的第三章《直线与方程》的 3.3.1 中有如下探究：当 λ 变化时，方程 $3x+4y-2+\lambda(2x+y+2)=0$ 表示什么图形？图形有何特点？

这个探究很抽象，因为学生不容易想象，过定点的直线束究竟具体是什么模型．笔者做过如下实验：在 A 班用"超级画板"辅助教学，B 班直接板书讲解．实验发现：

在 B 班上课时，由于教学手段的限制，教师只能面对黑板和学生凭想象作图．当然，这样只能画出有限条直线，而且无法营造动态效果．再观察学生，已是满脸困惑：首先对于无数条直线有一个公共交点表示无法想象，更对于它们是用同一个方程来表示感到不可思议．毕竟，学生之前接触的都是有限条直线的相交．其次对于该直线束不过直线 $2x+y+2=0$ 更是难以理解，尽管已经用代数方法给予证明．而在课后通过对学生抽样调查及作业反馈情况，也体现出学生对这一知识点普遍掌握不到位.

而 A 班的同学在"超级画板"的辅助下，先观察如下动画（图 5）：从图中明显看到很多条直线都过一个定点，而这个定点只要在一个例题讲解中稍加强调即可确认为(-2,2). 再拖动变量尺让学生观察整个图象（图 6）：容易发现该图象在中间这条直线($2x+y+2=0$)的附近是空白，这正是因为该直线束不经过这条直线. 通过当场修改参数 λ 的值进一步观察，再结合代数上的讲解，很轻松就可以让学生攻克难关，快速理解并且消化. 整个上课过程中气氛活跃，学生兴趣极高，并且踊跃发言，积极参与课堂. 从两个班的上课情况及课后学生的反馈情况，明显看出采用信息技术后，学生从"被动学"转变成了"主动学"，从而优化了课堂教学，提高了课堂效率.

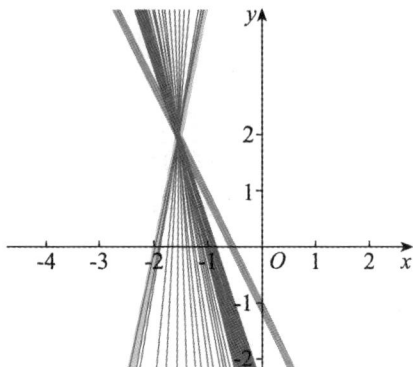

图 5

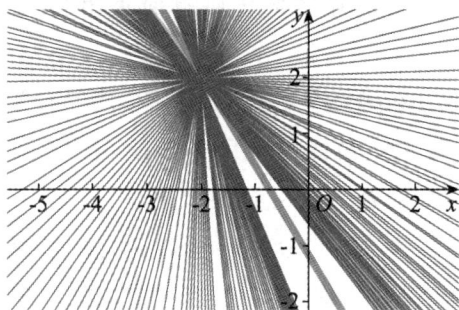

图 6

三、数学概念建构的案例探究

数学概念的建构过程是数学教学中非常重要的一个环节. 数学概念相对比较抽象，难以理解. 因此，教师在教学过程中应提供数学概念形成的有效情境，先引导学生主动探索，经历观察、感知、体验、操作等步骤产生对概念的感性认识，然后再引导学生理性思考，概括出数学概念的本质特征，从而形成概念.

例 3　人民教育出版社高中数学 A 版必修 4 的第一章《三角函数》的 1.4.1 中涉及这样一个问题：通过平移正弦线得到正弦函数图象.

笔者在 A 班教学时采用传统教学，结果发现：首先由于这个过程涉及的点线较多，作图过程复杂，从而在课堂上浪费了大量时间；其次最终呈现给学生的成品图也不是很美观，影响学生对知识点的理解. 而在 B 班，笔者制作并应用了如下课件：图 7 为描点图，图 8 为连线图.

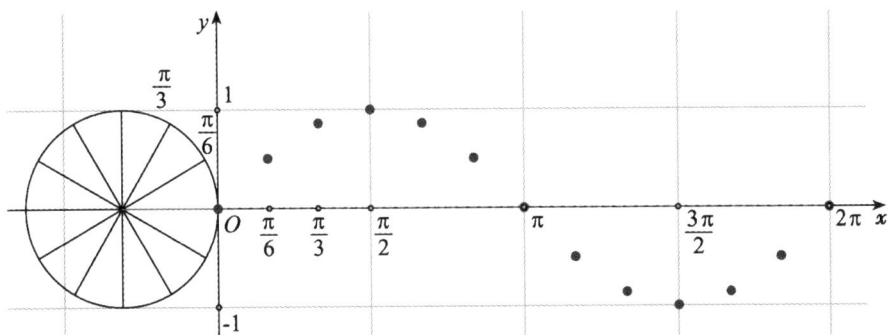

（描点图）

图 7

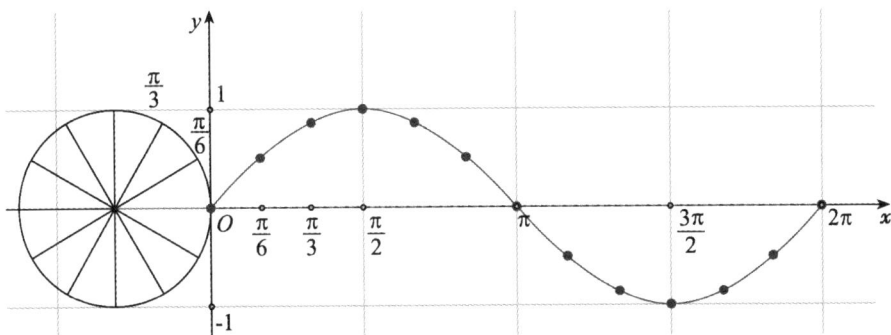

（连线图）

图 8

授课时，教师只需要点击鼠标进行绘画，集中精力在讲解概念的生成过程上，不仅节约了大量时间，而且呈现出的图形更精确、美观，让学生体会到数学的美、数学的巧，既提高了学生的学习兴趣，也提高了课堂的教学效率，更折射出教师的教学魅力．

四、数学知识拓展的案例探究

在新课程理念下，教师要精选例题，从例题的难度、结构特征、思维方法等各个角度进行全面剖析，对于课本的典型例题不能就题论题，而应适时、适度地进行拓展和变式，从而建立联系、整合知识、提炼思想方法，这样有利于学生开阔视野、学会借鉴、学会欣赏、发散思维．

例 4　人民教育出版社 A 版高中数学选修 2－1 的第二章《圆锥曲线与方程》的 2.2.1 中有如下例题：

设点 A、B 的坐标分别为（－5，0）、（5，0），直线 AM、BM 相交于点 M，且它们的斜率之积是 $-\dfrac{4}{9}$，求点 M 的轨迹方程．

在本例的求解中，只需要直接根据题目要求列式子化简即可得到 $\dfrac{x^2}{25}+\dfrac{y^2}{100}=1(x\neq\pm5)$，不难发现点 M 在 x 型椭圆上．

例 5　人民教育出版社 A 版高中数学选修 2－1 的第二章《圆锥曲线与方程》的 2.3.1 中有如下探究：

设点 A、B 的坐标分别为（－5，0）、（5，0），直线 AM、BM 相交于点 M，且它们的斜率之积是 $\dfrac{4}{9}$，求点 M 的轨迹方程，并由点 M 的轨迹方程判断轨迹的形状．

类似地，我们通过直接法求得其轨迹方程为 $\dfrac{x^2}{25}-\dfrac{y^2}{100}=1(x\neq\pm5)$，从而得到点 M 在 x 型双曲线上．

对于这两道题，课本要求对它们进行比较．不难发现，前者斜率之积为负数，后者为正数．但是仅仅告诉学生这点是不完整的，实际上，可以借助"超级画板"进行如下拓展：动点 M 到两定点 $A(-a,0)$、$B(a,0)$ 连线的

斜率的乘积为 $k(k \in \mathbf{R})$，试探究点 M 的轨迹.

根据直接法，我们得到如下方程：$kx^2 - y^2 = ka^2 \ (x \neq \pm a)$，直接在"超级画板"的圆锥曲线方程中输入该方程，先固定 a（不妨令 $a=1$），对 k 做动画，则学生容易看到有不同的轨迹出现，下面截取动画中 5 个时刻的状态：

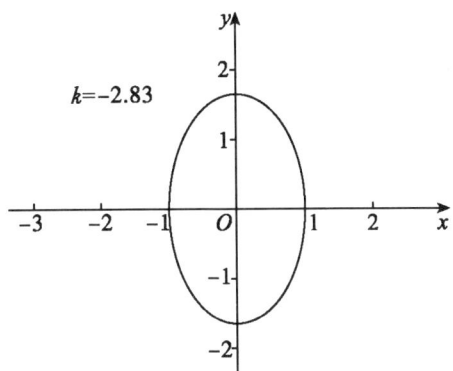

图 9

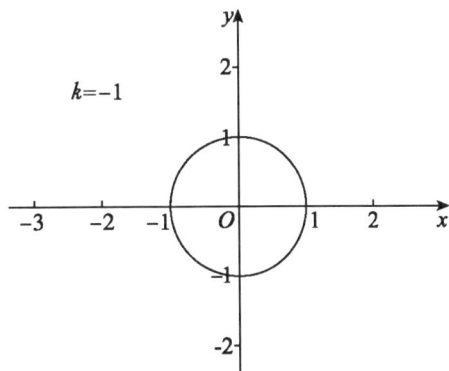

图 10

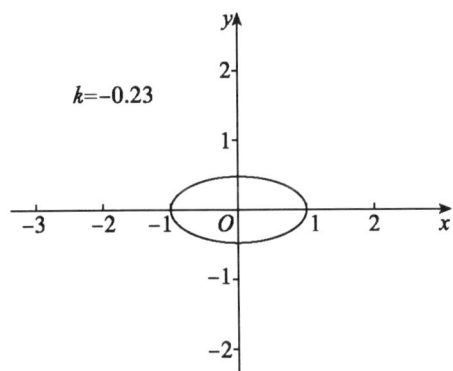

图 11

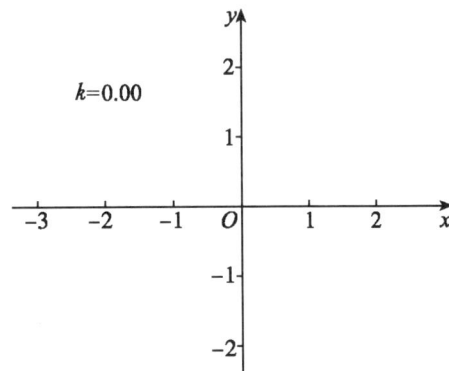

图 12

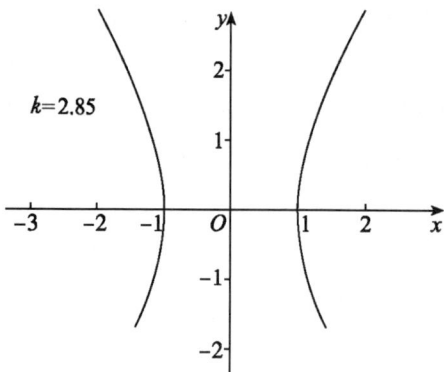

图 13

通过当场操作，演示动画，不仅让学生直观感觉数学的神奇美妙，而且对于很难想象的状态间的过渡时刻，学生也能清楚捕捉。在学生观察这些状态后，教师带领学生进行理论分析。

对于 $kx^2 - y^2 = ka^2 (x \neq \pm a)$，下面分类讨论：

当 $k = 0$ 时，代入上式得 $y = 0(x \neq \pm a)$，点 M 在直线上。

当 $k \neq 0$ 时，由于 $a^2 \neq 0$，所以 $ka^2 \neq 0$，两边同除以 ka^2，得 $\dfrac{x^2}{a^2} - \dfrac{y^2}{ka^2} = 1$ $(x \neq \pm a)$。

(1) 当 $k < -1$ 时，点 M 在 y 型椭圆上；

(2) 当 $k = -1$ 时，点 M 在圆上；

(3) 当 $-1 < k < 0$ 时，点 M 在 x 型椭圆上；

(4) 当 $k > 0$ 时，点 M 在 x 型双曲线上。

通过这样多角度、多层次的探究活动，学生在类比中学习，对椭圆、双曲线、圆、直线的区别和联系更加熟悉。在拓展的过程中，学生看到了不同知识点间的相关性，有利于形成知识链；在一题多用、一题多变的拓展中，学生看到了特殊与一般的转化；在拓展的过程中，学生的思维得到锻炼，达到解一题、通一类、提高一步的目的，并从中体验到数学发现给人带来的愉悦感和成就感，对学生创新意识和能力的发展具有很大的促进作用。

由此可见，"超级画板"能变静态为动态，化抽象为具象，集趣味性、技巧性和知识性于一体，给学生留下深刻印象的同时，帮助学生更有实感地去学习，有力培养了学生学习数学的兴趣，有效提高了学生的学习效率．数学教师在教学中将"超级画板"与数学教学有机结合，可以使数学变得更加形象化、生动化，更有利于充分揭示数学概念的形成与发展、数学思维的过程和实质，使数学教学收到事半功倍的效果．当然，"超级画板"也是一把双刃剑，盲目使用往往会酿成本末倒置、事倍功半的恶果．如何恰当使用"超级画板"，提高课堂效率，仍需广大数学教育工作者共同努力探索．最后，由于经验和能力有限，笔者衷心希望各位专家多多批评指教．

刍议高中数学实验教学的几个视角

福建省福州格致中学　宋建辉

信息技术的普及深刻影响着我们的日常学习和生活．身处信息时代的教师，在重新审视数学教学时，不禁产生疑问：信息技术如何与数学教学有效整合，才能促进学习？这样一个看似普通的问题，却映射出当前教师在理解、把握信息技术环境下数学教学时遇到的困惑与迷茫．本文根据目前高中数学教学现状，结合教学案例分析，提出了数学实验教学的四个维度，是实现信息技术与数学课程深层次整合的有效途径．

一、情境再现——解决基于历史性数学知识的教学

情境再现强调数学活动过程的再现，通过数学实验让学生经历数学知识的形成与应用过程，从而理解数学知识形成的意义，增强学习数学的兴趣．

例1　函数 $y = \sin x$ 的导数公式．

分析：在《导数及其应用》一章中，多数导数运算公式教材未给予证明，

学生只能被动接受，潜意识中造成了学生认为数学是生硬的、冰冷的，也影响了学生对导数几何意义的理解．该案例借助"几何画板"，创设实验情境，让学生在动手操作中发现公式，体验数学知识的自然生成过程，增进学生对导数几何意义的理解．

1. 实验目的

（1）学会用实验探求函数 $y=\sin x$ 的导数；

（2）体验"几何画板"作为学习数学的工具；

（3）学会探索、归纳，完成数学发现．

2. 实验步骤

（1）绘制函数 $y=\sin x$ 和 $y=\cos x$（隐藏）的图象；

（2）用"自定义工具"作过 $y=\sin x$ 的图象上点 P 处的切线；

（3）度量 P 的横坐标 x_P 及切线的斜率 k．

绘制点 $A(x_P, k)$．

追踪点 A，拖动点 P 时，看到了什么？（如图 1）

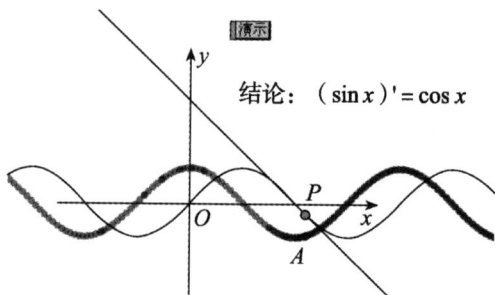

图 1

（4）得到的踪迹是谁的图象，试根据点 A 踪迹写出它的函数关系式；

（5）通过实验你得到了什么结论？

3. 实验分析

生：我们小组通过实验发现点 A 的踪迹是余弦函数 $y=\cos x$ 的图象，也就是 $y=\sin x$ 的导数的图象，这说明正弦函数的导数是余弦函数，即 $(\sin x)'=\cos x$．

反思：数学概念、公式和定理大多是由实际问题抽象出来的，因此在教学中，应当重视对其原型的分析和抽象，从实际事例或学生已有认知出发，通过数学实验，引导学生对原型加以抽象、概括，弄清数学知识的形成过程，使学生亲历数学知识的建构过程和提高学生的数学素养．虽然上述不是严格意义的证明，但也为数学概念、公式和定理的教学提供了一种思路．

二、结论论证——解决基于经验性数学知识的教学

结论验证类数学实验，强调应用观察、记录、分析等手段，可以检验数学或规律的正确与否．

例 2　区分切点和极点．

问题：已知 $x>0$，求 $x^2+\dfrac{1}{x}$ 的最小值．

生：因为 $x>0$，所以 $x^2+\dfrac{1}{x}\geqslant 2\sqrt{x}$（等号当且仅当 $x^2=\dfrac{1}{x}$，即 $x=1$ 时成立），将 $x=1$ 代入 $2\sqrt{x}$，得 $2\sqrt{x}=2$，所以 $x^2+\dfrac{1}{x}$ 的最小值为 2．

分析：在学习了利用基本不等式求最值之后，许多学生不理解上述问题的解法为什么是错的，许多教师也只做到再三强调 $2\sqrt{x}$ 不是定值，不符合用基本不等式求最值的三个要求——"一正、二定、三相等"．如此纠错，只能从"数"单方面去解释，很难让学生理解问题的本质．若从数学实验出发，运用"几何画板"进行验证，则能让学生弄清错误的原因和问题的本质．

1．实验过程（学生动手操作、自主探究）

步骤 1　利用"几何画板"作出函数 $y=x^2+\dfrac{1}{x}$ 的图象（如图 2）；

步骤 2　在同一个直角坐标系中画出函数 $y=x^2+\dfrac{1}{x}$ 和 $y=2\sqrt{x}$ 的图象（如图 3）．

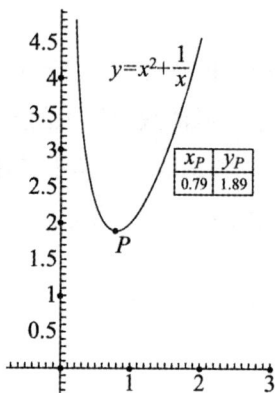

图 2

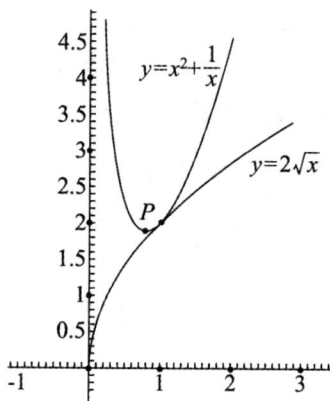

图 3

2. 实验结果分析

（1）观察函数 $y=x^2+\dfrac{1}{x}$ 的图象上点 P 坐标的变化，函数图象最低点的坐标为（0.79，1.89），从而知上述解答是错误的；

（2）观察函数 $y=x^2+\dfrac{1}{x}$ 和 $y=2\sqrt{x}$ 的图象，在观察中可以逐渐认识到：

"$x^2+\dfrac{1}{x}\geqslant 2\sqrt{x}$" 的几何意义是 "除切点外，曲线 $y=x^2+\dfrac{1}{x}$（$x>0$）在曲线 $y=2\sqrt{x}$ 的上方"；

"等号当且仅当 $x^2=\dfrac{1}{x}$，即 $x=1$ 时成立" 的几何意义是 "点（1，2）是曲线 $y=x^2+\dfrac{1}{x}$（$x>0$）和曲线 $y=2\sqrt{x}$ 的切点"；

"曲线 $y=x^2+\dfrac{1}{x}$（$x>0$）和曲线 $y=2\sqrt{x}$ 的切点不是曲线 $y=x^2+\dfrac{1}{x}$（$x>0$）的最低点".

3. 实验探究——什么时候切点就是最低点

若能找到直线 $y=a$（a 是定值）和曲线 $y=x^2+\dfrac{1}{x}$（$x>0$）相切，则切点就是最低点（如图 4），这也是用基本不等式一边需要定值的原因.

杏坛哲思——基于高中数学核心素养发展的教学探究

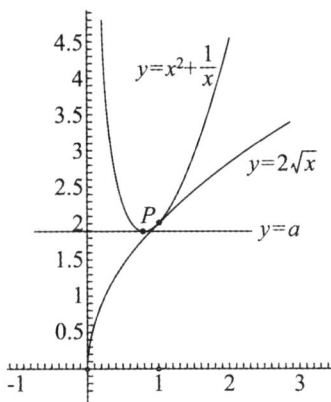

图 4

4. 实验结果论证

证明一：设 $y=x^2+\dfrac{1}{x}$，对其求导得 $y'=2x-\dfrac{1}{x^2}$，令 $y'=0$，解得 $x=\sqrt[3]{\dfrac{1}{2}}$，当 $x>\sqrt[3]{\dfrac{1}{2}}$ 时，$y'>0$；

当 $x<\sqrt[3]{\dfrac{1}{2}}$ 时，$y'<0$，所以当 $x=\sqrt[3]{\dfrac{1}{2}}$ 时，函数 $y=x^2+\dfrac{1}{x}$ 取得最小值 $\dfrac{3}{2}\sqrt[3]{2}$．

证明二：$x^2+\dfrac{1}{x}=x^2+\dfrac{1}{2x}+\dfrac{1}{2x}\geqslant 3\sqrt[3]{\dfrac{1}{4}}=\dfrac{3}{2}\sqrt[3]{2}$，当且仅当 $x^2=\dfrac{1}{2x}$，即 $x=\sqrt[3]{\dfrac{1}{2}}$ 时等号成立．所以 $x^2+\dfrac{1}{x}$ 的最小值为 $\dfrac{3}{2}\sqrt[3]{2}$．

反思：数学知识具有较强的抽象性，学生在学习新知识或新结论时，往往在心理上对新知识的理解有障碍，不能很好地将新知识内化到已有的理解结构中．通过数学实验对新知识或新结论加以检验，使抽象的数学结论具体化、直观化，增进学生对数学本质的理解．数学实验在这个问题中不仅起到快速检验的作用，还帮助学生区分了极点和切点两个不同的概念．

三、问题探索——解决基于探索性数学知识的教学

问题探索性教学实验是学生在教师的指导下，在一定的问题情境中，通过发现问题、调查研究、动手操作、表达与交流等探索性活动，获得知识、技能和态度的学习方式和学习过程.

例 3 探究人民教育出版社 A 版高中数学必修 5 第 31 页例 3.

分析：繁琐的计算、复杂的方程，只要给出算法，利用计算机就能得到解决. 纸笔运算很难得到观察需要的大量数据，所以许多数学结论只有通过推理论证才能被理解. 现在通过 Excel 等常见软件的快速运算，可以方便地得到观察所需要的数据，从而有利于学生作出猜想，并对结论有初步的体验以及理解数学的本质.

问题 1：设数列 $\{a_n\}$ 满足 $a_1 = 1$，$a_n = 1 + \dfrac{1}{a_{n-1}}$ $(n > 1)$，写出这个数列的前 5 项.

解答：该数列的前 5 项是 $a_1 = \dfrac{1}{1}$、$a_2 = \dfrac{2}{1}$、$a_3 = \dfrac{3}{2}$、$a_4 = \dfrac{5}{3}$、$a_5 = \dfrac{8}{5}$.
就题论题，该题似乎已经"结束"了，但这道题所蕴含的背景是什么？该数列具有什么性质？基于这样的思考，提出问题 2.

问题 2：试探索数列 $\{a_n\}$ 项的性质，并加以证明.

如何展开研究呢？借助 Excel 得到下列数据（如图 5），通过观察表中的数据，容易归纳出以下性质：

(1) $1 \leqslant a_n \leqslant 2$；

(2) $\dfrac{1}{a_n} \approx 0.618$；

(3) 数列 $\{a_n\}$ 的奇数项递增，偶数项递减；

(4) $|a_{n+1} - a_n|$ 递减，为了考察 $|a_{n+1} - a_n|$ 递减的速率，让 Excel 产生第"D"、第"E"列的数据，从而又有 $\dfrac{1}{3} \leqslant \left| \dfrac{a_{n+1} - a_n}{a_n - a_{n-1}} \right| \leqslant \dfrac{1}{2}$；…

	A	B	C	D	E
1	n	a_n	$a_{n+1}-a_n$	$\dfrac{a_{n+1}-a_n}{a_n-a_{n-1}}$	$\dfrac{1}{a_n}$
2	1	1			1
3	2	2	1		0.5
4	3	1.5	−0.5	−0.5	0.666666667
5	4	1.666666667	0.166666667	−0.333333333	0.6
6	5	1.6	−0.066666667	−0.4	0.625
7	6	1.625	0.025	−0.375	0.615384615
8	7	1.615384615	−0.009615385	−0.384615385	0.619047619
9	8	1.619047619	0.003663004	−0.380952381	0.61747059
10	9	1.617647056	−0.00140056	−0.382352941	0.618181818
11	10	1.618181818	0.000534759	−0.381818182	0.617977528
12	11	1.617977528	−0.00020429	−0.382022472	0.618055556
13	12	1.618055556	7.80275E-05	−0.381944444	0.618025751
14	13	1.618025751	−2.98045E-05	−0.381974249	0.618037135
15	14	1.618037135	1.13842E-05	−0.381962865	0.618032787
16	15	10618032787	−4.34839E-06	−0.381967213	0.618034448
17	16	1.618034448	1.66094E-06	−0.381965552	0.618033813
18	17	1.618033813	−6.34422E-07	−0.381966187	0.618034056
19	18	1.618034056	2.42327E-07	−0.381965945	0.618033963
20	19	1.618033963	−9.25608E-08	−0.381966037	0.618033999
21	20	1.618033999	3.53551E-08	−0.381966003	0.618033985
22	21	1.618033985	−1.35044E-08	−0.381966016	0.61803399
23	22	1.61803399	5.15824E-09	−0.381966009	0.618033988
24	23	1.618033988	−1.97027E-09	−0.381965993	0.618033989
25	24	1.618033989	7.52577E-10	−0.381965885	0.618033989

其中 $\dfrac{1}{a_n}\approx0.618$ 是黄金分割数，这样可以联想到数学史上著名的数列——斐波那契数列.

问题 3：写出该数列的一个通项公式.

由于数列的前 5 项是 $a_1=\dfrac{1}{1}$、$a_2=\dfrac{2}{1}$、$a_3=\dfrac{3}{2}$、$a_4=\dfrac{5}{3}$、$a_5=\dfrac{8}{5}$，观察发现，其分子、分母均是斐波那契数列，由此可得 $a_n=\dfrac{F_{n+1}}{F_n}$，其中 $F_1=1$，$F_2=1$，$F_n=F_{n-1}+F_{n-2}$（$n\geqslant3$，$n\in\mathbf{N}^*$），或运用斐波那契数列的通项公式可得数列 $\{a_n\}$ 的一个通项公式为 $a_n=\dfrac{(1+\sqrt5)^{n+1}-(1-\sqrt5)^{n+1}}{2[(1+\sqrt5)^n-(1-\sqrt5)^n]}$.

设计意图：通过数据（Excel）表格观察发现数列的性质，进而研究数列的递推关系和通项公式，经历多次"观察—猜想—论证"的过程，既让学生回顾了数列有关知识，也加深了对数列的认识和理解，这不仅仅从表面了解了数列的递推关系，更从数学的角度深层次地研究了它.

问题 4（拓展应用）：将 n 个自上而下相连的正方形着黑色或白色. 当 $n \leqslant 4$ 时，在所有不同的着色方案中，黑色正方形互不相邻的着色方案如图 5 所示：

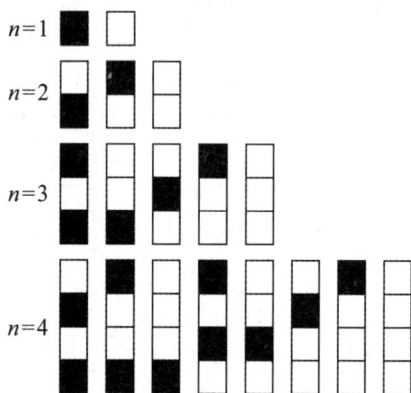

图 5

由此推断，当 $n = 6$ 时，黑色正方形互不相邻的着色方案共有 _____ 种.（结果用数值表示）

学生：从 $n = 1$、2、3、4，易得 $a_1 = 2$、$a_2 = 3$、$a_3 = 5$、$a_4 = 8$. 观察这个数列发现，$a_3 = a_1 + a_2$，$a_4 = a_2 + a_3$，则着色方案的种数满足斐波那契数列，则当 $n = 5$ 时，$a_5 = a_3 + a_4 = 13$、$a_6 = a_4 + a_5 = 21$.

设计意图：用斐波那契数列的思想去解决一些看似较难的数学问题，让学生欣赏斐波那契数列不一样的魅力，也让学生学会从不同的角度去看待数学问题.

反思：在问题探索类数学实验中，数学实验具有精确性、数据化的特点，给学生实现探索提供丰富的直观表象，有利于提高学生的探索、发现和推理能力.

四、综合应用——解决基于研究性数学知识的教学

研究性学习是新课程提倡的一种学习方式，综合应用类数学实验可以为学生创造解决现实问题的条件，让学生学以致用，提高学生应用数学知识解

决实际问题的能力.

例 4 如何找出已知椭圆的中心.

1. 背景

椭圆封头又名为椭圆形封头（如图 6、7），它被广泛应用于与石油、电子、化工、医药、轻纺、食品、机械、建筑、核电、航空航天、军工等行业中.

图 6

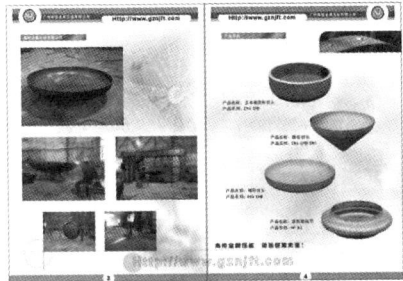

图 7

2. 提出问题

已知椭圆，如何确定它的中心？（这个问题有很强的实际意义，比如给出一个大口径的封头，我们要根据它的中心来设计其他配套产品）

3. 实验方案

（1）类比圆的圆心的确定，确定实验方案（如图 8）.

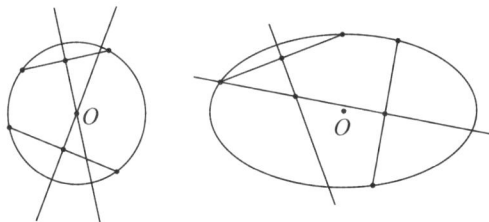

图 8

（2）调整实验方案，确定实验步骤（如图 9 所示）：

①在给点椭圆中任意作出两条平行弦 AB、CD；

②将 AB、CD 的中点连接成直线 l_1；

③在该椭圆中作出另外两条平行弦 EF、GH；

④将 EF、GH 的中点连接成直线 l_2；

⑤猜想：直线 l_1 和 l_2 的交点 O 即为椭圆的中心.

说明：其中第二次作出的平行弦和第一次的平行弦不能平行. 本方法的数学原理是，椭圆平行弦的中点轨迹一定经过椭圆的中心.

（3）实验验证：在椭圆上任取一点 P 作关于 O 的对称点 P'，一定在椭圆上.（如图 10）

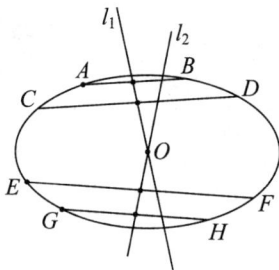
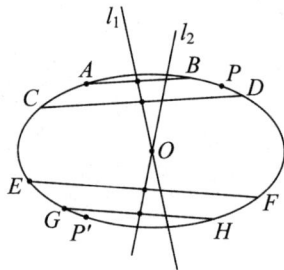

图 9　　　　　　　　　　　图 10

4. 实验证明

设椭圆 $\dfrac{x^2}{a^2}+\dfrac{y^2}{b^2}=1(a>b>0)$ 内的一组平行弦的斜率为定值 k，任取其中一条弦 PQ，它的中点坐标为 $(x_0,\ y_0)$，设 $P(x_1,\ y_1)$、$Q(x_2,\ y_2)$，代入椭圆中可得 $\dfrac{x_1^2}{a^2}+\dfrac{y_1^2}{b^2}=1$，$\dfrac{x_2^2}{a^2}+\dfrac{y_2^2}{b^2}=1$，相减得 $\dfrac{x_1^2-x_2^2}{a^2}+\dfrac{y_1^2-y_2^2}{b^2}=0$，变形得

$-\dfrac{b^2}{a^2}=\dfrac{(y_1-y_2)(y_1+y_2)}{(x_1-x_2)(x_1+x_2)}$，即 $-\dfrac{b^2}{a^2}=\dfrac{y_0}{x_0}k$，所以中点的轨迹方程为 $y=$

$-\dfrac{b^2}{a^2k}x$，它是经过椭圆中心的直线.

反思：确定椭圆中心的原理非常简单，是直线与圆锥曲线位置关系问题中"点差法"的基本应用，我们巧妙地移植过来用于寻找椭圆的中心，既显示了数学实验的巨大威力，也引起了学生的兴趣.

在数学实验教学中，学生通过实验操作，思维上经历了"直觉—直观—

矛盾—思考—猜想—验证"的过程，促进了学生对数学的理解，以及学习方式的改变，提高了学生的数学学习信念，激发了学生的创造性本能，从而彻底改变了以讲授"现成结果"为主、以"灌输"为特征的传统的数学教学模式，真正体现了以教师为主导、学生为主体的教学原则.

GeoGebra 数学实验课件设计表及其运用

福州高级中学　赖晓晖　江建雅

《国家教育事业发展"十三五"规划》中提到："全力推动信息技术与教育教学深度融合". 在数学课程与信息技术融合的过程中，突出的问题是：如何使教师的教学经验与信息技术技能熟练地融合互补，充分发挥双方的专长. 笔者在课题研究中不断完善基于 GeoGebra 的数学实验设计表，使之成为课件设计者与制作者的沟通桥梁. 本文对基于 GeoGebra 的数学实验设计表（如图 1）的构成要素进行阐述，并通过典型案例说明实验表在数学教学中的应用.

《基于 GeoGebra 的数学实验实践研究》课题
GeoGebra 数学实验设计表

实验名称		设计版本	
实验目的		设计者	
模型说明		文本与数据	
运动元素			
界面设计			
		20　年　月　日	
修改建议：			
	签名：　　　　　20　年　月　日		
备注：课件截图、脚本代码见背面			

图 1　GeoGebra 数学实验设计表

一、数学实验

数学实验是根据数学研究的
目的以及数学对象本身的特征，人为模拟创设有利于观察与思考的条件，从
而把数学对象的本质与规律暴露出来的一种方法、一种活动，可分为演示实
验、探究实验、验证实验. 除了实物模拟外，还可以用数学软件模拟，在实
验界面上呈现形与数的变化. 学生通过观察几何图形或数字、代数对象的变
化，归纳猜想某些结论，再让参数改变，从不同角度探究，验证或否定结论.
演示实验更侧重于演示变化过程和结果，观测量通常由教师预先设定. 而探
究实验是可变性强、拓展性好的数学实验，观测量可由学生确定，数学实验
课件提供测量工具. 验证实验用于验证某项结论的正确与否，通用性强的模
型变量较多，观测量相对明确.

二、GeoGebra

GeoGebra 是一款免费、开源的面向对象的动态数学软件，可以在电脑、
平板、手机上使用，涵盖了几何、代数、微积分、统计等中学数学的所有内
容. GeoGebra 有三个绘图区，作图可以通过绘图工具、指令、脚本三种途径
完成，包括 3D 绘图. 在 GeoGebra 中，任何点、线、面在代数区都有相应的
坐标或方程，图形与代数形式可同步变化，数形结合可轻松实现. 可以个性
化地设置点、线、面、几何体等对象的属性，还可以运行脚本改变这些属
性. 几何对象的数值通常就是长度、角度、面积、体积等，利于数学实验
中测量和给学生呈现. 数与变量、参数之间可轻松转化，还可以编辑
GeoGebra 脚本和 Javascript 脚本实现对某些对象或全局的控制. GeoGebra
很适合制作数学实验课件.

三、数学实验设计

实验设计包括：确定实验的内容、目标、流程．在实践中，笔者设计了一份 GeoGebra 数学实验设计表（如图 1），规范基于 GeoGebra 的数学实验设计流程，记录设计过程中对模型的思考，积累数学实验课件的设计与制作经验．

课件设计者基于教学经验提供数学实验设计方案，课件制作者通过阅读数学实验设计表，明了设计者所想，利于课件的顺利制作．下面说明表格中的主要内容：

1. 实验名称

实验名称直接体现实验内容，对实验内容的描述要准确，例如：正方体内一组平行截面．

2. 实验目标

实验目标包括知识、能力两个层面．知识层面指本次实验探究什么问题，学生能从中加深理解哪些概念、解决什么问题．能力层面指本次实验过程中将体验哪些探究方法，以培养学生的知识迁移能力，以及解决新问题的能力．

3. 模型说明

数学实验要构建数学模型，模型中有单个或多个变量，有些变量是独立控制，有些变量是相互关联，这里是从文字上说明模型的构成、工作原理．例如：数学实验"$y = \sin x$ 的图象变换为 $y = \sin\left(2x + \dfrac{\pi}{3}\right)$ 的图象"建构的模型为 $f(x) = A\sin(\omega_1 x + \omega_2 \varphi)$、$\omega_1 \in [1, 2]$、$\omega_2 \in [1, 2]$、$\varphi \in \left[0, \dfrac{\pi}{3}\right]$、$x \in \left[\dfrac{-\omega_2 \varphi}{\omega_1}, \dfrac{2\pi - \omega_2 \varphi}{\omega_1}\right]$．因为只画出一个周期的图象，所以 x 有取值范围的限制，图象变换时图象两个端点在变化，与 ω_1、ω_2、φ 关联．由于这个实验有两种实现途径，所以 ω 要分别设置 ω_1 和 ω_2 两个变量．

4. 运动对象

中学数学实验经常是探究参数与数、形的关系，GeoGebra 软件在动态图形与数形结合方面融合得很好，本处要说明图形中哪些对象（点线面）是运动变化的？运动轨迹是怎么样的？变化范围是什么？多个运动对象之间是否关联？对应的变量之间关系是什么？可以列出具体表达式，便于制作课件时引用或修改.

5. 文本与数据

课堂时间有限，在课堂上做数学实验要合理控制时间，这需要学生较快理解数学实验的内容、步骤、观测对象，明白界面上的各个对象与实验的关系. 所以，在数学实验的界面要呈现一些文字，例如：实验引导语句、实验步骤、题目、特殊点线面的方程等.

学生对动态图形的观察可以通过几何对象，也可以通过数据分析，尤其是在肉眼无法观察的细微之处、趋势性问题，通过数据分析可以很好说明变化情况. 在此处要指出具体的变量或对象的数据信息呈现需要并确定具体呈现方式，呈现的方式可以是数据文本、数据列表或者记录到表格，还可以在绘图区 2 中把数据用轨迹跟踪图画出，采集到数据的变化规律. 将数据信息呈现的大致位置在界面设计中标出，如果有颜色、字号、字体等特殊要求，要详细说明.

6. 界面设计

在此处画出实验界面示意图，在纸张上画出模型、标出文字和数据呈现的位置、大小、颜色等，标出运动变化元素的运动轨迹或变化范围，旁边辅以文字说明，标出滑动条放置位置，标出函数的解析式和曲线的方程.

通过填写上述表格，学生对整个数学实验有了充分思考，可以进一步思考、讨论需要作哪些改变.

7. 修改建议

模型建立起来后，本课题组成员之间实行交叉审核. 原创者和团队成员讨论，说明自己的想法、设计、理由. 根据团队成员的教学经验、课件制作经验以及对数学实验的理解，探讨实验设计的可行性和改进方向. 每条建议必定是一条很不错的思路，在此留下文字记录，便于集思广益. 需要在示意图上修改的，用不同颜色的笔标记出来.

课件制作好之后，还要试用课件，并不断修改. 在适合的时候，将制作好的课件带进课堂使用，收集师生的反馈意见和评价，再次改进实验设计和课件，使之成为精品课件.

8. 附件

附件包括课件界面截图和脚本代码. 截图与之前的界面设计形成对比、促进反思，真实记录优秀课件设计与制作的过程. 截图后面记录脚本代码，记录方式为："对象名＋单击时/更新时/全局 Javascript/＋脚本代码". 对于常见对象的脚本代码或编写得特别成功的脚本代码，应加以注释，说明其功能、变量含义等，提高代码的可读性，便于今后引用和改进. 脚本依托的对象在界面截图中要一目了然，便于理解脚本代码.

四、设计表运用案例

在市级公开课《函数 $f(x)=A\sin(\omega x+\varphi)$ 的图象》中，课堂信息量大、内容抽象、图形繁杂，学生较难理解，而该内容又是本章的重点和难点，因此很有必要采用计算机辅助教学手段. 探究 A、ω、φ 三个参数对图象变换规律的影响，分下面五个步骤实施：

（1）研究 φ 对图象变换规律的影响；

（2）研究 A 对图象变换规律的影响；

（3）研究 ω 对图象变换规律的影响；

（4）研究 $y=\sin(\omega x+\varphi)$ 的图象；

（5）研究 $y=A\sin(\omega x+\varphi)$ 图象.

前三个步骤由学生在课堂上用平板电脑运用 GeoGebra 进行数学实验，发现并总结规律，教学效果显著. 下面笔者就第四步"$y=\sin x$ 的图象变换为 $y=\sin(\omega x+\varphi)$ 的图象"的 GeoGebra 数学实验的设计表和修改过程进行阐述.

GeoGebra 数学实验设计表　　　　　编号 _____

实验名称	$y=\sin x$ 的图象变换为 $y=\sin(wx+\varphi)$ 的图象	设计版本	
实验目的	1. 通过实验操作，学生可验证自己设计的图象变换过程是否正确 2. 对多种图象变换的途径进行验证	设计者	赖晓辉
模型说明	1. 提供两种图象变换的路径，用复选框实现 2. 学生自行输入变换的参数（用输入框），并动画作图 3. 保留图象变换的中间产品（图象）以及最终目标图象	文本与数据	1. 特殊点的坐标 2. 一个周期的左右端点坐标要呈现 3. 两种变换路径要文字说明 4. 操作说明、实验任务单独编写，印发给学生
运动元素	1. 参数 w，φ 作为运动元素，变化上限是输入的数据 2. 函数的定义域、图象端点在变化，与输入的参数有关		
界面设计			

"$y=\sin x$ 的图象变换为 $y=\sin(\omega x+\varphi)$ 的图象" 是本节课的难点，通常教学中学生一知半解，最后只好用死记硬背的方法直接记两种图象变换与对应参数变化量的关系，记忆时效短，极易混淆出错. 笔者设计了一个验证实验. 设计的目标是让学生通过实验直观感知不同的图象变换能得到哪些结果，并操作和确认，验证哪些变换是正确的. 用图形直观验证正确与错误可给学生留下深刻印象. 这个验证实验可以进一步改进为探究实验，通过观察图象上任意一点的坐标变化，探究这两种变换的图象与解析式之间的对应关系，在"特殊⇒一般⇒特殊"的过程中体验认识事物的规律和方法，提高学生抽象概括能力、论证能力等，并渗透数形结合思想.

因为需要学生展示自己的想法，初学者想法多，所以交互性要强. 在审核课件设计表时，教师的意见是两种变换要融合在一个实验界面且图象变换的顺序不乱，还需要尽量减少师生的操作. 课件制作者充分利用 GeoGebra 的脚本编程，对同一组变量，在不同选择下赋予相应的文字、数值、变量，将一系列复杂的操作过程内化为程序，使得实验界面简洁、操作简单，同时充分展示学生的想法，提高学生的应用意识和创新意识.

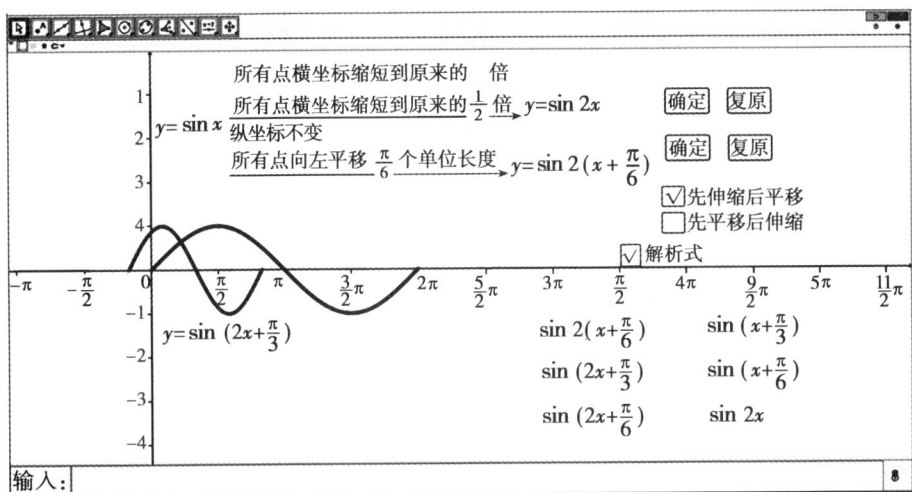

图 2

不同图象变换的函数解析式是不同的，在实验界面上必须出现函数解析式及其对应的图象，学生才能有效辨别参数变化的正误. 在试讲时发现，教师在交互白板上操作，文字和解析式的输入占用了较多时间. 制作者灵活运用 GeoGebra 指令嵌套，利用平板电脑、交互白板的触屏功能，设计了一个模块，只需点击预备的表达式就可以在指定的位置呈现解析式. 设计者如果能了解 GeoGebra 软件功能及所用硬件的特性，设计出简洁实用、容易理解的实验课件（如图 2），那么学生就有充分的课堂时间用于思考问题.

让学生在课前通过图文说明了解课件的操作，课堂上完成实验所需时间将大大减少. 因此在课件制作完成后，将课件截图辅以文字说明作为操作说明，再将实验任务、实验引导语句编写好，印发给学生. 相应的电子文档可以作为附件添加到设计表.

五、设计表改进方向

为了了解一个数学实验课件是否有效帮助学生突破学习难点，可以设计对照实验：一个班级在课堂上使用实验课件，另一个班级不使用实验课件，分别对两个班级随堂测验以及一段时间后再次测验。通过数据分析、评价该数学实验课件是否达到目标。测验题、测试数据、数据分析结果及反思可以以附件的形式添加到设计表后，作为今后再次设计的参考。这样，行动研究的一个周期就被完整地记录下来。

《抛物线的定义与标准方程》教学设计

莆田第一中学　蔡晶晶

【设计理念】

解析几何是通过建立直角坐标系，用代数方法解决几何问题的学科。它主要研究两个问题：①已知曲线求方程；②已知方程研究曲线性质。抛物线的定义及标准方程是圆锥曲线中的重要内容，初中学生对抛物线有了一定的认识和理解，知道平抛运动的轨迹是抛物线。初中数学主要从函数图象的角度进行分析，目的是让学生更直观地理解二次函数的性质，但对抛物线本身的定义和方程未作深入地探索和研究，本节课的目的就是从解析几何的角度认识和学习抛物线。另外，学生在此之前已经学习了直线、圆、椭圆、双曲线，对解析几何的基本方法也有深入的认识，所以这节课无论从内容和方法上都是前面所学知识方法的类比与延伸。通过本节课的学习，学生不仅能掌握抛物线的几何特征、定义和标准方程，为后面学习抛物线的性质及其在实际问题中的应用打好基础，而且有助于提高学生观察分析能力与抽象概括能力，学生的逻辑推理和数学运算素养也能得到提升，使学生进一步感受圆锥曲线在刻画现实世界和解决实际问题中的作用.

【教学目标】

（1）通过共同探索，推导出抛物线的定义和标准方程；

（2）熟练掌握抛物线的标准方程、焦点坐标和准线方程的相互转化；

（3）通过主动探究，培养学生观察、猜想、归纳、类比的能力，以及运用所学知识解决实际问题的能力.

【教学重难点】

（1）教学重点：掌握抛物线的定义及其标准方程，能熟练运用定义和标准方程解决问题；

（2）教学难点：用坐标法求出抛物线的标准方程，以及恰当建立坐标系的重要性；引导学生正确进行数学图形语言、文字语言、符号语言的相互转化.

【教学过程】

一、引入

师：观察音乐喷泉、射电望远镜、太阳灶、探照灯四张图片，请同学们谈谈还有哪些抛物线的实际应用.

 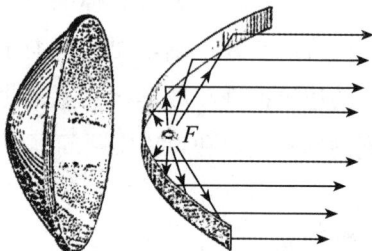

图 1　太阳灶　　　　　　　　　图 2　探照灯

生：（略）

师：观察上图可以发现，光线聚焦于太阳灶上一点，或光线从探照灯的聚焦点发出后，经过镜面反射以平行光束射出，这个聚焦点就是抛物线的一个特殊点.

设计意图：从生活中的实例出发，引导学生用数学的眼光观察世界.

二、探究

探究活动 1：

师：初中我们学过的二次函数的图象是一条抛物线. 下面我们以函数 $y=x^2$ 的图象为例，研究一下这条抛物线上任意一点 $M(x，y)$ 到定点 $F\left(0，\dfrac{1}{4}\right)$ 的距离是多少.

生：$|MF|=\sqrt{x^2+\left(y-\dfrac{1}{4}\right)^2}=\sqrt{x^2+\left(x^2-\dfrac{1}{4}\right)^2}=\sqrt{\left(x^2+\dfrac{1}{4}\right)^2}=$

$\sqrt{\left(y+\dfrac{1}{4}\right)^2}=\left|y+\dfrac{1}{4}\right|.$

师：$\left|y+\dfrac{1}{4}\right|$ 的几何意义是什么？

生：点 $M（x，y）$ 到定直线 $y=-\dfrac{1}{4}$ 的距离.

师：从中可以得到什么结论？

生：抛物线 $y=x^2$ 上任意一点 M 到定点 $F\left(0，\dfrac{1}{4}\right)$ 的距离等于点 M 到定

直线 $y = -\dfrac{1}{4}$ 的距离.

师：请猜想一下，在平面内与一个定点 F 和一条定直线 l 距离相等的点的轨迹是什么？

设计意图：渗透从特殊到一般的思想，发展学生直观想象的能力.

探究活动 2：

如图 3 所示，点 F 是平面内一定点，定直线 l 不经过点 F，过 l 上的任意一点 H，作 l 的垂线 HM，线段 FH 的垂直平分线 m 交 HM 于点 M.

师：点 M 满足什么几何条件？

生：$|MF| = |MH|$，即点 M 到定点 F 和点 M 到定直线 l 的距离相等.

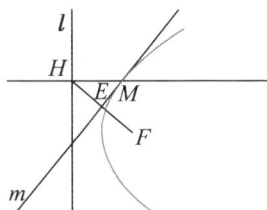

图 3

师：拖动点 H，观察点 M 的轨迹是什么？

生：点 M 的轨迹为一条抛物线.

设计意图：利用"几何画板"进行实验探究，直观感知到定点和到定直线的距离相等的点的轨迹为抛物线，为下一环节归纳定义做好铺垫.

三、解释

师：通过前面的探究，请同学们试着归纳一下抛物线的定义.

生：在平面内，与一个定点 F 和一条定直线 l（l 不经过点 F）距离相等的点的轨迹叫做抛物线.

师：设抛物线的焦点 F 到准线 l 的距离为常数 p（$p > 0$），应如何合理建系，使方程更简洁呢？

第一步：建系设点. 如图 4 所示，取经过点 F 且垂直于直线 l 的直线为 x 轴，垂足为 K，并使原点与线段 KF 的中点重合，建立直角坐标系；设 $|KF| = p$（$p > 0$），则焦点 F 坐标为 $\left(\dfrac{p}{2}, 0\right)$，准线 l 方程为 $x = -\dfrac{p}{2}$；设点 $M(x, y)$ 为抛物线上任意一点.

第二步：建立等量关系. 点 M 到 l 的距离为 d，由

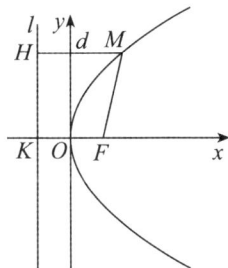

图 4

抛物线定义可知，抛物线就是点的集合 $P=\{M\,|\,|MF|=d\}$.

第三步：代入化简. 因为 $|MF|=\sqrt{\left(x-\dfrac{p}{2}\right)^2+y^2}$，$d=\left|x+\dfrac{p}{2}\right|$，所以

$\sqrt{\left(x-\dfrac{p}{2}\right)^2+y^2}=\left|x+\dfrac{p}{2}\right|$，两边平方后，化简得：$y^2=2px(p>0)$.

师：$y^2=2px(p>0)$ 表示焦点在 x 轴正半轴上的抛物线的标准方程，焦点坐标为 $\left(\dfrac{p}{2},\,0\right)$，准线方程为 $x=-\dfrac{p}{2}$.

设计意图：通过对抛物线定义的归纳与标准方程的推导，发展学生的合情推理能力与数学运算能力，深化学生对数学抽象过程的体验与数学概念内涵的认知.

四、精致

追问 1：在建立椭圆、双曲线的标准方程时，选择不同的坐标系，可以得到不同形式的标准方程. 那么，抛物线的标准方程还有哪些不同形式？如何求其他三种抛物线的标准方程？

设计意图：通过类比推理，发展学生的数学运算能力和逻辑推理能力.

师：请同学们完成下表.

生：

图形	焦点位置	标准方程	焦点坐标	准线方程
	x 轴的正半轴上	$y^2=2px$ $(p>0)$	$\left(\dfrac{p}{2},\,0\right)$	$x=-\dfrac{p}{2}$
	x 轴的负半轴上	$y^2=-2px$ $(p>0)$	$\left(-\dfrac{p}{2},\,0\right)$	$x=\dfrac{p}{2}$

图形	焦点位置	标准方程	焦点坐标	准线方程
	y 轴的正半轴上	$x^2=2py$ $(p>0)$	$\left(0,\dfrac{p}{2}\right)$	$y=-\dfrac{p}{2}$
	y 轴的负半轴上	$x^2=-2py$ $(p>0)$	$\left(0,-\dfrac{p}{2}\right)$	$y=\dfrac{p}{2}$

追问 2：已知抛物线的标准方程，如何确定焦点坐标和准线方程？

（1）焦点坐标与一次项系数的关系：_____；

（2）准线方程与一次项系数的关系：_____.

追问 3：从中你可以总结出哪些规律？

一次项的变量为 x（或 y），焦点就在 x 轴（或 y 轴）上；一次项系数的正负决定了焦点位置和开口方向.

设计意图：通过对焦点、准线位置的分析，培养学生的抽象概括能力，加深学生对新概念的理解.

例 1　（1）已知抛物线的标准方程是 $y^2=2x$，求其焦点坐标及准线方程；

（2）已知焦点坐标是 $F\left(0,-\dfrac{1}{2}\right)$，求抛物线的标准方程；

（3）已知抛物线的准线方程为 $x=1$，求抛物线的标准方程.

变式：求下列抛物线的焦点坐标和准线方程.

（1）$y=8x^2$；

（2）$x^2+8y=0$.

师：通过以上过程，同学们有什么体会？

生：第一，用待定系数法求标准方程时，应先确定抛物线的形式，再求 p 的值；

第二,求焦点坐标和准线方程时,要先将已知抛物线方程化为标准方程,再求解.

设计意图:发展学生的数学运算能力和逻辑推理能力,启发学生领悟数学的解题策略与思想方法.

五、评价

例 2 一种卫星接收天线的轴截面如图 5 所示,卫星波束呈近似平行状态的射入轴截面为抛物线的接收天线,经反射聚集到焦点处,已知接收天线的口径为 4.8 m,深度为 0.5 m,试建立适当的坐标系,求抛物线的标准方程和焦点坐标.

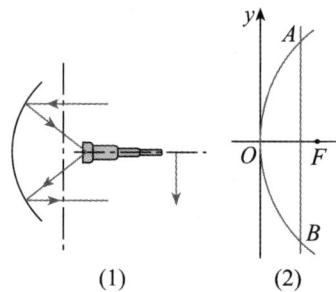

图 5

设计意图:用数学的思维分析世界,通过数学模型的建立、优化和应用,最终解决问题.

师:在本节课的学习中,你学到哪些知识与方法?体会到哪些数学思想?经历了哪些学习环节?哪个环节收获最大,你有什么体会?

【专家点评】

本节课的设计遵循 5E 教学模式,它是一种基于探究的教学策略与课程发展模式,包括引入、探究、解释、精致、评价五个环节,强调以学生为中心,设计问题串和相应的教学情境,引导学生自主探究,加深学生对概念的理解与知识的建构. 在引入环节中,教师通过创设情境合理铺垫,激发学生主动探究的欲望,为下一环节探究做好准备;在探究环节中,学生针对特定内容进行探究,观察现象、建立联系、概括规律,提升推理、运算等素养;在解释环节,学生用自己的语言解释探究结果,形成初步概念,教师再给出完整概念,使新概念明确化和可理解化,并通过"几何画板"进行实验探究,促进学生对新概念的深入理解;在精致环节,学生在教师的引导下,对相应的概念、过程和方法进行归纳总结,并利用新概念解决新问题,全方位地理解概念内涵及外延拓展；在评价环节，教师对学生的学习及时评价适时点拨，引导学生运用所学知识解决实际问题．在本节课中，教师恰当地运用 5E 教学模式开展概念课教学，促进学生更好地理解数学概念的内涵及外延，体现了形与数的统一与转化，培养学生的理性思维和科学精神，有利于新课程理念的发展和目标的落实．

点评专家：福建师范大学附属中学　江泽

《二项式定理（第一课时）》教学设计

福建省泉州第五中学　黄寒凝

【设计理念】

中学教材中的二项式定理主要包括：二项式定理的推导、通项公式、杨辉三角、二项式系数的性质及二项式定理的应用等．二项式定理是初中多项式乘法公式的推广，是排列组合知识的具体运用，本节课起到了承上启下的作用，是对之前所学计数原理的巩固，也是为之后随机变量及其分布（特别是二项分布）作铺垫，作为一节核心概念课，教学的导向尤为重要．学生在初中是从具体式子感知多项式的展开，从现阶段学生的思维特点分析，大部分学生虽然对计数原理已有一定认识，但并未将多项式乘法与计数原理知识联系在一起，难以从特殊问题中发现二项展开式中二项式系数和组合数之间的联系，因此教师如何设计问题因势利导、启发学生，是本节课需要思考的重点．因此，本节课通过从特殊到一般的数学思想方法的运用，帮助学生掌握"猜想—归纳—论证"的数学研究过程，通过生动形象的取球模型设计，探究二项式定理的形成过程，体会计数原理在求展开式中特殊项的系数的应用，使学生在数学符号化、抽象化等方面得到有效的锻炼，有意识地培育学生数学抽象、逻辑推理、数学建模等数学核心素养.

【教学目标】

（1）理解并掌握二项式定理，能利用计数原理的思想推导二项式定理；

（2）准确理解二项式定理中的数学概念（项、项的系数、二项式系数、通项公式等），能利用通项公式求某一项的系数；

（3）通过学生参与和探究二项式定理的形成过程，培养学生观察、分析、概括的能力，以及化归的意识与方法迁移的能力，培养学生建立数学模型的核心素养，体会从特殊到一般的思维方式，并能灵活运用数学思想方法解决问题；

（4）培养学生的自主探究意识、合作精神.

【教学重难点】

（1）教学重点：掌握二项式定理中的数学概念，并能够利用通项公式及计数原理法解决二项展开式中项的系数的问题；

（2）教学难点：二项式定理的形成过程，利用计数原理的思想推导二项式定理并将此方法应用于解题中.

【教学过程】

一、创设问题情境，引入课题

教师提问：如果今天是星期二，请问再过 8^2、8^3、8^{10} 天后是星期几？

通过问题引导，引入本节课课题：今天我们要研究的是形如 $(a+b)^n$ 展开的结果.

二、提出课题，课堂探究

教师提问：$(a+b)^2=$？ $(a+b)^3=$？ $(a+b)^4=$？

$(a+b)^2=a^2+2ab+b^2$

$(a+b)^3=a^3+3a^2b+3ab^2+b^3$

$(a+b)^4=a^4+4a^3b+6a^2b^2+4ab^3+b^4$

当学生解决了这三个展开式后,继续提出问题$(a+b)^5$的展开式是什么?引导学生从特殊到一般去发现规律性的结论.

$(a+b)^5=a^5+5a^4b+10a^3b^2+10a^2b^3+5ab^4+b^5$

教师提问：$(a+b)^{10}=$？

师：同学们,你们现在的困惑,就是牛顿当年的困惑……

那是1664年冬,22岁的牛顿在研读沃利斯博士的《无穷算术》时,也进行了这样的思考$(a+b)^2=$？、$(a+b)^3=$？、$(a+b)^4=$？ 如果你是牛顿,接下来会思考一个什么问题呢?

生：一般情形下,当$n \in \mathbf{N}^*$时,$(a+b)^n$等于多少?

师：同学们很聪明啊,和伟大的牛顿当年想的一样! 那么今天,就让我们沿着大数学家牛顿的足迹,重温他探究、发现重要定理的过程.

设计意图：从学生的认知水平出发设置问题情境,在困惑中激发学生思考解决问题的方法,让多数学生能动手动脑,不仅能激发学生学习数学的兴趣,更能调动学生学习新知识的积极性. 数学不是冰冷的,它是来自现实的火热思考. 在问题情境中渗透数学史,且紧扣本节课的主题与重点.

三、转换角度、探索新知

回顾：$(a+b+c)(e+d)$的展开式,进而引导学生分析$(a+b)^2$的展开式.

请思考问题：

(1) 展开式中各种有几项?是如何得到的?

(2) 展开式中各个单项式项的构成是怎样的?

(通过具有导向性的问题能指引学生明确研究方向)

$(a+b)^2=(a+b)(a+b)$是2个$(a+b)$相乘,根据多项式乘法法则,每个$(a+b)$再相乘时有两种选择,选a或选b,而且每个$(a+b)$中的a或b都选定后，才能得到展开式的一项. 于是，由分步乘法原理，在合并同类项之前，$(a+b)^2$ 的展开式有 4 项，而且每一项都是 $a^{2-k}b^k(k=0，1，2)$ 的形式.

每个都不取 b 的情况有 1 种，即 C_2^0，即 a^2 前的系数为 C_2^0；

恰有 1 个取 b 的情况有 2 种，即 C_2^1，即 ab 前的系数为 C_2^1；

恰有 2 个取 b 的情况有 1 种，即 C_2^2，即 b^2 前的系数为 C_2^2；

因此，$(a+b)^2=(a+b)(a+b)=a^2+2ab+b^2=C_2^0a^2+C_2^1ab+C_2^2b^2$，

教师用形象生动的取球模型动画展示项的构成过程：

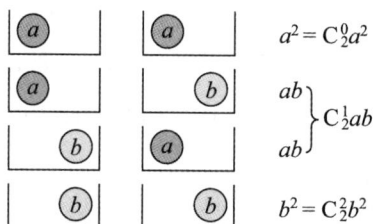

提问：$(a+b)^3=?$ 依然引导学生回答刚才两个问题.

设计意图：预设当学生思维遇阻时，降低难度，让学生体会展开式的项及其各项系数的由来；引导学生用计数原理进行再思考，分析各项以及项的个数，这也为推导 $(a+b)^n$ 的展开式提供了方法.

师：同学们分析得不错. 其实，根据多项式乘法则，$(a+b)^3$ 展开式的每一项都是从这 3 个括号中任取一个字母相乘得到的. 我们分析的结论是有 4 种不同类型的项，第一类：3 个括号都取 a 相乘得到 a^3；第二类：2 个括号都取 a，一个括号取 b 得到 a^2b；第三类：2 个括号都取 b，一个括号取 a 得到 ab^2，第四类：三个括号都取 b 相乘得到 b^3.

师：同学们，请具体分析 a^2b 有哪几种情形可以得到？它的系数又是如何确定的？试着转化二项式系数为组合数 C_3^1.

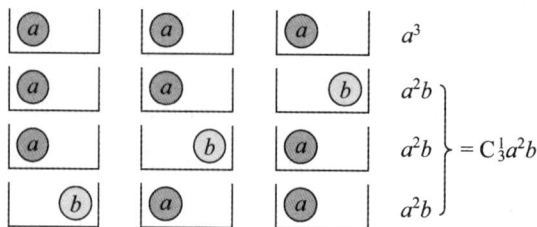

杏坛哲思——基于高中数学核心素养发展的教学探究

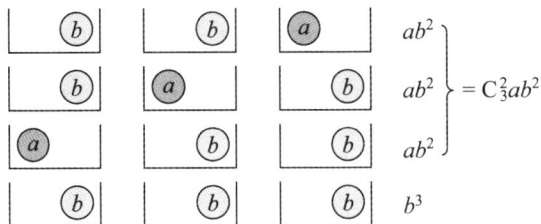

师：一般情形下，当 $n \in \mathbf{N}^*$ 时，$(a+b)^n$ 展开有多少种不同类型的项？

生：有 $n+1$ 种不同类型的项 a^n，$a^{n-1}b$，$a^{n-2}b^2$，$a^{n-3}b^3$，$\cdots$，$a^{n-r}b^r$，$\cdots$，ab^{n-1}，b^n.

师：大家研究一下 $a^{n-r}b^r$ 都有哪几种情形可以得到？它的系数又是如何确定的？

生：$a^{n-r}b^r$ 表示 n 个括号中有 $(n-r)$ 个取 a 相乘，r 个取 b 相乘，共有 C_n^r 项 $a^{n-r}b^r$，所以系数为 C_n^r.

设计意图：启发学生再思考，目的是让学生找到二项式展开式的各项及其系数，对于学生的发现及时给予充分的表扬和鼓励. 这个过程让学生亲身经历了从"繁杂计算之苦"到领悟"分步乘法原理与组合数的简洁美"，有意识地培养学生观察、分析、概括的能力，以及化归转化的意识与方法迁移的能力，培养学生数学抽象、数学建模等核心素养，这也是一个内化的过程.

四、解读定理、揭示内涵

一般情形下，当 $n \in \mathbf{N}^*$ 时，$(a+b)^n = \mathrm{C}_n^0 a^n + \mathrm{C}_n^1 a^{n-1}b + \cdots + \mathrm{C}_n^r a^{n-r}b^r + \cdots + \mathrm{C}_n^n b^n$，

（1）项数：共有 $n+1$ 项；

（2）次数：各项的次数和均为 n；

（3）第 $r+1$ 项的通项公式：$T_{r+1} = \mathrm{C}_n^r a^{n-r}b^r$，其中 $a^{n-r}b^r$ 是从 n 个 $(a+b)$ 中取 r 个 b，$(n-r)$ 个 a 相乘得到的，且共有 C_n^r 种取法. 也就是说，有 C_n^r 种情形，相乘后可以得到 $a^{n-r}b^r$，合并同类项后，该项的系数就是 C_n^r；

（4）注意区分项、二项式系数、项的系数这三个概念.

师：回扣引入，给出 $(7+1)^{10}$ 的展开式，首尾呼应.

五、典型例题分析

例：已知$(2-x)^n$的展开式中，第3项的二项式系数与第5项的二项式系数相等.

（1）求展开式中第4项及第4项的系数；

（2）求展开式中x^4的系数.

设计意图：有助于解决问题的"精、准、简"，强化学生对容易混淆知识点的理解，熟悉通项公式的应用.

变式：求$(2-x+y)^6$展开式中x^4的系数.

变式设计意图：从公式法与组合法、赋值法等多角度引导学生解决问题，深化学生对计数原理在求展开式中特殊项的系数应用的理解，提升学生在面对陌生问题时，对知识的应用能力与化归转化能力.

六、强化训练，巩固提升

（1）课堂基础练习：求$(2x-1)^7$的展开式中x^4的系数；

（2）课堂提升练习：求$(x^2+x+y)^5$的展开式中x^5y^2的系数.

七、归纳总结，布置作业

（1）知识性总结；

（2）技能性总结；

（3）数学思想方法的提炼；

（4）作业：课本第36页的第1、2、3、4、5、8题.

【专家点评】

高中阶段数学学习的内容很多，每一个独立知识体系都有其独特的概念理论. 对于学生来说，不管是表象的认知还是概念的延伸都有着不小的难度. 以概念的教学构成来说，从概念的建立、概念内涵的理解、概念的延伸和拓展到概念的运用，学生的心理随着概念的深入时刻发生重大的变化，作为高中的数学教师要特别注重概念的建立和概念内涵的理解两个最基本的教学环节. 因此，重视高中数学概念课的教学过程，关注学生在数学概念建构过程中的差异表现，实施差异化教学是必要的.

本节课从学生的认知出发，先从特殊到一般引导学生自主产生二项式定理，使得抽象思维能力差的学生能先接纳定理的形式，掌握定理的表征，接着利用盒子摸球模型，借用直观的数学模型引导学生思考定理的产生过程，创设了良好的教学情境，为抽象思维能力存在差异性的学生铺好学习台阶，在帮助学生理解定理的同时，也提高了抽象思维的数学学科素养，最后进行定理的理论推导与应用，让学生在经历了知识从直观到抽象的过程之后对定理理解较为深刻. 不同水平的学生在本节课的学习中都处于一种主动探求知识的状态，教师在教学的过程中没有急于阐述概念的表达，而是通过一些实践事例的分析，一层层剥开概念的生成，使学生的理解到达概念的核心位置，看清其本质属性，并且在这个过程中不忘记关注各个层面学生的信息反馈，尽量使得各个层面的学生达到理解的最高层次. 整节课学生的参与度与学习热情较高，并且首尾呼应回归应用，课堂自然流畅，数学思想、方法和数学文化都得到了较好的体现.

点评专家：福建省泉州市教育科学研究所　姚承佳

《古典概型》教学设计

福建师范大学附属中学　许丽丽

【设计理念】

概率论是一门核心的数学学科，更是观测世界的一种基本方法. 当然，概率的概念、方法、理论等知识是教学的基本内容，掌握这些内容是教学的重要目标之一. 除此之外，我们希望学生在接受知识的同时，能形成技能、发展能力，能吸收学科的文化，养成理性的精神，进而完成文化的传承．于是，在设计本节课时，笔者融入概率发展史，将古典概型置于概率论整体体系中，让学生充分了解古典概型问题的解决在概率论中的重要作用．这既可以激发学生的兴趣，又有助于学生对概念、方法和原理的理解；而且，通过对历史的了解，学生仿佛置身于学科发展的历史情境中，亲身体验知识一步步的发展及逐渐成熟的艰难过程，体会研究者的艰辛及他们不畏艰险、追求理想的精神．

【教学目标】

（1）认识基本事件的定义及古典概型的特征，理解古典概型的计算公式，并会解简单的古典概率问题；

（2）通过体验历史名题的探究过程，在多种解法的激烈辩证中，深入感悟古典概型的基本特征，深层领会公式的意义，以及掌握基本事件可能与否的判别方法；

（3）回溯古典概型在概率发展史上的重要地位，了解数学发展的基本规律和基本思想，感受数学发展的曲折，形成事实求是的科学态度，增强锲而不舍的求学品质．

【教学重难点】

（1）教学重点：理解古典概型的特征及概率计算公式；

（2）教学难点：古典概型的判别、基本事件的确定与列举．

【教学过程】

一、创设情境，激趣引入

我们已经学过概率的定义、意义及基本性质．那么，到目前为止，我们是如何求事件发生的概率的呢？是的，可以通过做试验的办法，用频率来估计概率. 这种方法实际上是从统计学的角度计算概率, 可以看作是概率的统计定义. 如果不做试验, 我们有没有一些求概率的通用方法呢? 或者针对具有共同特征的概率问题, 我们能不能有统一的公式求解呢? 请学生思考概率学中经典的 "赌金分配" 问题.

17 世纪, 法国数学家帕斯卡曾经致信给费马, 与其讨论一道史称为 "赌金分配" 的问题: 甲、乙两人 (赌技相当) 进行赌博游戏, 每局比赛都分出胜负, 没有平局; 双方约定, 各出赌金 96 枚金币, 先赢三局者可获得全部赌金 192 枚金币; 但比赛中途因故终止了, 此时甲赢了 2 局, 乙赢了 1 局. 如果你是裁判, 如何分配赌金才能保证游戏的公平?

设计意图: 复习概率的频率估计法, 同时为本节课的学习做好铺垫, 先研究某一类概率计算的问题, 以历史上著名的 "赌金分配" 问题导入, 激发学生的探究欲望, 期待产生不同结果, 积极讨论, 引出古典概型的特征及计算公式.

二、抽象归纳, 形成概念

师: 你们是如何思考这个问题的呢? 为了达到公平, 应该如何制定赌金分配的标准呢?

生: 按照甲、乙取胜的概率比例来分配赌金.

师: 这个想法很好, 那么你会求这个概率吗?

生$_1$: 我认为乙必须再赢两局才可能获胜. 由于两人赌技相当, 故乙在第四局中的获胜概率是 0.5; 同样, 乙在第五局中的获胜概率也是 0.5. 因此, 乙连赢两局的概率是 0.25. 所以, 我认为, 乙获胜的概率是 0.25, 甲获胜的概率是 0.75, 赌金应该分给甲 144 枚, 分给乙 48 枚.

师: 好, 这里乙获胜的概率是如何求的?

生$_1$: 0.5 与 0.5 相乘, 得 0.25.

师: 为什么两局获胜概率相乘, 就是乙最终获胜的概率呢?

生$_1$: (回答不上来)

师: 其他同学求的结论跟他一样吗?

生$_2$: 我和他的答案是一样的, 但我是用树状图求得的. 在第四局中可能是甲获胜，也可能是乙获胜；同样，这种情况在第五局中也一样；因此，甲获胜概率是 0.75，而乙只有 0.25.

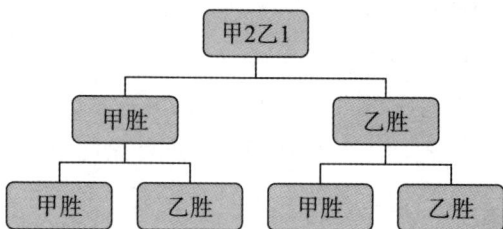

师：嗯，他认为后续比赛可能出现以上 4 种结果，甲获胜的情况占了其中的 3 种，所以概率是 0.75. 你们同意吗？

生$_3$：我不同意. 我认为后续比赛只有 3 种结果. 如果第四局甲获胜了，那么无需再比第五局了，所以不用再往下发展另外 2 个结果；因此我的答案是，3 种结果中，甲获胜的情况占了 2 种，概率是 $\frac{2}{3}$. 乙获胜的概率是 $\frac{1}{3}$.

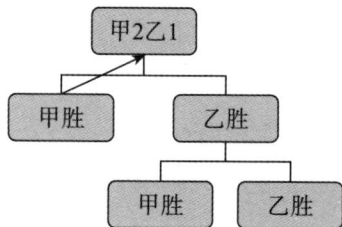

师：你说的也有道理，似乎这个做法更符合比赛规则. 到底哪种答案是正确的呢？

（学生们一片疑惑，开始讨论、思考）

生$_4$：我支持生$_2$的观点. 虽然第四局甲获胜，比赛就可以结束了，但是此处甲获胜的概率是 $\frac{1}{2}$，而第四局中乙获胜的概率也是 $\frac{1}{2}$；在第五局中，两种情况各平分 $\frac{1}{4}$. 因此，甲获胜的概率是 $\frac{3}{4}$.

（部分学生表示认同，开始有明确的观点）

师：哦，那生$_3$的做法错在哪里呢？

生$_5$：他的 3 种结果并不是等可能的，因此，不能简单用个数比算概率.

而生$_2$分的 4 种结果都是等可能的，每种概率是$\frac{1}{4}$，甲获胜占了其中 3 种，概

率就是$\frac{3}{4}$.

师：你们同意他的观点吗？

（大部分学生点头，表示同意）

师：原来生$_2$的解答过程中，即使甲获胜了，也让游戏继续进行下去，是为了要产生等可能的结果. 好，同学们的想法都非常好. 那么，这个历史名题对于概率而言有着重大的意义，这是因为当时有许多的数学家都投身到这项研究之中，前后经历了大约两个世纪的时间，它的广泛讨论及彻底解决使得概率论正式被确立为一个独立的数学分支. 与大家一起来分享一下，这些数学家们当时的做法.

PPT 呈现卡兰奇、帕西沃里、塔塔里亚、卡丹、帕斯卡、费马等人的解法，让学生置身于概率的发展史中，感受数学家们追求科学的坚韧与严谨品质.

师：刚才生$_2$列出的 4 种结果，我们在概率学中称为基本事件；诸如基本事件只有有限个，并且每个基本事件是等可能的概率问题，我们都可以用类似的方法求解. 而这种概率类型正是人们早期研究的主要对象，我们把这种概率类型称为古典概型. 请同学们理解课本上基本事件的定义、古典概型的特征及计算公式等内容.（PPT 呈现相关知识）

（1）基本事件定义：任何两个基本事件是互斥的；

任何事件（除不可能事件外）都可以表示成基本事件的和.

（2）古典概型特征：试验中所有可能出现的基本事件只有有限个；

每个基本事件出现的可能性相等.

（3）古典概型计算公式：对于古典概型，任何事件 A 发生的概率为

$$P(A)=\frac{A\text{ 包含的基本事件的个数}}{\text{基本事件的总数}}.$$

师：这里的"有限性"是为了保证公式中的分母是有限数，而"等可能性"是保证可以用 A 包含基本事件个数占总数的比例来计算 A 的概率.

设计意图：在关于赌金分配问题的讨论中，我们预设学生的认知过程具有历史相似性，符合历史发生原理；他们会出现错误的解法，但在修正的过程中能深刻领会古典概型基本事件等可能的特征，进一步准确理解公式的意义.

三、典例分析，探究应用

例1 同时掷两个骰子，计算：

（1）一共有多少种不同的结果？

（2）其中向上的点数之和是 5 的结果有多少种？

（3）向上的点数之和是 5 的概率是多少？

设计意图：让学生体验按照一定规律，用列举法不重不漏地表示一个随机试验的全部基本事件. 当然，本题可能会有两种列举方式——有序和无序，通过对基本事件的辨析与理解，进一步体会等可能性对古典概型计算公式的必要性.

例2 某种饮料每箱装 6 听，如果其中有 2 听不合格，问：质检人员从中随机抽出 2 听，检测出不合格产品的概率是多少？随着检测听数的增加，检测出不合格产品的概率是增加了，还是减少了？

设计意图：掌握字典排序法列举基本事件，验证基本事件的有限性、等可能性，从而应用古典概型公式计算概率；此外，关于第 2 个问题，用科学演算印证生活经验，让学生感受数学源于生活且用于生活的理念.

四、总结提升，追本溯源

今天，我们学习了古典概型的概率计算方法. 这类概型的特点是基本事件只有有限个，且是等可能的. 加上之前用频率估计概率的方法，我们已经有两种方法求概率了. 当然从概率论的发展历史可知，概率起源于赌博游戏，即简单的纸牌骰子游戏，其各种机会等可能发生，因此最早衍生出的是概率的古典定义；17 世纪，统计问题的兴起再次促进了概率论的进一步发展，开始用频率的稳定值来定义概率，此为概率的统计定义；再进而，由蒲丰等人所进行的投针实验直至蒙特卡罗所进行的实验进一步产生了概率的几何定义，这将在下一节课"几何概型"中详细介绍. 当然，随着概率论研究的不断深入，概率的前三种定义都出现了局限性. 20 世纪苏联数学家柯尔莫哥洛夫运用集合论和测度论给出了概率的公理化定义，概括了前三种定义的基本特性，又具有高度的严谨性，至此概率才真正成为严格的数学分支.

古典定义 → 统计定义 → 几何定义 → 公理化定义

设计意图：通过介绍概率定义的历史发展历程，让学生自我构建概率知识体系，使学生了解数学发展的基本规律和基本思想，感受数学发展的曲折，调动学生学习数学的积极性和创造性，使学生在获得真知的同时获得顽强学习的勇气.

【专家点评】

概率论起源于博弈游戏. 17世纪著名的"赌金分配问题"引发人们的思考，而这个问题的揭示恰恰需要对这类常见的概率类型，即古典概型进行定义，给予特征描述，给出计算原理及公式. 本节课的一大亮点就是以这个经典问题作为情境引入课题，意料之中的是，学生的不同观点近似还原了历史上的不同观点，这能让他们产生强烈的认知冲突，激发探究的欲望. 而经历过对这个问题深入剖析、深刻反思的过程，不仅有利于学生理解古典概型特征计算原理，实现本节课重难点的突破，而且也有利于他们体会概率发展的曲折，感悟数学家们锲而不舍追求真理的品质，感叹科学成果的来之不易！

本节课第二个亮点是课堂小结环节，教师对概率的定义发展过程进行了梳理. 这个定义的发展过程就是人们对概率认识不断完善的一个过程，认识的起点是古典概型，但它只是最常见、最经典的一种类型，并不涵盖所有概率问题. 一方面，线索式发展过程的呈现能帮助学生建立起整体性的概率知识体系，找准今天这节课的位置；另一方面，这样的小结方式实际上是传授整体性的数学思维方式，而许多数学的核心概念恰恰都有这样的发展历程，如函数的定义、数集的定义、运算的发展等. 由此可见授课教师的良苦用心和别具一格！

点评专家：福建师范大学附属中学　苏诗圣

阅千帆，观法妙教

在调查与访谈中，笔者发现学生经常提出疑惑："上课都听懂了，但是课后的练习仍然不会做，题目稍微变化一下就完全没思路."其实问题的症结所在，一是在学习的过程中学生缺少思考，更多的是简单的模仿、套题、就题论题，思维没有得到锻炼，无法从数学知识层面上升到数学思想方法层面；二是部分教师对学生的思维特点缺乏了解，把教学过程看成是知识的单向传授，只注重知识体系的建构而忽略了学生数学方法的习得与方法体系的形成.

《普通高中数学课程标准》提出："对数学思想方法的考查是对数学知识在更高层次上的抽象和概括的考查."数学思想方法是以具体数学知识为载体，通过高度的提炼和概括形成的思维形式，并在一定程度上揭示了数学知识的本质特征.数学知识是相对静态的、具体的，而数学思想方法是相对动态的、抽象的，学习数学不仅要关注知识本身，更重要的是深入领会数学知识中蕴含的数学思想方法，提高学生的数学能力离不开数学思想方法的引导.那么，数学思想方法在教学中的渗透落脚点又在哪里呢？笔者认为，主要在于开拓发展学生的数学思维品质.

数学思维是通过对数学问题的提出、分析、解决、应用和推广的一系列工作，以获得对数学对象（空间形式、数量关系、结构模式）的本质和规律的认识过程.数学思维能力的表现形式是数学思维品质.数学思维品质是指学生在数学学习过程中的思维习惯和思维方式的个性化表现形式与个性差异.

现代教育观要求培养的学生具有学科素养，《普通高中数学课程标准》明确提出："数学学科核心素养是数学课程目标的集中体现，是具有数学基本特征的思维品质、关键能力以及情感、态度与价值观的综合体现，数学学科素养是通过数学能力来体现的，而思维品质是数学能力的重要反映，主要包括广阔性、深刻性、创造性、批判性、敏捷性和严谨性六个方面，与数学六大核心素养互相依存，如数学的逻辑思维利于培养学生数学抽象、逻辑推理等核心素养；形象思维利于培养学生几何直观等核心素养，两者相互作用，共同促进学生学科素养的形成与发展."

数学学习的本质是数学思维活动的过程，数学思想方法的产生、理解与应用必须经过数学思维，因此数学思想方法在教学中渗透的落脚点在于发展学生的数学思维品质. 工作室成员通过"一题多解"多角度审视和分析问题，发散学生思维，培养学生思维的广阔性，深化学生的多元认知，优化解题方法；通过"多题一解"培养学生思维的创造性与深刻性，达到知识的同化、方法的迁移，利于学生对通法进行探究，自主构建数学方法体系；通过探究式教学，培养学生思维的敏捷性，从而发展学生的直觉思维与发现能力，结合探究式教学的四个策略原则，渗透数学方法与思想在解题中的应用；通过打破固化思维形成创新思维，培养学生思维的批判性与创造性，多维度实现思维宽度上的拓展与高度上的提升，促使知识立意往方法立意、素养立意上转化，提高数学课堂教学的有效性.

在现有高考制度下，高考试题的命制体现了多思少算特征，强化思维品质涵育的重要性. 高中生数学思维的形成需要建立在对高中数学的基本概念、定理、公式的理解上，工作室成员立足于核心素养视角，从教材中的主干板块提炼若干课例，从新授课、复习课及试卷讲评等各个角度，实践研究培养高中生数学思维品质的教学策略，从广阔性、深刻性、创造性、批判性、敏捷性和严谨性六个维度，探索利于思维品质培育的高中数学课堂模式，以及研究数学思维的拓展与提升对数学方法体系建构的促进作用. 同时数学思想方法的习得，也拓展提升了学生的思维，两者相辅相成，成螺旋式上升互促关系，在提高学生的数学素养、培养高素质的创新人才方面，发挥着育人方面的功能与价值.

合情开展数学探究式教学：目标定位与路径选择

福建教育学院　王钦敏　余明芳

数学探究式教学有助于好奇心智的激发和学习兴趣的提高，有利于理解障碍的排除和认识水平的促进，有益于思维品质的优化与数学精神的养育，其所培养的探究与发现能力，则是科学素养与创新智慧的核心要素. 把培养学生的数学探究与发现能力作为数学课堂教学的重要任务，是著名数学教育家弗赖登塔尔曾极力推崇的一个关于数学教育的基本观点. 他认为，数学教育应是一种"有指导的再创造"，教师要引导学生不断重复人类数学发现的过程，让学生根据个人的建构与发挥，发现并提出各个数学问题. 在国外，上述观点颇受认可，许多数学教育家都曾致力于倡导广大教师在数学课堂开展探究式教学，以培养学生的数学探究与发现能力.

在国内，开展数学探究式教学的理念广受关注，其必要性已渐成共识，但大部分教师在尝试跟进的教学实践中仍有疑虑：数学中的大部分知识，都有一个漫长的被发现过程，教师可以轻易说清其来龙去脉，学生却很难在短时间内通过自主探究重新发现. 开展探究式教学费时又费力，恐难适合各类测试需求. 笔者认为，之所以会有这样的疑虑与困惑，是尚未厘清探究式教学概念内涵与外延的缘故. 实际上，由学生进行独立的自主探究只是开展探究式教学的方式之一. 教学观察与调研表明，当前大部分学生的数学探究精神匮乏、探究能力较弱，对探究的策略与方法十分生疏，教师因学生探究费时和教学用时紧张，无法给学生腾出充裕的思考时间. 在这样的情势下，更有意义、更有效益地开展数学探究式教学，必须正视以上课堂教学实情，依教情将教学目标定位为"让学生掌握探究的策略与方法"，选择"时常开展探究示范教学"这一实践路径，依学情将目标定位为"帮助学生形成主动探索的能力与习惯"，选择"在学生探究时点拨激励"这一实践路径.

一、依教情时常开展探究示范教学，让学生掌握探究的策略与方法

什么是探究式教学？按照辞典释义与通常说法，它是指教师在学生学习时，只给学生某些问题与事例，让学生在观察、实验、讨论和思考后，独立探究自行发现知识结论的一种教学方式. 笔者认为，这种释义将"探究式教学"的概念完全等同于"探究式学"，近乎弃而不顾"探究式教". 以此为义开展数学探究式教学，必然会使课堂落入以学生个人探究为主的旧套，违背教师因学生探究费时和教学用时紧张无法给学生腾出充裕思考时间的课堂教学实情，让大部分习惯于"听讲"模式下受教的学生学无所成.

让学生能进行独立的探究与发现，是数学教育教学最理想的一个目标，但这个目标很难一蹴而就. 大量课堂教学观察表明，当前大部分学校的学生，尚只习惯于"听讲"模式下受教，缺乏进行数学探究的方法与经验，必须先在教师时常进行的探究示范教学中学习一些探究的方法，否则，将会在贸然开展的自主探究学习中不知所措，一无所成，浪费掉大量学习时间. 回顾并归纳历史上多位培养了许多数学英才的数学家的课堂教学方式，可以发现，大部分数学英才也是在数学家"探究式教"中才得以学会探究的策略与方法并为日后的研究工作奠下厚实基础. 因而，开展以学生个人探究为主的教学，必须以日常课堂开展大量的探究示范教学为前提与基础.

通过"探究式教"，给学生作探究示范，让学生掌握数学探究的策略与方法，是开展探究式教学的重要方式，也是培养学生数学探究与发现能力不可缺少的方式. 雅斯贝尔斯曾说："教育就是一棵树摇动另一棵树，一朵云推动另一朵云，一个灵魂唤醒另一个灵魂."一位富有数学探究经验的教师，可以在探究示范教学中将探究的经历与心得体会融进课堂，让课堂充满耐人寻味的观点，可以采用实验、归纳与类比等合情推理方式重现探究与发现过程，让学生在耳濡目染中掌握探究的策略与方法，并逐步形成主动探索的能力与

习惯."直觉用以发现,逻辑用以证明",数学的探究与发现更依赖于直觉思维.与其他教学方式相比,探究示范教学让教师更有机会向学生展示直觉是怎么回事,展示他遇到复杂问题找出路的能力,可以让学生更有机会应用合情推理进行大胆猜想,因而可以更有效地培养数学发现能力、启迪数学智慧,让数学教学成为一种理智与情感、逻辑与直觉相互融合的"教有创意学有新意"的教学.

探究示范教学更易于让学生发现新旧知识的各种联系,促使各个新的知识不断融入学生原有的认识体系,让学习变得更有意义.学生的数学学习要为各类测试构筑扎实牢固的知识基础,就必须对知识结构有一个整体的把握,需要比较全面地理解各个概念知识间的联系.因而,设计恰当的探究示范教学可以更适合教情,更适应测试需求.由于数学教材大都是按知识的逻辑关系进行单脉编排,在章节单元教学中,经常无法揭示许多知识间错综复杂的联系.所以,在复习中设计一些探究式教学专题,可以进一步帮助学生厘清许多知识的关系与结构.例如:在高三总复习教学中,将"点到直线的距离公式的推导"作为探究式教学专题,不仅可以揭示众多知识的关系,达到综合复习的目的,还可以在培养学生探究能力的同时培养学生的运算与推理能力,因而是一个比较适合教情,适应测试需求的教学设计.

依教情进行探究示范教学的设计,要尽力给学生腾出更多的思考时间,还要适时巧加点拨使教学环节更紧凑,努力让学生在学好探究策略与方法的同时,运算与推理等解题能力也能得到显著提升.以设计"点到直线的距离公式的推导"复习探究专题为例,在教学导入时,教师先提出问题.

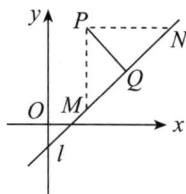

图 1

如图 1,已知坐标平面 xOy 上的直线 l:$Ax+By+C=0$ 不与坐标轴垂直,求坐标平面上任一点 $P(x_0,y_0)$ 到直线 l 的距离.许多学生对此问题的记忆已模糊,但大都能在图中过点 P 作出与直线 l 垂直的线段 PQ,并拟出计划:求出直线 PQ 的方程,与直线 l 的方程联立后求出点 Q 坐标,即可求出 $|PQ|$.学生在具体解答时大多会出现运算错误,教师应通过演示予以订正,而后指出:"在这个思路中,方程组求解与两点间距离公式应用

杏坛哲思——基于高中数学核心素养发展的教学探究

使运算量增大，怎样绕过这些运算？"有许多学生还需要教师进一步作更具体的启发，例如："两点间距离公式在两点连线与坐标轴垂直时有简单的形式，那么是否可以类似于物理中的受力分析，将线段 PQ 分解成与坐标轴垂直的线段？"至此，一些学生已懂得过点 P 作两坐标轴的垂线，写出其与直线 l 的交点 M、N 的坐标，求出 $|PM|$、$|PN|$，然后采用面积法求出 $|PQ|$。

在日常课堂经常开展探究示范教学，可以让学生掌握探究的策略与方法，分析和总结许多数学问题的探索与解决过程，我们可以将数学教育家波利亚"怎样解题"的内容简化为四个策略原则：系统原则、多变原则、正合原则及缜密原则。以上给出的"点到直线的距离公式"推导方法，都是将问题置于解析几何的直线方程知识系统中进行分析。在解决一个数学问题时，将问题置于某个知识系统中进行考察，寻找可运用的公式定理，运用的是数学探究策略的系统原则；后一思路为简化运算使用了化斜为直的方法，体现了数学探究策略的多变原则，数学问题的解决都需要不断地进行命题变更，进行因果、数形、整零、和积与动静等的转换，许多数学方法与思想在解题中的应用，都存在转化与化归的过程。

在日常课堂时常开展探究示范教学，需要教师能熟练地将教材的众多内容设计为探究式课程，并在数学知识生成的过程中发现恰当的探究素材，富有创意地设计课堂的各个探究式教学活动，同时，还需要在问题解决过程中有很强的探究发现能力，能平中见奇，推陈翻新。例如：继续联想与"点到直线的距离公式"推导有关联的知识，教师还应从图形特征进行联想，进而将问题置于三角函数知识系统进行分析。设直线 l 的倾斜角为 α，易求出 $\cos\angle MPQ$ 与 $|PM|$ 的值，从而可求出 $|PQ|$；还要将问题放置在与向量有关的知识系统进行分析，设点 $Q(x，y)$ 为直线 l 上的任意点，求出向量 $\overrightarrow{PQ}$ 在直线 l 的某一法向量 $\boldsymbol{n}=(A，B)$ 的投影，即可求得点 P 到直线 l 的距离。

二、依学情在学生探究时点拨激励，助其形成主动探索的能力与习惯

"教是为了不教"，时常开展探究示范教学，为的是让学生能进行独立思

考与自主探究，但这个目标的实现过程往往是渐近与漫长的，不可操之过急．当前大部分学生的数学探究精神匮乏、探究能力较弱，对探究的策略与方法十分生疏，尚需在以探究示范为主的教学中学习各种探究方法，学会独立思考以逐步形成主动探索的能力与习惯．时常开展探究示范教学，教师的探究示范与学生的独立思考、自主探究才会逐渐交织成一个互相促进的统一过程：在探究示范教学时，教师能腾出时间让学生独立思考与自主探究；在学生自主探究时，教师能给部分有困难的学生进行点拨与激励，或进行更细致的探究示范教学．

学生在探究示范教学中学习了一些探究的策略与方法后，还需要学会独立思考，不断积累探究思维活动经验，随着学生主动探索能力与习惯的逐渐形成，其数学的探究与发现能力方可得到不同程度的提升．即便学生已具备一定的探索能力，其在数学课堂上进行的个人探究活动仍需要教师的指导．也就是说，教师应在学生遇到困难时予以适当点拨，而不能只作一个袖手旁观的看客．况且，同班学生的数学学习与研究的水平通常会有很大差异，即使某些学生能通过个人的自主探究取得结果，仍可能有相当一部分学生因各种理解障碍需要教师的点拨或探究示范教学进行析疑解难．

学生在毫无思路时，教师需要适时指点给出一些方向．例如：在上述复习案例中，如果学生尚不能将不同章节的知识与方法融化汇合，无法继续通过联想找到新的思路，就需要教师作类似以下的提示——取直线 l 上的动点 $Q(x，y)$，点 Q 与 P 的距离最小值即为点 P 到直线 l 的距离．这个提示可让一些学生从 $\sqrt{(x-x_0)^2+(y-y_0)^2}$ 与 $\sqrt{A^2+B^2}$ 两式特征联想到柯西不等式，并由 $(A^2+B^2)[(x-x_0)^2+(y-y_0)^2] \geqslant [A(x-x_0)+B(y-y_0)]^2$ 证得结论．

学生在遇到很难越过的障碍时，也需要教师适时启发给出一些建议．例如：文科生不熟悉柯西不等式，在上述应用时会有障碍，教师除了建议学生利用容易理解的方法证明它，还可建议学生将 $(A^2+B^2)[(x-x_0)^2+(y-y_0)^2]$ 拆为 $A^2(x-x_0)^2+B^2(y-y_0)^2+A^2(y-y_0)^2+B^2(x-x_0)^2$，再配方化为 $[A(x-x_0)+B(y-y_0)]^2+[A(y-y_0)-B(x-x_0)]^2$，让学生可如应用柯西不等式那样从 $(A^2+B^2)[(x-x_0)^2+(y-y_0)^2] \geqslant$

$[A(x-x_0)+B(y-y_0)]^2$ 证得结论.

学生在独立思考与自主探究过程中，会遇到各种困难，这时需要教师给予情感与精神层面的激励．教师恰当的激励有驱策与勉励之效，可以点燃学生自我超越的热情，激发并释放其内在潜力，从而能增强学生思维的积极性与创造性，使之养成乐于思考、勇于探究和不回避困难的数学精神．将数学精神渗透在所有数学思维活动中，这是关于数学思维的方式与规范、价值与追求等意向性心理的集中表征，也是人对数学经验、知识、方法、思想、意识、观念等不断概括和内化的产物．数学精神是数学素养体系的重要核心，也是其他数学素养形成和发展的主要动力．在学生探究时，教师通晓"数学思维"和"数学精神"可相互渗透与促进的关系，善以激励涵育数学精神，有利于学生情与智的协调发展以及数学素养的内化与升华，体现探究式教学在育人方面的意义与价值．

激励的方式多种多样，许多时候，恰如其分的肯定与赞美就可以极大地增强学生的探究愿望，是一种鼓舞学生努力上进的有效的激励手段．在学生的自主或合作探究过程中，教师可以对学生的课题选择、研究方法、推理过程、分工合作与资料搜集等表示肯定与赞美，还可以让出一些课堂教学时间鼓励学生发现并提出一些数学问题，或通过口述或板演详细展示探究成果，然后从学生发现问题的敏锐性、广阔性、批判性、深刻性与创造性等角度进行评价、肯定与赞美，只要是教师发自内心的赞美，都会赋予学生一种积极向上的精神力量，正如苏霍姆林斯基所说："在人的心灵深处，都有一种根深蒂固的需要，那就是希望感到自己是一个发现者、研究者和探索者."

如何帮助学生学会独立思考，逐步形成主动探索的能力与习惯，是数学课堂培养学生探究与发现能力的关键问题．如果学生探究费时和教学用时紧张等问题比较突出，教师在课堂开展探究示范教学时很难给学生腾出独立思考的时间，那么就必须认真考虑如何利用课外学习时间的问题，可以尝试从课堂探究式教学内容中引申出一些问题给学生课后思考．为了让学生在课后能积极主动地探索，有进一步深入思考的愿望，给思考的问题应能激起认知冲突，激活好奇心智，对学生思维具有某种程度的挑战性．例如：在上述复

习课例中，教师可以让学生在课后继续寻求新的证法. 如果有所提示，一些学生就有可能将问题置于直线参数方程知识系统中思考，得到以下思路：写出过点 $P(x_0，y_0)$ 的一条直线的参数标准方程，将它与直线 l 的方程联立求出 t，再利用公式 " $|A\cos\theta-B\sin\theta|\leqslant\sqrt{A^2+B^2}$ " 得到结论.

增强学生独立思考能力与主动探索精神的根本方法，是要提高学生数学学习的兴趣与爱好. 从数学精神与思维的层面提高学生的数学文化素养，增强课堂的数学文化氛围与数学艺术特性，发挥数学本身的力量，是提高学生数学学习兴趣的主要渠道. 时常开展探究式教学，选择能吸引学生注意力、引导学生深入思考的探究课题，营造和谐的教学环境，开启让学生乐于感受、质疑、探索与猜测的教学空间，注重培养学生的问题意识，提高学生发现与提出问题的能力，也可以提高学生的学习兴趣，让学生逐步养成乐于思考、勇于探索的学习习惯.

帮助学生学会独立思考，逐步形成主动探索的能力与习惯，需要教师在课堂上更加突出学生的学习主体性，尽力腾出更多的时间与机会让学生进行独立思考. 在课堂上，教师还应深入关注课堂教学实情，在开展以学生自主探究为主的教学时不可执意主体生成，片面排斥点拨激励和示范讲授. 点拨激励有助于启发学生的灵感与顿悟，让学生更深入地思考，形成主动探索的能力与习惯，而以讲授为主的探究示范教学也可以让学生学会数学探究的策略与方法，二者都可以让学生的学习变得更有意义，学得主动且扎实.

三、结语

探究式教学可以化育创新智慧与科学素养，可以让学生从灵感与顿悟中深刻感受数学之美，深入领悟数学的思想智慧与探索精神，是一种很值得研究与发扬的教学方式. 但在实际教学中，这种教学的方式与理念却由于各种原因并未被真正重视或广泛采纳，偶有应用也总存在盲目与形式化的倾向，大都"形似神非". 长期以来，在应试环境与不科学评价方式的影响下，数学教学常被异化为纯应试的解题教学，沦为一种训练，不断重复着"从概念、定理到例题、练习再到习题"的乏味过程，学生学不入迷、懂而不会和认识低下已成为数学教学中一直难以消除的普遍现象. 笔者认为，在这种背景下，倡导正视实情，合情开展数学探究式教学，有助于抑制和消除上述三个现象，更好地发挥数学教育在育人方面的功能与价值.

在试题讲评中彰显试题的教学价值

福建省南安第一中学　林少安

试卷讲评课是考试之后教师根据学生卷面中反馈的信息，对学生存在的问题进行矫正教学的一种课型. 试卷讲评课对学生掌握知识起着矫正、巩固、充实、完善和深化的作用，更重要的是能根据学生在解题过程中暴露出来的思维过程，追溯试题背后的数学本质，揭示试题的教学价值，用数学的眼光认识世界、揭示数学规律、总结数学方法、优化思维品质、培养数学意识、形成数学思想、提炼数学精神，并在活动中得到思想、心灵的升华. 下面从体现数学教育价值的层面，谈谈在试题讲评中彰显试题教学价值的几点思考，以期抛砖引玉.

一、由例及类拓展，培养探究能力

罗增儒教授曾指出："我们做题，首先要找到答案，这是基本的要求，但还不是最终的目的. 如果求出答案之后不能把题目隐含的数学本质揭示出来，就等于在原有的思维水平上简单重复，原地踏步而已." 所以数学问题，重在揭示本质.

例1　设 O 是 $\triangle ABC$ 内一点，且 $2\overrightarrow{OA} + 4\overrightarrow{OB} + 3\overrightarrow{OC} = \mathbf{0}$，则 $\triangle OBC$，$\triangle OCA$ 和 $\triangle OAB$ 的面积之比为_____.

考试结果，是大部分学生能得到结果 2∶4∶3. 由于是填空题，无法观察学生的思维过程，因此在评卷后，教师有意识地与几位同学交流. 当教师询问 "$S_{\triangle OBC}∶S_{\triangle OCA}∶S_{\triangle OAB}=2∶4∶3$，这一比值与 $2\overrightarrow{OA}+4\overrightarrow{OB}+3\overrightarrow{OC}=\boldsymbol{0}$ 中各项系数有什么关系，你们有没有意识到这一系数的关系？其次，这一结果是偶然还是必然？" 时，学生表示没有考虑. 教师意识到，大部分学生的反思意识及探究能力还有待提高.

在评讲过程中，教师提出几个问题，引导学生思考：

（1）若将条件换成 $\overrightarrow{OA}+2\overrightarrow{OB}+3\overrightarrow{OC}=\boldsymbol{0}$，对应的面积之比是否为 1∶2∶3？

（2）能否将问题推广到一般情况，即设 O 是 $\triangle ABC$ 内一点，且 $x\overrightarrow{OA}+y\overrightarrow{OB}+z\overrightarrow{OC}=\boldsymbol{0}$，则 $\triangle OBC$，$\triangle OCA$ 和 $\triangle OAB$ 的面积之比等于多少？你能猜出会有什么结论？

（3）如何证明你猜想的结论的正确性？

根据试题的特征，利用问题的特例，引导学生对问题本质进行一定的探究，将问题推广到一般情况，有节奏地拓展试题涉及内容的深度与广度，既能达到做一题通一片的效果，同时也能有效地激发学生的探究热情，提高学生的思维能力.

试题的讲评应引导学生多角度、多层次、全方位地进行探究，以帮助学生认识到解题过程中的不足之处，能使掌握知识的层次更具深度和广度，把数学思维提高到一个 "由例及类" 的档次，形成有效的 "思维链". 有利于学生今后对解题途径作出快速选择，提升数学解题能力.

二、注重解题策略，凸显理性思维

理性思维是在感性思维的基础上，把所获得的感性材料，经过思考、分析，加以去粗取精、去伪存真、由此及彼、由表及里的整理和改造，形成概念、判断、推理的思维方式. 理性思维是感性思维的飞跃，它反映了事物的全体、本质和内部联系.

著名数学教育家 G·波利亚认为："掌握数学意味着除掌握逻辑分析方法外，还必须掌握探索性思维能力."数学教学不能仅限于一些演算规则和解题技巧的教学，其中最本质的地方是对学生理性思维方法的培养. 培养和发展学生的理性思维，其教育意义一点也不亚于数学知识的教学. 引导学生借助感性材料通过概括获得数学结论并对命题进行逻辑证明是数学教育目标使然，是体现试题教学价值的重要方面.

例 2　以 $F_1(0, -1)$，$F_2(0, 1)$ 为焦点的椭圆 C 过点 $P\left(\dfrac{\sqrt{2}}{2}, 1\right)$.

（1）求椭圆 C 的方程；

（2）过点 $S\left(-\dfrac{1}{3}, 0\right)$ 的动直线 l 交椭圆 C 于 A、B 两点，试问：在坐标平面上是否存在一个定点 T，使得无论 l 如何转动，以 AB 为直径的圆恒过点定 T，若存在，求出点 T 的坐标，若不存在，请说明理由.

试题解答过程表明，对于问题（2），学生的解题思路为：假设存在定点 $T(u, v)$ 满足条件，通过 $\overrightarrow{TA} \cdot \overrightarrow{TB} = 0$，求出点 $T(u, v)$，但由于运算的繁琐解答不了. 从学生的作答情况可以发现，学生的解题切入口不是最佳的；其次，学生受到思维定势的影响，思维策略有偏差，不能灵活自如、不失时机地调整视角.

数学解题讲究思想方法，重视解题方法的选择和优化，好的方法可以达到化繁为简、快速求解的目的，否则常常看似思路合理，但求解时却举步维艰、困难重重，深陷泥潭难以自拔.

事实上，解决存在探索性问题这类问题一般有两类方法：其一，先假设满足条件的解存在，再根据问题的解应满足的条件列出相应的关系式（方程或不等式），进而化简（或求解）相应的关系式. 如果出现矛盾，说明满足条件的解不存在；否则，说明满足条件的解存在. 其二，利用特殊与一般思想，先利用某些特殊条件寻找"可能的特解"，再验证这些"可能的特解"对一般情况是否适合. 如果适合，说明满足条件的解存在；否则，说明满足条件的解不存在.

对于本题，在探究点的存在性时，我们可遵循从特殊到一般的理性思维方式，即从直线 l 与 x 轴重合及直线 l 垂直于 x 轴等特殊情况确定点的可能情况，从而探究出点的坐标，再从一般意义上加以严格证明.

教师讲评：若直线 l 与 x 轴重合，则以 AB 为直径的圆是 $x^2+y^2=1$；

若直线 l 垂直于 x 轴，则以 AB 为直径的圆是 $\left(x+\dfrac{1}{3}\right)^2+y^2=\dfrac{16}{9}$，

由 $\begin{cases} x^2+y^2=1, \\ \left(x+\dfrac{1}{3}\right)^2+y^2=\dfrac{16}{9}, \end{cases}$ 解得 $\begin{cases} x=1, \\ y=0, \end{cases}$ 即两圆相切于点 $(1，0)$.

因此所求的点 $T(u，v)$ 如果存在，只能是 $(1，0)$.

以下只需证明以 AB 为直径的圆过点 $T(1，0)$，即证 $\overrightarrow{TA} \cdot \overrightarrow{TB}=0$.

这里运用了从特殊到一般的理性思维方式解决本题，体现特殊化方法的意义和作用. 从特殊到一般是理性思维的重要体现，是获得发现的源泉. 因此在中学数学教学中，我们应鼓励学生运用从特殊到一般的思维方式，在进程中把握本质，发挥数学抽象概括的作用，深化原有知识的认识，充分挖掘理性思维的功能，凸显理性思维在发现知识、解决问题方面的巨大价值，这是理性思维的具体体现.

此外，本题的解决也说明了一个问题，即对要求解的问题，当一种求解思路清楚，而运算繁琐无法进行解答时，要注意对已知条件重新审视，及时变换视角，调整思路方法，寻求相同条件的不同使用方法，或是进行等价转化条件，寻求新的突破，这样可以曲径通幽，使"难"题不难，而且能独辟蹊径，达奇思妙解之效果. 对同一数学表达式，用不同的"眼光"去观察，用不同的观点去分析解题过程，从不同的角度理解它，联想它在不同背景中的含义，就能迅速找到解题"入口"，得到不同解法，数学解题的视野也会由此变得开阔.

三、挖掘问题结构，彰显数学美感

数学的高度抽象性、严谨性和精确性，常常令许多同学觉得数学枯燥难学. 但若能揭示数学中美的因素，不仅能强化学生审美意识，而且还能给数

学教学注入润滑剂和催化剂.

例 3　对于一切大于 1 的自然数 n，证明：$\left(1+\dfrac{1}{3}\right)\left(1+\dfrac{1}{5}\right)\cdots\left(1+\dfrac{1}{2n-1}\right)>\dfrac{\sqrt{2n+1}}{2}$.

试题解答表明，由于涉及任意自然数 n，所以一般容易想到利用数学归纳法证明. 基于此，学生大都会利用数学归纳法进行证明. 此题主要考查学生是否掌握数学归纳法，从知识层面来说，考查结果也显示学生基本能掌握数学归纳法.

我们知道，数学活动实际上是一个探索自然界潜藏奥秘的过程，这本身就是一个体验美的过程. 数学中的数、式、形有着优美的结构，而这一美的结构往往隐藏在问题之中，这就需要我们充分挖掘隐含在问题中的"美". 我们如能有意识地引导学生从数学美的角度，充分挖掘问题中数量关系或空间形式的简单性、秩序性等，往往可使问题的解决更加简捷，甚至还可以发现具有创造性的解法. 基于上述思考，笔者在试卷讲评时，从另一个角度观察问题，把它化成一个较为简单的不等式进行证明.

教师讲评：观察不等式的左侧 $\left(1+\dfrac{1}{3}\right)\left(1+\dfrac{1}{5}\right)\cdots\left(1+\dfrac{1}{2n-1}\right)=\dfrac{4}{3}\times\dfrac{6}{5}\times\dfrac{8}{7}\times\cdots\times\dfrac{2n}{2n-1}$，

又因为 $4=\dfrac{3+5}{2}>\sqrt{3\cdot5}$，$6=\dfrac{5+7}{2}>\sqrt{5\cdot7}$，$\cdots$，$2n=\dfrac{(2n-1)+(2n+1)}{2}>\sqrt{(2n-1)\cdot(2n+1)}$，

故 $\left(1+\dfrac{1}{3}\right)\left(1+\dfrac{1}{5}\right)\cdots\left(1+\dfrac{1}{2n-1}\right)=\dfrac{4}{3}\times\dfrac{6}{5}\times\dfrac{8}{7}\times\cdots\times\dfrac{2n}{2n-1}>\dfrac{\sqrt{3\cdot5}}{3}\times\dfrac{\sqrt{5\cdot7}}{5}\times\dfrac{\sqrt{7\cdot9}}{7}\times\cdots\times\dfrac{\sqrt{(2n-1)(2n+1)}}{2n-1}=\dfrac{\sqrt{2n+1}}{\sqrt{3}}>\dfrac{\sqrt{2n+1}}{2}$.

以上证法是多么简洁美妙，让人赏心悦目. 在这一问题的解决过程中，自始至终充满着美感，在宏观上追求数学的理性之美、简约之美，在问题的

解决过程中让学生感受数学的对称之美、方法之美.

法国数学家庞加莱说过:"数学家们十分重视他们的方法和理论是否优美,这并非华而不实的作风,那么,到底是什么使我们感到一个解答、一个证明的优美呢?那就是各个部分之间的和谐、对称以及恰到好处的平衡.简言之,那就是井然有序、统一协调,从而使我们对整体以及细节都能有清楚的认识和理解,这正是产生伟大成果的征兆."他还说:"能够做出数学发现的人,是具有感受数学中秩序、和谐、对称、整齐和神秘美等能力的人,而且只限于这种人."

数学是一个充满着生气的瑰丽多姿的世界,它让人类思维开出灿烂花朵,是思维高原上一座宏伟殿堂.作为教师,我们不仅应当努力挖掘数学知识所蕴藏的生动活泼的无限情趣,还应当挖掘数学本身所固有的美学源泉,带领学生进入数学美的乐园,陶冶情操,激发学生的求知欲,帮助学生塑造美好的心灵.

四、追求数学本真,提炼数学思想

问题是数学的心脏,方法是数学的行为,思想是数学的灵魂.无论是数学概念的建立、数学规律的发现,还是数学问题的解决,乃至整个"数学体系"的构建,都离不开数学思想方法的指导.因此,在教学中渗透数学思想方法就成为必然.

例4 已知 $a=(-3,4)$,$|b-a|=1$,求 $|b|$ 的最大值与最小值.

学生如此解答:设向量 a 与 b 的夹角为 θ,由 $|b-a|=1$,得 $|b|^2-2|b|$ $|a|\cos\theta+|a|^2=1$,由于 $|a|=5$,所以 $\cos\theta=\dfrac{|b|^2+24}{10|b|}$,由于 $|\cos\theta|\leqslant1$,解得 $4\leqslant|b|\leqslant6$.

从学生的作答情况可以发现,学生的解题思路侧重于代数运算,解答过程不仅有一定的运算量,而且还要借助一定的运算技巧.在平面向量教学中,应注重几何问题代数化、代数问题几何化的同步进行.学生的解题过程过于注重代数形式,忽视几何性质,以至于解题时产生了大量运算,自然较为繁琐.

向量具有代数与几何的双重身份这一特征，向量的教育价值体现在，向量学习应能够促进学生对代数、几何关系的理解，运用几何问题代数化、代数问题几何化的方法从多角度思考. 从这个意义上讲，向量学习的核心思想就是体会数形结合思想. 因此，向量的学习过程，就是让学生体验数形结合思想的过程.

教师讲评：不妨借助向量的几何意义. 如图 1，考虑到向量 a、b、$b-a$ 可以构成一个三角形，由于向量 a 是已知的，作出 a、b，并使向量 a、b 共起点，则 b 的终点轨迹是以 a 的终点为圆心，半径为 1 的圆，易知 $|b|$ 的最大值为 $5+1=6$，最小值为 $5-1=4$. 值得一提的是，这一解答过程能直观地得到 $|b|$ 的最值与 a，b 的关系.

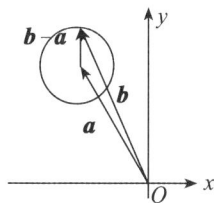

图 1

在教学过程中应渗透数学思想方法，追求数学的本真，以问题为背景，激发学生开展活动，结合观察、思考、归纳、抽象、概括、运用，力求使学生对现实世界中蕴涵的一些数学模式进行思考和做出理性的判断，鼓励学生能够更注重应用数学的观念、方法与语言，提出、分析和解决问题. 通过学生的探究，让学生体验思想的历程，品尝数学的味道，教给学生用数学的眼光、意识、思想、方法去观察、分析、解决问题所必要的思维策略，这对学生来说是终身受用的.

五、体现数学本质，实现教育价值

中学数学课程包含解析几何、立体几何、统计与概率、函数等众多数学分支的内容，各分支均有各自的教育价值. 试题讲评不仅要准确无误地传授中学数学各分支的学科知识，更要在传授知识的同时，适时地揭示学科思想，培养、训练学生相应学科的研究方法，体现数学本质，实现学科的教育价值.

例 5　如图 2，已知点 $F(1，0)$，直线 $l：x=-1$，P 为平面上的动点，过 P 作直线 l 的垂线，垂足为点 Q，且 $\overrightarrow{QP} \cdot \overrightarrow{QF} = \overrightarrow{FP} \cdot \overrightarrow{FQ}$.

（1）求动点 P 的轨迹 C 的方程；

（2）过点 F 的直线交轨迹 C 于 A、B 两点，交直线 l 于点 M，已知 $\overrightarrow{MA}=\lambda_1\overrightarrow{AF}$，$\overrightarrow{MB}=\lambda_2\overrightarrow{BF}$，求 $\lambda_1+\lambda_2$ 的值.

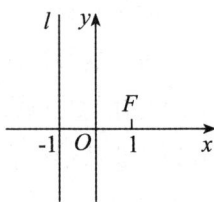

图 2

从试卷解答中，学生的解法有如下两种情况：

解法 1：（1）轨迹 C 的方程为 $y^2=4x$.（解答略）

（2）如图 3，由已知 $\overrightarrow{MA}=\lambda_1\overrightarrow{AF}$，$\overrightarrow{MB}=\lambda_2\overrightarrow{BF}$，知

$\lambda_1\cdot\lambda_2<0$，故 $\dfrac{|\overrightarrow{MA}|}{|\overrightarrow{MB}|}=-\dfrac{\lambda_1}{\lambda_2}\dfrac{|\overrightarrow{AF}|}{|\overrightarrow{BF}|}$. ①

过点 A、B 分别作准线 l 的垂线，垂足分别为 A_1、B_1，

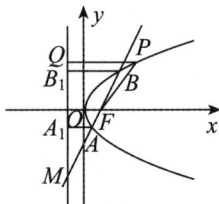

图 3

则 $\triangle AMA_1\backsim\triangle BMB_1$，从而有

$\dfrac{|\overrightarrow{MA}|}{|\overrightarrow{MB}|}=\dfrac{|\overrightarrow{AA_1}|}{|\overrightarrow{BB_1}|}$. ②

由抛物线的定义 $|\overrightarrow{AF}|=|\overrightarrow{AA_1}|$，$|\overrightarrow{BF}|=|\overrightarrow{BB_1}|$， ③

由②③得 $\dfrac{|\overrightarrow{MA}|}{|\overrightarrow{MB}|}=\dfrac{|\overrightarrow{AF}|}{|\overrightarrow{BF}|}$. ④

由①④得 $-\dfrac{\lambda_1}{\lambda_2}\dfrac{|\overrightarrow{AF}|}{|\overrightarrow{BF}|}=\dfrac{|\overrightarrow{AF}|}{|\overrightarrow{BF}|}$，即 $\lambda_1+\lambda_2=0$.

解法 2：（1）轨迹 C 的方程为 $y^2=4x$.（解略）

（2）如图 4，设直线 AB 的方程为 $x=my+1(m\neq 0)$，$A(x_1,y_1)$，$B(x_2,y_2)$，又因为 $M\left(-1,-\dfrac{2}{m}\right)$，

联立方程组 $\begin{cases}y^2=4x,\\x=my+1,\end{cases}$ 消去 x 得 $y^2-4my-4=0$，

$\Delta=(-4m)^2+16>0$，

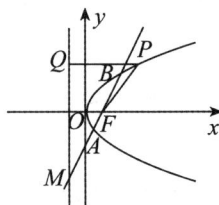

图 4

故 $\begin{cases}y_1+y_2=4m,\\y_1y_2=-4.\end{cases}$

由 $\overrightarrow{MA}=\lambda_1\overrightarrow{AF}$，$\overrightarrow{MB}=\lambda_2\overrightarrow{BF}$，得 $y_1+\dfrac{2}{m}=-\lambda_1y_1$，$y_2+\dfrac{2}{m}=-\lambda_2y_2$，

整理得 $\lambda_1 = -1 - \dfrac{2}{my_1}$，$\lambda_2 = -1 - \dfrac{2}{my_2}$，

所以 $\lambda_1 + \lambda_2 = -2 - \dfrac{2}{m}\left(\dfrac{1}{y_1} + \dfrac{1}{y_2}\right) = -2 - \dfrac{2}{m} \cdot \dfrac{y_1 + y_2}{y_1 y_2} = -2 - \dfrac{2}{m} \cdot \dfrac{4m}{-4} = 0.$

　　解析几何是 17 世纪数学发展的重大成果之一，其本质是用代数方法研究几何图形的性质，体现数形结合思想，即通过引进坐标系，建立点与坐标、曲线与方程之间的对应关系，将几何问题转化为代数问题，从而用代数方法研究几何问题. 从这个意义上讲，解析几何的教育价值是通过坐标法下几何与代数统一性的认识，在运用代数方法研究几何问题的过程中，拓展学生分析问题解决问题的能力. 因此，开设平面解析几何这门课程的根本任务就是让学生深刻领会"平面解析几何"这一基本思想，把握"平面解析几何"这门学科的思维特点与方法.

　　上述两种解法中，第一种方法涉及三角形相似，纯粹利用几何知识解决问题，这与解析几何的基本思想是不相称的；第二种方法虽然计算较繁琐，但它是一种通法，确切地反映了"用代数方法解决几何问题"的本质，思维量小，简单易懂. 因此，在讲评过程中，笔者认为，应运用第二种方法进行讲评，不提倡用第一种方法解决解析几何问题.

　　为此，突出数学本质，彰显数学各分支的教育价值，就要求我们在教学过程中，要善于抓住数学的本质，促进学生的数学理解，让学生理解数学概念，感悟数学特有的思维方式，把握数学思想，培养理性思维.

跳出思维狭区，开辟解题新路

福建省诏安县桥东中学　沈小春

　　思维是大脑对客观现实的概括和间接反映，思维反映的是事物的本质及内部的规律性. 高中学生数学思维是指，学生在对高中数学感性认识的基础

上，运用比较、分析、综合、归纳、演绎等思维的基本方法，理解并掌握高中数学内容而且能对具体的数学问题进行推论与判断的能力，它要求学生懂得发现问题、分析问题、解决问题，从而获得对高中数学知识本质和规律的认识能力，形成比较完整的数学思想和方法.

在正常情况下，学生的数学思维太过狭窄、僵化，也就是说他们在欲求什么，计算什么；欲证明什么，推理什么；涉及什么函数，画什么图象等方面，形成一种"套"的常规思维，一旦遇到新题或难题就束手无策，不懂怎样入手.

有时候我们可以把思维活动比喻成爬山，过程难免遇到障碍，或山沟、或大石头、或沼泽、或水坑，我们怎样越过呢？可以退几步助跑跳过山沟，可以绕道另辟他径……只要我们攀登到山顶就可以一览众山小，分享成功的感觉！

因此在高中数学学习或者高考总复习时，教师应该不断地引导学生细心观察题目条件和目标，联想感悟，大胆猜想，跳出思维的狭区，开辟解题的新路，优化解题的捷径. 这里笔者通过多年的数学教学体会以及解题的经验，就如何让学生越过常规思维的障碍，直达解题的途径做个简单的介绍和归纳.

一、观察结构，构建情景解题

解题首当其冲就是审题，审题的第一任务则是观察，特别要注重题设条件中式子的结构、方程的结构、函数解析式的结构，发现它们的特殊性，例如对称性、轮换性、递推性、奇偶性等，运用性质找到解题的捷径.

例1　（2012 年全国高考数学新课标卷文 16）设函数 $f(x) = \dfrac{(x+1)^2 + \sin x}{x^2 + 1}$ 的最大值为 M，最小值为 m，则 $m + M =$ ＿＿＿＿＿．

分析：本题若按常规的思维进行求导，确定导函数的零点，分析函数的单调性，确定极值，那过程相当复杂，如果能够变形、观察，发现函数的奇偶性，可以减少运算量.

解：$f(x) = \dfrac{(x+1)^2 + \sin x}{x^2 + 1} = 1 + \dfrac{2x + \sin x}{x^2 + 1}$，显然 $\dfrac{2x + \sin x}{x^2 + 1}$ 是奇函数，

设 $g(x) = f(x) - 1 = \dfrac{2x + \sin x}{x^2 + 1}$，则 $g(x)$ 是奇函数，所以 $g(x)$ 的最大值、

最小值的和为 0，又因为 $g(x)_{\max} = M - 1$，$g(x)_{\min} = m - 1$，所以 $M - 1 + m$ $- 1 = 0$，即 $m + M = 2$.

二、审视目标，确定解题捷径

常规的解题思路往往从条件出发，通过一番的推理、演算，直达目标答案，由于一些题目的目标特殊，如若能对所求解的目标进行细致的审视，发现不一样的要求，采用特殊的方法进行解题，例如赋值法、特殊值法、夹逼法等，这样可以简化解题的过程，优化解题途径.

例 2 设 $f(x) = ax^3 - 3x + 1$，对于 $x \in [-1, 1]$ 总有 $f(x) \geqslant 0$ 成立，则 $a = \underline{\hspace{2cm}}$.

分析：如果沿着常规的思路，有以下两种解法：一种按 x 分类，采用分离参数法；另一种按 a 分类，讨论三次函数.（这样本题的解答太繁杂，略）细细琢磨，瞄准题目的目标要求——只是求 a 的值，而不是 a 的取值范围，由此产生是否可以通过特殊值的代值求解思路. 首先想到的是 $x = \pm 1$，得 $\begin{cases} a \geqslant 2, \\ a \leqslant 4, \end{cases}$ 再令 $x = \dfrac{1}{2}$，则 $a \geqslant 4$，这样 $4 \leqslant a \leqslant 4$，故 $a = 4$. 无独有偶，时隔四年，在 2012 年浙江省的高考数学中又出现类似的题目.

例 3 设 $a \in \mathbf{R}$，若 $x > 0$ 时均有 $[(a-1)x - 1][x^2 - ax - 1] \geqslant 0$，则 $a = \underline{\hspace{2cm}}$.

分析：其实类似江苏 2008 年的高考题解法，按常理 a 应该是在一定范围内，由于题目求的是 a 的值，可以采用特殊值检验，

由 $x > 0$，我们令 $x = 1$，得 $(a-2)(-a) \geqslant 0$，得 $0 \leqslant a \leqslant 2$，无法求出 a 的值；令 $x = 2$，得 $(2a-3)(3-2a) \geqslant 0$，即 $(2a-3)^2 \leqslant 0$，所以 $a = \dfrac{3}{2}$.

三、整体代换，带来解题契机

整体代换的思想是数学的重要思想，是把问题中某些有关系的对象（数、式）作为一个整体考虑，从而发现新的规律和新的思路，将原来的问题转化为新的问题，有的可以通过换元，带来解题的契机；有的可以整体代换后，可使问题简单化；有的可使运算更加简便，达到事半功倍的效果．换元法可以说是数学解题的一件法宝．

例 4 已知 a，b，c 均为正实数，求证：$\dfrac{a}{b+c}+\dfrac{b}{a+c}+\dfrac{c}{a+b}\geqslant\dfrac{3}{2}$．

分析：如果去分母将带来复杂的运算，有点儿棘手，但通过换元，把分母简单化，再利用均值不等式，可求得其最小值．

解：设 $\begin{cases} a+b=x, \\ b+c=y, \\ a+c=z, \end{cases}$ 那么 $a=\dfrac{x+z-y}{2}$，$b=\dfrac{x+y-z}{2}$，$c=\dfrac{y+z-x}{2}$，

所以不等式左边 $=\dfrac{a}{b+c}+\dfrac{b}{a+c}+\dfrac{c}{a+b}=\dfrac{x+z-y}{2y}+\dfrac{x+y-z}{2z}+\dfrac{y+z-x}{2x}$

$=\dfrac{1}{2}\left(\dfrac{x}{y}+\dfrac{z}{y}-1+\dfrac{x}{z}+\dfrac{y}{z}-1+\dfrac{y}{x}+\dfrac{z}{x}-1\right)=\dfrac{1}{2}\left[\left(\dfrac{x}{y}+\dfrac{y}{x}\right)+\left(\dfrac{x}{z}+\dfrac{z}{x}\right)+\left(\dfrac{y}{z}+\dfrac{z}{y}\right)-3\right]\geqslant\dfrac{1}{2}\left[2\sqrt{\dfrac{x}{y}\cdot\dfrac{y}{x}}+2\sqrt{\dfrac{x}{z}\cdot\dfrac{z}{x}}+2\sqrt{\dfrac{y}{z}\cdot\dfrac{z}{y}}-3\right]=\dfrac{3}{2}=$ 右边，

当且仅当 $x=y=z$ 时，等号成立．当且仅当 $a=b=c$ 时，各个等号同时成立．所以 $\dfrac{a}{b+c}+\dfrac{b}{a+c}+\dfrac{c}{a+b}\geqslant\dfrac{3}{2}$．可见，通过换元可使分母简单化．

四、特例思维，解决客观题目

事物总有它的普遍性和特殊性，数学知识也是如此．在解决选择、填空题时，有的问题由于背景太抽象（因为有一部分知识是大学数学的问题），在短时间内无法推理论证，所以在解决这类问题（特别是以选择题形式出现的）

杏坛哲思——基于高中数学核心素养发展的教学探究

时，应该注重举反例、举特例、举典例，击中要害，以便用最快的速度解决这类题目.

例 5 （2011 年广东高考数学卷理 8）设 S 是整数集 $\mathbf{Z}$ 的非空子集，如果 $\forall a$、$b \in S$，有 $ab \in S$，则称 S 关于数的乘法是封闭的. 若 T、V 是 $\mathbf{Z}$ 的两个不相交的非空子集，$T \cup V = \mathbf{Z}$，且 $\forall a$、b、$c \in T$，有 $abc \in T$；$\forall x$、y、$z \in V$，有 $xyz \in V$，则下列结论恒成立的是（   ）.

A. T、V 中至少有一个关于乘法是封闭的

B. T、V 中至多有一个关于乘法是封闭的

C. T、V 中有且只有一个关于乘法是封闭的

D. T、V 中每一个关于乘法都是封闭的

分析：在正数集中 0、±1 是特殊的数，由于 T、V 是 $\mathbf{Z}$ 两个子集，且 $T \cup V = \mathbf{Z}$，所以 $1 \in T$ 或者 $1 \in V$；假设 $1 \in T$，那么 $\forall a$、$b \in T$，则 $ab \cdot 1 \in T$，即 $ab \in T$，则 T 关于乘法是封闭的，这样选项 A 是正确的；其次，整数集比较常见的就是正整数、0、负整数、奇数、偶数，例如整数分为正整数、0、负整数，设 $T = \{正整数\} \cup \{0\}$，$V = \{负整数\}$，容易检验 T 关于乘法是封闭的，V 关于乘法不是封闭的，则选项 D 是错误的；如果设 $T = \{奇数\}$，$V = \{偶数\}$，则 T、V 关于乘法都是封闭的，所以选项 B、C 是错误的，所以选 A.

五、思维迁移，活跃解题能力

他山之石可以攻玉，在浩瀚的数学天地里，许多知识是存在类比的，由此在解决某些问题时，我们应该多留意题目的相似性和类比性，通过思维迁移、简化运算，提升解题能力.

例 6 判断椭圆 $\dfrac{x^2}{4} + y^2 = 1$ 与直线 $2x - 3y + 3 = 0$ 的位置关系.

分析：常规的解题思维是将直线方程与椭圆方程联立，消去一个未知数，转化为关于 x（或 y）的一元二次方程，再根据判别式的正、负或 0，来确定直线与椭圆的位置关系，但这种方法往往运算量大. 思考能否类比于直线与圆位置关系的判断方法，利用圆心到直线的距离来判断它们的位置关系.

解：设 $x'=\dfrac{x}{2}$，$y'=y$，代入椭圆方程与直线方程得 $x'^2+y'^2=1$，$4x'-3y'+3=0$.

这样椭圆与直线的位置关系由方程组（1）$\begin{cases}2x-3y+3=0,\\ \dfrac{x^2}{4}+y^2=1\end{cases}$ 解的个数确定，

方程组解的个数等价于方程组（2）$\begin{cases}4x'-3y'+3=0,\\ x'^2+y'^2=1\end{cases}$ 解的个数，而方程组（2）解的个数等价于直线 $4x'-3y'+3=0$ 与圆 $x'^2+y'^2=1$ 的交点个数，又等价于圆心到直线的距离与半径的比较.

因为圆心 $C(0,0)$ 到直线 $4x'-3y'+3=0$ 的距离为 $d=\dfrac{3}{\sqrt{4^2+3^2}}=\dfrac{3}{5}<1$，可知直线 $4x'-3y'+3=0$ 与圆 $x'^2+y'^2=1$ 相交，所以直线 $2x-3y+3=0$ 与椭圆 $\dfrac{x^2}{4}+y^2=1$ 也是相交的.

六、直觉思维，大胆猜想归纳

数学直觉思维是大脑有意识地对数学对象（结构及其关系）中的某种直接的领悟和洞察. 一个人的数学思维、判断能力的高低主要取决于直觉思维能力的高低. 徐利治教授指出："数学直觉是可以后天培养的，实际上每个人的数学直觉也是在不断提高的."

由此，要求教师在教学过程中，应该重视培养学生的直觉思维，鼓励学生认真观察，大胆猜想、归纳.

例 7 如图 1，连接 $\triangle ABC$ 的各边中点得到一个新的 $\triangle A_1B_1C_1$，又连接 $\triangle A_1B_1C_1$ 各边中点得到一个更小的 $\triangle A_2B_2C_2$，如此无限继续下去，得到一系列三角形：$\triangle ABC$，$\triangle A_1B_1C_1$，$\triangle A_2B_2C_2$，…，这一系列三角形趋向于一个点

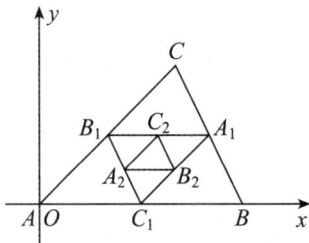

图 1

杏坛哲思——基于高中数学核心素养发展的教学探究

M，已知 $A(0，0)$、$B(3，0)$、$C(2，2)$，则点 M 的坐标是 _____.

分析：图象的变化直接告诉我们，点 M 就是 $\triangle ABC$ 的重心，由此得 $M\left(1，\dfrac{2}{3}\right)$.

七、化归转化，寻觅解题新路

化归转化是一种重要的数学解题思想，是解决数学问题的重要策略．当我们按常规思路从某一方面思考数学问题时，可能碰壁，若能把问题化归转化为其他问题，也许会找到另一片天地．特别在代数方面，往往要把已知条件和目标进行适当的变化，谋求解题思路．

例8　图2是某城市的交通路线图，那么某车从 A 点到 B 点，最近且不同的走法共有几种（图中线段表示道路）？

分析：本题若直接求解会让学生不知所措，若选择一种走法（图中粗线），把它经过的路段按横（—）

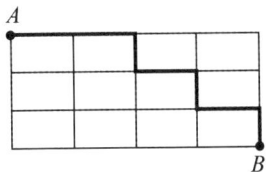

图 2

竖（｜）顺序写下，例如：——｜—｜—｜，这样就能把问题转化为从 A 到 B 需要走 7 段路，即在 7 个位置上选择 3 个位置填充"｜"，剩下的填充"—"，因此共有 $C_7^5 = 35$ 种走法．

例9　设函数 $f(x) = \sqrt{ax^2 + bx + c}\ (a < 0)$ 的定义域为 D，若所有点 $(s，f(t))(s，t \in D)$ 构成一个正方形区域，则 a 的值为（　　）．

A. -2　　　B. -4　　　C. -8　　　D. 不能确定

分析：本题比较抽象，其实隐含的是函数 $f(x)$ 的定义域和值域的区间长度相等问题．

此外相对思维、逆向思维、抽象问题通俗化思维也是解决数学问题的常见思维方式．

总之，在高中新课程背景下，在全面推进素质教育，培养学生思维能力的教育理念不断深入人心之际，更应关注学生思维能力的主阵地，发展数学思维能力是高中数学教学的重要任务. 思维能力是各种能力之首, 是学生运用所学知识解决问题的关键. 在常规思维的长期影响下, 更应该注重激发学生新思维、新创作、新发现, 寻找解题的新途径和新捷径!

观察让大脑感知, 思维让我们理智, 表达给我们能力, 反思促我们完善!

圆锥曲线中一类不对称运算问题的突破策略

福建省泉州第五中学　黄寒凝

解析几何的本质是通过引入坐标系, 用代数的方法来研究解决几何问题. 高考二轮复习中学生处理直线与圆锥曲线位置关系问题的主要方向是明确的, 但对于圆锥曲线中一类不对称问题, 由于不对称结构打破常规且涉及变量多, 大多学生没有足够的运算经验, 导致他们缺少处理此类问题的能力. 该专题立足于引导学生利用转化与化归、特殊与一般的数学思想方法, 建立良好的推理和计算意识, 以提高学生的逻辑分析素养与计算求解能力, 简化繁琐的计算过程为目标, 从不同的角度对比分析此类问题的处理方法与思想, 逐层深入形成解决此类问题的突破策略.

【典例】

(题源: 原创) 已知 M、N 分别为椭圆 C: $\dfrac{x^2}{4}+y^2=1$ 的左、右顶点, $T(-1, 0)$, 若椭圆 C 的内接四边形 $AMBN$ 满足 A、T、B 三点共线 (A 在 x 轴上方), 记直线 AM、BN 的斜率分别为 k_1、k_2, 证明: $\dfrac{k_1}{k_2}$ 为定值.

【思路探析】

该问题实际上就是提供直线 AB 过定点 T（-1，0）与椭圆交于 A、B 两点，要求根据解析几何中几何条件坐标化的基本思想，联立直线 AB 与椭圆方程得到 A、B 坐标关系．此处注意引导学生对斜率不存在的讨论．

【详解示范】

证明：①若直线 AB 的斜率不存在，则直线 AB 的方程为 $x=-1$，

此时 $A\left(-1，\dfrac{\sqrt{3}}{2}\right)$，$B\left(-1，-\dfrac{\sqrt{3}}{2}\right)$，$k_1=\dfrac{\frac{\sqrt{3}}{2}-0}{-1-(-2)}=\dfrac{\sqrt{3}}{2}$，$k_2=$

$\dfrac{-\frac{\sqrt{3}}{2}-0}{-1-2}=\dfrac{\sqrt{3}}{6}$，则 $\dfrac{k_1}{k_2}=3$．

②若直线 AB 的斜率存在，设 AB 方程为 $y=k(x+1)$，

由 $\begin{cases} y=k(x+1)， \\ \dfrac{x^2}{4}+y^2=1 \end{cases}$ 得 $(1+4k^2)x^2+8k^2x+4k^2-4=0$．设 $A(x_1，y_1)$，

$B(x_2，y_2)$，

$\Delta>0$，所以 $x_1+x_2=-\dfrac{8k^2}{1+4k^2}$，$x_1x_2=\dfrac{4k^2-4}{1+4k^2}$，$k_1=\dfrac{y_1}{x_1+2}$，$k_2$

$=\dfrac{y_2}{x_2-2}$，

则 $\dfrac{k_1}{k_2}=\dfrac{y_1(x_2-2)}{y_2(x_1+2)}=\dfrac{k(x_1+1)(x_2-2)}{k(x_2+1)(x_1+2)}=\dfrac{x_1x_2+x_2-2x_1-2}{x_1x_2+x_1+2x_2+2}$．（几何条件坐标化）

很多学生在这里遇到了困难，由于上述式子中 x_1、x_2 没有出现"x_1x_2、x_1+x_2"这种轮换对称的结构，使得坐标没办法一下子韦达定理化．我们把

这样的运算称为不对称运算，下面介绍几种有效突破不对称运算的解题策略.

解法 1：借助从特殊到一般的数学思想方法，化不对称运算为对称运算.

产生不对称运算的一个很大的原因是题目中出现了分式运算，借助斜率不存在的特殊位置可先猜后证转化分式为整式.

由①可知 $\dfrac{k_1}{k_2}=3$，即证 $\dfrac{k_1}{k_2}=\dfrac{x_1x_2+x_2-2x_1-2}{x_1x_2+x_1+2x_2+2}=3$，

$x_1x_2+x_2-2x_1-2=3(x_1x_2+x_1+2x_2+2)$，$2x_1x_2+5(x_2+x_1)+8=0$. ……化为对称结构

代入韦达定理可得 $2x_1x_2+5(x_2+x_1)+8=\dfrac{8k^2-8}{1+4k^2}-\dfrac{40k^2}{1+4k^2}+8=$

$\dfrac{8k^2-8-40k^2+8+32k^2}{1+4k^2}=0$，

得证原结论成立.

解法 2：利用两点在椭圆上重建坐标关系，化不对称运算为对称运算.

由于 A、B 都在椭圆上，观察 $k_1=\dfrac{y_1}{x_1+2}$，$k_2=\dfrac{y_2}{x_2-2}$，联想到点在曲线

上，坐标之间有新的结构关系：$\begin{cases}\dfrac{x_1^2}{4}+y_1^2=1,\\[2mm]\dfrac{x_2^2}{4}+y_2^2=1,\end{cases}$ 取其中一个变形可得 $4y_1^2=4-$

$x_1=(2-x_1)(2+x_1)$，即 $\dfrac{y_1}{(2+x_1)}=\dfrac{(2-x_1)}{4y_1}$，$\dfrac{k_1}{k_2}=\dfrac{y_1}{(x_1+2)}\cdot\dfrac{(x_2-2)}{y_2}=$

$\dfrac{(2-x_1)}{4y_1}\dfrac{(x_2-2)}{y_2}=-\dfrac{(x_1-2)(x_2-2)}{4y_1y_2}=\dfrac{(x_1-2)(x_2-2)}{-4k^2(x_1+1)(x_2+1)}$. （化对称结构）

其中 $(x_1-2)(x_2-2)=x_1x_2-2(x_1+x_2)+4$，$(x_1+1)(x_2+1)=x_1x_2+(x_1+x_2)+1$ 都是对称运算，韦达定理代入即可求得 $x_1x_2-2(x_1+x_2)+4$

$=\dfrac{36k^2}{1+4k^2}$，$x_1x_2+(x_1+x_2)+1=\dfrac{-3}{1+4k^2}$，代入上式可得 $\dfrac{k_1}{k_2}=3$.

再分析此题，实际上我们是通过点在椭圆上满足椭圆方程 $y_1^2=1-\dfrac{x_1^2}{4}$ 进

杏坛哲思——基于高中数学核心素养发展的教学探究

行代入消元，这也是椭圆上的动点常用的消参办法. 因此回归到 $\dfrac{k_1}{k_2}=$ $\dfrac{y_1(x_2-2)}{y_2(x_1+2)}$，为方便消元，我们将式子平方可得：$\left(\dfrac{k_1}{k_2}\right)^2=\dfrac{y_1^2}{y_2^2}\dfrac{(x_2-2)^2}{(x_1+2)^2}=$ $\dfrac{(4-x_1^2)(x_2-2)^2}{(4-x_2^2)(x_1+2)^2}=\dfrac{(x_1-2)(x_2-2)}{(x_2+2)(x_1+2)}$，化为对称运算，结合韦达定理即可求解.

实际上点 B 在椭圆 $\dfrac{x^2}{a^2}+\dfrac{y^2}{b^2}=1(a>b>0)$ 上恒有

$k_{BM}\cdot k_{BN}=\dfrac{y_2}{x_2+a}\cdot\dfrac{y_2}{x_2-a}=\dfrac{y_2^2}{x_2^2-a^2}=-\dfrac{b^2}{a^2}$，所以 $k_2\cdot k_{BM}=-\dfrac{1}{4}$，

因此 $\dfrac{k_1}{k_2}=k_1\cdot(-4k_{BM})=-4\left(\dfrac{y_1}{x_1+2}\right)\left(\dfrac{y_2}{x_1+2}\right)=\dfrac{-4k^2(x_1+1)(x_2+1)}{x_1x_2+2(x_1+x_2)+4}.$

……化为对称结构

剩下的就是代入韦达定理的运算了.

解法 3：利用韦达定理消元，减少变量个数，达到部分改造不对称结构的目的.

$\dfrac{k_1}{k_2}=\dfrac{x_1x_2+x_2-2x_1-2}{x_1x_2+x_1+2x_2+2}=\dfrac{x_1x_2+(x_2+x_1)-3x_1-2}{x_1x_2+2(x_1+x_2)-x_1+2}.$（局部配凑韦达定理，统一不对称量.）

将韦达定理代入上式可得，$\dfrac{k_1}{k_2}=\dfrac{\dfrac{4k^2-4}{1+4k^2}-\dfrac{8k^2}{1+4k^2}-3x_1-2}{\dfrac{4k^2-4}{1+4k^2}-\dfrac{16k^2}{1+4k^2}-x_1+2}=$

$\dfrac{\dfrac{4k^2-4-8k^2-2-8k^2}{1+4k^2}-3x_1}{\dfrac{4k^2-4-16k^2+2+8k^2}{1+4k^2}-x_1}=\dfrac{\dfrac{-12k^2-6}{1+4k^2}-3x_1}{\dfrac{-4k^2-2}{1+4k^2}-x_1}=3.$（消元减元）

虽然没办法把 x_1、x_2 都消掉，但是我们在运算的过程中会发现，消元以后把不对称量统一到 x_1 后的表达式，其运算是有迹可循的，这也是处理不对称运算的通解通法.

实际上也可以留下 x_2，$\dfrac{k_1}{k_2}=\dfrac{x_1x_2+x_2-2x_1-2}{x_1x_2+x_1+2x_2+2}=\dfrac{x_1x_2-2(x_2+x_1)+3x_2-2}{x_1x_2+(x_1+x_2)+x_2+2}$，一样可以运算.

得到通解通法后需要引导学生再思考观察，进一步优化解题思路.

过 x 轴上定点可引导学生设直线 AB 方程为 $x=ty-1$，转化为 y_1、y_2 对比运算，提高解题速度. 由 $\begin{cases} x=ty-1, \\ \dfrac{x^2}{4}+y^2=1 \end{cases}$ 得 $(4+t^2)y^2-2ty-3=0$. 设 A $(x_1,\ y_1)$、$B(x_2,\ y_2)$，

则 $y_1+y_2=\dfrac{2t}{4+t^2}$，$y_1y_2=\dfrac{-3}{4+t^2}$，$\dfrac{k_1}{k_2}=\dfrac{y_1(x_2-2)}{y_2(x_1+2)}=\dfrac{ty_1y_2-3y_1}{ty_1y_2+y_2}$，同样

利用韦达定理消元，注意到 $\dfrac{y_1+y_2}{y_1y_2}=-\dfrac{2t}{3}$，即 $ty_1y_2=-\dfrac{3}{2}(y_1+y_2)$，代入

上式得 $\dfrac{k_1}{k_2}=\dfrac{-\dfrac{3}{2}(y_1+y_2)-3y_1}{-\dfrac{3}{2}(y_1+y_2)+y_2}=\dfrac{-9y_1-3y_2}{-3y_1-y_2}=3.$

【解后反思】

处理此类问题的基本路径有两条.

路径一：化不对称运算为对称运算.

为达到此目标，就要观察分析引起不对称的主要因素在哪里？如何打破式子的不对称结构？一般分式需要转化为整式，可以利用椭圆方程、对称性等转化式子. 此类转化常用方法：

（1）借助从特殊到一般的数学思想方法，先猜后证，用分析法转化不对称结构为对称结构，回归韦达定理；

（2）利用点在椭圆上或者利用椭圆的对称性寻找并重建坐标关系，化不对称运算为对称运算，回归韦达定理.

路径二：通过韦达定理消元减元，减少变量个数，统一不对称量.

重要步骤：根据题意产生关于 x_1、x_2 的不对称表达式 $F(x_1, x_2)$ →配凑韦达定理，留下统一的不对称量 x_1 或 x_2 →代入韦达定理，化简消去不对称量→得出结果.

【技能提升】

（2019 年泉州市质量检测高三数学理 20）

如图 1，已知 $\triangle ABC$ 中，$B(-1, 0)$，$C(1, 0)$，$AB=4$，点 P 在 AB 上，且 $\angle BAC = \angle PCA$.

（1）求点 P 的轨迹 E 的方程；

（2）若 $Q\left(1, \dfrac{3}{2}\right)$，过 C 的直线与 E 交于 M、N 两点，与直线 $x=4$ 交于点 K，记 QM、QN、QK 的斜率分别为 k_1、k_2、k_3，求证：$\dfrac{k_1 - k_3}{k_2 - k_3}$ 为定值.

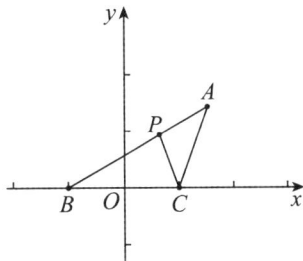

图 1

【思路探析】

第一问 P 的轨迹 E 的方程为 $\dfrac{x^2}{4} + \dfrac{y^2}{3} = 1 (x \neq \pm 2)$，这里主要分析第二问.

如图 2，设 $M(x_1, y_1)$，$N(x_2, y_2)$，直线 MN 方程为 $y = k(x-1)$，则 $k(4, 3k)$，

由 $\begin{cases} \dfrac{x^2}{4} + \dfrac{y^2}{3} = 1, \\ y = k(x-1) \end{cases}$ 得 $(4k^2 + 3)x^2 - 8k^2 x + (4k^2 - 12) = 0$，$x_1 + x_2 = \dfrac{8k^2}{4k^2 + 3}$，$x_1 x_2 = \dfrac{4k^2 - 12}{4k^2 + 3}$，

图 2

$$k_1 = \dfrac{y_1 - \dfrac{3}{2}}{x_1 - 1} = \dfrac{k(x_1 - 1) - \dfrac{3}{2}}{x_1 - 1} = k - \dfrac{3}{2(x_1 - 1)},$$

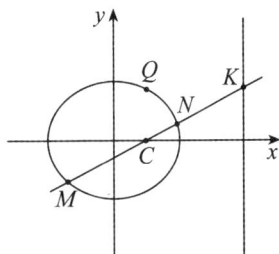

$$k_2 = k - \frac{3}{2(x_2-1)},$$

$$k_3 = \frac{3k - \frac{3}{2}}{4-1} = k - \frac{1}{2},$$

$$k_1 - k_3 = \frac{1}{2} - \frac{3}{2(x_1-1)}, \quad k_2 - k_3 = \frac{1}{2} - \frac{3}{2(x_2-1)},$$

$$\frac{k_1-k_3}{k_2-k_3} = \frac{\frac{1}{2} - \frac{3}{2(x_1-1)}}{\frac{1}{2} - \frac{3}{2(x_2-1)}} = \frac{\frac{(x_1-4)}{2(x_1-1)}}{\frac{(x_2-4)}{2(x_2-1)}} = \frac{(x_2-1)(x_1-4)}{(x_1-1)(x_2-4)}.$$

解法 1：（显然上式是不对称结构，因此我们可先通过特殊位置分析，取斜率为零）

当 $k_1 = \frac{1}{2}$，$k_2 = -\frac{3}{2}$，$k_3 = -\frac{1}{2}$，猜想 $\frac{k_1-k_3}{k_2-k_3} = -1$，即证 $k_1-k_3 = -k_2+k_3$，$k_1+k_2-2k_3=0$.

虽然题目中的轨迹不包含左右顶点，但是实际上直线在连续变化过程中可以到达斜率为零的位置，并不影响猜测.

因为 $k_1+k_2-2k_3 = 1 - \frac{3}{2}\left(\frac{1}{x_1-1} + \frac{1}{x_2-1}\right) = 1 - \frac{3}{2} \cdot \frac{(x_1+x_2-2)}{x_1x_2-(x_1+x_2)+1}$ ……

$$= 1 - \frac{3}{2} \cdot \frac{\frac{8k^2}{4k^2+3} - 2}{\frac{4k^2-12}{4k^2+3} - \frac{8k^2}{4k^2+3} + 1} = 0, \text{（化为对称结构）}$$

所以 $\frac{k_1-k_3}{k_2-k_3}$ 为定值 -1.

解法 2：$\frac{k_1-k_3}{k_2-k_3} = \frac{(x_2-1)(x_1-4)}{(x_1-1)(x_2-4)} = \frac{x_1x_2-(x_1+x_2)-3x_2+4}{x_1x_2-4(x_1+x_2)+5x_2+4}$

$$= \frac{\frac{4k^2-12}{4k^2+3} - \frac{8k^2}{4k^2+3} - 3x_2 + 4}{\frac{4k^2-12}{4k^2+3} - \frac{32k^2}{4k^2+3} + 3x_2 + 4} = \frac{\frac{12k^2}{4k^2+3} - 3x_2}{\frac{-12k^2}{4k^2+3} + 3x_2} = -1, \text{（消元减元，统一不对}$$

称量）

所以 $\dfrac{k_1-k_3}{k_2-k_3}$ 为定值 -1.

解析几何中不对称运算问题是解析几何各类背景问题中的的一个难点. 二轮复习中学生已经具备处理解析几何问题的基本思路, 能遵循几何条件坐标化, 坐标韦达定理化的解题原则进行几何条件的转化, 但是这类不对称运算问题打破了学生的解题套路, 以多元变量处理为核心, 考查学生对代数式的恒等变形能力与运算能力. 学生在处理此类问题时, 由于解题经验不足不敢化简运算导致失分.

该策略通过逐步调整优化问题, 帮助学生一步一步突破计算上的难点, 把此类问题进行清晰剖析并形成一定的解题思路, 最后提炼成解题策略, 对学生有较大的启发作用; 通过本微专题的讲解, 引导学生从特殊到一般的数学思想方法入手, 先猜后证, 不仅将问题转化到学生熟悉的运算模型上, 而且大幅度减少运算量, 提高学生的解题信心与得分率; 同时立足通解通法, 引导学生从探究多元变量的角度分析问题, 通过消元降元的手段减少变量对运算的影响, 从而在复杂的运算中找到规律性的算法; 通过形式结构的分析, 利用点在曲线上消参, 达到简化运算的目标, 在二轮复习中对学生解析几何的学习有较好的促进作用.

同时, 执行本教学策略, 除了有利于提高高考的应试成绩之外, 更能关注到学生数学素养的培养, 如对分析问题、解决问题的能力的培养, 对数学解题模型的建立、计算意识的培养, 同样可以渗透到整个圆锥曲线的学习中, 迁移到其他的题型中. 策略的实施过程并不是简单粗暴地灌输给学生方法, 而是注重让学生"对比分析, 逐层深入, 挖掘规律, 形成策略, 发展智慧", 引导他们养成自主分析、探究的思考习惯. 所选例题与变式都由历届高考中圆锥曲线的重难点问题改编而成, 题目经典, 策略实施清晰有效, 对各个层次学生均适用.

运用多元联想，培养创新思维

福建省漳州南靖一中　李剑评

数学在人们的印象里一直是一个死板、高难度、公式化的学科，形成了一个只要将公式死记硬背下来再套到任何题中，就完成了一个数学教学循环的思维定势．见到题目就去套用固定的公式，已成为很多学生的固有学习方法，追根究底地探讨运用公式的意义所在，他们很难理出头绪．其实，一道题往往有不同的解法，但教师没能在教学工作中引导学生发散思维，导致学生欠缺了这一部分的能力．

缺乏这一能力的具体体现就在于：老师在课堂教学中将课本的知识机械式地复述在黑板上，学生则依葫芦画瓢地单纯背公式，这样虽然保证了教学进度但没能提升教学质量．时间一长，学生就产生被动接受知识的依赖性，极难养成主动思考问题的能力，也就欠缺了思维联想的能力．教师没有针对教学知识提出一些问题，引发学生思考，这样学生就很难有举一反三的能力．

一、温故知新，启动思维

在高中教学中，新知识与旧知识的融合十分重要，通过新知识来巩固旧知识能达到好的教学效果．课堂中，教师指导学生对新知识与旧知识进行对比分析讨论，可以让学生将新旧知识有机地衔接在一起，这样就促进了学生的高效学习，也完善了整个知识框架与体系．

高中数学教学中对于函数的学习，一系列方程组公式极为相似，极易混淆；在教学中要善于总结对比，将新旧知识有机结合在一起，例如学习"二次函数和一元二次方程"：

二次函数 $f(x)=ax^2+bx+c(a\neq0)$，方程 $f(x)=0$ 有 1 和 3 这两个解，顶点的纵坐标是 2，求不等式 $ax^2+bx+c>0$ 的解集；若方程 $ax^2+bx+c=k$ 存在两个不等的实数根，求 k 的取值范围.

解题过程：代入方程的两个解，可以得到顶点坐标是 $(2，2)$，也就解得抛物线的解析式是 $f(x)=-2(x-2)^2+2$. 如果学生画出了抛物线的解析式图形，没有直接去解不等式 $-2(x-2)^2+2>0$，那么就能在其中发现：在二次函数 $y=ax^2+bx+c$ 中，令 $y>0$，能够得到不等式 $ax^2+bx+c>0$，这个不等式的解就对应着函数图象的横坐标，所以解集就是 $1<x<3$. 在此基础之上，很多学生没有进行画图就能够得出答案，这时再让学生相互讨论，就可以发现：$ax^2+bx+c=k$ 用另一种方式理解，就是求 $y=ax^2+bx+c$ 与函数 $y=k$ 有几个交点，从而求得 k 的范围，再结合图象就能够得到 $k<2$. 在教学中温故知新，启动学生的创新思维，能够调动学生的学习热情，培养学生主动探求知识的能力，以及举一反三的能力，从而巩固和加深对数学知识的记忆.

二、数形转化，转换思维

在教学中设立情境有助于引发学生的学习兴趣，调动学生的学习热情. 在高中数学课堂中有效地展开一定的情境教学，能够帮助学生解决难题并加深印象，得到经验. 这样，能让学生成为学习主体，更加自由地发散思维、思考问题和解决问题. 即便学生领悟错了主旨，教师只要加以引导就能够让学生更有信心去摸索和探知数学. 传统的教学方式注重教师的教授，如今要更注重学生的思维创新，最大程度地培养学生主动思考的能力.

实数与数轴上的点的对应关系、函数与图象的对应关系、曲线与方程的关系等数学知识都应运用数形结合的教学方式，让学生加深记忆. 例如：若直线 $y=x+k$ 与曲线 $x=\sqrt{1-y^2}$ 恰有一个公共点，求 k 的取值范围.

解：曲线 $x=\sqrt{1-y^2}$ 是单位圆 $x^2+y^2=1$ 的右半圆 $(x\geqslant0)$，k 是直线 $y=x+k$ 在 y 轴上的截距. 由数形结合可知：直线与曲线相切时，$k=-\sqrt{2}$，

由图形可得 $k=-\sqrt{2}$，或 $-1<k\leqslant 1$.

学生无法理解和解决一道简单的题目，很可能因为没能将这些问题与知识很好地衔接在一起，导致对立体空间，甚至平面几何的理论知识、惯有的思考方式都有所差异. 通过开展数形结合，情境教学，让他们能够运用其他的思维方式转化题目，进而加深对知识的记忆，这样能够帮助学生转换思维、学以致用.

三、归纳推理，延伸思维

在数学教学中要重视归纳推理，重视思维脉络的发散和延伸、思维的发散和延伸，有利于提升信息对人脑反射产生的时效性. 一个问题对应着多种解答方式，这也是人们提升创新思维的过程. 数学是极具逻辑性的学科，它需要学生保有创造性和创新性，延伸思维有利于学生在多种方法中总结和选择最优解法，提升学习兴趣，提高数学逻辑能力. 所以，发散思维对数学教学尤为重要.

1. 多角度看问题

在数学教学中，教师要善于总结归纳，引导学生从不同角度看待和解决问题. 一道题目可以对应着多种解答方式，要打破思维定势，多角度分析看待问题，帮助学生树立创新思维，灵活应对解题过程中遇到的难点，并逐一攻克. 多个角度看待问题、一题多解能够帮助学生灵活应对不同的问题. 教师要注重知识的相互衔接和贯通，教会学生发散思维，运用多种方法学习和获取知识.

2. 注重发掘学生的创造力

教师在教学工作中都会总结出一定的教学方式和经验，但问题是否只有唯一解呢？传统的教学模式就是教师将知识教授给学生，学生主观印象中就接受了这种教学方法，其实就在一定程度上限制了学生的想象能力. 教师在教学中应该重视培养学生的潜能，帮助他们发掘创新的潜能. 一些题的创新解法在被学生发现后，往往会在一定程度上激发他们深入学习的热情. 将培养学生的创造性融入到具体教学实践中，能够让学生在学习的过程中得到锻炼，养成良好的学习和思考习惯．

3. 变繁为简，重复利用，提升课堂效率

数学教学中，计算公式多，题目也很复杂，一道题考查的知识点往往是有限的，感觉做完了似乎就没有其他用途了．其实不然，如果教师和学生能够灵活转化题目的话，就能够将繁多的题目变得简单化，将考察的知识点更全面更具体地呈现在课堂上．教学中，常常改变一道题的几个要素，学生就难以分辨，这种方法也能有效地避免了这种情况的出现，让知识点既考查得很全面也能加深学生的印象，同时也大大节省了教师的板书时间，从而提升了课堂效率与教学品质．数学不是为了培养多少答题机器，而是注重学生对思维的开发与运用，要重视培养学生的创造力．往往好的教学方法能帮助学生养成好的学习习惯，营造轻松的学习环境，让学生更愿意去学习数学．这在本质上就提高了教学效率，提升了教学品质．

例如：函数 $y = kx + 2k + 1$，求下面几题．

(1) 当 $-1 \leqslant k \leqslant 1$ 时，函数 $f(x)$ 的值有正也有负，求 k 的取值范围；

(2) 当 $-1 \leqslant x \leqslant 1$ 时，函数 $f(x)$ 的值恒为负，求 k 的取值范围；

(3) 当 $-1 \leqslant x \leqslant 1$ 时，函数 $f(x)$ 的值恒为正，求 k 的取值范围．

解：(1) 因为 $y = f(x) = kx + 2k + 1$，当 $-1 \leqslant x \leqslant 1$ 时，y 的值有正也有负，可知 $f(-1) \cdot f(1) < 0$，即 $(-k + 2k + 1) \cdot (k + 2k + 1) < 0$，$(k + 1) \cdot (3k + 1) < 0$，解得 $-1 < k < -\dfrac{1}{3}$，所以 k 的取值范围是 $\left\{ k \mid -1 < k < -\dfrac{1}{3} \right\}$；

(2) 因为 $y = f(x) = kx + 2k + 1$，当 $-1 \leqslant x \leqslant 1$ 时，y 的值恒为负，可知 $f(-1) < 0$，且 $f(1) < 0$，即 $-k + 2k + 1 < 0$，$k + 2k + 1 < 0$，解得 $k < -\dfrac{1}{3}$ 且 $k < -1$，所以 k 的取值范围是 $\{ k \mid k < -1 \}$；

(3) $y = f(x) = kx + 2k + 1$，当 $-1 \leqslant x \leqslant 1$ 时，y 的值恒为正，可知 $f(-1) > 0$，且 $f(1) > 0$，即 $-k + 2k + 1 > 0$，$k + 2k + 1 > 0$，解得 $k > -\dfrac{1}{3}$ 且 $k > -1$，所以 k 的取值范围是 $\left\{ k \mid k > -\dfrac{1}{3} \right\}$．

依此类推，通过逻辑推理、归纳总结的方式，能够锻炼和延伸学生的思维，让学生能较快理解和接受理论知识.

四、动静结合，突破思维

在特定条件下，利用曲径通幽、旁敲侧击的方法探索新的解决途径：动静结合、拓展思维流向，由此及彼，从不同角度对问题进行换角度理解，转化问题固定的解决方式，针对已有的观点和理论进行深入剖析，创新思维，找到新的路径和方法. 多方向思维可以在一定程度让思维更富活力和生机，从多个角度看待问题，也有利于衍生出新的解题方法. 在数学课堂中，不断激发学生的思维，培育学生的创新能力，能够帮助学生提升数学素养，将学生的主体地位落在实处.

在数学教育中，许多动态的知识很难被学生所理解和接受，因此要采取动静结合方式，打破常规另辟蹊径，突破学生固有的惯性思维，会起到更好的教学效果.

例如：函数中未知数的取值问题，已知函数 $f(x)$ 定义域为 $(-1，1)$，且同时满足下列条件：$f(x)$ 是奇函数；$f(x)$ 在定义域上单调递减；$f(1-a)+f(1-a^2)<0$，求 a 的取值范围.

解：由 $f(-x)=-f(x)$，得 $f(1-a^2)=-f(a^2-1)$；由 $f(1-a)+f(1-a^2)<0$，

得 $f(1-a)<-f(1-a^2)$，即 $f(1-a)<f(a^2-1)$，因为 $f(x)$ 为减函数，可知 $1-a>a^2-1$，且 $-1<1-a<1$，$-1<a^2-1<1$，所以 $1<a<\sqrt{2}$.

以往在取值的时候，自变量和因变量都是相互制约变化的，运用动静结合的方式让数轴动起来，取值定在一定区间，动静结合，将繁化简，既能提高运算效率，又能帮助学生打破思维定势，寻找到新的解题路径.

总之，在高中数学的课堂教学过程中，教师要积极培育学生的多元联想能力和创新能力，将其深入到课堂的每一个环节中，这样才能够激发学生的主观能动性和创新性，对学生终身学习具有深远的意义.

探析圆锥曲线中面积问题的求解策略

福建省莆田第二中学　谢新华

直线与圆锥曲线相交，围成的平面图形有很多，常见的有三角形及四边形，求此类平面图形面积问题的综合条件多，涉及知识点广，解题的主要方法是用代数运算解决几何问题，但这种解法往往运算量大，学生也比较容易出错. 所以，如何借助几何载体，聚焦代数方法，探索圆锥曲线中的面积问题的求解策略，对学生学会运用数学思想方法解决问题，提高运算效率及思维品质，提升数学核心素养极为重要.

一、以圆锥曲线与定直线为载体的三角形面积问题

例　如图 1，已知椭圆 $E: \dfrac{x^2}{a^2} + \dfrac{y^2}{b^2} = 1 (a > b > 0)$ 的左、右焦点分别为 F_1、F_2，离心率为 $\dfrac{\sqrt{3}}{2}$，点 $M(0, -2)$，且 $\overrightarrow{MF_1} \cdot \overrightarrow{MF_2} = 1$.

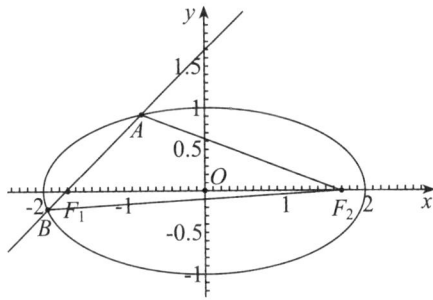

图 1

（1）求 E 的方程；

（2）过点 F_1 且斜率为 1 的直线与椭圆相交于 A、B 两点，求 $\triangle ABF_2$ 的面积.

思考：$\triangle ABF_2$ 面积如何表示？

思路：面积公式：$S_{\triangle ABF_2} = \dfrac{1}{2} |AB| \cdot d$.

以 F_1F_2 为底进行分割：$S_{\triangle ABF_2}=S_{\triangle AF_1F_2}+S_{\triangle BF_1F_2}$.

分析：（1）因为 $F_1(-c，0)$，$F_2(c，0)$，所以 $\overrightarrow{MF_1}=-c+2$，$\overrightarrow{MF_2}=c+2$，

所以 $\overrightarrow{MF_1}\cdot\overrightarrow{MF_2}=-c^2+4=1$，所以 $c=\sqrt{3}$，因为 $\dfrac{c}{a}=\dfrac{\sqrt{3}}{2}$，所以 $a=2$，$b=1$，E 的方程为 $\dfrac{x^2}{4}+y^2=1$.

（2）因为 $F_1(-\sqrt{3}，0)$，$F_2(\sqrt{3}，0)$，设 $A(x_1，y_1)$，$B(x_2，y_2)$，直线 AB 的方程为 $y=x+\sqrt{3}$，

解法 1：由 $\begin{cases} y=x+\sqrt{3}，\\ x^2+4y^2=4 \end{cases}$ 得 $5x^2+8\sqrt{3}x+8=0$．所以 $\Delta=32>0$，$x_1+x_2=-\dfrac{8\sqrt{3}}{5}$，$x_1\cdot x_2=\dfrac{8}{5}$.

所以 $|AB|=\sqrt{1+1^2}|x_1-x_2|=\sqrt{2}\cdot\dfrac{\sqrt{32}}{5}=\dfrac{8}{5}$．又 F_2 到直线 AB 的距离为 $d=\dfrac{2\sqrt{3}}{\sqrt{2}}=\sqrt{6}$.

所以 $S_{\triangle ABF_2}=\dfrac{1}{2}|AB|\cdot d=\dfrac{4\sqrt{6}}{5}$.

解法 2：由 $\begin{cases} y=x+\sqrt{3}，\\ x^2+4y^2=4 \end{cases}$ 得 $5y^2-2\sqrt{3}y-1=0$．所以 $\Delta=32>0$，$y_1+y_2=\dfrac{2\sqrt{3}}{5}$，$y_1\cdot y_2=-\dfrac{1}{5}$.

所以 $S_{\triangle ABF_2}=S_{\triangle AF_1F_2}+S_{\triangle BF_1F_2}=\dfrac{1}{2}|F_1F_2|\cdot|y_1-y_2|=\dfrac{4\sqrt{6}}{5}$.

评析：通过本题探究以圆锥曲线与定直线为载体的三角形面积问题的求解策略，本题涉及圆锥曲线的标准方程及几何性质、平面向量等基础知识，难度不大，解题入口比较宽，是常考题型．通过分析几何图形特征，选择恰当的方法表示三角形面积，把 $\triangle ABF_2$ 的面积分割为以 F_1F_2 为公共边的两个

三角形面积之和，从而确定三角形面积的值，回避求弦长等复杂的计算，提高运算的效率.

二、以圆锥曲线与动直线为载体的三角形面积问题

变式 1 （2014 年高考数学全国 I 卷理 20 改编）已知椭圆 E：$\dfrac{x^2}{a^2}+\dfrac{y^2}{b^2}=1$

$(a>b>0)$ 的左、右焦点分别为 F_1、F_2，离心率为 $\dfrac{\sqrt{3}}{2}$，点 $M(0，-2)$，且

$\overrightarrow{MF_1}\cdot\overrightarrow{MF_2}=1$.

（1）求 E 的方程；

（2）设 O 为坐标原点，过点 M 的动直线 l 与 E 相交于 P、Q 两点，当 $\triangle OPQ$ 面积最大时，求 l 的方程.

思考：$\triangle OPQ$ 面积如何表示？如何表示运算比较简便？

思路：面积公式：$S_{\triangle OPQ}=\dfrac{1}{2}$

$|PQ|\cdot d$.

以 ON 为底进行分割：$S_{\triangle OPQ}=S_{\triangle ONP}+S_{\triangle ONQ}$ 或 $S_{\triangle OPQ}=|S_{\triangle ONP}-S_{\triangle ONQ}|$.

以 OM 为底进行分割：$S_{\triangle OPQ}=|S_{\triangle OMP}-S_{\triangle OMQ}|$.

解：依题意得，l 的斜率存在，

设 l 为 $y=kx-2$，$P(x_1，y_1)$，

$Q(x_2，y_2)$，

由 $\begin{cases}y=kx-2，\\ \dfrac{x^2}{4}+y^2=1\end{cases}$ 得 $(1+4k^2)x^2-$

$16kx+12=0$；由 $\Delta=16(4k^2-3)>$

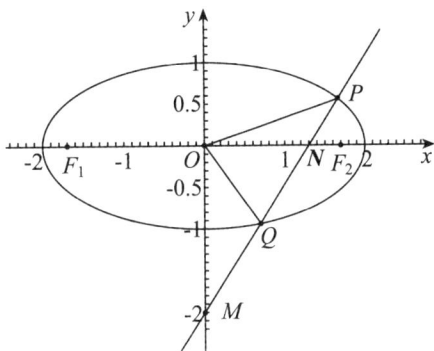

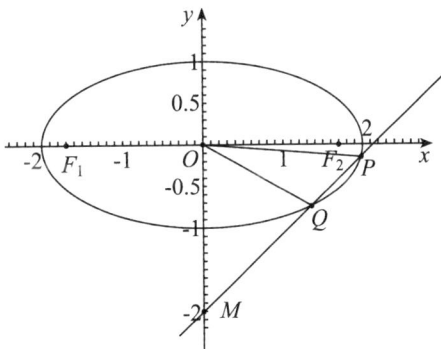

0，得 $k^2 > \dfrac{3}{4}$，

又因为 $x_1 + x_2 = \dfrac{16k}{1+4k^2}$，$x_1 x_2 = \dfrac{12}{1+4k^2}$．

$$S_{\triangle OPQ} = S_{\triangle OMP} - S_{\triangle OMQ} = \dfrac{1}{2}|OM| \cdot |x_1 - x_2| = \dfrac{4\sqrt{4k^2-3}}{1+4k^2} = 4\sqrt{\dfrac{4k^2-3}{(1+4k^2)^2}}.$$

思考：如何求上式的最大值？

思路：换元法、二次函数求最值；换元法、基本不等式求最值.

解法 1：令 $t = 4k^2 + 1$，则 $t > 4$，所以 $S_{\triangle OPQ} = 4\sqrt{\dfrac{t-4}{t^2}} =$

$4\sqrt{-4\left(\dfrac{1}{t} - \dfrac{1}{8}\right)^2 + \dfrac{1}{16}}.$

当 $t = 8$ 时，即 $k = \pm\dfrac{\sqrt{7}}{2}$ 时，$\triangle OPQ$ 的面积取得最大值 1.

此时直线 l 的方程为 $y = \dfrac{\sqrt{7}}{2}x - 2$ 或 $y = -\dfrac{\sqrt{7}}{2}x - 2$．

解法 2：令 $t = \sqrt{4k^2-3}$，则 $t > 0$，所以 $S_{\triangle OPQ} = \dfrac{4t}{t^2+4} = \dfrac{4}{t + \dfrac{4}{t}} \leqslant 1$．

当 $t = 2$ 时，即 $k = \pm\dfrac{\sqrt{7}}{2}$ 时，$\triangle OPQ$ 的面积取得最大值 1.

此时直线 l 的方程为 $y = \dfrac{\sqrt{7}}{2}x - 2$ 或 $y = -\dfrac{\sqrt{7}}{2}x - 2$．

评析：将例题变式为以圆锥曲线与动直线为载体的三角形面积问题，是对 2014 年高考题的改编，通过本题探究圆锥曲线有关三角形面积最值问题的求解策略，涉及圆锥曲线的标准方程及几何性质、平面向量、函数、不等式等基础知识，难度中等．通过分析几何图形特征，选择恰当的方法表示三角形面积，通过对比几种面积表示法，合理分割表示面积；在求 $\triangle OPQ$ 面积的最大值时，运用换元法简化运算，提升学生的思维能力.

三、以圆锥曲线与动直线为载体的四边形面积问题

变式 2 （2008 年高考数学全国 II 卷理 21 改编）已知椭圆 E：$\dfrac{x^2}{a^2}+\dfrac{y^2}{b^2}=1$ $(a>b>0)$ 的左、右焦点分别为 F_1、F_2，离心率为 $\dfrac{\sqrt{3}}{2}$，点 M（0，-2），且 $\overrightarrow{MF_1}\cdot\overrightarrow{MF_2}=1$.

（1）求 E 的方程；

（2）设 A（2，0）、B（0，1），直线 $y=kx(k>0)$ 与 E 相交于 P、Q 两点，求四边形 $APBQ$ 面积的最大值.

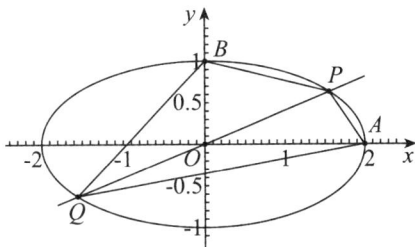

思考：四边形 $APBQ$ 可以如何分割？

思路：以 PQ 为底进行分割：$S_{四边形APBQ}=S_{\triangle APQ}+S_{\triangle BPQ}$；

以 AB 为底进行分割：$S_{四边形APBQ}=S_{\triangle ABP}+S_{\triangle ABQ}$.

思考：面积如何表示？选取什么变量来表示？

解法 1：设 $P(x_1，y_1)$，则 $Q(-x_1，-y_1)$，设 $x_1>0$，则 $y_1=kx_1>0$；

设 A、B 到直线 PQ 的距离分别为 d_1、d_2，则 $d_1=\dfrac{2k}{\sqrt{1+k^2}}$，$d_2=\dfrac{1}{\sqrt{1+k^2}}$.

由 $\begin{cases} y=kx，\\ \dfrac{x^2}{4}+y^2=1 \end{cases}$ 得 $x=\dfrac{\pm 2}{\sqrt{4k^2+1}}$，则 $|PQ|=\sqrt{1+k^2}\cdot 2x_1=\dfrac{4\sqrt{1+k^2}}{\sqrt{4k^2+1}}$，

$S_{四边形APBQ}=S_{\triangle APQ}+S_{\triangle BPQ}=\dfrac{1}{2}\cdot|PQ|\cdot d_1+\dfrac{1}{2}\cdot|PQ|\cdot d_2=\dfrac{2(2k+1)}{\sqrt{4k^2+1}}$

$=2\sqrt{\dfrac{4k^2+1+4k}{4k^2+1}}=2\sqrt{1+\dfrac{4k}{4k^2+1}}=2\sqrt{1+\dfrac{4}{4k+\dfrac{1}{k}}}\leqslant 2\sqrt{2}$，

当 $k=\dfrac{1}{2}$ 时，四边形 $APBQ$ 面积的最大值为 $2\sqrt{2}$.

解法 2：设 $P(x_1, y_1)$，则 $Q(-x_1, -y_1)$；设 $x_1 > 0$，则 $y_1 = kx_1 > 0$，直线 AB 的方程为 $x + 2y - 2 = 0$，$|AB| = \sqrt{5}$，设 P、Q 到直线 AB 的距离分别为 h_1、h_2，则

$$h_1 = \frac{|x_1 + 2y_1 - 2|}{\sqrt{5}} = \frac{x_1 + 2y_1 - 2}{\sqrt{5}}, \quad h_2 = \frac{|-x_1 - 2y_1 - 2|}{\sqrt{5}} = \frac{x_1 + 2y_1 + 2}{\sqrt{5}},$$

所以 $S_{四边形APBQ} = S_{\triangle ABP} + S_{\triangle ABQ}$

$$= \frac{1}{2} |AB| \cdot (h_1 + h_2) = x_1 + 2y_1.$$

又因为 $\dfrac{x_1^2}{4} + y_1^2 = 1$，即 $x_1^2 + (2y_1)^2 = 4$，

所以 $S_{四边形APBQ} = x_1 + 2y_1 = \sqrt{(x_1 + 2y_1)^2} = \sqrt{4 + 2 \cdot 2y_1 \cdot x_1} \leqslant \sqrt{4 + [x_1^2 + (2y_1)^2]} = 2\sqrt{2}.$

当 $x_1 = 2y_1$ 时，四边形 $APBQ$ 面积的最大值为 $2\sqrt{2}$.

解法 3：设 $P(x_1, y_1)$，则 $Q(-x_1, -y_1)$；设 $x_1 > 0$，则 $y_1 = kx_1 > 0$.

所以 $S_{四边形APBQ} = S_{\triangle APQ} + S_{\triangle BPQ} = 2S_{\triangle OAP} + 2S_{\triangle OBP} = |OA| \cdot |y_1| + |OB| \cdot |x_1| = 2y_1 + x_1$.

令 $x_1 = 2\cos\theta$，$y_1 = \sin\theta$，$\theta \in \left(0, \dfrac{\pi}{2}\right)$，

所以 $S_{四边形APBQ} = 2\sin\theta + 2\cos\theta$

$$= 2\sqrt{2}\sin\left(\theta + \frac{\pi}{4}\right).$$

当 $\theta = \dfrac{\pi}{4}$ 时，四边形 $APBQ$ 面积的最大值为 $2\sqrt{2}$.

评析：将例题变式为以圆锥曲线与动直线为载体的四边形面积问题，是对 2008 年高考题的改编，涉及圆锥曲线的标准方程及几何性质、平面向量、函数、不等式等基础知识，难度较大，通过本题探究圆锥曲线有关四边形面积最值问题的求解策略，分析几何图形特征，选择恰当的方法分割四边形，选取合适的变量表示面积，进一步求得面积的最值，提升学生的核心素养.

均值不等式求最值"失效"时的应对策略

福建省南安第一中学　谢梓璋

均值不等式是人教版高中数学（必修5）第三章《不等式》中的重要一节，它是证明不等式和求各类最值的一个重要依据和方法，应用广泛，具有变通灵活性和条件约束性的特点，是每年高考重点考查的知识点之一．其求最值时需要注意"一正、二定、三相等"三个条件，缺一不可．但在实际应用过程中，这些条件有时不能同时具备，这就需要有一定的化解技巧来应对这一系列的失效现象．下面归纳出一部分学生容易步入的误区，以及相应的对策．

一、"一不正"时，化负为正

"一正、二定、三相等"中的"一正"是指应用均值不等式的两个变量都必须是正实数．若两个变量异号，则不能运用均值不等式求最值；若两个变量同为负实数，则可以在提取负号后，使两项都化为正数再运用均值不等式来求解；但需要注意的是，此时不等号的方向也发生了改变，所求的最大或最小值也会随之变化．一般来说，"正数"条件已体现在题设中，但学生往往由于惯性思维忽视"一正"这一条件，导致解答过程出错．

例1　求函数 $f(x)=\lg x+\dfrac{4}{\lg x}(0<x<1)$ 的最大值．

错解：因为 $f(x)=\lg x+\dfrac{4}{\lg x}\geqslant 2\sqrt{4}=4$，当且仅当 $\lg x=\dfrac{4}{\lg x}$，即 $\lg x=2$，$x=100$ 时，等号成立．所以 $f(x)$ 的最大值为4．

式子的结构很容易让学生联想到函数 $y=x+\dfrac{1}{x}(x>0)$，产生运用均值不等式来求解此题的思路，而忽视了均值不等式成立的首要条件"一正". 此题中 $0<x<1$，故 $\lg x<0$，不符合要求. 若要应用均值不等式，则需将负数化为正数. 当然，这种解法也暴露出学生的另外一个严重错误，即审题不清，未分清题目中是求最大值，还是求最小值就轻易下结论.

正解：因为 $0<x<1$，所以 $f(x)=-\left[(-\lg x)+\dfrac{4}{(-\lg x)}\right]$；又因为 $(-\lg x)+\dfrac{4}{(-\lg x)}\geqslant 2\sqrt{4}=4$，当且仅当 $(-\lg x)=\dfrac{4}{(-\lg x)}$，即 $x=\dfrac{1}{100}$ 时，等号成立. 则 $f(x)\leqslant -4$，当且仅当 $x=\dfrac{1}{100}$ 时，等号成立. 所以 $f(x)$ 的最大值为 -4.

二、"二不定"时，构造定值

"定值"是指几项式子的和或积为常数. 命题设计者通常把定值条件以某种形式隐藏在所给数学式子中，既式子的表现形式又是运算形式，可静可动，灵活多变. 解题者要观察出定值条件就必须对所给的式子进行适当的变形，而这种变形的方式具有较强的灵活性和技巧性. 教学中，教师让学生获取定值，一般采用对代数式进行拆项与添项，平衡系数的方法，通过配凑后，构造出我们所需的定值. 我们来看看下面两道例题是如何构造出定值的.

例2 当 $0\leqslant x\leqslant 4$ 时，求 $y=x(8-2x)$ 的最大值.

错解：$y=x(8-2x)\leqslant\left(\dfrac{x+8-2x}{2}\right)^2=\left(\dfrac{8-x}{2}\right)^2$，因为 $0\leqslant x\leqslant 4$，所以当且仅当 $x=0$ 时取最大值，最大值为 16.

此题为两个式子积的形式，若利用均值不等式求解其积的最大值，其和必须为定值，但 $x+(8-2x)=8-x$ 不是定值，所以不能生硬地套用均值不等式. 通过观察我们可以发现：$2x+(8-2x)=8$ 为定值，所以只需将 $y=x(8-2x)$ 配凑一个系数即可使和为定值，进而利用均值不等式求解出最大值.

正解：$y=x(8-2x)=\dfrac{1}{2}[2x\cdot(8-2x)]\leqslant\dfrac{1}{2}\left(\dfrac{2x+8-2x}{2}\right)^{2}=8$，当且仅当 $2x=8-2x$，即 $x=2$ 时取等号. 所以当 $x=2$ 时，$y=x(8-2x)$ 的最大值为 8.

三、"三不相等"时，变换求解

当"一正、二定"都有了，还不能鲁莽地应用均值不等式求解，必须先验证等号能否取到. 如果等号取不到，可以考虑借助于函数的单调性来求最值；若在一道题中连续多次使用均值不等式，就必须保证各个等号能够同时取到；如果等号不能同时成立，说明取不到该最值，这时应该选用其他方法或通过变形处理，只用一次均值不等式.

例 3　求函数 $y=\dfrac{x^{2}+5}{\sqrt{x^{2}+4}}(x\in\mathbf{R})$ 的最小值.

错解：因为 $x^{2}+4>0$，所以 $y=\dfrac{x^{2}+5}{\sqrt{x^{2}+4}}=\dfrac{x^{2}+4+1}{\sqrt{x^{2}+4}}=\sqrt{x^{2}+4}+\dfrac{1}{\sqrt{x^{2}+4}}$ $\geqslant2$，所以 $y_{\min}=2$.

本题似乎无懈可击，不仅 $\sqrt{x^{2}+4}>0$，而且积的定值也很明显，但却忽略了先验证等号是否成立. 我们令 $\sqrt{x^{2}+4}=\dfrac{1}{\sqrt{x^{2}+4}}$，则有 $x^{2}=-3$，即无实数解，也就是等号取不到，因而取不到最小值.

正解：由 $y=\sqrt{x^{2}+4}+\dfrac{1}{\sqrt{x^{2}+4}}$，令 $t=\sqrt{x^{2}+4}\geqslant2$，易证 $y=f(t)=t+\dfrac{1}{t}(t\geqslant2)$ 为增函数. 所以 $y_{\min}=f(2)=2+\dfrac{1}{2}=\dfrac{5}{2}$，当 $\sqrt{x^{2}+4}=2$，即 $x=0$ 时，$y_{\min}=\dfrac{5}{2}$.

例 4　已知 $x>0$，$y>0$，$\dfrac{1}{x}+\dfrac{4}{y}=1$，求 $x+4y$ 的最小值.

错解：因为 $1=\dfrac{1}{x}+\dfrac{4}{y}\geqslant 2\sqrt{\dfrac{4}{xy}}=4\sqrt{\dfrac{1}{xy}}$，所以 $\sqrt{xy}\geqslant 4$．又因为 $x+4y$ $\geqslant 2\sqrt{4xy}=4\sqrt{xy}$，所以 $x+4y\geqslant 16$，$x+4y$ 的最小值为 16．

这种解法中连续运用了两次均值不等式，初看没有什么问题，符合"一

正二定"，但两次等号成立的条件分别是 $\begin{cases} \dfrac{1}{x}=\dfrac{4}{y}, \\ \dfrac{1}{x}+\dfrac{4}{y}=1 \end{cases}$ 和 $x=4y$，显然不能同时

成立．当题目需要同时或者连续多次使用基本不等式时，一定要注意使用条件必须一致，即每次取得等号的条件要一致，否则求出的结果是错误的．

正解：因为 $x>0$，$y>0$，$\dfrac{1}{x}+\dfrac{4}{y}=1$，

所以 $x+4y=(x+4y)\cdot\left(\dfrac{1}{x}+\dfrac{4}{y}\right)$

$=17+\dfrac{4y}{x}+\dfrac{4x}{y}$

$\geqslant 17+2\sqrt{\dfrac{4y}{x}\cdot\dfrac{4x}{y}}=17+8=25$，

当且仅当 $\begin{cases} \dfrac{4y}{x}=\dfrac{4x}{y}, \\ \dfrac{1}{x}+\dfrac{4}{y}=1, \end{cases}$ 即 $\begin{cases} x=5 \\ y=5 \end{cases}$ 时等号成立．所以 $x+4y$ 的最小值为 25．

是否能应用基本不等式求解函数的最值，主要是观察式子中是否完全具备基本不等式的"一正、二定、三等"条件，这些条件看上去不能同时满足，需要我们进行一定的变形，使之同时成立，进而运用均值不等式来解决问题．正是因为变形方法如此灵活多样、丰富多彩，才使得基本不等式充满了生机与活力，展现了数学的无穷奥妙和神奇；也正因为基本不等式的活用、巧用，才给我们的思维提供广阔的发展空间，让我们学习起来充满了乐趣和美的享受，才会使得高考中运用基本不等式求解的题目层出不穷、常考不衰．

探析分段函数零点问题类型及解题策略

福建省莆田第二中学　谢新华

近年来，分段函数零点问题在高考或模拟考试中越来越频繁地出现，并且经常处于压轴的客观题中，解决此类问题需要综合应用"方程的根与函数的零点"等基础知识. 下面通过汇集动直线型、绝对值型、递推分段型、内外复合型、对称型等五种类型，探析这五类分段函数零点问题的解题策略，以期学生可以轻松解决此类问题，进而加深对分段函数的零点问题的理解.

一、动直线型

例1　已知函数 $f(x)=\begin{cases}-x^2-2x+3, & x\leqslant 1, \\ \ln x, & x>1\end{cases}$ 若函数 $g(x)=f(x)-kx$ $+\dfrac{1}{2}$ 有 4 个零点，则实数 k 的取值范围是_____.

解：若函数 $g(x)=f(x)-kx+\dfrac{1}{2}$ 有 4 个零点，则 $y=f(x)$ 的图象和动直线 $y=kx-\dfrac{1}{2}$ 的图象有 4 个交点. 作出函数 $y=f(x)$ 的图象，如图 1，点 $(1，0)$ 在直线 $y=kx-\dfrac{1}{2}$ 的下方，所以 $k\times 1-\dfrac{1}{2}>0$，解得 $k>\dfrac{1}{2}$.

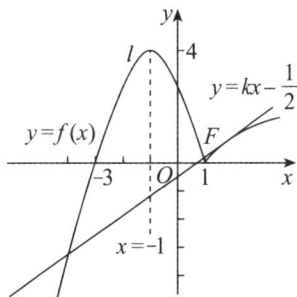

图 1

当直线 $y=kx-\dfrac{1}{2}$ 和 $y=\ln x$ 相切时，设切点横坐标为 x_0，则 $k=$

$$\dfrac{\ln x_0+\dfrac{1}{2}}{x_0}=\dfrac{1}{x_0}.$$

所以 $x_0=\sqrt{e}$，此时 $k=\dfrac{1}{x_0}=\dfrac{\sqrt{e}}{e}$，$y=f(x)$ 的图象和直线 $y=kx-\dfrac{1}{2}$ 的图象有 3 个交点，不满足条件，可得 k 的取值范围是 $\left(\dfrac{1}{2}, \dfrac{\sqrt{e}}{e}\right)$.

评析：本题已知分段函数零点的个数，求参数范围. 解决此类问题通常先对解析式变形，把已知函数 $g(x)$ 有 4 个零点转化为动直线 $y=kx-\dfrac{1}{2}$ 与函数 $f(x)$ 的图象的交点，然后在同一坐标系内画出两个函数的图象，让动直线绕定点 $\left(0, -\dfrac{1}{2}\right)$ 旋转，用数形结合的方法求得参数的范围.

二、绝对值型

例 2　已知函数 $f(x)=\begin{cases} |\log_2 x|, & 0<x\leqslant 4, \\ \dfrac{2}{3}x^2-8x+\dfrac{70}{3}, & x>4, \end{cases}$ $g(x)=f(x)-k$，求：

(1) 若 $g(x)$ 有 4 个零点，则实数 k 的取值范围是＿＿＿＿.

(2) 设 a、b、c、d 是 $g(x)$ 的 4 个零点，则 $abcd$ 的取值范围是＿＿＿＿.

解：若函数 $g(x)=f(x)-k$ 有 4 个零点，则 $y=f(x)$ 的图象与 $y=k$ 的图象有 4 个交点，作出函数 $y=f(x)$ 的图象，如图 2，所以实数 k 的取值范围是 $(0, 2)$.

不妨设 $a<b<c<d$，且 $f(a)=f(b)=f(c)=f(d)$，则 $0<a<1$，$1<b<4$，$4<c<5$，$7<d<8$.

所以 $-\log_2 a=\log_2 b$，$c+d=12$，即 $ab=1$，$c+d=12$.

所以 $abcd=c(12-c)=-(c-6)^2+36$，$4<c<5$，

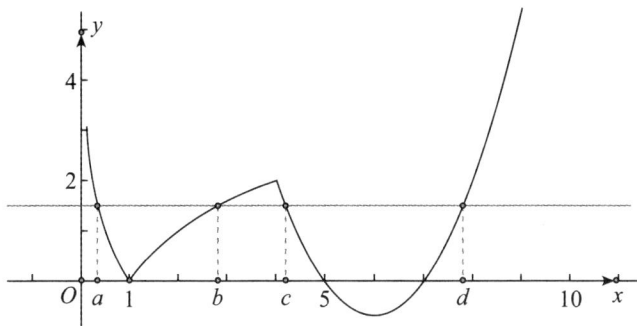

图 2

由二次函数的图象可知 $32 < -(c-6)^2 + 36 < 35$，所以 $abcd$ 的取值范围是 $(32,35)$.

评析：本题（1）已知分段函数零点的个数，求参数范围. 通过对 $g(x)$ 的解析式变形，把已知函数 $g(x)$ 有 4 个零点转化为直线 $y=k$ 与函数 $f(x)$ 的图象的交点即可求解. 本题（2）进一步探求 4 个零点乘积的取值范围，是含多变元的问题，通过数形结合，寻找变元之间的等量关系达到了减元的目的，从而求得参数的范围.

三、递推分段型

例 3 已知函数 $f(x) = \begin{cases} 1-(x-1)^2, & 0 \leqslant x < 2, \\ f(x-2), & x \geqslant 2, \end{cases}$ 函数 $g(x) = f(x) - kx$ $(k>0)$，若 $g(x)$ 有 4 个零点，则实数 k 的取值范围是_____.

解：若函数 $g(x) = f(x) - kx$ 有 4 个零点，则 $y = f(x)$ 的图象与 $y = kx$ $(k>0)$ 的图象有 4 个交点，作出函数 $y = f(x)$ 的图象，如图 3.

当 $y = kx$ $(k>0)$ 与第 2 半圆相切时，有 3 个交点，此时 $k = \dfrac{1}{\sqrt{3^2-1}} = \dfrac{\sqrt{2}}{4}$；

当 $y = kx$ $(k>0)$ 与第 3 半圆相切时，有 5 个交点，此时 $k = \dfrac{1}{\sqrt{5^2-1}} = \dfrac{\sqrt{6}}{12}$，

所以 $y=kx(k>0)$ 与 $y=f(x)$ 的图象有 4

个交点时，$\dfrac{\sqrt{6}}{12}<k<\dfrac{\sqrt{2}}{4}$.

可得实数 k 的取值范围为 $\left(\dfrac{\sqrt{6}}{12}, \dfrac{\sqrt{2}}{4}\right)$.

评析：本题已知分段函数零点的个数，求
参数范围. 通过对 $g(x)$ 的解析式变形，把已
知函数 $g(x)$ 有 4 个零点转化为动直线 $y=kx$
与递推分段函数 $f(x)$ 图象的交点即可求解.

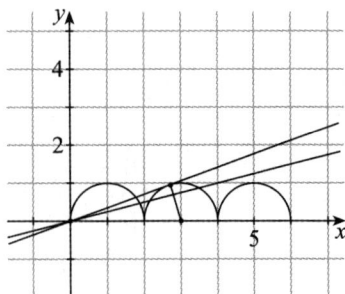

图 3

四、内外复合型

例 4　设函数 $f(x)=\begin{cases}2\sin x, & 0\leqslant x\leqslant \pi \\ x^2, & x<0\end{cases}$，则函数 $y=f(f(x))-\dfrac{2}{3}$ 的零点

个数为_____.

解：作出函数 $y=f(x)$ 的图象，如图 4.

令 $f(x)=t$，由图象可得 $t\geqslant 0$，

所以 $y=f(t)$ 的图象与 $y=\dfrac{2}{3}$ 有 2 个交点

$\left(t_1, \dfrac{2}{3}\right)$，$\left(t_2, \dfrac{2}{3}\right)$，且 $0<t_1<2<t_2$；

因为 $0<t_1<2$，所以 $y=f(x)$ 的图象与 $y=$

t_1 有 3 个交点；

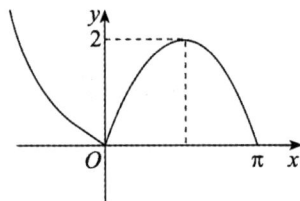

图 4

又因为 $t_2>2$，所以 $y=f(x)$ 的图象与 $y=t_2$ 有 1 个交点；

可得函数 $y=f(f(x))-\dfrac{2}{3}$ 的零点个数为 4.

评析：本题是内外复合型函数零点个数的判断问题. 通过内层函数的换

元转化，分析函数 $y=f(t)$ 图象与定直线 $y=\dfrac{2}{3}$ 的交点情况，将零点个数问题

转化为函数 $y=f(x)$ 图象与直线 $y=t_1$ 和直线 $y=t_2$ 的交点问题，作出函数

　　杏坛哲思——基于高中数学核心素养发展的教学探究

图象，观察其交点个数即可求得零点个数.

例 5 已知函数 $f(x)=\begin{cases} e^x, & x\geqslant 0, \\ \lg(-x), & x<0, \end{cases}$ 若关于 x 的方程 $f^2(x)+f(x)+$

$m=0$ 有 3 个不同实数根，则实数 m 的取值范围是_____.

解：作出函数 $y=f(x)$ 的图象，如图 5.

令 $f(x)=t$，设关于 t 的方程 $t^2+t+m=0$ 的两根为 t_1，t_2.

因为关于 x 的方程 $f^2(x)+f(x)+m=0$ 有 3 个不同实数根，所以 $t_1<1\leqslant t_2$.

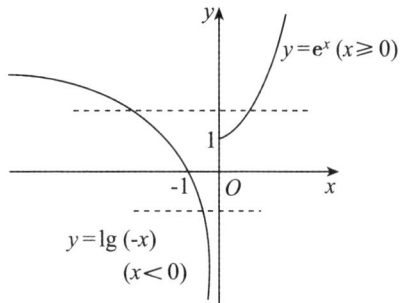

图 5

此时 $y=f(x)$ 的图象与 $y=t_1$ 有 1 个交点，$y=f(x)$ 的图象与 $y=t_2$ 的图象有 2 个交点；

设函数 $g(t)=t^2+t+m$，可得对称轴方程为 $t=-\dfrac{1}{2}$，所以由

$\begin{cases} \Delta=1-4m>0, \\ g(l)\leqslant 0, \end{cases}$ 得 $m\leqslant -2$.

可得实数 m 的取值范围是 $(-\infty,\ -2]$.

评析：本题已知内外复合型函数零点个数，求参数范围. 通过换元，将问题转化为一元二次方程根的分布问题，通过函数 $y=f(x)$ 的图象与直线 $y=t_1$ 和直线 $y=t_2$ 的图象的交点，结合二次函数的图象列式，求出参数的取值范围.

五、对称型

例 6 已知函数 $f(x)=\begin{cases} kx-2, & x>0, \\ -\ln(-x), & x<0 \end{cases}$ 的图象上存在两对关于原点对称的点，则实数 k 的取值范围是_____.

解：作出函数 $y=f(x)$ 的图象，如图 6.

当 $x<0$ 时，$f(x)=-\ln(-x)$，由 $f(x)$ 的图象关于原点对称，得 $g(x)=\ln x(x>0)$.

因为 $f(x)$ 的图象上存在两对关于原点对称的点，所以 $g(x)$ 的图象与 $y=kx-2(x>0)$ 的图象有 2 个交点.

设 $y=kx-2(x>0)$ 与 $g(x)$ 的图象相切于点 $(x_0,\ln x_0)$，$g'(x)=\dfrac{1}{x}$，

可得切线的斜率为 $\dfrac{1}{x_0}=k$；又因为 $\ln x_0=kx_0-2$，可得 $x_0=\dfrac{1}{e}$，$k=e$，

所以当 $0<k<e$ 时，$g(x)$ 的图象与 $y=kx-2(x>0)$ 的图象有 2 个交点.

可得实数 k 的取值范围是 $(0，e)$.

评析：本题已知函数图象的对称情况，求参数范围. 通过函数图象的对称变换，将问题转化为动直线 $y=kx-2(x>0)$ 与函数 $g(x)$ 的图象的交点问题即可.

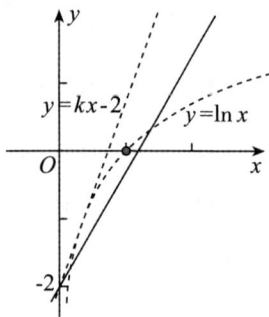

"用向量法解决空间角问题" 教学设计

福州高级中学　江建雅

【设计理念】

用几何法解决空间角问题，需要较强的空间想象能力、逻辑推理能力以及作图能力，学生往往由于这些能力不足而感到解题困难. 用向量法解决空

间角的计算问题，用坐标表示向量，使空间结构代数化，把空间形式的研究从定性推理转化为定量计算，有助于学生克服空间想象障碍而顺利解题．因此教学中突出运用向量法解决空间角计算问题的基本程序，完善操作条件，积极强化、发展学生的数学建模和逻辑推理能力．通过对典型问题的分析、解决，帮助学生建立运用空间向量解决空间角问题的基本思路．以学生的认知发展为基础开展教学，发展学生的认知能力，使教学过程成为学生真正的学习过程，以启发思维代替单纯记忆，在探究中发展学生的直观想象、逻辑推理、数学建模等核心素养．

【教学目标】

（1）能用向量法熟练解决异面直线所成角、线面角、二面角的计算问题，了解向量法在研究立体几何问题中的应用；

（2）通过向量这个载体，实现几何问题代数化，进一步发展学生的空间想象能力和几何直观能力；

（3）通过数形结合思想和方法的应用，让学生进一步感受和体会空间直角坐标系、方向向量、法向量的魅力．

【教学重难点】

（1）重点：用向量方法求异面直线、直线与平面、平面与平面所成角的大小．

（2）难点：

①平面法向量 n 与直线方向向量 $\overrightarrow{AB}$ 所成角 $\langle n，\overrightarrow{AB} \rangle$ 和直线与平面所成角 θ 之间的关系；

②两平面法向量 n_1、n_2 所成角和两平面所成角之间的关系；

③选择恰当的位置准确建立空间直角坐标系．

【教学过程】

一、情境导学

你知道十二星座的由来吗？地球绕太阳公转的轨道平面称为黄道面，黄道面与地球赤道面交角（二面角的平面角）为 23°26′. 黄道面与天球相交的大圆为黄道. 黄道及其附近的南北宽 9°以内的区域称为黄道带，太阳及大多数行星在天球上的位置常在黄道带内. 黄道带内有 12 个星座，称为黄道十二宫. 从春分（节气）点起，每 30°便是一宫，并冠以星座名，如白羊座、狮子座、双子座等，这便是星座的由来.

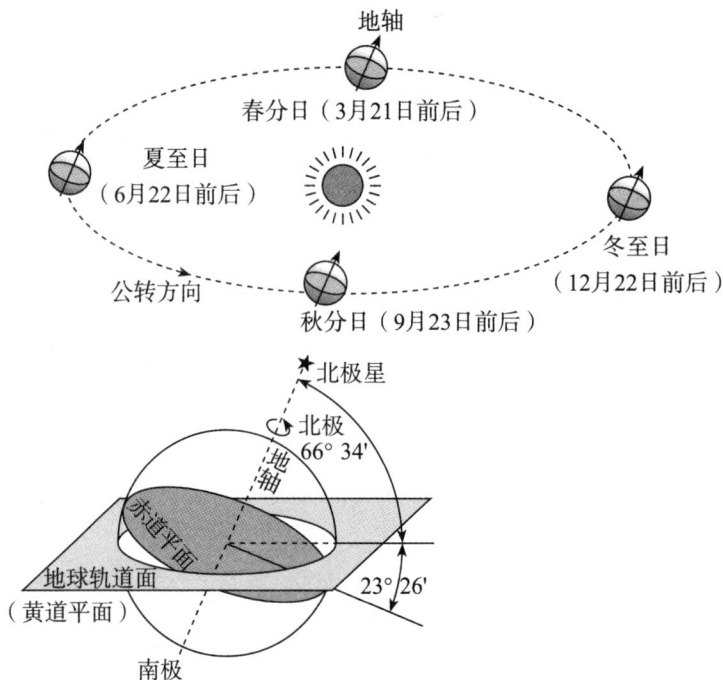

问题：空间角包括哪些角？求解空间角常用的方法有哪些？

答：线线角、线面角、二面角；几何法和向量法.

设计意图：以地理知识为问题背景，引出空间角的概念，为学生创设一个跨学科学习的情景，让学生回顾概念，并提出运用向量解空间角的问题.

二、温故知新（课前提供预习导学案）

学生课前根据导学案自主预习，自主梳理以下 7 个问题：

1. 异面直线所成角的定义

过空间任意一点引两条直线分别平行于两条异面直线，它们所成的锐角或直角就是异面直线 a、b 所成的角.

范围：$\theta \in (0°，90°]$.

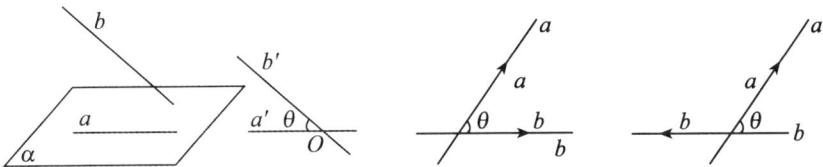

2. 直线与平面所成角的定义

平面的一条斜线和它在平面上的射影所成的锐角，叫做这条直线和这个平面所成的角. 线面平行或在面内记 $0°$，线面垂直记 $90°$.

范围：$\theta \in [0°，90°]$.

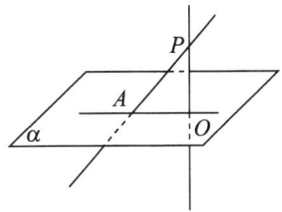

3. 二面角的平面角的定义

如右图，在二面角 α-l-β 的棱 l 上任取一点 O，以点 O 为垂足，在半平面 α 和 β 内分别作垂直于棱 l 的射线 OA 和 OB，则射线 OA 和 OB 构成的 $\angle AOB$ 叫做二面角的平面角.

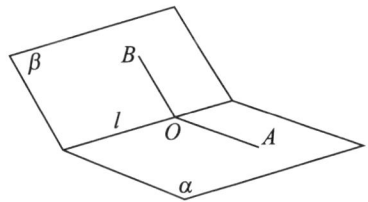

范围：$\theta \in [0°，180°]$.

4. 设 A、B 是直线 l 上两定点，则直线 l 上任意一点 P 满足 $\overrightarrow{AP} =$ _____（$\overrightarrow{AB}$ 叫做直线 l 的方向向量）.

5. 设直线 $l \perp \alpha$，则直线 l 的 _____ 叫做平面 α 的法向量，平面 α 的法向量有 _____ 个.

6. 两个向量的夹角公式

设 $\boldsymbol{a}=(a_1，a_2，a_3)$，$\boldsymbol{b}=(b_1，b_2，b_3)$，由向量数量积定义 $\boldsymbol{a}\cdot\boldsymbol{b}=|\boldsymbol{a}||\boldsymbol{b}|\cos\langle\boldsymbol{a}，\boldsymbol{b}\rangle$，又由向量数量积坐标运算公式 $\boldsymbol{a}\cdot\boldsymbol{b}=$＿＿＿＿＿＿，可以得出 $\cos\langle\boldsymbol{a}，\boldsymbol{b}\rangle=$＿＿＿＿＿＿．

7. 求平面法向量的一般步骤（待定系数法）

（1）建立恰当的直角坐标系；

（2）设平面法向量 $\boldsymbol{n}=(x，y，z)$；

（3）在平面内找出两个不共线的向量，记为 $\boldsymbol{a}=(a_1，a_2，a_3)$，$\boldsymbol{b}=(b_1，b_2，b_3)$；

（4）根据法向量的定义建立方程组①$\boldsymbol{n}\cdot\boldsymbol{a}=0$；②$\boldsymbol{n}\cdot\boldsymbol{b}=0$；

（5）解方程组，取其中一组解即可．

设计意图：通过安排适宜的预习导学案指导学生预习，梳理空间角概念和运用向量解空间角问题的必备知识．

三、探究新知

1. 利用向量方法求两异面直线所成角

若两异面直线 l_1，l_2 所成角为 θ，它们的方向向量分别为 $\boldsymbol{a}$，$\boldsymbol{b}$，则有 $\cos\theta=|\cos\langle\boldsymbol{a}，\boldsymbol{b}\rangle|=\dfrac{|\boldsymbol{a}\cdot\boldsymbol{b}|}{|\boldsymbol{a}||\boldsymbol{b}|}$．

特别提醒：不要将两异面直线所成的角与其方向向量的夹角等同起来，因为两异面直线所成角的范围是 $\left(0，\dfrac{\pi}{2}\right]$，而两个向量夹角的范围是 $[0，\pi]$．事实上，两异面直线所成的角与其方向向量的夹角是相等或互补的关系．

2. 利用向量方法求直线与平面所成角

若直线 l 与平面 α 所成的角为 θ，直线 l 的方向向量为 $\boldsymbol{a}$，平面 α 的法向量为 $\boldsymbol{n}$，则有 $\sin\theta=|\cos\langle\boldsymbol{a}，\boldsymbol{n}\rangle|=\dfrac{|\boldsymbol{a}\cdot\boldsymbol{n}|}{|\boldsymbol{a}||\boldsymbol{n}|}$．

特别提醒：直线与平面所成的角等于其方向向量与平面法向量所成锐角的余角．

3. 利用向量方法求二面角

（1）若二面角 $\alpha\text{-}l\text{-}\beta$ 的平面角的大小为 θ，其两个面 α、β 的法向量分别为 $\boldsymbol{n}_1$、$\boldsymbol{n}_2$，则 $|\cos\theta| = |\cos\langle\boldsymbol{n}_1,\boldsymbol{n}_2\rangle| = \dfrac{|\boldsymbol{n}_1 \cdot \boldsymbol{n}_2|}{|\boldsymbol{n}_1||\boldsymbol{n}_2|}$；

（2）二面角的大小还可以转化为两直线方向向量的夹角. 在二面角 $\alpha\text{-}l\text{-}\beta$ 的两个半平面 α、β 内，各取一条与棱 l 垂直的直线，则当直线的方向向量的起点在棱上时，两个方向向量的夹角即为二面角的大小.

特别提醒：由于二面角的取值范围是 $[0，\pi]$，而两个面的法向量的方向无法从图形上直观确定，因此不能认为二面角的大小就是其两个面法向量夹角的大小，需要结合具体图形判断二面角是锐角还是钝角，从而求得其大小.

设计意图：由基本问题出发，让学生掌握运用空间向量解决空间角问题的基本原理，实现将立体几何问题向量化，发展学生逻辑推理、数学抽象和数学运算的核心素养.

四、典例分析

例 1　在正方体 $ABCD\text{-}A'B'C'D'$ 中，点 E、F、G、M、N 分别是 AB、BB'、CC'、AB'、BD 的中点，

（1）求直线 EF 和 BD' 所成的角，如图 1；

（2）求直线 $A'B$ 与平面 BDG 所成的角的正弦值，如图 2；

（3）求平面 MNA 与平面 MNB 所成锐二面角的余弦值，如图 3.

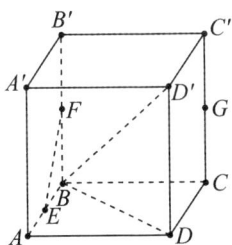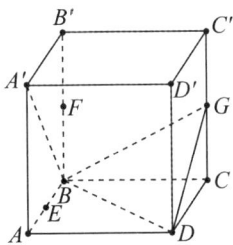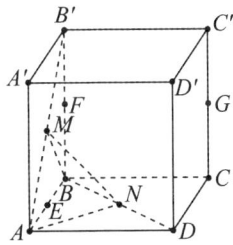

图 1　　　　　　图 2　　　　　　图 3

思路分析：建立空间直角坐标系，求出直线 EF 和 BD' 的方向向量的坐标，求它们的夹角即得直线 EF 和 BD' 所成的角.

解：（1）分别以直线 BA、BC、BB' 为 x、y、z 轴，建立空间直角坐标系．不妨设 $AB=2$，则 $B(0，0，0)$、$E(1，0，0)$、$F(0，0，1)$、$D'(2，2，2)$，

因为 $\overrightarrow{EF}=(-1，0，1)$，$\overrightarrow{BD'}=(2，2，2)$．所以 $\cos\langle\overrightarrow{BD'}，\overrightarrow{EF}\rangle=\dfrac{\overrightarrow{BD'}\cdot\overrightarrow{EF}}{|\overrightarrow{BD'}|\cdot|\overrightarrow{EF}|}=\dfrac{0}{2\sqrt{3}\times\sqrt{2}}=0$，

所以直线 EF 和 BD' 所成角的大小为 $90°$．

小结：

1. 利用空间向量求两异面直线所成角的步骤

（1）建立适当的空间直角坐标系；

（2）求出两条异面直线的方向向量的坐标；

（3）利用向量的夹角公式求出两直线方向向量的夹角；

（4）结合异面直线所成角的范围得到两异面直线所成角．

2. 求两条异面直线所成的角的两个关注点

（1）余弦值非负：两条异面直线所成角的余弦值一定为非负值，而对应的方向向量的夹角可能为钝角．

（2）范围：异面直线所成角的范围是 $\left(0，\dfrac{\pi}{2}\right]$，故两直线方向向量夹角的余弦值为负时，应取其绝对值．

（2）由空间直角坐标系得 $B(0，0，0)$，$D(2，2，0)$，$G(0，2，1)$，$A'(2，0，2)$，

$\overrightarrow{BG}=(0，2，1)$，$\overrightarrow{BD}=(2，2，0)$．设平面 BDG 的一个法向量 $\boldsymbol{n}=(x，y，z)$，则

$$\begin{cases}\boldsymbol{n}\cdot\overrightarrow{BG}=0，\\ \boldsymbol{n}\cdot\overrightarrow{BD}=0，\end{cases}即\begin{cases}2y+z=0，\\ 2x+2y=0，\end{cases}$$

取 $\boldsymbol{n}=(1，-1，2)$，而 $\overrightarrow{BA'}=(2，0，2)$，

所以 $\sin \theta = |\cos \langle \overrightarrow{BA'}, \boldsymbol{n} \rangle| = \dfrac{|\overrightarrow{BA'} \cdot \boldsymbol{n}|}{|\overrightarrow{BA'}||\boldsymbol{n}|} = \dfrac{2+4}{2\sqrt{2} \cdot \sqrt{6}} = \dfrac{\sqrt{3}}{2}$,

故直线 $A'B$ 与平面 BDG 所成的角的正弦值为 $\dfrac{\sqrt{3}}{2}$.

小结:

若直线 l 与平面 α 的夹角为 θ,利用法向量计算 θ 的步骤如下图:

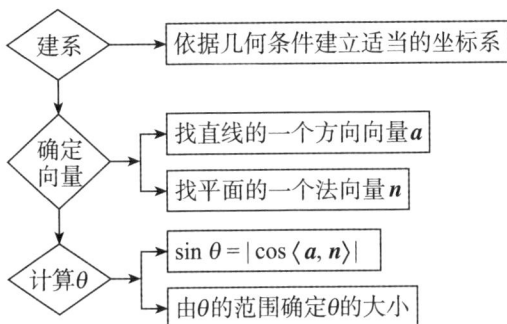

思路分析:

①先根据二面角平面角的定义,在图形中作出二面角的平面角,然后利用向量方法求出夹角,从而得到所成二面角的大小;

②直接求出两个面的法向量,通过法向量的夹角求得二面角的大小.

（3）解法 1:取 MN 的中点 H,连接 BH、AH 则 $H\left(1, \dfrac{1}{2}, \dfrac{1}{2}\right)$,

因为 $\triangle AMN$,$\triangle BMN$ 为等腰三角形,所以 $AH \perp MN$,$BH \perp MN$,故 $\angle AHB$ 为二面角 $A\text{-}MN\text{-}B$ 的平面角或其补角.

以 O 为原点,OB、OC、OO_1 所在直线分别为 x、y、z 轴,建立空间直角坐标系.

又因为 $\overrightarrow{HA} = \left(1, -\dfrac{1}{2}, -\dfrac{1}{2}\right)$, $\overrightarrow{HB} = \left(-1, -\dfrac{1}{2}, -\dfrac{1}{2}\right)$,所以

$\cos \langle \overrightarrow{HA}, \overrightarrow{HB} \rangle = \dfrac{\overrightarrow{HA} \cdot \overrightarrow{HB}}{|\overrightarrow{HA}||\overrightarrow{HB}|} = -\dfrac{1}{3}$,

故所求两平面所成锐二面角的余弦值为 $\dfrac{1}{3}$.

解法 2：设平面 AMN 的一个法向量 $\boldsymbol{n}_1=(x，y，z)$，则

$$\begin{cases} \boldsymbol{n}\cdot\overrightarrow{AM}=0, \\ \boldsymbol{n}\cdot\overrightarrow{AN}=0, \end{cases} \text{即} \begin{cases} -x+z=0, \\ -x+y=0, \end{cases} \text{取 } \boldsymbol{n}_1=(1，1，1)，\text{同理可求得平面 } BMN$$

的一个法向量为 $\boldsymbol{n}_2=(1，-1，-1)$，所以 $\cos\langle\boldsymbol{n}_1,\boldsymbol{n}_2\rangle=\dfrac{\boldsymbol{n}_1\cdot\boldsymbol{n}_2}{|\boldsymbol{n}_1||\boldsymbol{n}_2|}=-\dfrac{1}{3}$，

故求两平面所成锐二面角的余弦值为 $\dfrac{1}{3}$.

小结：

利用平面的法向量求二面角：

利用向量方法求二面角的大小时，多采用法向量法，即求出两个面的法向量，然后通过法向量的夹角来得到二面角的大小，但利用这种方法求解时，要注意结合图形观察分析，确定二面角是锐角还是钝角，不能将两个法向量的夹角与二面角的大小完全等同起来.

设计意图：通过典型例题的分析和解决，让学生感受空间向量坐标运算在解决立体几何问题的应用. 发展学生数学抽象、逻辑推理的核心素养.

五、变式拓展

如图 4，四棱柱 $ABCD\text{-}A'B'C'D'$ 的所有棱长都相等，$AC\cap BD=O$，$A'C'\cap B'D'=O'$，四边形 $ACC'A'$ 和四边形 $BDD'B'$ 均为矩形.

（1）证明：$OO'\perp$ 底面 $ABCD$；

（2）若 $\angle BAD=60°$，求二面角 $A\text{-}B'D\text{-}C$ 的余弦值.

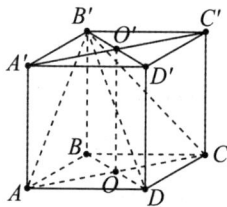

图 4

小结：

向量法求二面角（或其某个三角函数值）的四个步骤：

（1）建立适当的坐标系，写出相应点的坐标；

（2）求出两个半平面的法向量 n_1，n_2；

（3）设二面角的平面角为 θ，则 $|\cos\theta| = |\cos\langle n_1, n_2\rangle|$ $= \dfrac{|n_1 \cdot n_2|}{|n_1||n_2|}$；

（4）根据图形判断 θ 为钝角还是锐角，从而求出 θ（或其三角函数值）.

设计意图：通过变式拓展，进一步让学生体会空间向量坐标运算在解决立体几何中的应用，学会建立科学合理的空间直角坐标系，提升推理论证能力，提高学生的数学运算及逻辑推理的核心素养.

六、课堂总结

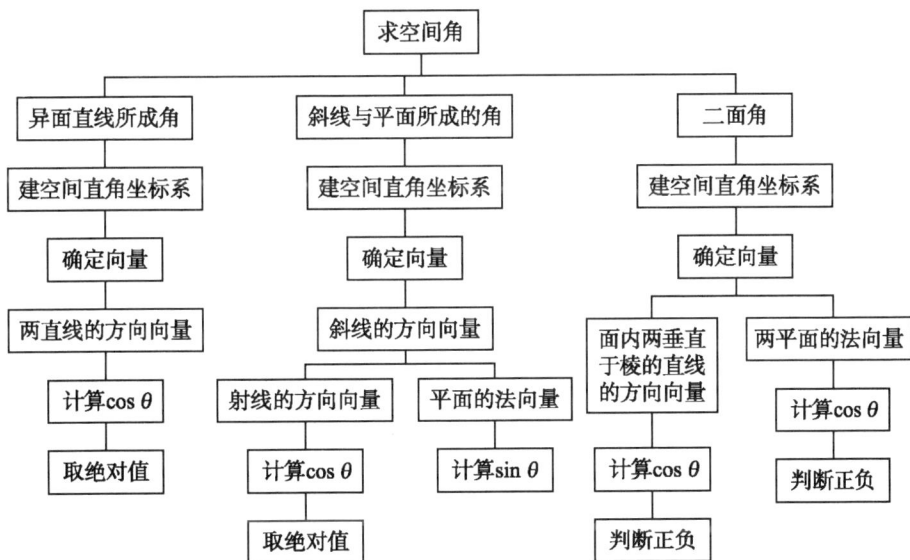

设计意图：通过总结，让学生进一步巩固所学内容，提高概括能力，同时形成向量法解决空间角问题的基本思路.

本节课主要应用行为取向的教学设计模式，以行为控制为基础，以完善人的行为为宗旨，其理论基础是行为主义心理学，最杰出的代表是斯金纳，设计模式遵循低错误率原则，将操作条件和积极强化的学习理论运用于教学设计，加强教育学与心理学的有机结合，促进学习理论科学化，对我们的教学具有启发意义. 本节课的亮点之一是以地理知识为问题背景，引出空间角的概念，为学生创设一个跨学科的学习情境，体现以学生的认知发展为基础，这正符合奥苏贝尔的有意义学习理论，教学始于学生认知的最近发展区. 本节课第二个亮点是突出运用向量法解决空间角计算问题的基本程序，完善操作条件，积极强化，帮助学生建立运用空间向量解决空间角问题的基本思路，发展学生的数学建模和逻辑推理能力. 课堂小结环节，教师用思维导图对向量法解决空间角问题的计算过程进行梳理，帮助学生建立向量法解决空间角问题的整体性框架，实现操作程序化，让学生易上手，易掌握.

点评专家：福建师范大学附属中学　苏诗圣

《圆锥曲线定义的应用》教学设计

福建省南安第一中学　谢梓璋

【设计理念】

圆锥曲线定义的应用是圆锥曲线教学内容的重点之一，是圆锥曲线方程、几何性质及其应用的基础. 定义揭示了各个圆锥曲线的本质属性，在定义中既有数量的转化，又含有图形的构造，深刻地揭示了概念的本质与核心，为高考考查的难点和热点之一. 恰当地利用定义解题，往往能以简驭繁，有效地挖掘出简洁的解题思路，提高解题速度，让学生常有一种"山穷水复疑无路，柳暗花明又一村"的美好感觉. 不少学生对于圆锥曲线定义的理解只停留在等式和定值等代数特征上，没能挖掘它的几何含义. 如果能将"数"与"形"两方面充分地结合与转化，灵活运用圆锥曲线定义解题，发现题目中的一些隐性与显性条件，并把文字特征转化为几何特征，进一步运用圆锥曲线定义，抓住问题的本质与核心，就能快速找到解题的突破口.

【教学目标】

（1）深刻理解并熟练掌握圆锥曲线的定义，利用定义解决有关问题；
（2）培养学生用运动变化的观点分析和解决问题；
（3）通过发散思维和创新思维的训练，培养学生的探究能力.

【教学重难点】

（1）重点：
①对圆锥曲线定义的深刻理解；
②用定义法求解轨迹问题；
③利用圆锥曲线的定义解决相关求值问题；
④利用圆锥曲线的定义求解最值问题.
（2）难点：灵活应用定义解决问题.

【教学过程】

一、回顾定义，夯实基础

椭圆：平面内到两个定点 F_1、F_2 的距离之和等于常数（大于 $|F_1F_2|$）的点 P 的轨迹叫做椭圆，即 $|PF_1|+|PF_2|=2a(2a>|F_1F_2|)$.

双曲线：平面内到两个定点 F_1、F_2 的距离之差的绝对值等于非零常数（小于 $|F_1F_2|$）的点 P 的轨迹叫做双曲线，即 $||PF_1|-|PF_2||=2a(2a<|F_1F_2|)$.

抛物线：到一个定点和一条定直线距离相等的动点的轨迹叫做抛物线，其定点叫做焦点，定直线为准线.

回顾 1　如果点 $M(x，y)$ 在运动过程中，总满足关系式 $\sqrt{x^2+(y+3)^2}+\sqrt{x^2+(y-3)^2}=10$，那么点 M 的轨迹是什么曲线？为什么？写出它的方程.

拓展 1　把关系式改为：$\sqrt{x^2+(y+3)^2}-\sqrt{x^2+(y-3)^2}=4$，轨迹又是什么曲线？

拓展 2　把关系式改为：$\sqrt{x^2+(y+3)^2}=|y-3|$，轨迹又是什么曲线？

设计意图：以"点到点，点到线"距离为背景，观察代数式的几何意义，引导学生实现"代数语言向几何语言"的转化. 通过对教材上的问题进一步探究，深化学生对圆锥曲线定义的理解，培养思维的深刻性、创造性，提高学生想象力及分析解决问题的能力；通过对问题的不断拓展，引导学生联想、类比.

回顾 2　如图 1，圆 O 的半径为定长 r，A 是圆 O 内一个定点，P 是圆上任意一点. 线段 AP 的垂直平分线 l 和半径 OP 相交于点 Q，当点 P 在圆上运动时，点 Q 的轨迹是什么？为什么？

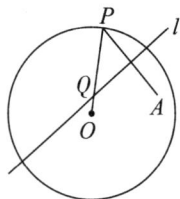

图 1

拓展　如果把点 A 移到圆 O 外，则点 Q 的轨迹又是什么？

如图 2，圆 O 的半径为定长 r，A 是圆 O 外一个定点，P 是圆上任意一点. 线段 AP 的垂直平分线 l 和半径 OP 所在直线相交于点 Q，当点 P 在圆上运动时，点 Q 的轨迹是什么？为什么？

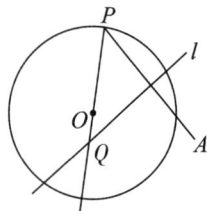

图 2

设计意图：研究曲线的轨迹方程的方法有很多种，包括定义法、参数法、直接法和相关点代入法等，其中定义法就是根据轨迹的运动曲线，观察其运动的特点，把图象中隐性条件转化为显性条件，进而利用定义判断轨迹的类型，确定方程的形式，最后得到所求的轨迹方程.

二、运用定义，提升技能

1. 运用定义解决曲线轨迹问题——定义解释，事半功倍

例 1　如图 3，设圆 $x^2 + y^2 + 2x - 15 = 0$ 的圆心为 A，直线 l 过点 $B(1, 0)$ 且与 x 轴不重合，l 交圆 A 于 C、D 两点，过 B 作 AC 的平行线交 AD 于点 E.

（1）证明 $|EA| + |EB|$ 为定值，并写出点 E 的轨迹方程；

（2）略.

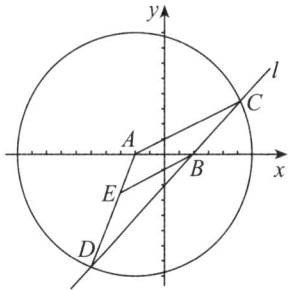

图 3

课堂训练：已知曲线 Γ 上的点到点 $F(0, 1)$ 的距离比它到直线 $y = -3$ 的距离小 2.

（1）求曲线 Γ 的方程；

（2）略

设计意图：对于某些求圆锥曲线轨迹方程的问题，我们可以通过分析题目图象的几何特征，获得满足某类圆锥曲线定义的一些等量关系，利用定义对圆锥曲线中的元素进行解释以获得轨迹方程中的参数，得出方程，这样可以避开繁杂的计算、简化运算，达到事半功倍的效果.

2. 运用定义解决相关求值问题——定义使用，如虎添翼

例 2　如图 4，点 F 为椭圆 $\dfrac{x^2}{a^2} + \dfrac{y^2}{b^2} = 1 (a > b > 0)$ 的一个焦点，若椭圆上存在点 A，使 $\triangle AOF$ 为正三角形，则椭圆的离心率为（　　）.

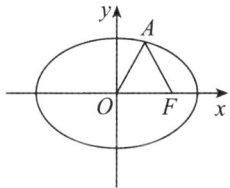

A. $\dfrac{\sqrt{2}}{2}$　　B. $\dfrac{\sqrt{3}}{2}$　　C. $\dfrac{\sqrt{3}-1}{2}$　　D. $\sqrt{3}-1$

图 4

拓展 1 如图 5，点 A 为双曲线 $\dfrac{x^2}{3}-y^2=1$ 上的一点，过 F_2 作 $\angle F_1AF_2$ 的平分线的垂线，垂足为 P，则 $|OP|=$ _____

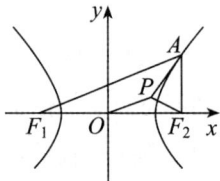

图 5

拓展 2 已知 F 是抛物线 C：$y^2=8x$ 的焦点，M 是 C 上一点，FM 的延长线交 y 轴于点 N．若 M 为 FN 的中点，则 $|FN|=$ _____．

设计意图：在圆锥曲线中经常会涉及一些与焦点三角形相关的边角关系，或者是直角梯形的边角关系，通过平面几何中的一些相关定理，如勾股定理、余弦定理、中位线定理，构造使用圆锥曲线定义，利用整体代入思想解决相关问题，定义成了联系的桥梁，有了定义的帮衬，解决问题就如虎添翼．

3. 运用定义解决最值范围问题——定义转化，神来之笔

例 3 已知点 $A(-2,3)$ 及焦点为 F 的抛物线 $x^2=8y$，P 是抛物线上任意一点，则 $|PA|+|PF|$ 的最小值为 _____．

拓展 1 已知点 $A(1,1)$，F_1 是椭圆 $\dfrac{x^2}{9}+\dfrac{y^2}{5}=1$ 的左焦点，P 是椭圆上任意一点，则 $|PA|+|PF_1|$ 的最小值为 _____．

拓展 2 已知 F 是双曲线 C：$x^2-\dfrac{y^2}{8}=1$ 的右焦点，P 是 C 左支上一点，$A(0,6\sqrt{6})$，则 $\triangle APF$ 周长最小值为 _____．

设计意图：在圆锥曲线中遇到曲线上的一个点到焦点的距离和到另一个非焦点的点距离之和或差的最值问题时，我们可以通过定义进行转化，如将抛物线到焦点的距离转化为到相应准线的距离；将椭圆或双曲线转化为到另一焦点的距离，从而转化为共线问题，并求得相应的最值问题．因此到焦点距离或到定直线距离的定义转化，在解决线段和或差的最值问题时如同神来之笔，有画龙点睛的功效．

三、课堂小结，锤炼升华

圆锥曲线的定义在高考中的应用很广泛．与圆锥曲线的焦点、准线有关的问题，一般可以采用定义优先原则，通过数形结合，隐性与显性的转化，

抓住问题的核心本质，使问题得以巧妙解决，大大简化了求解的过程.

【专家点评】

本节课从回顾圆锥曲线的定义开始，以教材上一道课后习题为切入点，找出圆锥曲线定义的代数式与几何式之间的转化关系，接着通过探索动点的轨迹问题，挖掘题目中的隐性条件，并将其转化为显性条件，构造出圆锥曲线定义，发现问题核心. 本节课围绕的三个问题都是以圆锥曲线定义的运用为立意，体现了数学学习的过程与方法. 问题的设置由低级到高级、由单一到多样，培养学生多角度思考探究的习惯和能力，强调基本思想方法，强化思维训练，起点低，立意高，帮助学生揭示知识形成过程，拓展问题延伸价值，使学生建立理性思维，提高解决数学问题的能力，提升数学核心素养. 整节课的思维量大，图象多，能较好地借助多媒体进行展示，利用数学软件动态演示知识发生发展的过程. 学生通过解决这些本质相同、情景多样的问题，不断丰富数学活动经验，从中概括出这些具体活动情景所具有的共同本质特征：圆锥曲线的问题，要优先考虑定义，这样思考不仅能快速找准解题方向，而且所得到的结果也是最直接、最简单的，并呈现出数学的转化思想，以及化繁为简之神奇，从而使前面获取的经验逐步升华到更高的思维层次.

点评专家：福建省南安第一中学　林少安

撷英华，提能深教

新课程标准中提出培养学生的学习能力是数学核心素养的最终目标，学生在学习过程中化被动为主动，思维由低阶变高阶，将浅层学习转变成深度学习．

深度学习是指学生在教师引导且自身深入理解的基础上，能够批判地学习新思想和新事实，并将它们融入已有的认知结构中，将已学会的知识迁移到新的情境中，做出决策和解决问题的学习．

《中国高考评价体系》是新高考内容改革的理论支撑和实践指南，是高考命题的指导性文件，其"一核""四层""四翼"分别回答了"为什么考""考什么""怎么考"的问题．其中"四层"考查内容里的"关键能力"是指即将进入高等学校的学生在面对与学科相关的生活实践或学习探索问题情境时，能高质量地认识问题、分析问题、解决问题的能力．关键能力的属性，决定了学生习得必然依赖于深度学习的过程．

基于深度学习的必备知识（包括基础知识与基本方法）的拓展运用教学，其核心理念是知识的充分广度，即为理解提供多样性的背景、经验的支架，为知识意义的达成创造可能性和广阔性的基础；是知识学习的充分深度，即为触及知识底部以及与之表达的思想、方法的学习，以发展批判性学习，提升思维品质为目标；是知识学习的充分关联度，即为多向理解其丰富内涵、迁移，以及精神、经验的内在联系．为此，我们在实践中，要立足必备知识的整合、深化与应用，以主题单元教学为抓手实施单元教学，充分发挥单元教学的系统性、整体性、关联性等特征，兼顾数学课程内容之间宏观与微观、整体与局部、知识与能力之间的关系，规避课时教学整体感不强、知识分解过度、学习碎片化、教学效益低下等现象，拓展学生对必备知识理解的深度、高度、宽度，提升学生运用必备知识解决问题的能力，从而提升学生的关键能力和核心素养.

基于深度学习的数学解题，使解题从表层走向深层，从零散走向系统，为解题教学注入新的活力. 在此过程中，学生的深刻性思维、批判性思维得到发展，对数学也有更深刻的认识与体验，最终带来核心素养的嬗变. 为此，我们在实践中，一方面立足变式教学的研究与实践，采取一题多解、一题多变和多题一解等形式进行教学，促进学生构建知识网络、构建数学方法、形成数学思想等能力的提升；另一方面，通过典型问题教学，立足一题，解决一类问题，促进学生的思维发展，提高学生分析问题、解决问题的能力，把握数学的实质与精髓. 同时，提升解题能力需要累积活动经验，需要融会贯通、举一反三，而缺少思考的大量重复的解题教学，很难担此重任. 因此，解题教学要设计有思维含量的活动，组织、引导和激励学生实现数学的深度学习：构建知识结构、拓展知识技能、感悟思想方法、提升学习能力、发展核心素养.

基于深度学习的微专题教学，深度的关键在于适时点拨、时时参与、深度思考. 而微专题教学强调"大处着眼，小处着手"，提倡有针对性、选择性地教学，能针对问题节点，引领学生深度参与、深度思考、深度反思. 为此，我们在实践中开展了多维度、多视角的微专题教学研究，以微见著，着重解决了一类问题，切入点小，有效针对学生的问题进行剖析，易于学生进行深度学习. 因此，微专题教学是实现学生深度学习的一种有效途径，有助于学生深度参与，促进学生深度思考，引领学生深度反思，进而提升运用知识解决问题的能力.

只有将学生引向深度学习的深度教学，才是基于能力提升的教学. 在深度学习理论的引领下，以学科知识、能力、思想、经验的融合为特征的关键能力的提升能够得到实质性的落实，有利于从知识本位转向能力本位.

高考数学学科的功能定位是：发挥数学学科特点，以测试数学综合能力、发展数学核心素养为目标，通过创新试卷结构与试题形式，更好地实现高考立德树人、服务选才、引导教学的核心功能.《中国高考评价体系》为高考改革指明了方向，数学学科素养是高考考查理念和总体要求，数学关键能力是学科素养的细化和具体体现. 在命题中，关键能力是具体考查目标，是实现学科素养考查目标的手段和媒介，数学关键能力是一个有机的整体，它们互相联系、环环相扣. 培养和发展学生的关键能力是一个循序渐进的过程，不能一蹴而就，需要在实践中积极探索、不断积累、寻求突破.

高三复习不可忽视立体几何的作图问题

本文缘起 2016 年全国乙卷文科第 18 题立体几何解答题，该题得分率非常低，堪称 2016 年文科考生的"黑色 18 题"，这一现象引起了笔者的关注与思考.

实际上，此类作图问题在课本中就有，如人教 A 版必修 2 第 59 页例 3、人教 A 版必修 2 第 63 页 B 组第 1 题、人教 A 版必修 2 第 78 页 A 组第 2 题等；在历年的高考试题中也不少，如 2016 年四川理 18 题，2013 年福建理 19 题，2013 年福建文 18 题，2013 年湖北理 19 题，2013 年四川理 19 题，文 19 题，2013 年安徽理 15 题、文 15 题；2009 年安徽理 18 题，2002 年全国高考文科 22 题. 可以看到，这不是新的题型，但是在高三复习时，甚至在高一、高二的学习中时常被忽视！原因之一是立体几何作图问题较少考到，原因之二是广大教师没有意识或认识到作图在立体几何中的教学价值和问题解决中的作用. 本文主要归纳出蕴含推理论证型的立体几何的作图问题，以引起广

140　　杏坛哲思——基于高中数学核心素养发展的教学探究

大教师的关注，为高三复习带来一点启示.

一、正方体的截面

关于平面截正方体的问题，在初高中的教材均有所呈现，但多数教师在教学中基本上采用课件或几何画板演示，而忽视了从作图（实际操作）角度进行教学，导致学生在具体情境中仍无法顺利解决问题.

例1　如图，正方体 $ABCD\text{-}A_1B_1C_1D_1$ 的棱长为1，P 为 BC 的中点，Q 为线段 CC_1 上的动点，过点 A、P、Q 的平面截该正方体所得的截面记为 S. 则下列命题正确的是_____（写出所有正确命题的编号）.

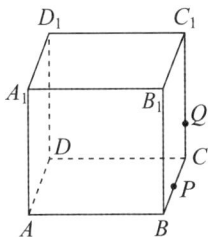

①当 $0<CQ<\dfrac{1}{2}$ 时，S 为四边形；②当 $CQ=\dfrac{1}{2}$ 时，

S 为等腰梯形；③当 $CQ=\dfrac{3}{4}$ 时，S 与 C_1D_1 的交点 R 满足 $C_1R=\dfrac{1}{3}$；④当 $\dfrac{3}{4}$ $<CQ<1$ 时，S 为六边形；⑤当 $CQ=1$ 时，S 的面积为 $\dfrac{\sqrt{6}}{2}$.

分析：对该题的解答，多数都是从证明的角度逐一解决，无疑背离了该题的命题意图和考查目标，立足作图，从整体上给予问题的解决，才是本题考查的宗旨.

解：会作图，解该题会很轻松；若知道"三个平面两两相交，有三条交线，则三条交线交于一点或互相平行"这一事实（课本中证明过），解题则会更轻松. 过点 A、P、Q 的平面 APQ，与平面 $ABCD$，平面 DCC_1D_1 两两相交，由于 P 为 BC 的中点，所以三条交线交于一点，对于①，由 AP 与 DC 确定公共点 M，又因为 $0<CQ<\dfrac{1}{2}$，连接 QM 并延长交 DD_1 于 N，则 QN 为平面 APQ 与平面 CDD_1C_1 的交线，故 S 为四边形. 将 Q 点运动起来，其他结论也就"拔出萝卜带出泥"，如下图所示，正确结论为①②③⑤.

此题对学生来讲并不陌生，甚至似曾相似，但解题的效果并不理想，究其原因就是教师的教学出了问题，只让学生眼观空想，而没有让学生实践操作，真正作图. 该题还可以作为公理 3 教学的很好的素材.

该题还可以继续拓展：用平面截正方体，①截面何时是三角形？是锐角三角形、钝角三角形，还是直角三角形？有没有可能是等腰三角形或等边三角形？②截面何时是四边形？并说明四边形的形状；③截面会是五边形、六边形吗？我们说，容易的做熟了，就没有难的了；简单的做细了，就没有复杂的了，本题的教学若能从作图的角度展开，便可让学生在遇到截面问题时有思路可循.

二、平行问题

例 2 （2015 年高考数学全国 Ⅱ 卷理 19）如图，长方体 $ABCD$-$A_1B_1C_1D_1$ 中，$AB=16$，$BC=10$，$AA_1=8$，点 E、F 分别在 A_1B_1、C_1D_1 上，$A_1E=D_1F=4$. 过点 E、F 的平面 α 与此长方体的面相交，交线围成一个正方形.

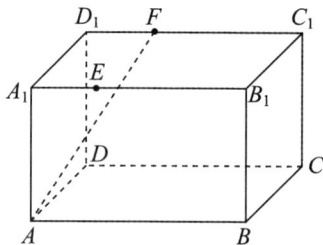

（1）在图中画出这个正方形（不必说明画法和理由）；

（2）略.

分析：当时这道题受到大家的好评，一方面是考到了很多年没有考到的作图问题，能够引起大家真正重视基础；另一方面，这道题考查了学生的实践能力. 这道题源于课本，是对人教 A 版必修 2 第 59 页例 3 的改编. 本题解答不要求说明画法和理由，因此完成它还是比较容易的.

例 3 如图，AB 是圆 O 的直径，点 C 是圆 O 上异于 A、B 的点，直线 $PC\perp$ 平面 ABC，E、F 分别是 PA、PC 的中点.

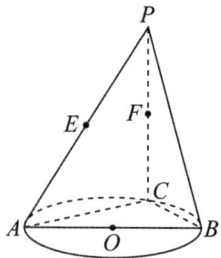

（1）请你画出平面 BEF 与平面 ABC 的交线 l，并说明画法和理由；

（2）略.

分析：本题显然比例 2 略难一点，因为图中只出现了平面 BEF 与平面 ABC 的一个公共点 B，要画出交线，则需确定另外一个公共点．如何画呢？此时需要学生从理性到感性，从证明回归作图，是对空间想象能力的考查．

解：如右图，连接 EF，因为 E、F 分别是 PA、PC 的中点，所以 $EF/\!/AC$，从而易证 $EF/\!/$ 平面 ABC，而 $EF \subset$ 平面 BEF，且平面 $BEF \cap$ 平面 $ABC = l$，所以 $EF/\!/l$，从而 $AC/\!/l$，故在平面 ABC 里，过点 B 作直线 $l/\!/AC$，l 即为所作的平面 BEF 与平面 ABC 的交线．

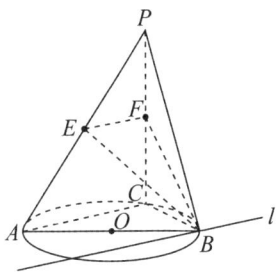

立体几何中的平行作图不同于平面几何，它需要学生对直线与平面平行的性质与判定定理、平面与平面平行的垂直与判定定理有深刻的理解，以及较强的空间想象能力．

三、垂直问题

实际上，垂直问题比平行问题更难，因为在直观图中垂直关系基本上不能依赖直观观察，它的解决需要学生具有更强的空间想象能力、推理论证能力和更熟练完备的知识体系．人教 A 版必修 2 第 78 页 A 组第 2 题就是一个垂直的作图问题，在实践中学生就完成得不好，下面且看对 2016 年全国乙卷文科第 18 题的分析．

例 4 （2016 年高考数学全国乙卷文 18）如图，已知正三棱锥 $P\text{-}ABC$ 的侧面是直角三角形，$PA = 6$，顶点 P 在平面 ABC 内的正投影为点 D，点 D 在平面 PAB 内的正投影为点 E，连接 PE 并延长交 AB 于点 G．

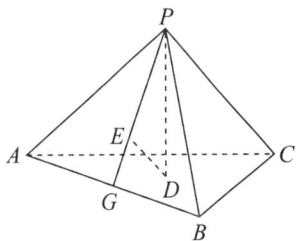

（1）略；

（2）作出点 E 在平面 PAC 内的正投影 F（说明作法及理由），并求四面

体 $PDEF$ 的体积.

解法 1：如右图，在平面 PAB 内，过点 E 作 PB 的平行线交 PA 于点 F，F 即为 E 在平面 PAC 内的正投影.

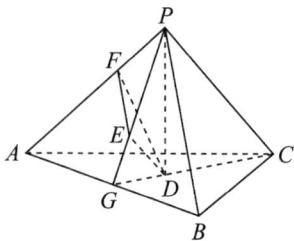

理由如下：由已知可得 $PB\perp PA$，$PB\perp PC$；又因为 $EF/\!/PB$，所以 $EF\perp PC$，$EF\perp PA$；又因为 $PA\bigcap PC=P$，所以 $EF\perp$ 平面 PAC，即点 F 为 E 在平面 PAC 内的正投影.（求体积略）

解法 2：若注意到该题的正三棱锥的侧面是直角三角形，与正方体这个典型的几何体相联系，将该问题放置在正方体中研究则显得更为直观、易证.

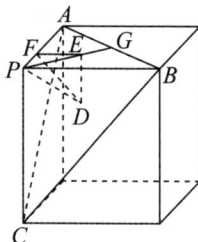

如右图，正方体中 $P\text{-}ABC$ 显然是满足条件的三棱锥，过点 E 作 $EF\perp PA$ 于 F，在正方体中，平面 $PAB\perp$ 平面 PAC，且平面 $PAB\bigcap$ 平面 $PAC=PA$，所以 $EF\perp$ 平面 PAC，即 F 为 E 在平面 PAC 内的正投影.

笔者曾将该题给理科生做，同样也完成得非常不理想，这是我们教学中长期忽略作图问题的后果，应引起广大教师的关注，同时应思考我们立体几何教学的问题所在.

四、翻折拼接问题

例 5　如图，正方形 $SG_1G_2G_3$ 中，E、F 分别是 G_1G_2、G_2G_3 的中点，D 是 EF 的中点，现在沿 SE、SF 及 EF 把这个正方形折成一个四面体，使 G_1、G_2、G_3 三点重合，重合后的点记为 G.

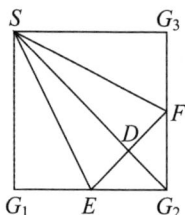

（1）画出翻折后几何体的直观图；

（2）求证：平面 $GEF\perp$ 平面 GDS.

分析：本题源于一节听课后的思考. 授课教师在上课时，将该题改编为

证明平面 $GEF \perp$ 平面 GDS，并给出了翻折后的图形. 这道题最难的一点就是：学生怎样画这个立体图，如果老师帮忙画出来，让学生去证，怎么可能证不出来呢？老师给了图，就背离这道题的命制意图，它的价值也就大打折扣了. 讲这道题最理想的方法就是，让学生自己画图. 画图的过程其实就是证明过程，画完图，这题也就证明完了. 如此，该图形有以下三种画法，均体现了对这个翻折前后几何关系的深刻理解和把握.

因此该题应作如下改编：

问题 1：请同学们拿出一张 A4 纸，并将其裁成正方形，根据题目的要求，折出这个四面体.

问题 2：根据你折成的四面体，画出四面体 S-EFG 的直观图.

问题 3：请你判断，平面 GEF 是否垂直于平面 GDS？若垂直，请证明；若不垂直，请说明理由.

问题 4：你还能提出哪些问题？（预期：求四面体 $S-EFG$ 外接球的体积；求点 G 到平面 SEF 的距离；求证点 G 在平面 SEF 的正投影是△SEF 的垂心；如果点 D 是 EF 上的任意一点，平面 $GEF \perp$ 平面 GDS 吗？……）

以翻折为背景命制的立体几何试题随处可见，但基本上都是给出了翻折后的几何体的直观图，如果让学生画出直观图，无疑会加大试题的难度，从更高层面上考查学生的空间想象能力. 至于裁剪拼接问题，这里就不一一赘述了，读者可以关注 2002 年全国高考文科第 22 题和 2013 年福建高考理科第 19 题.

以上这类蕴含推理论证的立体几何作图试题，让我们看到了与传统立体几何解答题不同的崭新面貌，问题的解决需要学生综合运用立体几何知识，对能力要求较高. 因此，在高三复习阶段，尤其在日常教学中，我们要认识到作图是解决立体几何问题最基础、最基本的知识，是学习立体几何最重要的基本功，更要重视对蕴含推理论证的立体几何作图问题的研究，切忌遇到作图问题只用课件或几何画板让学生眼观空想，应让学生动手画图，引导学生理性作图. 我们有理由相信，通过作图练习可以大大提高学生的空间想象力和推理论证能力，领悟学习立体几何的核心所在，拓展学生理性思维的广度和深度.

十年高考全国课标卷统计与概率解答题的考查研究

——以 2009 年至 2018 年高考全国课标卷理科为例

福建省福州格致中学　宋建辉

统计与概率是高中数学的重要内容，《2018 年普通高等学校招生全国统一考试大纲的说明（理科）》对统计与概率内容的要求是"高考主要考查随机抽样，用样本估计总体，变量的相关性，随机事件的概率，古典概型，几何概型，回归分析，独立性检验，离散型随机变量的分布列、期望、方差，正态分布"。考查重点是"用样本估计总体，古典概型，离散型随机变量的分布列、期望、方差，应用回归分析与独立性检验思想方法解决简单实际问题的能力"。试题强调应用性，以实际问题为背景，构建数学模型，突出考查学生的统计与概率的思想和数据处理能力，以及应用意识。

本文将以 2009 年至 2018 年高考全国课标卷统计与概率（理科）解答题为例，对其进行一次理论与实践的总结和分析，与大家分享试题背后的思想和试题对教学的引导作用，希望能给一线教师提供一点经验。

一、基本情况分析

表 1　2009 年至 2018 年高考课标卷统计与概率解答题统计

试题年份	题号	考查的知识点	涉及的统计图或表	字符
2009（海南宁夏卷）	19	从统计的角度计算概率、由频率分布直方图估计均值与方差	频率分布表、频率分布直方图	417
2010	19	分层抽样、独立性检验、调查抽样方法	2×2 列联表	169

试题年份	题号	考查的知识点	涉及的统计图或表	字符
2011	19	从统计的角度计算概率、分段函数、分布列	频率分布表	307
2012	18	分段函数、分布列、期望方差、统计推断	统计表	290
2013（Ⅰ）	19	概率计算、分布列、数学期望	文字语言	267
2013（Ⅱ）	19	分段函数、由频率分布直方图估计概率、期望	频率分布直方图	261
2014（Ⅰ）	17	由频率分布直方图估计均值与方差、由正态分布计算概率与期望	频率分布直方图	232
2014（Ⅱ）	19	线性回归方程	表格	222
2015（Ⅰ）	19	非线性回归方程、从统计的角度计算二次型函数的最值	散点图	341
2015（Ⅱ）	18	茎叶图、从统计的角度计算概率	茎叶图、数据以及表格	377
2016（Ⅰ）	19	分布列、从统计的角度求最值、统计推断	频率分布直方图	291
2016（Ⅱ）	18	从统计的角度计算概率、条件概率、期望	表格	239
2016（Ⅲ）	18	相关系数、回归直线方程	折线图	190
2017（Ⅰ）	19	正态分布 3σ 的理解、统计推断、期望与方差	表格	440
2017（Ⅱ）	18	从统计的角度计算概率、独立性检验、由频率分布直方图估计中位数	频率分布直方图	243
2017（Ⅲ）	18	分布列、统计推断	频率分布表	383
2018（Ⅰ）	20	二项分布、导数求最值、期望、统计推断	文字语言	333

试题年份	题号	考查的知识点	涉及的统计图或表	字符
2018（Ⅱ）	18	利用回归方程求预报值、判断回归模型得到预报值的可靠性	折线图	210
2018（Ⅲ）	18	茎叶图、中位数、独立性检验	茎叶图、2×2 列联表	275

由表 1 可知，统计与概率命题范围主要有：用样本估计总体，离散型随机变量的分布列、期望与方差，正态分布，回归分析与独立性检验，统计决策，并多次与函数结合在一起考查. 其基本情况有如下四点：

（1）从题号来看，除了 2014 年Ⅰ卷和 2018 年Ⅰ卷外，其余均是解答题的第 17 或 18 题，难度属中档和中档偏上的题目. 但从实测数据来看，福建省 2016 年的难度系数为 0.34，2017 年的难度系数为 0.24，由此可以看到课标卷的统计概率题难点在于"新".

（2）除了 2013 年Ⅰ卷和 2018 年Ⅰ卷外，所有题目都与统计图表紧密相连，涉及频率分布直方图、茎叶图、折线统计图、散点图，读图识表作图是基本要求.

（3）不含空格，从统计的字符来看，信息量相当大，需要很好的数学阅读能力.

（4）大部分考查离散型随机变量分布，尤其是超几何分布与二项分布，其中 2014 年Ⅰ卷与 2017 年Ⅰ卷结合正态分布考查二项分布.

2009～2018 年十年间所考的 19 题对统计与概率的知识、思想、能力进行了非常全面的考查，强调应用性，试题呈现出三大特点：

（1）背景公平，控制难度. 全国卷的统计与概率解答题主要是应数学应用题的考查目标而出现的，因此它必须以大多数考生熟悉的社会热点问题为背景才能显示公平性，而且考查的难度要适中.

（2）以统计为主，概率为辅. 在命题设计中，对概率的考查基本上都是从统计的角度来计算概率，即概率计算是为统计服务的，重在强调对统计的基本思想方法及其应用的考查，重在利用统计与概率思想解决实际问题.

（3）强调对随机模型的建立，统计数据的收集、整理和处理，直至作出相关统计决策的全过程的考查.

二、试题分析

1. 突出统计概率思想分析、解释和统计决断

统计与概率思想包含统计思想与概率思想两个部分：统计思想是指利用统计数据，依据统计问题的要求，得到统计结论；概率思想是通过对随机现象的观察研究发现必然，研究隐藏在随机现象背后的统计规律，进而理解随机现象.

例1 （2018年高考数学全国Ⅰ卷理20）某工厂的某种产品成箱包装，每箱200件，每一箱产品在交付用户之前要对产品作检验，如检验出不合格品，则更换为合格品. 检验时，先从其中一箱产品中任取20件作检验，再根据检验结果决定是否对余下的所有产品作检验. 设每件产品为不合格品的概率都为 $p(0<p<1)$，且各件产品是否为不合格品相互独立.

（1）记20件产品中恰有2件不合格品的概率为 $f(p)$，求 $f(p)$ 的最大值 p_0；

（2）现对一箱产品检验了20件，结果恰有2件不合格品，以（1）中确定的 p_0 作为 p 的值. 已知每件产品的检验费用为2元，若有不合格品进入用户手中，则工厂要对每件不合格品支付25元的赔偿费用.

①若不对该箱余下的产品作检验，这一箱的检验费用与赔偿费用的和记为 X，求 EX；

②以检验费用与赔偿费用和的期望值为决策依据，是否该对这箱余下的所有产品作检验？

简解：（1）由 $f(p)=C_{20}^2 p^2(1-p)^{18}$，$p\in(0,1)$，求得当 $p=\dfrac{1}{10}$ 时，$f(p)$ 有最大值，所以 $p_0=0.1$.

（2）（ⅰ）剩余180件产品中恰有 Y 件是不合格品服从二项分布 $B(180, 0.1)$，所以检验费用与赔偿费用的和 $X=25Y+40$，则 $EX=E(25Y+40)=490$.

（ⅱ）如果对余下的产品作检验，则这一箱产品所需要的检验费为 400 元，由于 $E(X)>400$，故应该对余下的所有产品作检验.

本题以统计思想为引导，从统计的角度求得概率，让概率为统计服务，考查样本估计总体的思想，以及统计思维. 课标卷的统计概率解答题尤其突出统计概率思想分析问题、解释问题和统计推断，充分体现了高考的考查重点是利用统计与概率思想解决实际问题，体现了数学的应用价值. 2009～2018 年的高考题中具有"统计决断"特征的试题如下：

表 2　统计决断问题统计

年份	问题描述
2010	根据（2）的结论，能否提供更好的调查方法来估计该地区老年人中需要志愿者帮助的比例？说明理由.
2012	若花店计划一天应购进 16 枝或 17 枝玫瑰花，你认为应购进 16 枝还是 17 枝？请说明理由.
2016（Ⅰ）	以购买易损零件所需费用的期望值为决策依据，在 $n=19$ 与 $n=20$ 之中选其一，应选用哪个？
2017（Ⅰ）	试说明上述监控生产过程方法的合理性.
2018（Ⅰ）	以检验费用与赔偿费用和的期望值为决策依据，是否应对该箱余下的所有产品作检验？
2018（Ⅱ）	你认为用哪个模型得到的预测值更可靠？并说明理由.

2. 对数据处理能力提出了较高要求

数据处理能力是指收集数据、整理数据、分析数据的能力，要求能从数据中提取对研究问题有用的信息，并做出合理判断. 数据处理能力主要针对研究对象的特殊性，选择合理的收集数据的方法，根据问题的具体情况，选取合适的统计方法整理数据，并构建模型对数据进行分析、推断，获得结论. 数据处理能力要求学生能理解问题所提供的文字、数字、图形、图表等信息，并能从中提取有关信息，对它们进行分析和处理；能对有关的数据和图形进行统计和分析，应用统计或统计案例中的方法解决实际问题.

例 2　（2017 年高考数学全国Ⅰ卷理 19）为了监控某种零件的一条生产

线的生产过程，检验员每天从该生产线上随机抽取 16 个零件，并测量其尺寸（单位：cm）. 根据长期生产经验，可以认为这条生产线正常状态下生产的零件的尺寸服从正态分布 $N(\mu, \sigma^2)$.

（1）假设生产状态正常，记 X 表示一天内抽取的 16 个零件中其尺寸在 $(\mu-3\sigma, \mu+3\sigma)$ 之外的零件数，求 $P(X \geqslant 1)$ 及 X 的数学期望；

（2）一天内抽检的零件中，如果出现了尺寸在 $(\mu-3\sigma, \mu+3\sigma)$ 之外的零件，就认为这条生产线在这一天的生产过程中可能出现了异常情况，需对当天的生产过程进行检查.

（ⅰ）试说明上述监控生产过程方法的合理性；

（ⅱ）下面是检验员在一天内抽取的 16 个零件的尺寸：

9.95	10.12	9.96	9.96	10.01	9.92	9.98	10.04
10.26	9.91	10.13	10.02	9.22	10.04	10.05	9.95

经计算得 $\bar{x}=\dfrac{1}{16}\sum\limits_{i=1}^{16}x_i=9.97$，$s=\sqrt{\dfrac{1}{16}\sum\limits_{i=1}^{16}(x_i-\bar{x})^2}=\sqrt{\dfrac{1}{16}(\sum\limits_{i=1}^{16}x_i^2-16\bar{x}^2)}\approx 0.212$，其中 x_i 为抽取的第 i 个零件的尺寸，$i=1, 2, \cdots, 16$.

用样本平均数 $\bar{x}$ 作为 u 的估计值 $\hat{u}$，用样本标准差 s 作为 σ 的估计值 $\hat{\sigma}$，利用估计值判断是否需对当天的生产过程进行检查？剔除 $(\mu-3\sigma, \mu+3\sigma)$ 之外的数据，用剩下的数据估计 u 和 σ（精确到 0.01）.

附：若随机变量 Z 服从正态分布 $N(\mu, \sigma^2)$，则 $P(\mu-3\sigma<Z<\mu+3\sigma)=0.9974$，$0.9974^{16}\approx0.9592$，$\sqrt{0.008}\approx0.09$.

简解：（1）由正态分布知一个零件的尺寸在 $(\mu-3\sigma, \mu+3\sigma)$ 之外的概率为 0.0026，再由独立重复试验的概率模型可知 X 服从二项分布 $B(16, 0.0026)$，所以 $P(X \geqslant 1)=1-P(X=0)=1-0.9974^{16}=0.0408$，$E(X)=16\times0.0026=0.416$.

（2）（ⅰ）如果生产状态正常，零件尺寸服从正态分布，那么零件尺寸在 $(\mu-3\sigma, \mu+3\sigma)$ 之外取值的概率只有 0.0026. 抽取的 16 个零件中，出现零件尺寸在 $(\mu-3\sigma, \mu+3\sigma)$ 之外的概率只有 0.0408，发生的概率很小. 这样小概率事件在实际中几乎不会发生. 一旦发生这种情况，就有理由认为这个事件不是小概率事件，即可推断零件尺寸不服从正态分布，也就是说生产状态不正常，即这条生产线在这一天的生产过程可能出现了异常情况，需对当天的生产过程进行检查，可见上述监控生产过程的方法是合理的.

（ⅱ）由题中所给条件易得结果，只是要注意充分利用题中的信息．在计算 σ 的估计值时，先判断剔除的数据是 9.22，计算剩下数据的平均数为 $\frac{1}{15} \times$ $(16 \times 9.97 - 9.22) = 10.02$，进而剔除数据后的样本方差为 $\frac{1}{15} \times$ $(1591.134 - 9.22^2 - 15 \times 10.02^2) \approx 0.008$，因此 σ 的估计值为 $\hat{\sigma} = 0.09$.

本题极具创新性，数据处理问题是该题的另一个亮点，从大量数据中对研究问题提取出有用的信息，构建"随机抽样—收集数据—整理、分析数据—提取信息—用信息去说明问题"的框架．在统计问题中，数据的获得是至关重要的．此题用给出的数据，灵活考查了相关知识，尤其第（ⅱ）小题，在原有 16 个数据平均数和标准差考查去掉一个数后的平均数标准差，用数据说话，也是每年高考概率与统计试题之中的有效考查方式.

课标卷的统计与概率解答题分别以频率分布直方图、茎叶图、折线统计图、统计表和文字语言等不同方式，呈现对数据处理能力的考查．考查的知识点也各不相同，但从考查的"数据处理能力"来看，思路一直没有改变，且不断加强．无论是以哪种方式呈现，数据都是含有信息的，根据数据的特点选择不同的计算方式以及对公式或数据进行变形和对参考数据的解读，这些都是最基本的，所以与数据处理能力相伴而生的是对数据的解读和对数据或公式的变形应用，体现了数据分析的核心素养.

3. 将作图、读图、识图提到了非常重要的位置

从表 1 的统计来看，所有试题都与统计图表紧密相连，突出考查读图、识图的应用意识和能力，另外统计与概率中有大量的数据与图形相关，要能够识图处理数据．主要类型如表 3 所示：

表 3　统计图类型统计

试题年份	图形类型	考查内容
2009	作图	作频率分布直方图
2015（Ⅱ）	作图	作茎叶图
2009	频率分布直方图	估计方差，计算平均数
2013（Ⅱ）	频率分布直方图	计算概率与方差
2014（Ⅰ）	频率分布直方图	计算平均数与方差
2015（Ⅰ）	散点图	求回归方程
2015（Ⅱ）	茎叶图	估计平均值与分散程度
2016（Ⅰ）	频率分布直方图	求分布列
2016（Ⅲ）	折线图	回归分析，相关系数
2017（Ⅱ）	频率分布直方图	计算概率，2×2 列联表，中位数
2018（Ⅱ）	折线图	回归分析，统计推断
2018（Ⅲ）	茎叶图	计算平均数，中位数，2×2 列联表

例 3　（2018 年数学高考全国Ⅱ卷理 18）下图是某地区 2000 年至 2016 年环境基础设施投资额 y（单位：亿元）的折线图.

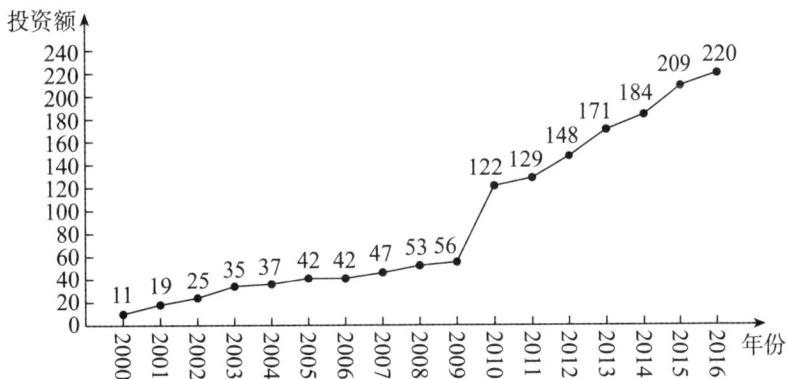

为了预测该地区 2018 年的环境基础设施投资额，建立了 y 与时间变量 t 的两个线性回归模型. 根据 2000 年至 2016 年的数据（时间变量 t 的值依次为 1，2，…，17）建立模型①：$\hat{y}=-30.4+13.5t$；根据 2010 年至 2016 年的

数据（时间变量 t 的值依次为 1，2，…，7）建立模型②：$\hat{y}=99+17.5t$.

（1）分别利用这两个模型，求该地区 2018 年的环境基础设施投资额的预测值；

（2）你认为用哪个模型得到的预测值更可靠？并说明理由.

简解：（1）利用模型①可知，该地区 2018 年的环境基础设施投资额的预测值为 $\hat{y}=-30.4+13.5\times19=226.1$（亿元）；利用模型②可知，该地区 2018 年的环境基础设施投资额的预测值为 $\hat{y}=99+17.5\times9=256.5$（亿元）.

（2）利用模型②得到的预测值更可靠.

理由如下：

（ⅰ）从折线图可以看出，2000 年至 2016 年的数据对应的点没有随机散布在直线 $y=-30.4+13.5t$ 上下. 这说明利用 2000 年至 2016 年的数据建立的线性模型①不能很好地描述环境基础设施投资额的变化趋势. 2010 年相对 2009 年的环境基础设施投资额有明显增加，2010 年至 2016 年的数据对应的点位于一条直线的附近，这说明从 2010 年开始环境基础设施投资额的变化规律呈线性增长趋势. 利用 2010 年至 2016 年的数据建立的线性模型 $\hat{y}=99+17.5t$ 可以较好地描述 2010 年以后的环境基础设施投资额的变化趋势，因此利用模型②得到的预测值更可靠.

（ⅱ）从计算结果看，相对于 2016 年的环境基础设施投资额 220 亿元，由模型①得到的预测值 226.1 亿元的增幅明显偏低，而利用模型②得到的预测值的增幅比较合理. 说明利用模型②得到的预测值更可靠.

以上给出了两种理由，考生答出其中任意一种或其他合理理由均可得分.

本题背景源于社会生活的实际，要求考生读懂该统计图，从统计图中获得相关的信息，问题的设置很人性化，通俗易懂，有利于考生分析、解决问题. 本题注重对数学素养和能力的考查，对数学应用能力和应用意识的教育培养具有很好的引导作用，堪称读图识图的典范之题.

4. 从统计的角度计算概率

从课标卷来看，概率计算问题，既注重计算概率的基本根据——计数原理的应用，更注重从统计的观点来计算概率，尤其在统计与概率的解答题中体现得淋漓尽致，是新课标思想的极致体现.

表4　概率计算统计

试题年份	问题描述
2009	求甲、乙两工人都被抽到的概率
2011	分别估计用 A 配方，B 配方生产的产品的优质品率
2013（Ⅰ）	求这批产品通过检验的概率
2013（Ⅱ）	根据直方图估计利润 T 不少于 57000 元的概率
2015（Ⅱ）	求事件 C："A 地区用户的满意度等级高于 B 地区用户的满意度等级"的概率
2016（Ⅱ）	求一续保人本年度的保费高于基本保费的概率； 若一续保人本年度的保费高于基本保费，求其保费比基本保费高出 60％ 的概率
2017（Ⅱ）	估计事件 A 的概率

5. 注重综合考查，关注知识交汇

考试大纲在考查要求上开门见山地强调了知识交汇，与函数相结合考查是课标卷的统计与概率解答题又一特色，试题的设计注重学科的内在联系和知识的综合性，从学科的整体高度和思维价值的高度考虑问题，突出彰显交汇的特色.

表5　与函数结合统计

试题年份	函数类型	问题描述
2011	分段函数	利用分段函数求分布列
2012	分段函数	若花店一天购进 16 枝玫瑰花，求当天的利润 y（单位：元）关于需求量 n（单位：份，$n \in \mathbf{N}$）的函数解析式
2013（Ⅱ）	分段函数	将 T 表示为 X 的函数
2015（Ⅰ）	回归方程	计算二次型函数的最值
2017（Ⅲ）	一次函数	求进货量 n 为多少时期望达到最大值
2018（Ⅰ）	导数	求 $f(p)$ 的最大值点 p_0

三、结语

随着人们对统计在决策中重要作用的认识的深入，课标卷中加大了对统计内容考查的力度. 课标卷统计与概率的命题，从数学学科的整体高度和思维能力的角度出发，将知识、能力与素养融为一体，全面考查学生的数学能力与素养，试题注重数学的学科特点，突出知识的基础性和综合性，以知识为主体，顺应时代需求，在知识交汇处设计试题，对统计概率的基础知识的考查达到了必要的深度和广度，以此来推动概率统计思想在教学中的渗透和发展.

本文以 2009 年至 2018 年高考全国课标卷理科为例，把十年课标卷中的统计与概率内容进行了一次较为系统的总结与分析，详细阐述了近几年统计与概率解答题的探索与改革方向，以及试题背后蕴含的统计思想，以期让一线教师更加了解试题的设计初衷，为更好地进行统计与概率的教学提供了一个参考框架.

明确目标　精选例题　高效备考
——数列综合复习课的实践与思考
福州第一中学　丘远青

在我校组织的一次跨省校际高考数学复习研讨会上，笔者以一节高三数列综合复习课为载体，就如何加强高考复习有效性展开研究，期间经历了教学目标的确定、例题的选择、备课与磨课、教学实践与评课、教学反思与总结等一系列活动. 在此过程中，与专家、同行的交流使笔者获益良多，让笔者解决了高考复习教学中的一些困惑与问题，并形成了对高考复习有效性的一些理性认识.

一、初始教学设计

1. 教学目标

在学生已有知识、方法的基础上，更进一步地让学生形成整章的知识脉络，提升数学解决问题和分析问题的能力.

2. 例题选择

高三复习课，选题是非常关键的一个环节. 笔者在教学设计时把主要精力放在这里，与大多数教师的做法一样，以高考"考什么""怎么考"为导向来选题，将历年高考题或各地的模拟题进行归类，选择原题或适当改编，并作为课堂上的例题，将它们设计为一个问题串.

例1 已知数列 $\{a_n\}$ 的前 n 项和为 S_n，$a_1=1$，$a_2=2$，$S_{n+1}+S_{n-1}=2S_n+1$($n\geqslant2$，$n\in\mathbf{N}^*$).

(1) 证明：数列 $\{2^{a_n}\}$ 为等比数列；

设计意图：该问题是高考常考知识点，凸显数列的核心内容，突出基础知识、基本方法. 通过数列前 n 项和与通项之间的关系，揭示等差、等比数列通项的递推关系及其内在联系；通过解法交流，强化通性通法，培养学生的问题意识、数学直觉、推理论证及运算求解能力.

(2) 设 $b_n=2n-1$，$c_n=\max\{b_1-na_1$，b_2-na_2，$\cdots$，$b_n-na_n\}$，$n=1$，2，3，$\cdots$，其中 $\max\{x_1$，x_2，$\cdots$，$x_i\}$ 表示 x_1，x_2，$\cdots$，x_i 这 i 个数的最大的数，求数列 $\{c_n\}$ 的通项公式；

设计意图：在复习数列基础知识之后，引入新定义，旨在加深学生对数列知识的理解，尤其是对数列这一特殊函数的认识. 在对问题的分析、解决过程中，体会特殊到一般、化归与转化等数学思想方法.

(3) 你能根据题目条件构造一个数列求和的问题吗？

设计意图：数列求和是高考常考的知识点，在学生提出问题和解决问题的过程中，系统复习数列的求和方法.

（4）设 $d_n = \dfrac{a_{n+2}}{a_n \cdot a_{n+1}} \cdot \dfrac{1}{2^n}$，求数列 $\{d_n\}$ 的前 n 项和 T_n.

设计意图：在学生掌握数列求和的基本方法后，提出此问题，希望学生避免盲目套用方法，加深对数列求和方法的理解，体会代数问题的核心是运算.

二、教学设计诊断分析

因为此次教学活动是面向全省的开放式教研活动，为了保证质量，学校邀请了国内知名的数学教育教学专家作指导，而且将重点首先放在教学设计的研讨上. 就以上教学设计，对如下问题进行了讨论.

1. 如何制订教学目标

"这节课的教学目标是否合适？"这是专家们提出的第一个问题.

虽然在教学设计时也考虑过这个问题，但实事求是地说，笔者最初觉得这不是问题，复习课只要把题目选好就可以了. 所以，在平时教学中，笔者几乎不写教学目标. 初始教学设计中呈现的教学目标，只是为了应付这次研讨活动. 专家们指出："如果教学目标不清晰、不具体，那么将会造成一系列的问题，如例题选择的目的性、例题之间的内在逻辑关联性、教学过程的合理性等."

通过研讨，笔者认识到：由于自己对教学目标缺乏深入思考，所给出的教学目标过于空乏，缺乏针对性，导致例题选择比较随意，必然导致教学重点不突出，不能有效地解决学生的学习问题，更不能有效地提升学生的解题能力等.

2. 如何选择例题

"你是如何选择例题的？"这是第二个研讨问题.

这是笔者开始自认为考虑得非常充分的问题，于是非常自信地对前述例题的设计意图进行了阐述. 讨论中，专家们从另一个角度提出了问题，即例题的选择应围绕教学目标而定，如果从单个题目来看，本节课例题可能是一个"好题"，但如果从完成教学任务的整体需要看，就可能不是一个适当的题目. 本节课例题的选择不当，其根源在于教学目标过于宏观，导致例题的选择缺乏针对性，如问题（3）过于开放，在高三复习课中并不合适，不仅没有围绕教学目标展开，而且影响课堂效率.

3. 如何安排题目的顺序

"例题顺序的安排有什么考虑?"这是第三个研讨问题.

有了好的题目，如果顺序不当，深一脚浅一脚，那么也会大大降低教学效果. 笔者对于例题顺序安排的大概想法是：遵循由易到难的原则，重视思维的贯通性. 专家们在讨论中提出，这个想法当然是对的，但是在具体设计时，要对每一个例题所涉及的知识、数学思想方法以及能力要求做一个深入分析，对题目的难度以及内在联系做到心中有数，在此基础上做好问题串的预设，给学生提供拾阶而上的台阶. 这样，不仅能使难题变得容易，而且有利于学生在面对难题时形成问题解决策略，有效地发展学生的解题能力.

4. 如何安排教学活动

笔者一开始认为这不是问题，因为题目选好了，顺序排好了，课上让学生逐个解题就可以了. 但研讨中专家们指出，让学生解题、讨论解题思路、教师讲题目的各种解法等，确实是主要的教学活动，但其中的内涵可以不同. 如果是以会解这个题作为活动导向，那么学生很可能是仅仅会解这个题. 所以，为了达到"会解这类题"的效果，教学活动的安排，应着重考虑如何让学生知道怎么想、为什么这么想. 这就要尊重学生的主体地位，给学生充分的独立思考、自主解题的时间，在学生有了想法、有了结果后再组织学生进行互动交流，教师只要在疑难点、易错点等进行适度的点拨，并在知识的联系、思想方法的提炼等方面提示学生，帮助他们完善学习过程，学会有逻辑地思考. 如问题（2），部分学生在理解题意上存在障碍，教师要启发这些学生从特殊到一般、具体到抽象思考，发现规律，抓住通项，从函数的角度认识问题.

上述诊断分析确实使笔者大开眼界，实实在在地体会到明确课堂教学目标、想清楚每一堂课具体要做什么的重要性，而且在如何围绕教学目标选择和安排题目、设计教学活动时应考虑的重点问题等方面都有了更加清晰的认识. 在此基础上，笔者进行了教学再设计.

三、教学再设计

1. 教学目标

利用等差、等比数列的基础知识、项与和的关系、基本量、基本方法等，通过代数运算与变形实现化归，解决递推数列的通项及求和问题，进一步掌握化归思想，提高运算求解能力.

修改意图：复习的知识是"等差、等比数列的基础知识、项与和的关系、基本量、基本方法"，要解决的问题是"递推数列的通项及求和问题"，内容反映的数学思想方法是"将一般的数列问题化归为等差或等比数列"，能力是"运算求解能力". 这个目标从知识、思想方法和能力三个方面，直接针对高考的要求，而且是可操作、可检测的.

2. 例题选择

例2 已知数列 $\{a_n\}$ 的前 n 项和为 S_n，$a_1=1$，$a_2=2$，$S_{n+1}+S_{n-1}=2S_n+1(n\geq 2,\ n\in \mathbf{N}^*)$.

(1) 证明：数列 $\{2^{a_n}\}$ 为等比数列；

(2) 设 $b_n=2n-1$，$c_n=\max\{b_1-na_1,\ b_2-na_2,\ \cdots,\ b_n-na_n\}$，$n=1$，2，3，$\cdots$，其中 $\max\{x_1,\ x_2,\ \cdots,\ x_i\}$ 表示 x_1，x_2，$\cdots$，x_i 这 i 个数的最大的数，求数列 $\{c_n\}$ 的通项公式；

(3) 设 $d_n=\dfrac{a_{n+2}}{a_n \cdot a_{n+1}} \cdot \dfrac{1}{2^n}$，求数列 $\{d_n\}$ 的前 n 项和 T_n.

例3 几位大学生响应国家的创业号召，开发了一款应用软件. 为激发大家学习数学的兴趣，他们推出了"解数学题获取软件激活码"的活动. 这款软件的激活码为下面数学问题的答案：已知数列 1，1，2，1，2，4，1，2，4，8，1，2，4，8，16，$\cdots$，其中第一项是 2^0，接下来的两项是 2^0，2^1，再接下来的三项是 2^0，2^1，2^2，依此类推，求该数列的前 440 项和. 那么该款软件的激活码是什么？

修改意图：删除与教学目标不吻合的问题（3），增加例3，旨在使学生能自觉应用等差数列和等比数列模型解决一般的数列求和问题. 解决该问题需要经过观察数列特征、确定数列模型等过程，让学生进一步体会化归与转化思想在研究数列问题中的作用.

四、课堂教学实践

例题分析是实现教学目标，培养学生思维能力的重要过程. 例题分析不是炫耀技巧，而是在讲解通性通法的同时注重学生思维方式和能力的形成. 下面先看两个教学片断：

1. "证明数列 $\{2^{a_n}\}$ 为等比数列"教学片断

生$_1$：因为 $S_{n+1}+S_{n-1}=2S_n+1 (n \geqslant 2, n \in \mathbf{N}^*)$，所以 $(S_{n+1}-S_n)-(S_n-S_{n-1})=1$，即 $a_{n+1}-a_n=1$. （后略）

师：你是怎么想到这种解法的？

生$_1$：凭直觉.

师：能不能尝试把你的直觉描述出来？

生$_1$：我看到了 $S_{n+1}+S_{n-1}=2S_n+1$ 的系数特征并联想到 $S_{n+1}-S_n=a_{n+1}$，$S_n-S_{n-1}=a_n$.

师：非常好，直觉很重要，它实际上是在观察问题的结构特征、联想相关知识后形成的. 思考数学问题要注意观察题目结构与运算特征. 上述过程严谨吗？

生$_1$：漏了对 $n=1$ 进行验证.

师：这是易错点，要注意解题的严谨性. 还有其他解法吗？

生$_2$：因为 $S_{n+1}+S_{n-1}=2S_n+1$，$n \geqslant 2$①，$S_{n+2}+S_n=2S_{n+1}+1$②，②－①得，$a_{n+2}+a_n=2a_{n+1}$，$n \geqslant 2$. （后略）

师：这个转化你是怎么想到的？

生$_2$：以前做有关 S_n 递推式时，都是这么变形的.

师：哦，你是利用了已有的解题经验. 实际上，这是回到基本关系去思考问题. 注意经验的积累、方法的总结并固化为解题模式，对提高解题水平很重要. 还有其他解法吗?

生$_3$: 当 $n \geqslant 2$ 时, $\dfrac{2^{a_{n+1}}}{2^{a_n}} = 2^{a_{n+1}-a_n} = 2^{(S_{n+1}-S_n)-(S_n-S_{n-1})} = 2^{S_{n+1}-2S_n+S_{n-1}} = $

2. (后略)

师: 你又是怎么想到的?

生$_3$: 证明数列 $\{2^{a_n}\}$ 是等比数列, 就是要证明比值是常数. 对 $a_{n+1}-a_n$ 的变形, 是根据条件的结构并联系和与项的关系.

师: 非常好, 解题关键要有目标意识, 除了考虑已知条件怎么用之外, 还要特别注意明确解题目标.

该问题的分析和解答, 始终围绕教学目标中的 "利用等差、等比数列的基础知识、项与和的关系、基本量、基本方法, 通过运算或者是代数变形实现化归, 解决递推数列的通项问题" 而展开. 在课堂教学中, 学生所回答的三种解法都是解决数列问题的通性通法.

2. 例 3 教学片断

师: 这是一个具有实际背景的题目, 它要求我们做什么?

生: 数列求和.

师: 从何看出?

生: 激活码就是求该数列的前 440 项和.

师: 非常好, 解题首先要把目标具体化. 如何入手?

生: 根据数列的特征.

师: 该数列有什么特征?

生: 我看出该数列是由很多组等比数列按个数不断增加的规律排列的.

师: 很多组, 怎么处理?

生: 可以先分组, 求每组的和, 看看有什么规律.

师: 动手试试. (后略)

该问题的难点在于, 如何把具有实际背景的问题转化为熟悉的数学模型来处理. 笔者先问要做什么, 意在明确解题方向; 再问从何入手, 是为了引导学生抓住关键词句, 读题、审题, 充分理解题意. 本题先按等比数列分组再求解,难度较高，笔者让学生先尝试、摸索，而后与学生共同分析，寻找解题策略.

五、教学后记

经过本节课的教学研讨和课堂实践后的反思，笔者认为，高三综合复习课应重视以下三个方面：

1. 明确目标，找准方向

准确制订教学目标是提高教学质量和效益的前提，教学目标应当具体、明确、合理. 制定高三复习课的教学目标，要以《考试大纲》和《考试说明》为航标，从中明确考试的知识范围和要求，把握复习的正确方向；要以历年高考试题为载体，从每道题所涉及的数学知识、思想方法和数学能力等角度构建知识网络，确定复习的落脚点；要以学生为主体，对学生已有的知识结构，以及所欠缺的思想方法和能力等形成立体化认识，把握复习的可行性. 总结本堂课的成功经验，反思以往高考复习中存在的问题，笔者最适切的感受就是：根据高考要求和本班学情认真制定每一堂课的教学目标，对提高复习效果具有重要作用.

2. 问题导向，精选例题

例题是实现目标的载体，制定目标属于战略问题，选择例题是战术问题，恰当的例题是实现教学目标的关键. 例题的选择，应以实现教学目标为方向，以发展学生的思维能力为宗旨，以"少而精"为标准，利用有代表性的高考题或变式题，揭示应对高考问题所需要的数学知识、方法和能力等，以此发展学生的数学思维能力，提高学生的应试能力. 正如波利亚所说："专心、认真备课的教师能够拿出一个有意义的但又不复杂的题目，帮助学生挖掘问题的各个方面，使得学生通过分析这道题就像通过了一道门户，进入一个完整的理论领域."

3. 夯实双基，学会思考

高三复习课的核心是要通过例题的分析、习题演练，达到夯实双基、学会思考的目的. 例题教学要注意培养学生分析问题的能力，让学生面对高考题时想到解题方法，实现创造性地解题；例题讲解的一般过程应为"读题—思考—交流题意的理解—教师点评，适当归纳—学生解题—教师巡视，发现问题，有针对性地讲解—解题反思，归纳提升"，教师的智慧在于根据学生学习进程，恰时恰点地进行启发和引导.

总之，高效的高三数学综合复习课，教师应在高考的价值取向下，向学生提供有意义的学习内容，不是看似一道好题就可以了，同时还要从有效提升学生在规定时间内完成解答任务的能力上加强思考；另外，教师要加强对学生的学法指导，让学生置身于与高考真实场景相一致的情境下开展分析问题、解决问题的活动，突出知识的综合贯通、观点的归纳概括，体现思想方法的联系，帮助学生学会思考，从而将系统掌握知识、领悟数学思想方法、提高数学能力整合在每一堂高考复习课中，最终实现提升学生的数学素养的目的.

基于数学解题的变式教学之研究

福建师范大学附属中学　黄喜滨　江泽

数学，是一门自然学科. 大多数学生对数学的印象就是枯燥、乏味、无趣. "怎样才能学好数学?"成了大家关心的问题. 面对这个问题，很多教育工作者认为要多做题，题目做多了自然"熟能生巧". 但是，笔者认为题目是做不完的，要使学生学好数学，得从提高学生的数学思维能力和学习数学的兴趣上下工夫. 在数学教学过程中，通过利用一切有利条件，适时进行对比、联想、拓展、延伸，采取一题多解、一题多变和多题一解等形式进行教学，有助于学生拓宽解题思路，建构知识网络；有助于学生发展思维能力，构建数学方法；有助于学生提高分析问题、解决问题的能力，形成数学思想. 下面结合教学实例，就变式教学中遵循的几个原则，谈谈几点体会：

一、一题多解，触类旁通，建构知识网络

针对同一数学问题，可以运用不同的方法进行解答，这就是一题多解。通过一题多解，可以让学生从不同角度思考问题、解决问题，激起学生强烈的求异欲望，有助于拓宽解题思路，发展学生的思维能力，同时也能提高学生分析问题、解决问题的能力。在讲解中运用一题多解，就不用变换大量的例题背景。尤其是在高三总复习阶段，通过一题多解，从一道题的分析和解答中整理复习相关知识，建构知识网络，梳理知识体系，获得解题的规律、技巧，学生的成就感会自然增强，兴趣也会油然而生。

例1 （2013年全国卷Ⅰ理科第16题）若函数 $f(x)=(1-x^2)(x^2+ax+b)$ 的图象关于直线 $x=-2$ 对称，则 $f(x)$ 的最大值是_____。

解：第一步，求 a，b 的值。

方法一：因为函数 $f(x)$ 的图象关于直线 $x=-2$ 对称，所以 $f(-2+x)=f(-2-x)$，即

$$[1-(x-2)^2][(x-2)^2+a(x-2)+b]=[1-(x+2)^2][(x+2)^2-a(x+2)+b],$$

从而得 $(x^2-4x+3)[x^2+(a-4)x+4-2a+b]=(x^2+4x+3)[x^2+(4-a)x+4-2a+b]$；

比较左右两式系数可得 $\begin{cases} a-4=4, \\ 4-2a+b=3, \end{cases}$ 解得 $a=8$，$b=15$。

方法二：利用特值，令 $f(0)=f(-4)$，$f(1)=f(-5)$ 列方程组：$\begin{cases} 15(4a-b-16)=b, \\ 25-5a+b=0 \end{cases}$ 解得 $a=8$，$b=15$。

方法三：注意到 $x=1$ 和 $x=-1$ 时 $1-x^2=0$，利用特值，令 $f(-1)=f(-3)$，$f(1)=f(-5)$ 列方程组：$\begin{cases} 25-5a+b=0, \\ 9-3a+b=0 \end{cases}$ 解得 $a=8$，$b=15$。

方法四：由 $f(-3)=f(-5)=0$ 知 -3、-5 是方程 $x^2+ax+b=0$ 的两

根，由韦达定理得 $a=8$，$b=15$.

方法五：基于方法四的分析，因 -3、-5 是方程 $x^2+ax+b=0$ 的两根，故可直接得到：$f(x)=(1-x^2)(x+3)(x+5)$，比较已知条件：可得 $a=8$，$b=15$.

方法六：因为函数 $f(x)$ 的图象关于直线 $x=-2$ 对称，所以 $f(x-2)$ 的图象关于 y 轴对称，可知函数 $f(x-2)$ 为偶函数，又因为 $f(x-2)=(-x^2+4x-3)[x^2+(a-4)x+4-2a+b]$，其 x^3 和 x 的系数都为 0，

即 $\begin{cases} 8-a=0, \\ 28+4b-11a=0, \end{cases}$ 解得 $a=8$，$b=15$.

方法七：基于方法六的分析，既然函数 $f(x-2)$ 为偶函数，不妨设 $g(x)=f(x-2)$，则 $g(-x)=g(x)$ 代入展开即可得 $a=8$，$b=15$，所以 $f(x)=(1-x^2)(x^2+8x+15)$.

第二步：求最值.

方法一：$f(x)=(1-x^2)(x^2+8x+15)$，

$f'(x)=-2x(x^2+8x+15)+(1-x^2)(2x+8)=-4(x^3+6x^2+7x-2)$

$=-4(x+2)(x+2+\sqrt{5})(x+2-\sqrt{5})$.

当 $x\in(-\infty,\ -2-\sqrt{5})\cup(-2,\ -2+\sqrt{5})$ 时，$f'(x)>0$，

当 $x\in(-2-\sqrt{5},\ -2)\cup(-2+\sqrt{5},\ +\infty)$ 时，$f'(x)<0$，

所以 $f(x)$ 在 $(-\infty,\ -2-\sqrt{5})$ 单调递增，在 $(-2-\sqrt{5},\ -2)$ 单调递减，在 $(-2,\ -2+\sqrt{5})$ 单调递增，在 $(-2+\sqrt{5},\ +\infty)$ 单调递减，故当 $x=-2-\sqrt{5}$ 和 $x=-2+\sqrt{5}$ 时取极大值，$f(-2-\sqrt{5})=f(-2+\sqrt{5})=16$.

方法二：$f(x)=-(x+1)(x-1)(x+3)(x+5)$

$=-(x-1)(x+5)(x+1)(x+3)=-(x^2+4x-5)(x^2+4x+3)$.

令 $t=x^2+4x-1$，则 $f(x)=-(t-4)(t+4)=-t^2+16$，故 $f(x)$ 的最大值是 16.

方法三：将 $f(x)=-(x+1)(x-1)(x+3)(x+5)$ 图象右移 2 个单位得，

$f(x-2)=-(x-1)(x-3)(x+1)(x+3)=-(x^2-1)(x^2-9)=-(x^4$

$-10x^2+9)=-(x^2-5)^2+16$,

故 $f(x)$ 的最大值是 16.

利用一题多解有利于提高高三毕业班学生的复习效率. 在复习课中，由于学生对已学知识已经了解，并掌握了一般练习题的解法，这就具备了可提出不同方法解决同一问题的条件，以训练学生灵活运用知识的能力. 通过以上一题多解的训练，不仅能使学生全方位、多层次地认识问题的本质，还能使学生亲自参与到实践中去，提高学习兴趣，从而获得对问题更深层次的理解，拓展学生的思维能力，为促进学生智力和能力的提高，获得高效课堂的教学效果做好铺垫.

二、一题多变，横向联想，构建数学方法

一题多变，即教学中教师以一个数学问题为背景来建构数学的问题模型，然后通过改变例题的条件、题设背景；或改变问题的描述方法；或改变设问方式等来演变出新的数学问题，并对问题进行多层次、多角度、多方位的探索，让学生在这种变式训练中发展思维的灵活性. 采用一题多变的形式，有利于将知识、能力和数学方法在更多的新情景、更高的层次中，不断地反复渗透，从而达到了螺旋式地构建升华的效果.

例 2 （2015 年全国卷 I 理科第 18 题）某公司为确定下一年度投入某种产品的宣传费，需了解年宣传费 x（单位：千元）对年销售量 y（单位：t）和年利润 z

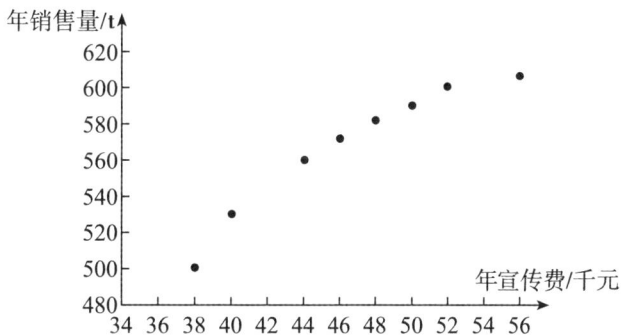

（单位：千元）的影响，现对近 8 年的年宣传费 x_i 和年销售量 y_i（$i=1$，2，…，8）数据作了初步处理，得到上面的散点图及一些统计量的值.

$\bar{x}$	$\bar{y}$	$\bar{w}$	$\sum\limits_{i=1}^{8}(x_i-\bar{x})^2$	$\sum\limits_{i=1}^{8}(w_i-\bar{w})^2$	$\sum\limits_{i=1}^{8}(x_i-\bar{x})(y_i-\bar{y})$	$\sum\limits_{i=1}^{8}(w_i-\bar{w})(y_i-\bar{y})$
46.6	56.3	6.8	289.8	1.6	1469	108.8

表中 $w_i=\sqrt{x_i}$，$\bar{w}=\dfrac{1}{8}\sum\limits_{i=1}^{8}w_i$.

（Ⅰ）根据散点图判断，$y=a+bx$ 与 $y=c+d\sqrt{x}$ 哪一个适合作为年销售量 y 关于年宣传费 x 的回归方程类型？（给出判断即可，不必说明理由）

（Ⅱ）根据（Ⅰ）的判断结果及表中数据，建立 y 关于 x 的回归方程；

（Ⅲ）已知这种产品的年利润 z 与 x、y 的关系为 $z=0.2y-x$. 根据（Ⅱ）的结果回答下列问题：

（i）年宣传费 $x=49$ 时，年销售量及年利润的预报值各是多少？

（ii）年宣传费 x 为何值时，年利润的预报值最大？

变式 1 把本题的散点图抽出来研究，请问还有没有其他我们比较熟悉的模型可以用来拟合这幅散点图？

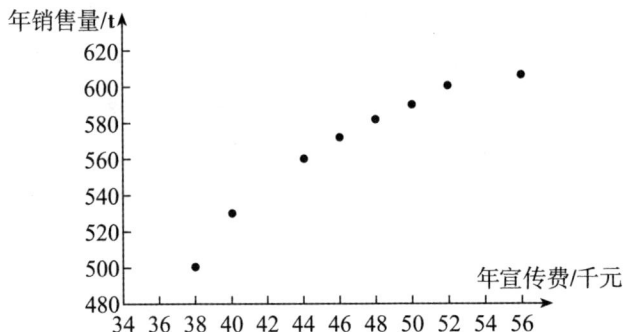

设计意图：从本题散点图出发，实现知识的自然衔接，让学生回顾所学的函数知识，引出对数函数模型：

（1）$y=c\ln x+d$，令 $t=\ln x$，则 $\hat{y}=ct+d$.

变式 2 已知另一家公司 A 的年宣传费和年销售量关系如下图所示，请问此时适合用何种函数模型进行拟合？

（2）$y=cx^2+d$，令 $t=x^2$，则 $\hat{y}=ct+d$.

（3）$y=ce^{dx}$（$c>0$），令 $t=\ln y$，则 $t=dx+\ln c$.

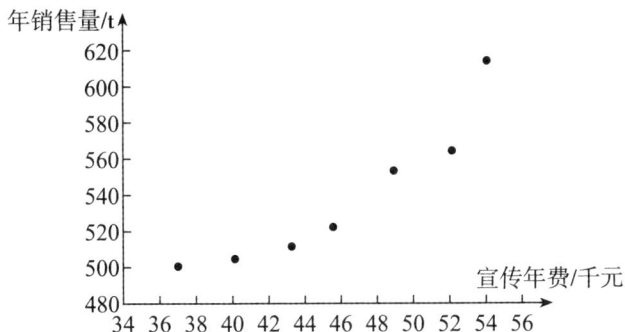

设计意图：依然从散点图出发，变换散点图分布，让学生回顾所学的函数知识，引出非线性回归中常见的指数函数模型和二次函数模型.

变式 3　已知另一家公司 C 的年宣传费和年利润关系如下图所示，请问此时又适合用何种函数模型进行拟合呢?

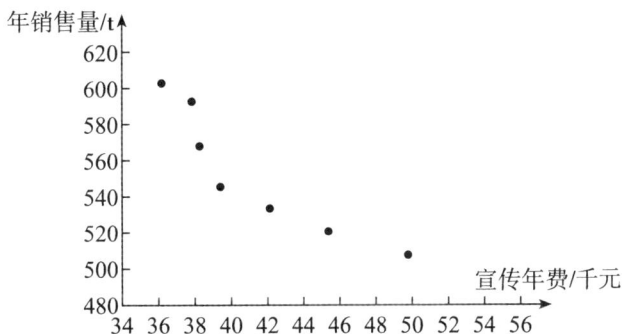

设计意图：依然从散点图出发，变换散点图分布，让学生回顾所学的函数知识，引出非线性回归中常见的反比例函数模型.

（4）$y=\dfrac{c}{x}+d$，令 $t=\dfrac{1}{x}$，则 $\hat{y}=ct+d$.

变式 4　将本题题目变为：

某公司为确定下一年度投入某种产品的宣传费，需了解年宣传费 x（单位：千元）对年销售量 y（单位：t）和年利润 z（单位：千元）的影响，现收集了近 8 年的数据列于下表中，试建立 y 关于 x 的回归方程.

年宣传费/千元	38	39.8	44	46	48	50	51	56
年销售量/t	500	520	550	570	574	580	600	610

设计意图：注意到原题的"善良可爱"之处：其一，最主要的是所有数据都处理好了，学生只需选择自己需要的结果代入即可；其二，在本题的第一问中已经给了根式模型让学生选择，大大降低了难度. 经过这样的变式，回归到课本，让学生经历收集数据、整理数据、分析数据的过程，使他们在解决问题的整个过程中掌握非线性回归分析的步骤和要求，进一步巩固所学的统计知识，培养梳理知识结构的能力. 同时也让学生更加重视教材的基础作用，体会教材是学习数学基础知识，形成基本技能的蓝本，是高考试题的重要知识载体.

通过一题多变，可避免题海战术，让学生掌握数学知识之间的联系，享受数学的相似美，提高学生归纳概括的能力，增强学生面对新问题敢于联想分析予以解决的意识.

三、多题一解，异中求同，形成数学思想

多题一解主要指根据实际情况，通过掌握一种解题方法进而理解所求知识与已知知识的内在联系，总结并掌握规律、运用规律，得出各个题目之间的共性，再利用共性去解决同类问题的方法. 训练多题一解，可以在知识生成与发展中，让数学思想方法落地、生根、发芽，有助于学生形成高层次的数学思想与观点.

例3 已知函数 $f(x) = \begin{cases} \dfrac{1}{x+1} - 3, & x \in (-1, 0], \\ x, & x \in (0, 1], \end{cases}$ 且 $g(x) = f(x) - mx$ $- m$ 在 $(-1, 1]$ 内有且仅有两个不同的零点，则实数 m 的取值范围是（ ）.

A. $\left(-\dfrac{9}{4}, -2\right] \cup \left(0, \dfrac{1}{2}\right]$ B. $\left(-\dfrac{11}{4}, -2\right] \cup \left(0, \dfrac{1}{2}\right]$

C. $\left(-\dfrac{9}{4}, -2\right] \cup \left(0, \dfrac{2}{3}\right]$ D. $\left(-\dfrac{11}{4}, -2\right] \cup \left(0, \dfrac{2}{3}\right]$

解：由 $g(x)=f(x)-mx-m=0$，即 $f(x)=m(x+1)$，分别作出函数 $f(x)$ 和 $g(x)=m(x+1)$ 的图象（如图），由图象可知 $f(1)=1$，$g(x)$ 表示过定点 A $(-1,0)$ 的直线. 当 $g(x)$ 过 $(1,1)$ 时，$m=\frac{1}{2}$，此时两个函数有两个交点，满足条件的 m 的取值范围是 $0<m\leqslant\frac{1}{2}$；当 $g(x)$ 过 $(0,-2)$ 时，解得 $m=-2$，此时两个函数有两个交点；当 $g(x)$ 与 $f(x)$ 相切时，两个函数只有一个交点，此时 $\frac{1}{x+1}-3=m(x+1)$，即 $m(x+1)^2+3(x+1)-1=0$；当 $m=0$ 时，$x=-\frac{2}{3}$，只有一解；当 $m\neq0$ 时，由 $\Delta=9+4m=0$，得 $m=-\frac{9}{4}$ 时，直线和 $f(x)$ 相切，要使函数有两个零点，则 $-\frac{9}{4}<m\leqslant-2$ 或 $0<m\leqslant\frac{1}{2}$，故选 A.

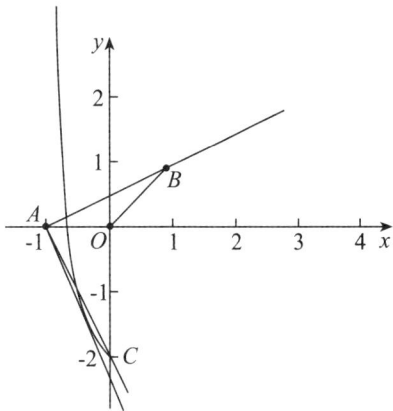

此例题是利用数形结合思想解决函数零点的相关问题. 解决此题的关键在于把函数的零点问题转化为两个函数图象的交点问题. 分析其特点，寻找其共性，反思其过程，找到这类问题的共同方法，以达到多题一解，使学生的解题能力得到提升. 一旦学生掌握这类问题的特点，就会第一时间想到用几何法，借助数形结合，进而解决一系列类似问题. 又如：

(1) 函数 $f(x)=2^x|\log_{0.5}x|-1$ 的零点个数为（   ）.

A. 1   B. 2   C. 3   D. 4

(2)（2011 年全国高考数学Ⅰ卷文 12）已知函数 $y=f(x)$ 的周期为 2，当 $x\in[-1,1]$ 时 $f(x)=x^2$，那么函数 $y=f(x)$ 的图象与函数 $y=|\lg x|$ 的图象的交点共有（   ）.

A. 10 个   B. 9 个   C. 8 个   D. 1 个

(3) 若 x_0 是方程 $\left(\frac{1}{2}\right)^x=x^{\frac{1}{3}}$ 的解，则 x_0 属于区间（   ）.

A. $\left(\dfrac{2}{3},\ 1\right)$ B. $\left(\dfrac{1}{2},\ \dfrac{2}{3}\right)$

C. $\left(\dfrac{1}{3},\ \dfrac{1}{2}\right)$ D. $\left(0,\ \dfrac{1}{3}\right)$

（4）当曲线 $y=1+\sqrt{4-2x^2}$ 与直线 $y=k(x-2)+4$ 有两个不同的交点时，实数 k 的取值范围是多少？

（5）（2016 年福建省普通高中毕业班质量检查文数 10）若 x，y 满足约束条件 $\begin{cases} x-y+2\geqslant 0, \\ y+2\geqslant 0, \\ x+y+2\geqslant 0, \end{cases}$ 则 $(x+2)^2+(y+3)^2$ 的最小值为（   ）.

A. 1   B. $\dfrac{9}{2}$ C. 5   D. 9

通过以上形式多样的练习和对数学方法、思想的归纳、总结与反思，不仅激发了学生浓厚的学习兴趣，更重要的是构建了知识间的内在联系，使学生的知识得以升华，而且达到了举一反三、触类旁通的目的.

值得注意的是，在变式教学的过程中，首先要正确把握变式的度，其次注重训练的梯度，循序渐进地进行训练；再次要注重"变"这个字，并不是简单的重复！变式题组的题目之间要有明显的差异，要使学生对每道题既感到熟悉，又觉得新鲜、有挑战，从而让学生能够参与到数学思考中来；最后要注重培养学生的回顾与反思的习惯，提高解题教学的效率，让学生养成解题后的回顾与反思的习惯应该是教学的一个重要任务. 如果我们能够在数学教学中恰当使用变式教学和变式训练，那么不仅能帮助学生从茫茫题海中解放出来，还对培养学生创造性思维，激发学生学习数学的兴趣起到积极的作用.

回归解题本质，突破圆锥曲线中的
面积、弦长最值问题

泉州第五中学　黄寒凝

解析几何的本质是通过引入坐标系，用代数的方法来研究解决几何问题.
圆锥曲线中面积、弦长是几何图象两个重要的量，面积、弦长的最值问题在
高考中也一直都是热点问题. 学生处理此类问题的主要方向是明确的，即通
过函数的思想，把几何图象运动变化的关系转化为求函数的最值，但最大的
困难在于此类问题变量多、运算量大，导致学生无法完整解答. 我们立足于
引导学生建立良好的数据处理意识和计算意识，以提高学生的核心素养数据
处理能力与计算求解能力，简化繁琐的计算过程为目标，从不同的角度对比
分析此类问题的处理方法与思想，逐层深入形成此类问题的突破策略.

一、对比辨析

例1　以椭圆 $M: \dfrac{x^2}{a^2} + y^2 = 1(a > 1)$ 的四
个顶点为顶点的四边形的四条边与 $\odot O: x^2 +$
$y^2 = 1$ 共有 6 个交点，且这 6 个点恰好把圆周
六等分.

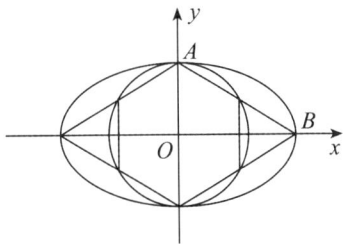

（1）求椭圆 M 的方程；

（2）若直线 l 与 $\odot O$ 相切，且与椭圆 M 相交于 P、Q 两点，求 $|PQ|$ 的最
大值.

分析：（1）椭圆 M 的方程：$\dfrac{x^2}{3} + y^2 = 1$（过程略）.

（2）基本解题思路分析：由于直线方程的两个参数都未提供，故求弦 PQ 的最值可引入二元变量 k、b，借助已知几何条件得到二元等量关系，消元产生一元函数再求最值．

解：由题可知，当直线 l 的斜率不存在时，直线 l 的方程为 $x=\pm1$，代入 $\dfrac{x^2}{3}+y^2=1$，得 $y=\pm\dfrac{\sqrt{6}}{3}$，此时 $|PQ|=\dfrac{2\sqrt{6}}{3}$．

当直线 l 的斜率存在时，设 l 的方程为 $y=kx+b$，因为直线 l 与 $\odot O$ 相切，所以 $\dfrac{|b|}{\sqrt{1+k^2}}=r=1$，即 $b^2=1+k^2$，……产生二元等量关系，建立消元意识

联立 $\begin{cases} y=kx+b, \\ \dfrac{x^2}{3}+y^2=1, \end{cases}$ 整理得 $(1+3k^2)x^2+6kbx+3(b^2-1)=0$，

$\Delta=36k^2b^2-12(1+3k^2)(b^2-1)=12(1+3k^2-b^2)=24k^2>0$，所以 $k\neq0$．

设 $P(x_1,\ y_1)$，$Q(x_2,\ y_2)$，则 $\begin{cases} x_1+x_2=-\dfrac{6kb}{1+3k^2}, \\ x_1\cdot x_2=\dfrac{3(b^2-1)}{1+3k^2}, \end{cases}$

所以 $|x_1-x_2|=\sqrt{(x_1+x_2)^2-4x_1x_2}=\dfrac{\sqrt{\Delta}}{1+3k^2}=\dfrac{2\sqrt{6}\,|k|}{1+3k^2}$，

$|PQ|=\sqrt{(x_1-x_2)^2+(y_1-y_2)^2}=\sqrt{1+k^2}\,|x_1-x_2|=\sqrt{1+k^2}\cdot$ $\dfrac{2\sqrt{6}\,|k|}{1+3k^2}$，……建立一元函数关系

解法1：从函数的角度出发求最值．

$|PQ|=\sqrt{1+k^2}\,|x_1-x_2|=2\sqrt{6}\sqrt{\dfrac{(1+k^2)\cdot k^2}{(1+3k^2)^2}}$，令 $1+3k^2=t\,(t>1)$，

则 $|PQ|=2\sqrt{6}\cdot\sqrt{\dfrac{(t-1)\cdot(t+2)}{9t^2}}=\dfrac{2\sqrt{6}}{3}\cdot\sqrt{\dfrac{t^2+t-2}{t^2}}=\dfrac{2\sqrt{6}}{3}\cdot$

$\sqrt{-\dfrac{2}{t^2}+\dfrac{1}{t}+1}=\dfrac{2\sqrt{6}}{3}\cdot\sqrt{-2\left(\dfrac{1}{t}-\dfrac{1}{4}\right)^2+\dfrac{9}{8}}$，

由于 $t>1$，$\frac{1}{t} \in (0, 1)$，所以当 $\frac{1}{t}=\frac{1}{4}$，即 $k=\pm 1$ 时，$|PQ|=\sqrt{3}>$ $\frac{2\sqrt{6}}{3}$，$|PQ|$ 的最大值为 $\sqrt{3}$.

以圆锥曲线中的面积、弦长问题建立起来的函数变形后，其根式内通常是复杂的高次分式函数，通过换元往往可将高次分式函数降次，转化为熟悉的二次、对勾等函数模型. 但是这对学生等价转化的要求高，运算能力要求高，实际操作中学生解题的准确率比较低，我们需要思考、追求简化运算的思路.

解法 2：运用基本不等式放缩求最值.

$$|PQ|=\sqrt{1+k^2} \cdot |x_1-x_2|=\sqrt{1+k^2} \cdot \frac{2\sqrt{6}|k|}{1+3k^2}=2\sqrt{6} \cdot \frac{\sqrt{1+k^2} \cdot \sqrt{k^2}}{1+3k^2},$$

引导学生观察，分式的分子是两个变量积的形式，联想基本不等式：$ab \leqslant \frac{a^2+b^2}{2}$，发现若将分子的两式之积放缩到平方和得 $(1+k^2)+k^2=1+2k^2$，将与分母形式非常相近，但是想求最大值，右边必须为定值，此时观察可得只需配凑一定系数即可得到定值，从而求出最值.

即 $|PQ|=2\sqrt{6} \cdot \frac{\sqrt{1+k^2} \cdot \sqrt{k^2}}{1+3k^2}=2\sqrt{3} \cdot \frac{\sqrt{1+k^2} \cdot \sqrt{2k^2}}{1+3k^2} \leqslant 2\sqrt{3} \cdot \frac{\frac{(1+k^2)+2k^2}{2}}{1+3k^2}=\sqrt{3},$

当且仅当 $1+k^2=2k^2$，即 $k=\pm 1$ 时，$|PQ|$ 的最大值为 $\sqrt{3}$.

对比两种解法：解法 2 由于形式结构特征明显，运算相对简单，易于操作，在考试中更容易突破. 实质上，构造基本不等式就是回归到求解最值的本质，构造基本不等式进行放缩，从而突破运算的难点.

二、优化解题

当我们的目标设定为引导学生建立良好的数据处理意识和计算意识时，

我们还要继续引导学生思考——能否继续简化运算？解答本题的另外一个困难就是函数解析式的建立过程运算量较大，可引导学生改变直线方程的形式，进行尝试、对比.

解：由题可知，直线 l 的斜率不为 0，则直线 l 的方程可设为 $x=my+t$，因为直线 l 与 $\odot O$ 相切，所以 $\dfrac{|t|}{\sqrt{1+m^2}}=r=1$，即 $t^2=1+m^2$，

联立 $\begin{cases} x=my+t, \\ x^2+3y^2=3, \end{cases}$ 整理得 $(3+m^2)y^2+2mty+t^2-3=0$，

因为 $\Delta=4m^2t^2-4(3+m^2)(t^2-3)=4(9+3m^2-3t^2)=24>0$，

设 $P(x_1,y_1)$，$Q(x_2,y_2)$，则 $\begin{cases} y_1+y_2=-\dfrac{2mt}{3+m^2}, \\ y_1 \cdot y_2=\dfrac{t^2-3}{3+m^2}, \end{cases}$

所以 $|y_1-y_2|=\sqrt{(y_1+y_2)^2-4y_1y_2}=\dfrac{\sqrt{\Delta}}{3+m^2}=\dfrac{2\sqrt{6}}{3+m^2}$，

$|PQ|=\sqrt{(x_1-x_2)^2+(y_1-y_2)^2}=\sqrt{1+m^2}\,|y_1-y_2|=2\sqrt{6} \cdot \dfrac{\sqrt{1+m^2}}{3+m^2}$，

此时从函数的角度出发求最值，

令 $\sqrt{1+m^2}=t(t\geqslant 1)$，则 $|PQ|=2\sqrt{6} \cdot \dfrac{t}{t^2+2}=2\sqrt{6} \cdot \dfrac{1}{t+\dfrac{2}{t}}\geqslant \sqrt{3}$，

当 $t=\sqrt{2}$，即 $m=\pm 1$ 时，$|PQ|$ 的最大值为 $\sqrt{3}$.

而运用基本不等式放缩，

$|PQ|=\sqrt{1+m^2}\,|y_1-y_2|=2\sqrt{3} \cdot \dfrac{\sqrt{2} \cdot \sqrt{1+m^2}}{3+m^2}\leqslant 2\sqrt{3} \cdot \dfrac{\dfrac{2+1+m^2}{2}}{3+m^2}=\sqrt{3}$，

当且仅当 $\sqrt{1+m^2}=\sqrt{2}$，即 $m=\pm 1$ 时，$|PQ|$ 的最大值为 $\sqrt{3}$.

对比可发现，建立的函数解析式得到较大简化，以上两种解题方向的运算量就没有太大差异了，解题策略得到了优化. 策略中的另外一个难点就是，如何引导学生发现基本不等式的结构特征，于是提出下列两个探索.

三、形成策略

探索1 把原题(2)改为:设 AB 是椭圆 M 过 O 点的任意弦,l 是线段 AB 的垂直平分线. 若 P 是 l 与椭圆 M 的一个交点,求△APB 的面积的最小值.

解:联立 $\begin{cases} y=kx, \\ x^2+3y^2=3, \end{cases}$ 得 $x_A^2=\dfrac{3}{1+3k^2}$,$y_A^2=\dfrac{3k^2}{1+3k^2}$,

所以 $|OA|^2=x_A^2+y_A^2=\dfrac{3}{1+3k^2}+\dfrac{3k^2}{1+3k^2}=\dfrac{3(1+k^2)}{1+3k^2}$,

因为 l 是线段 AB 的垂直平分线,当 k 存在且 $k \neq 0$ 时,联立 $\begin{cases} y=-\dfrac{1}{k}x, \\ x^2+3y^2=3, \end{cases}$

同理可得 $x_P^2=\dfrac{3k^2}{k^2+3}$,$y_P^2=\dfrac{3}{k^2+3}$,$|OP|^2=x_P^2+y_P^2=\dfrac{3+3k^2}{k^2+3}$,

所以 $(S_{\triangle APB})^2=\left(\dfrac{1}{2} \cdot 2|OA| \cdot |OP|\right)^2=|OA|^2 \cdot |OP|^2=\dfrac{9(1+k^2)^2}{(1+3k^2)(k^2+3)}$,

目标函数为复杂的分式函数,分母出现两式之积的形式,符合基本不等式的结构特征,即可考虑利用基本不等式放缩求最值.

因为 $\dfrac{9(1+k^2)^2}{(1+3k^2)(k^2+3)} \geqslant \dfrac{9(1+k^2)^2}{\left(\dfrac{1+3k^2+k^2+3}{2}\right)^2}=\dfrac{9(1+k^2)^2}{4(1+k^2)^2}=\dfrac{9}{4}$,

当且仅当 $1+3k^2=k^2+3$,即 $k=\pm1$ 时等号成立,$S_{\triangle APB}$ 最小值为 $\dfrac{3}{2}$,

最后比较 $k=0$ 与 k 不存在时的面积,可得 $S_{\triangle APB}$ 最小值为 $\dfrac{3}{2}$.

探索2 把原题(2)改为:过⊙O 上一点 N 的直线 l(不与 x 轴垂直)与椭圆 M 交于 P、Q 两点,若△OPQ 为直角三角形,求△OPQ 面积的最大值.

解:同原题(2)可知 $\Delta=36k^2b^2-12(1+3k^2)(b^2-1)=12(1+3k^2-b^2)$

$=24k^2>0.$

因为 $ON<OQ$，$ON<OP$，所以 $\triangle OPQ$ 为直角三角形，可得 $OP\perp OQ$，所以 $\overrightarrow{OQ}\cdot\overrightarrow{OP}=0$，

即 $x_1x_2+y_1y_2=0$，因为 $y_1y_2=(kx_1+b)(kx_2+b)=\dfrac{b^2-3k^2}{1+3k^2}$，

所以 $\dfrac{3(b^2-1)}{1+3k^2}+\dfrac{b^2-3k^2}{1+3k^2}=0$，得 $4b^2=3+3k^2$，……产生二元等量关系

因为点 O 到直线 l 的距离为 $d=\dfrac{|b|}{\sqrt{1+k^2}}$，

$|PQ|=\sqrt{1+k^2}\,|x_1-x_2|=\sqrt{1+k^2}\cdot\dfrac{\sqrt{\Delta}}{1+3k^2}=2\sqrt{3}\cdot\dfrac{\sqrt{1+k^2}\cdot\sqrt{1+3k^2-b^2}}{1+3k^2},$

所以 $S_{\triangle OPQ}=\dfrac{1}{2}\cdot d\cdot|PQ|=\dfrac{1}{2}\cdot\dfrac{|b|}{\sqrt{1+k^2}}\cdot 2\sqrt{3}\cdot\dfrac{\sqrt{1+k^2}\cdot\sqrt{1+3k^2-b^2}}{1+3k^2}$

$=\sqrt{3}\cdot\dfrac{\sqrt{b^2}\cdot\sqrt{1+3k^2-b^2}}{1+3k^2}.$

引导学生观察，分式的分子仍是积的形式，分子平方和 b 无关，不仅可以消去 b，而且使整个分式变为定值，这样二元最值问题的本质就被挖掘出来，利用重要不等式进行放缩求最值的策略也就自然形成. 此处如果利用消元化为函数换元求最值又是一项比较大的工程.

$S_{\triangle OPQ}=\sqrt{3}\cdot\dfrac{\sqrt{b^2}\cdot\sqrt{1+3k^2-b^2}}{1+3k^2}\leqslant\sqrt{3}\cdot\dfrac{\dfrac{b^2+(1+3k^2-b^2)}{2}}{1+3k^2}=\dfrac{\sqrt{3}}{2},$

当且仅当 $b^2=1+3k^2-b^2$，即 $k=\pm\dfrac{\sqrt{3}}{3}$ 时，$|PQ|$ 的最大值为 $\dfrac{\sqrt{3}}{2}$.

此题如果设 $x=my+t$，解题会更为简单，更能让学生领会简化解题的策略，留给学生自行探究.

通过问题延拓思考，重视函数结构特征分析提炼，让学生再次体会策略的可行性，突破了该策略在实证应用过程中的错点、难点，提高了学生观察与分析问题的能力，也进一步提高了学生在数据处理过程中提取有效信息、化繁为简的能力，形成优化后的解题策略：

（1）引入恰当的变量（注意直线方程形式的选择），建立面积、弦长关于变量的函数解析式；

（2）分析函数解析式中是否具备两式的积、和、平方和等符合基本不等式应用的结构特征（可利用换元、配凑等手段产生基本不等式的结构特征）；

（3）利用基本不等式进行放缩，配凑产生定值；

（4）寻找及验证等号成立的条件.

四、错点分析

放缩求最值的最大错点往往在于没有关注等号是否取得到，这是正确实施策略要引起注意的.

例2　（反例分析）平面直角坐标系 xOy 中，椭圆 C：$\dfrac{x^2}{a^2}+\dfrac{y^2}{b^2}=1(a>b>0)$ 的离心率为 $\dfrac{\sqrt{3}}{2}$，且点 $\left(\sqrt{3},\dfrac{1}{2}\right)$ 在椭圆 C 上.

（1）求椭圆 C 的方程；

（2）设椭圆 E：$\dfrac{x^2}{4a^2}+\dfrac{y^2}{4b^2}=1$，$P$ 为椭圆 C 上任意一点，过点 P 的直线 $y=kx+m$ 交椭圆 E 于 A、B 两点，射线 P、Q 交椭圆 E 于点 Q.

（i）求 $\dfrac{|OQ|}{|OP|}$ 的值；（ii）求 $\triangle ABQ$ 面积的最大值.

解：（1）C 的方程为 $\dfrac{x^2}{4}+y^2=1$.

（2）（i）$\dfrac{|OQ|}{|OP|}=2$.（解题过程略）

（ii）设 $A(x_1,y_1)$，$B(x_2,y_2)$，将 $y=kx+m$ 代入椭圆 E 的方程，可得 $(1+4k^2)x^2+8kmx+4m^2-16=0$，由 $\Delta>0$，可得

$$m^2<4+16k^2. \hfill ①$$

将直线 $y=kx+m$ 代入椭圆 C 的方程，可得 $(1+4k^2)x^2+8kmx+4m^2-4=0$，由 $\Delta\geqslant0$，可得 $m^2\leqslant1+4k^2$. \hfill ②

因为 $x_1 + x_2 = -\dfrac{8km}{1+4k^2}$，$x_1 x_2 = \dfrac{4m^2 - 16}{1+4k^2}$．

所以 $|x_1 - x_2| = \dfrac{4\sqrt{16k^2 + 4 - m^2}}{1+4k^2}$．

因为直线 $y = kx + m$ 与 y 轴交点的坐标为 $(0, m)$，所以 $\triangle OAB$ 的面积

$$S = \frac{1}{2}|m||x_1 - x_2| = \frac{2|m|\sqrt{16k^2 + 4 - m^2}}{1+4k^2} = \frac{2\sqrt{(16k^2 + 4 - m^2)m^2}}{1+4k^2}$$

$$\leqslant \frac{2\left(\dfrac{16k^2 + 4 - m^2 + m^2}{2}\right)}{1+4k^2} = 4,$$

当且仅当 $16k^2 + 4 - m^2 = m^2$ 时，等号成立而即 $8k^2 + 2 = m^2 < 1 + 4k^2$，产生矛盾，等号取不到．

此时应及时调整策略，换元回归函数最值分析，

$$S = \frac{1}{2}|m||x_1 - x_2| = \frac{2|m|\sqrt{16k^2 + 4 - m^2}}{1+4k^2} = \frac{2\sqrt{(16k^2 + 4 - m^2)m^2}}{1+4k^2}$$

$$= \sqrt{\frac{16k^2 + 4 - m^2}{(1+4k^2)} \cdot \frac{m^2}{(1+4k^2)}}$$

设 $\dfrac{m^2}{1+4k^2} = t$．由①②可知 $0 < t \leqslant 1$，$S = 2\sqrt{(4-t)t} = 2\sqrt{-t^2 + 4t} = \sqrt{-(t-2)^2 + 4}$．故 $S \leqslant 2\sqrt{3}$．

当且仅当 $t = 1$，即 $m^2 = 1 + 4k^2$ 时取得最大值 $2\sqrt{3}$．由（i）知，$\triangle ABQ$ 的面积为 $3S$，所以 $\triangle ABQ$ 面积的最大值为 $6\sqrt{3}$．

圆锥曲线面积、弦长最值问题是高考中高频且经典的考点，学生解题方向明确却往往却步于计算，该策略通过逐步调整优化问题帮助学生一步一步突破解圆锥曲线面积、弦长最值中产生的计算量大的问题，从方程的选择到函数的建立，到最值分析的选择，再到突破易错点，将此类问题进行清晰地剖析并形成一定的解题思路，最后提炼成解题策略，对学生有较大的启发作用．同时，在执行本教学策略时，除了有利于提高学生的应试成绩之外，更有利于培养学生的数学素养，如分析问题、解决问题的能力，对学生数据处

理、计算意识的培养，同样可以渗透到整个圆锥曲线的学习中，迁移到其他的题型中．学生在策略的学习过程中，进一步理解了换元法、配凑等手段在解决基本不等式中的应用，对基本不等式的学习也起到了巩固作用．策略的实施过程并不是简单粗暴地灌输给学生方法，而是注重让学生"对比分析，逐层深入，挖掘规律，形成策略，发展智慧"，引导学生养成自主分析、探究的思考习惯，回归到解题的本质上．

探寻一类高考解三角形试题的解题规律

——从微专题复习课"解方程法解三角形"谈起

福州格致中学　金声

高三是学生知识能力提升最快的阶段，而数学复习离不开解题．因此，一些高三的复习课便进入一个怪圈：讲的题目越多越好，追求多而全，而不是少而精．如何打破这个怪圈？就需要教师从优化整合课堂内容做起．笔者重组近 7 年的全国卷高考试题中的解三角形的解答题，设计"解方程法解三角形"的高三二轮微专题复习课．结合此课的教学设计，谈谈如何从多题一解的角度，归纳一类问题的通性通法，探究这类问题的命制规律．

一、抛砖引玉——解单个三角形的问题

引例　在 $\triangle ABC$ 中，$AB = \sqrt{6}$，$\angle A = 75°$，$\angle B = 45°$，则 $AC =$ _____．

例 1　（2017 年全国课标 Ⅱ 卷高考数学理 17 改编）$\triangle ABC$ 的内角 A、B、C 的对边分别为 a、b、c，已知 $\sin B = \dfrac{8}{17}$，若 $a + c = 6$，$\triangle ABC$ 的面积为 2，求 b．

例2 △ABC 的内角 A、B、C 的对边分别为 a、b、c，已知 A−C = 90°，$a+c=\sqrt{2}b$，求 C.

思路分析：解三角形，即由三角形的六个元素（即三条边和三个内角）中的三个元素（至少有一个是边）求其他未知元素的问题（广义地，这里所说的元素还可以包括三角形的高线、中线、角平分线以及内切圆半径、外接圆半径、面积等）. 此类问题若无法直接通过正弦或余弦定理解得三角形，可假设三角形的六个基本元素为未知量，通过题中所给的条件，根据正弦定理、余弦定理、面积公式，列出方程，利用方程的思想，把解三角形的问题，转化为解方程组的问题.

设计意图：微专题的例题选择应该具有基础性、科学性、针对性、典型性和探究性. 本题属于基础题，难度不大，学生容易入手，通过该题组，复习如何利用正余弦定理解三角形，并渗透数学的基本思想——方程思想.

二、拾级而上——解两个三角形的问题

例3 （2013 年全国课标 I 卷高考数学理 17 节选）如图，在△ABC 中，∠ABC = 90°，$AB=\sqrt{3}$，$BC=1$，P 为△ABC 内一点，∠BPC = 90°. 若∠APB = 150°，求 tan∠PBA.

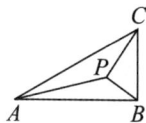

解：设∠PBA = α，由已知得 $\dfrac{PB}{BC}=\cos\left(\dfrac{\pi}{2}-\alpha\right)$，即 $PB=\sin\alpha$.

在△PBA 中，由正弦定理得 $\dfrac{\sqrt{3}}{\sin 150°}=\dfrac{\sin\alpha}{\sin(30°-\alpha)}$，

化简得 $\sqrt{3}\cos\alpha=4\sin\alpha$.

所以 $\tan\alpha=\dfrac{\sqrt{3}}{4}$，即 $\tan\angle PBA=\dfrac{\sqrt{3}}{4}$.

思路分析：本题有多个三角形，无法直接利用正、余弦定理解得三角形. 考虑根据已知条件假设未知量，构造方程，转化为解方程的问题. 而假设的这个量，必须与两个三角形有关. 故设∠PBA = α 为未知量，利用所有的已

知条件与未知量，在△PBA中根据正弦定理，列出一个关于 α 的方程，利用方程的思想，把解三角形的问题转化为解方程的问题.

例4 （2015年全国课标Ⅱ卷高考数学理17）△ABC 中，D 是 BC 上的点，AD 平分∠BAC，△ABD 面积是△ADC 面积的 2 倍.

（1）求 $\dfrac{\sin B}{\sin C}$；

（2）若 $AD=1$，$DC=\dfrac{\sqrt{2}}{2}$，求 BD 和 AC 的长.

解：（1）略；

（2）由（1），知 $\dfrac{AC}{AB}=\dfrac{\sin B}{\sin C}=\dfrac{1}{2}$，即 $AB=2AC$，

因为 $S_{\triangle ABD}:S_{\triangle ADC}=BD:DC$，所以 $BD=2DC=\sqrt{2}$.

在△ABD 和△ADC 中，由余弦定理，可知

$AB^2=AD^2+BD^2-2AD\cdot BD\cos\angle ADB$，

$AC^2=AD^2+DC^2-2AD\cdot DC\cos\angle ADC$，

即 $4AC^2=3-2\sqrt{2}\cos\angle ADB$，$AC^2=\dfrac{3}{2}+\sqrt{2}\cos\angle ADB$，

解得 $AC=1$.

思路分析：本题无法直接利用正、余弦定理解得三角形. 两个三角形中有两个角是互补的，且由（1）可知 $AB=2AC$，故通过设边长 AC 与∠ADB 为未知量，利用所有的已知条件与未知量，在△ABD 与△ACD 中根据余弦定理，列出两个方程（关于两个未知量 AC 与∠ADB），利用方程的思想，把解三角形的问题转化为解方程（组）的问题.

设计意图：通过第一个环节的学习，学生对无法直接解的三角形问题，已经有可以通过列方程（组）解三角形这一初步的认识. 在学生的最近发展区内，题目的难度循序渐进，小坡度，密台阶，有利于学生"步步登高"，从而树立解题的信心.

三、大道至简——通性通法的归纳总结

通过设计解两个三角形的问题，培养学生观察、分析问题的技能，让学生用自己的话语描述两个题组的异同点，归纳解决此类问题的通性通法.

这个题组较上一个题组的差异在于例 1、例 2 只是解一个三角形，只需要通过 3 个条件，列出 3 个简单的方程，就可以直接解出三角形. 而例 3、例 4 需要解两个三角形，通过已知条件，无法直接列出简单的方程解三角形，而要通过假设边长或角度为未知量，寻找已知量与未知量的关系，挖掘隐藏的条件或关系，再通过正弦定理、余弦定理等，建立关于未知量的方程（组），解决问题.

苏联著名的数学家 C. A. 亚诺夫斯卡娅说过："解题就是把题归结为已经解过的问题." 通过设计微专题，不是让学生死记硬背解决此类问题的步骤，而是引导学生在累积了一定解题经验后，自主形成解决此类问题的典型模型和基本模式，以及解题的思想方法，以便需要时随时调用.

四、追本溯源——关于条件个数的思考

教师引导学生：既然这类问题是解方程问题，那么通过给定这些条件，判断这样的三角形是否是确定的（有限个解，看成三角形的形状被确定，无穷多解则视为三角形不确定）. 观察例 1、例 2，恰巧题中给出了三个独立的条件（即不存在任意两个条件，可以推导出第三个条件），三角形就被确定了. 合情推理，例 3、例 4 解两个三角形，就需要六个独立的条件，让学生根据条件的个数，对试题展开探究.

学生阅读例题，发现例 4 中仅有：若 $AD = 1$，$DC = \dfrac{\sqrt{2}}{2}$，$BD = 2DC = \sqrt{2}$，$AB = 2AC$（在教学过程中，学生提出 $\angle BAD = \angle DAC$ 即 AD 平分 $\angle BAC$，$\triangle ABD$ 面积是 $\triangle ADC$ 面积的 2 倍这两个条件，但这两个条件与

$BD=2DC=\sqrt{2}$，$AB=2AC$ 是相互不独立的. 正是把"AD 平分 $\angle BAC$，$\triangle ABD$ 面积是 $\triangle ADC$ 面积的 2 倍"这个复杂的条件转化为"$BD=2DC=\sqrt{2}$，$AB=2AC$"这两个简单的条件，才能简化解题）这四个条件；而例 3 中仅有：$\angle ABC=90°$，$AB=\sqrt{3}$，$BC=1$，$\angle BPC=90°$，$\angle APB=150°$ 这五个条件，并不符合解题需要的六个条件. 例 3 中有一个隐藏条件：PB 是 $\triangle ABP$ 与 $\triangle BCP$ 的公共边，相当于两个三角形有两条边相等. 故例 3 中有六个关于两个三角形的独立条件，三角形被确定. 例 4 中还有两个隐藏条件：①AD 是 $\triangle ABD$ 与 $\triangle ADC$ 的公共边，这个条件相当于两个条件；②D 是 BC 边上的点，相当于 $\angle ADB$ 与 $\angle ADC$ 互补. 故例 4 中有六个关于两个三角形的独立条件，三角形被确定.

设计意图：通过多题一解，引导学生观察并发现此类问题中的条件个数与解三角形的关系，发现题目中的公共边或者公共角. 虽然只是一个条件，但是可以多次使用，还必须挖掘隐藏条件，如例 4 中 $\angle ADB$ 与 $\angle ADC$ 互补，使得题目中的条件个数达到符合条件的个数. 追本溯源这一环节的设计，为解决这类题目提供了一种方法，为命制这类题目指明了一个方向.

五、同类变式——内化通性通法

变式 1 （2014 年全国课标 Ⅱ 卷高考数学文 17）四边形 $ABCD$ 内角的 A 与的 C 互补，$AB=1$，$BC=3$，$CD=DA=2$，求 C 和 BD.

思路分析：A 与 C 互补，$AB=1$，$BC=3$，$CD=DA=2$，加上隐藏条件——BD 是 $\triangle ABD$ 与 $\triangle BDC$ 的公共边，相当于两个三角形有两条边相等，共有六个条件，两个三角形被确定. 本题解 $\triangle ABD$、$\triangle CBD$ 两个三角形，设边 BD、角 C 为未知量，利用余弦定理构造出两个方程（含有两个未知量 BD 与 C），解得三角形.

变式 2 （2010 年全国课标卷高考数学文 16）在 $\triangle ABC$ 中，D 为 BC 边上一点，$BC=3BD$，$AD=\sqrt{2}$，$\angle ADB=135°$. 若 $AC=\sqrt{2}AB$，则 $BD=\underline{\qquad\qquad}$.

思路分析：$BC = 3BD$，$AD = \sqrt{2}$，$\angle ADB = 135°$，$AC = \sqrt{2}AB$，加上隐藏条件（AD 是 $\triangle ABD$ 与 $\triangle ADC$ 的公共边，D 是 BC 边上的点，相当于 $\angle ADB$ 与 $\angle ADC$ 互补），共有六个条件，两个三角形被确定. 设 BD，AB 为未知量，利用余弦定理构造出两个方程（含有两个未知量 BD 与 AB），解得三角形.

设计意图：波利亚说过："问题是数学的心脏，掌握数学意味着善于解题."学习数学离不开训练，离不开解题. 多题一解、一题多变的目的是培养学生的思维能力，而不是让学生靠机械的记忆模仿来解题. 一方面，巩固所复习的知识与方法；另一方面，通过练习促进学生解题思想方法的形成，培养学生用数学的思想方法引领解题.

六、学生命题——尝试试题的命制

基于对以上高考题的研究，不难发现，命制解两个相邻的确定三角形的题目都先给出两个确定的三角形，将有关这两个三角形相互独立的条件个数，减少到六个. 这六个条件中，可以存在隐藏条件，比如公共边、成倍数关系的边、相等或互补的两个角等，适当地提升难度. 笔者在课堂中，做出大胆的尝试，把出题的权利交给学生，让学生在课堂中，命制自己的高考解三角形试题.

改编 1　$\triangle ABC$ 中，D 是 BC 上的点，$\triangle ABD$ 面积是 $\triangle ADC$ 面积的 2 倍. 若 $AD = 1$，$AB = 2$，$\cos C = \dfrac{\sqrt{2}}{4}$，求 DC 的长.

分析：给出确定的 $\triangle ABD$ 与 $\triangle ADC$（即例 4 中的原始图形），再精简至六个条件.

改编 2　在 $\triangle ABC$ 中，$\angle ABC = 90°$，$AB = \sqrt{3}$，$BC = 2$，P 为 $\triangle ABC$ 内一点，$\angle BPC = 90°$，$AP = 1$，求 $\tan\angle PBA$.

分析：如右图，给出确定的 $\triangle ABP$ 与 $\triangle PBC$，再精简至六个条件.

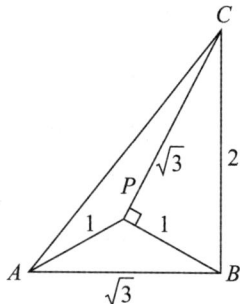

改编 3   四边形 $ABCD$ 中，$\angle ABC = \angle CAD = 30°$，$\angle BCD = 90°$，$AB = 3DC = 3$，求 AC 的长.

分析：如下图，给出确定的 $\triangle ABC$ 与 $\triangle ADC$，再精简至六个条件.

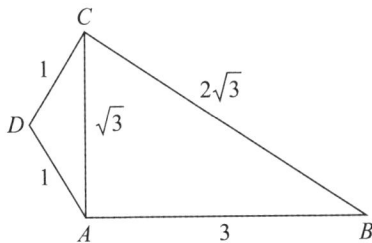

设计意图：通过追本溯源，研究此类问题的命制规律，弄清问题的本质. 一方面，对教师解题与编题有帮助，提升了教师的教学水平；另一方面，让学生在课堂上命制试题，有助于发挥学生学习的主动性，使学生学习过程成为在教师引导下的"再创造"过程，这正是《普通高中数学课程标准》所倡导的. 而站在解题的制高点上，得出解题的一般规律，还能促进数学优等生的培养.

七、教后反思

通过微专题复习课，让学生知其然，知道如何解决这一类解三角形问题；让学生知其所以然，感悟方程的思想，构建有关未知数的方程（组），解一个或多个三角形，掌握解决这类问题的通性通法；知何由以知其所以然，条件是如何给出的？给出多少个条件才能解出三角形、才能确定三角形？这正是数学教育家傅种孙先生为数学解题教学标明的三个递进境界. 为了能够有效地达到这三个境界，要求教师要钻研教材、研究考题，深刻地理解教学内容的本质，掌握核心知识和核心思想方法，精心设置问题的变式，通过螺旋式上升，激活学生的数学思维. 要引导学生挖掘知识的内在联系，归纳、整理、感悟、反思、浓缩所学知识，形成知识网络，编制自己的试题，让学生在解题与编题中实现"解多题—通一类"的飞跃.

渗透文化背景　聚焦核心方法

——以微专题"圆锥曲线的离心率"的教学设计为例

莆田第二中学　谢新华

一、关注离心率的知识背景，揭示概念本质

1. 离心率的文化背景

早在十七世纪初，在关于一个数学对象能从一个形状连续地变到另一个形状的新思想的影响下，法国天文学家开普勒对于圆锥曲线的性质有了新的阐述. 他发现了圆锥曲线的焦点及离心率，并指明抛物线还有一个在无穷远处的焦点，直线是圆心在无穷远处的圆，从而第一个掌握了这样的事实：椭圆、抛物线、双曲线、圆，都可以从其中的一个连续地变为另一个，从而辩证地看到了各类圆锥曲线间的关系.

2. 圆锥曲线离心率的代数运算性质

（1）椭圆的离心率：$e = \dfrac{c}{a} = \sqrt{\dfrac{c^2}{a^2}} = \sqrt{\dfrac{a^2 - b^2}{a^2}} = \sqrt{1 - \left(\dfrac{b}{a}\right)^2}$，$e \in (0, 1)$；

（2）双曲线的离心率：$e = \dfrac{c}{a} = \sqrt{\dfrac{c^2}{a^2}} = \sqrt{\dfrac{a^2 + b^2}{a^2}} = \sqrt{1 + \left(\dfrac{b}{a}\right)^2}$，$e \in (1, +\infty)$；

（3）抛物线的离心率：$e = 1$.

3. 圆锥曲线离心率的几何特征

通过几何画板动画演示离心率的变化影响椭圆的圆扁程度、双曲线的开口大小，观察圆锥曲线之间的相互转化，学生可以更加直观理解圆锥曲线的几何特征.

设计意图：通过渗透离心率的文化背景，联系离心率的定义及运算性质，并利用几何画板展示离心率的几何特征，让学生经历知识的形成与发展过程，揭示数学概念本质，激发学生的求知欲，培养学生的数学抽象素养.

二、关注离心率的背景知识，聚焦核心方法

1. 以焦点三角形为背景的离心率问题

例1 设椭圆 $E: \dfrac{x^2}{a^2} + \dfrac{y^2}{b^2} = 1 (a > b > 0)$ 的左、右焦点分别为 F_1、F_2，点 P 在 E 上，$PF_2 \perp F_1F_2$，$\angle PF_1F_2 = 30°$，则 E 的离心率为（　　）.

A. $\dfrac{\sqrt{3}}{6}$　　　　B. $\dfrac{1}{3}$　　　　C. $\dfrac{1}{2}$　　　　D. $\dfrac{\sqrt{3}}{3}$

解法1：设 $F_1(-c, 0)$，$F_2(c, 0)$，因为 $\dfrac{x^2}{a^2} + \dfrac{y^2}{b^2} = 1 (a > b > 0)$，故 $|PF_1| = 2|PF_2| = 2a$.

所以 $|PF_1| = \dfrac{4a}{3}$，$|PF_2| = \dfrac{2a}{3}$.

由勾股定理得 $\left(\dfrac{2}{3}a\right)^2 + (2c)^2 = \left(\dfrac{4}{3}a\right)^2$，所以 $a = \sqrt{3}c$，所以 $e = \dfrac{\sqrt{3}}{3}$，故选 D.

解法2：设 $F_1(-c, 0)$，$F_2(c, 0)$，因为 $PF_2 \perp F_1F_2$，$\angle PF_1F_2 = 30°$，$|F_1F_2| = 2c$，

所以 $PF_2 = 2c \tan 30° = \dfrac{2\sqrt{3}}{3}c$，$PF_1 = \dfrac{4\sqrt{3}}{3}c$.

所以 $PF_1 + PF_2 = \dfrac{6\sqrt{3}}{3}c = 2a$，因为 $a = \sqrt{3}c$，所以 $e = \dfrac{\sqrt{3}}{3}$，故选 D.

解法3：因为 $PF_2 \perp F_1F_2$，$\angle PF_1F_2 = 30°$，不妨取 $|PF_1| = 4$，$|PF_2| = 2$，则 $|F_1F_2| = 2\sqrt{3}$，所以 $a = 3$，$c = \sqrt{3}$，所以 $e = \dfrac{\sqrt{3}}{3}$，故选 D.

设计意图：本题是 2013 全国新课标 Ⅱ 卷高考数学文科第 5 题，是以焦点

三角形为背景的离心率求值问题，涉及圆锥曲线的定义等基础知识，难度不大，解题入口比较宽，是常考题型，通过本题探究圆锥曲线有关离心率问题的求解策略，培养学生的数学运算素养．

教学关键：教学过程中教师要引导学生利用圆锥曲线的定义，结合几何图形特征，选择合理的角度构建等量关系，从而确定离心率的值．

变式 1　设椭圆 E：$\dfrac{x^2}{a^2}+\dfrac{y^2}{b^2}=1(a>b>0)$ 的左、右焦点分别为 F_1、F_2，点 P 在 E 上，$|PF_1|=2|PF_2|$，则椭圆 E 的离心率的取值范围是_____．

解：设 $F_1(-c,0)$，$F_2(c,0)$，因为 $|PF_1|=2|PF_2|$，且 $|PF_2|+|PF_1|=2a$，所以 $|PF_1|=\dfrac{4}{3}a$，$|PF_2|=\dfrac{2}{3}a$．

又因为点 P 在椭圆 E 上，所以 $a-c\leqslant|PF_1|\leqslant a+c$，故 $a-c\leqslant\dfrac{4}{3}a\leqslant a+c$．所以 $1-e\leqslant\dfrac{4}{3}\leqslant1+e$．因为 $0<e<1$，所以离心率的取值范围是 $\left[\dfrac{1}{3},1\right)$．

设计意图：在例题的基础上弱化条件，已知条件改为只有焦点三角形两边的数量关系；根据平面图形的关系，如三角形两边之和大于第三边、折线段大于或等于直线段等，结合椭圆的几何性质构建不等关系，从而求得离心率的取值范围．

教学关键：教学过程中教师要引导学生利用椭圆的定义、几何图形的性质及椭圆自身的性质，建立 a、c 之间的齐次不等式，从而确定离心率的范围．此外，要注意椭圆离心率的自身限制条件，避免扩大所求离心率的范围．

变式 2　设双曲线 E：$\dfrac{x^2}{a^2}-\dfrac{y^2}{b^2}=1(a>0,b>0)$ 的左、右焦点分别为 F_1、F_2，点 P 在 E 的右支上，$|PF_1|=2|PF_2|$，则 E 的离心率的取值范围是_____．

解：设 $F_1(-c,0)$，$F_2(c,0)$，因为点 P 在双曲线 E 的右支上，所以 $|PF_1|-|PF_2|=2a$．

又因为 $|PF_1|=2|PF_2|$，所以 $|PF_2|=2a$．

因为点 P 在双曲线 E 的右支上，所以 $|PF_2|=2a \geqslant c-a$，可得 $e \leqslant 3$.

因为 $e>1$，所以离心率的取值范围是 $(1,3]$.

设计意图：把变式 1 的椭圆改为双曲线；利用平面图形的关系，如三角形两边之和大于第三边、折线段大于或等于直线段等，结合双曲线的几何性质用 a，b，c 进行表示，进而构建不等关系，确定离心率的范围.

教学关键：教学过程中教师要引导学生类比、迁移，利用双曲线的定义、几何图形的性质及双曲线自身的性质，建立 a、c 之间的齐次不等式，求得离心率的取值范围. 要注意双曲线离心率的自身限制条件，避免扩大所求离心率的范围.

2. 以渐近线为背景的离心率问题

例 2　设双曲线 E：$\dfrac{x^2}{a^2}-\dfrac{y^2}{b^2}=1(a>0,b>0)$ 的右焦点为 F，过点 F 且倾斜角为 $60°$ 的直线 l 与 E 的右支恰有一个交点，则 E 离心率的取值范围是_____.

解：当渐近线 $y=\dfrac{b}{a}x$ 与直线 l 平行，或渐近线从该位置绕原点按逆时针转时，直线 l 与双曲线的右支有且只有一个交点，所以 $\dfrac{b}{a} \geqslant \sqrt{3}$，所以 $e=\dfrac{c}{a}=$

$\sqrt{1+\left(\dfrac{b}{a}\right)^2} \geqslant 2$.

设计意图：本题是以渐近线为背景的离心率问题，在双曲线中由于 $e^2=1+\dfrac{b^2}{a^2}$，双曲线的渐近线与离心率密切相关，通过渐近线的变化，研究离心率的变化情况，渗透数形结合思想、化归转化思想.

教学关键：引导学生通过分析几何图形的性质，建立关于 a，b，c 的不等式，从而求得离心率的取值范围.

变式　已知双曲线 E：$\dfrac{x^2}{a^2}-\dfrac{y^2}{b^2}=1(a>0,b>0)$ 的右顶点为 A，抛物线 C：$y^2=8ax$ 的焦点为 F，若在 E 的渐近线上存在点 M 使得 $MA \perp FM$，则 E 的离心率的取值范围是_____.

解：由题意可知以 AF 为直径的圆与 E 的渐近线有公共点，圆心为 $\left(\dfrac{3}{2}a,\ 0\right)$，半径为 $\dfrac{1}{2}a$，设渐近线方程为 $y=\dfrac{b}{a}x$，即 $bx-ay=0$．所以 $\dfrac{\left|\frac{3}{2}ab\right|}{\sqrt{a^2+b^2}}\leqslant\dfrac{1}{2}a$，故 $8b^2\leqslant a^2$，所以 $9a^2\geqslant 8c^2$．

解得 $e=\dfrac{c}{a}\leqslant\dfrac{3\sqrt{2}}{4}$，因为 $e>1$，所以 $1<e\leqslant\dfrac{3\sqrt{2}}{4}$．

设计意图：通过变式，逐步增加思考难度，本变式题仍是以双曲线的渐近线为背景，融入了抛物线，让学生再次体会解决此类问题的关键是构建不等关系，学会运用数形结合思想、化归转化思想、函数和方程思想等解决问题，进一步培养思维的严密性．

教学关键：引导学生从几何角度分析，把垂直关系转化为与圆有关的问题，利用圆的几何性质建立基本量 a、b、c 的不等式，从而求得离心率的取值范围．

三、反思小结

1. 学生反思

提出问题：

（1）你收获的数学知识有哪些？

（2）你体会的数学思想有哪些？

归纳小结：

（1）数学知识：离心率求值问题——构建等量关系，离心率求范围问题——构建不等关系；

（2）数学思想：数形结合思想，化归转化思想，函数与方程思想，特殊与一般思想．

设计意图：引导学生整理相关的学习内容，体会所学知识的引入基础及探究、解决问题时用到的数学思想，培养学生发现问题、提出问题、分析问题、解决问题的能力.

2. 教学反思

离心率是圆锥曲线的一个重要的基本量，求离心率的题目是高考常见的题型. 在教学过程中，要以学生自主探索学习为主线：首先，由离心率的知识背景引入，让学生可以更深刻理解圆锥曲线离心率的定义及意义，充分激发学生求知欲望；其次，探究以焦点为背景的离心率问题及以渐近线为背景的离心率问题. 教师引导学生探索圆锥曲线有关离心率及其范围等问题的核心方法，认识选择合理的角度寻求基本量. a、b、c 的关系式是化解难点的根本方法. 通过本节课的教学，学生能在探索过程中深刻地领悟蕴涵在其中的重要的数学思想和方法，学会运用数学思想方法，如数形结合思想、化归转化思想、函数和方程思想等研究数学问题，培养学生的数学核心素养.

"函数观点下数列问题的解决" 教学设计

福建省泉州第五中学　黄寒凝

【设计理念】

数列作为一种特殊的函数模型，与函数密不可分，任何数列问题都蕴含着函数的本质及意义，因此我们在解决数列问题时，应充分利用函数的有关知识，以它的概念、图象和性质为纽带，有效地解决数列问题. 同时，函数思想也是最重要的数学思想之一，贯穿于整个高中数学学习的始终，并且也是高考中重点考查的核心数学思想之一. 本节课是高三在完成数列基本知识复习后的一堂微专题研讨课，因此本节课核心在于如何引导学生回归解题的本质，希望既能帮助学生更好地掌握数列知识，又能进一步地理解函数思想在数学学习中的应用，从而整体地理解数学知识间的有机联系，提升数学核心素养.

【教学目标】

（1）能从函数的角度，重新陈述数列的概念、通项公式及前 n 项和公式的含义（陈述性知识），构建合适的函数解析式，并利用函数的图象及性质、最值等来解决这一类题型的数列问题（程序性知识）；

（2）能在理解知识内容的基础上，调动已有的数列知识储备，经历函数与数列关系的构建过程，形成良好的整体认知结构，养成运用函数思想解决数列问题的习惯，培养学生函数与方程、化归与转化、一般与特殊及数形结合的数学思想方法；

（3）揭示数列解题的本质，培养学生数学抽象、直观想象与逻辑推理等核心素养.

【教学重难点】

（1）教学重点：大部分学生局限于就"数列题"解"数列题"，停留在公式的运用上，知识结构比较松散，缺少深刻的系统的思考，从而解决问题常常是"理解表层易，深入本质难；了解思路易，体会思想难"，所以函数与数列关系的构建是重点；

（2）教学难点：利用函数思想研究数列，特别是利用函数的图象性质研究数列问题.

【教学过程】

教学整个流程：特殊导入、初步感知—梳理知识、重构新知—范例分析、深化认知—总结反思，完善认知. 为有序、有效地进行教学，本节课具体安排以下五个环节：

一、特殊导入，初步感知

例1 已知等差数列$\{a_n\}$的前n项和为S_n，若$a_5=9$，$a_9=5$，求a_{14}.

（1）条件改为：若$a_p=q$，$a_q=p(p\neq q)$，求a_{p+q}.

（2）学生活动预设：①化归到a_1，d后用方程的思想求解；

②先求d，再用$a_n=a_k+(n-k)\cdot d$求解；

③个别学生切入主题，用一次函数的关系式求解.

生$_1$：由等差数列通项公式得$\begin{cases}a_p=a_1+(p-1)\cdot d=q, & （ⅰ）\\ a_q=a_1+(q-1)\cdot d=p, & （ⅱ）\end{cases}$

两式相减得$(p-q)\cdot d=(q-p)$，

因为$p\neq q$，所以$d=-1$，代入（ⅰ）可得$a_1=p+q-1$，

所以$a_{p+q}=a_1+(p+q-1)\cdot d=(p+q-1)+(p+q-1)\cdot(-1)=0$.

生$_2$：$d\neq 0$，由等差数列的通项公式可知a_n是关于n的一次函数，

所以(q,a_q)、(p,a_p)、$(p+q,a_{p+q})$三点共线，

由(q,p)、(p,q)确定直线$x+y=p+q$，

所以$p+q+a_{p+q}=p+q$，解得$a_{p+q}=0$.

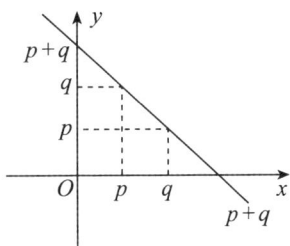

师：虽然一样是待定系数的思想，但是第二位同学已经有了新的认识，知道通过建立函数模型来解决数列问题.

设计意图：以学生熟悉的、简单的问题引出课题，通过从特殊到一般的设问，让解题思路符合学生的认知规律，启发、引导学生在已有知识结构的基础上对本节课的课题进行初步思考，培养学生数学抽象的核心素养.

二、梳理知识，重构新知

（1）引导学生简述等差数列与一次函数的关系，引入课题；

（2）通过提问"数列与函数之间有哪些联系？"引发学生的思考，重构知识，梳理数列与函数的相关知识——从函数的角度看等差数列和等比数列.

在教材中，从两个角度给出了数列的定义：一是描述性定义，即"数列

是按照一定规律排列的一列数"；二是函数定义，数列是一类特殊的函数，即数列是定义在自然数集 $\mathbf{N}^*$ 或其有限子集 $\{1, 2, 3, \cdots, n\}$ 上的函数 $f(n)$，当自变量依次从小到大取自然数时，对应的一列函数值 "$f(1)$，$f(2)$，$f(3)$，$\cdots$，$f(n)$，$\cdots$" 是数列，其通项公式为 $a_n = f(n)$，相当于函数解析式（假如其通项公式存在的话）. 函数与数列的比较如下：

	函数	数列（特殊函数）
定义域	$\mathbf{R}$ 或 $\mathbf{R}$ 的子集	$\mathbf{N}^*$ 或 $\mathbf{N}^*$ 的有限子集
解析式	$y = f(x)$	$a_n = f(n)$
图象	点的集合	一些孤立的点的集合

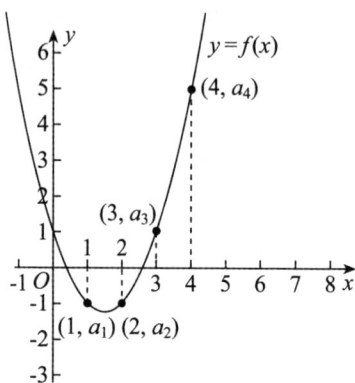

图 1

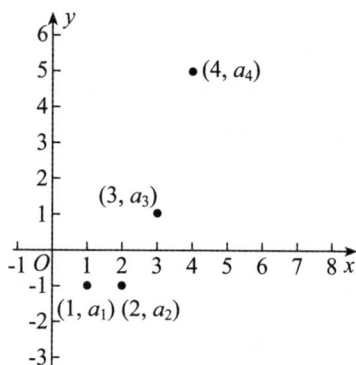

图 2

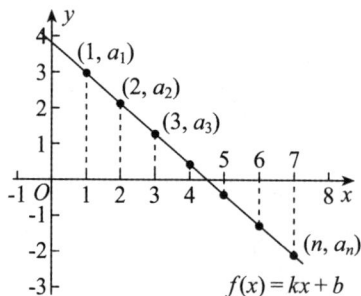

图 3

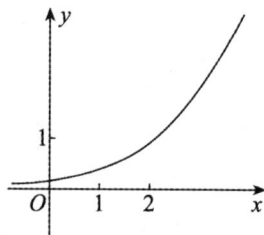

图 4

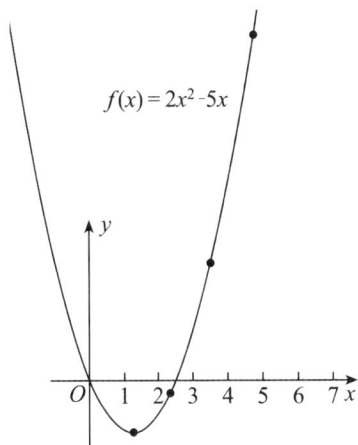

图 5

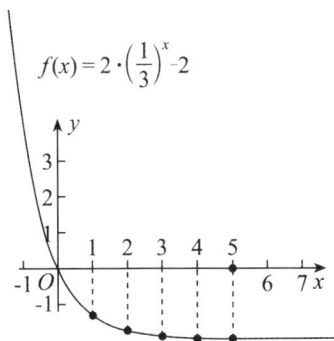

图 6

从函数的角度看等差数列与等比数列：

数列	通项公式	对应函数
等差数列	$a_n=a_1+(n-1)d=dn+(a_1-d)$	$y=Ax+B$ （$A\neq0$ 时为一次函数）
等比数列	$a_n=a_1q^{n-1}=\dfrac{a_1}{q}\cdot q^n$	$y=Aq^n$（指数型函数）
数列	前 n 项和公式	对应函数
等差数列	$S_n=na_1+\dfrac{n(n-1)d}{2}=\dfrac{d}{2}n^2+\left(a_1-\dfrac{d}{2}\right)n$	$y=Ax^2+Bx$ （$A\neq0$ 时为不含常数项的 二次函数）
等比数列	$S_n=\dfrac{a_1(1-q^n)}{1-q}=\dfrac{-a_1}{1-q}(q^n-1)(q\neq1)$	$y=Aq^n-A$ （指数型函数）

设计意图：这个环节是对知识的重构阶段．策略性知识必定以陈述性知识为基础，复习不是简单的重复，而是在原有知识基础上有新的整体认识．因此，引题后在学生已有的认知结构基础上进行新概念的建构，使学生从理论层面感知学习这节课内容的必要性和重要性，培育和预热函数思想的"最

近发展区"，激发学生对这节课学习的认同感和期待，概括整合函数与数列关系的知识内涵.

三、范例分析，深化认知

1. 以函数的解析式为工具，消化数列问题（回归）

例 1 已知等差数列 $\{a_n\}$ 的前 n 项和为 S_n，若 $a_5=9$，$a_9=5$，求 a_{14}.

（2）条件改为：若 $S_5=9$，$S_9=5$，求 S_{14}；

（3）条件改为：若 $S_p=q$，$S_q=p(p\neq q)$，求 S_{p+q}.

设计意图：这个环节是策略应用示范阶段，这里主要围绕三个主线展开研究. 例 1 是重点内容分解的第一条主线，重在从函数解析式的角度研究数列问题，起承上（理论）启下（运用）的作用. 一题多解，给出不同的设法，让知识掌握程度不同的学生都有所得，体现差异性教学. 通过例题让学生既巩固基本方法，又学会选择方法，提高学生在解题过程中的自我监控能力和优化意识，培养学生的数学抽象、数学运算、逻辑推理等核心素养.

2. 以函数的图象为载体，简化数列问题

例 2 已知 $\{a_n\}$ 为等差数列，记 S_n 为等差数列 $\{a_n\}$ 的前 n 项和，$a_1>0$，

（1）若 $S_2=S_8$，求 S_{10} 的值，并求当 n 为何值时，S_n 取到最大值；

（2）若 $\dfrac{a_{11}}{a_{10}}<-1$，求使得 $S_n>0$ 的 n 的最大值.

解法 1：（1）根据图象可知 $S_{10}=0$，$n=5$；

（2）根据图象可知 $n=19$；

解法 2：（1）利用邻项异号法可知 $n=5$.

（2）根据 S_n 的整体性质可得 $n=19$.

练习 记 S_n 为等差数列 $\{a_n\}$ 的前 n 项和，已知 $a_1=10$，a_2 为整数且 $S_n\leqslant S_4$，求 $\{a_n\}$ 的通项公式.

设计意图：例 2 主要从函数的图象和性质的角度研究数列问题，通过特殊数列示例理解加深感性认识，再上升到一般数列. 练习主要考查学生运用函数图象解决问题的能力，关注学生知识的迁移能力，可通过几何画板让学生直观体会到数列图象的特征，培养学生的几何直观、逻辑推理的核心素养，体现化归转化、数形结合的思想方法，也为后面的变式研究做好铺垫.

3. 以函数的性质为手段，分化数列问题

例 3　已知数列 $\{a_n\}$ 的通项公式 $a_n = n^2 - \lambda n + 7$，

（1）如果数列 $\{a_n\}$ 为单调递增数列，求实数 λ 的取值范围；

（2）若 $a_n \geqslant \lambda$ 恒成立，求 λ 的最大值.

【对比回顾】

	函数的单调性 ◄──────────────► 数列的单调性	
单调递增	对于区间 I 内的任意两个值 x_1、x_2，如果当 $x_1 < x_2$ 时，都有 $f(x_1) < f(x_2)$，那么 $y = f(x)$ 在区间 I 上是单调增函数.	一个数列，如果从第 2 项起，每一项都大于它前面一项（即 $a_{n+1} > a_n$），那么这样的数列就叫递增数列.
单调递减	对于区间 I 内的任意两个值 x_1、x_2，如果当 $x_1 < x_2$ 时，都有 $f(x_1) > f(x_2)$，那么 $y = f(x)$ 在区间 I 上是单调减函数.	一个数列，如果从第 2 项起，每一项都小于它前面一项（即 $a_{n+1} < a_n$），那么这样的数列就叫递减数列.

生$_1$：数列 $\{a_n\}$ 为单调递增数列，且 $\{a_n\}$ 为 n 的二次函数，则对称轴 $n = \dfrac{\lambda}{2} \leqslant 1$，即 $\lambda \leqslant 2$.

生$_2$：由数列 $\{a_n\}$ 为单调递增数列得 $a_{n+1} - a_n > 0$ 对任意的 $n \in \mathbf{N}^*$ 恒成立，

$a_{n+1} - a_n = [(n+1)^2 - \lambda(n+1) + 7] - (n^2 - \lambda n + 7) = 2n + 1 - \lambda > 0$，即 $\lambda < 2n + 1$，所以 $\lambda < 3$.

师：引导学生以变化运动的观点观察函数与数列，区分数列的单调性与函数单调性的差异，突出数列的离散性，并借助几何画板引导学生观察二次函数图象，得出对称轴 $n = \dfrac{\lambda}{2} < \dfrac{3}{2}$，即 $\lambda < 3$.

（2）$a_n \geqslant \lambda$ 恒成立等价于 $n^2 - \lambda n + 7 \geqslant \lambda$ 恒成立，$\lambda \leqslant \dfrac{n^2 + 7}{n + 1}$，

令 $k = n + 1 (k \geqslant 2, k \in \mathbf{N}^*)$，

则 $\lambda \leqslant \dfrac{(k-1)^2+7}{k} = \dfrac{k^2-2k+8}{k} = k + \dfrac{8}{k} - 2$,

记 $g(x) = x + \dfrac{8}{x} - 2 (x \geqslant 2)$,

则 $g(x)$ 在 $[2, 2\sqrt{2})$ 上单调递减,在 $(2\sqrt{2}, +\infty)$ 上单调递增,

又 $g(2) = 4$, $g(3) = \dfrac{11}{3} < 4$,所以 $\lambda \leqslant \dfrac{11}{3}$.

设计意图:例 3 主要强调数列与函数的差异,强调数列的单调性与函数单调性的区别,关注学生思维的严密性和发散性,通过对错点的分析,从多角度解决数列问题,增加活动途径的多样性和层次性,既加深了学生对数列是特殊的函数的理解,又让学生进一步理解一般与特殊的数学思想在解题中的应用,提升学生的数学抽象、数学运算、逻辑推理等核心素养.

四、总结反思,完善认知

(1)学会以函数变化的观点看问题,数列的本质就是函数,解题中既要能借助函数工具来解决数列问题,又要注意到数列区别于函数的地方,体现了一般与特殊的数学思想方法;

(2)学会以构建函数模型的观点来研究数列,通过模型的构建把数列问题转化为函数问题,从而借助相应函数的图象、性质等工具解决数列问题,体现了化归与转化、数形结合等数学思想方法;

(3)学会以函数、方程与不等式三位一体的多元变化的观点来认识数列,从而多维度地转化数列问题,解决数列的综合性问题,体现了函数方程、数形结合在数列解题中的应用.

设计意图:通过这样的小结使本节课的知识系统化,让学生经历提炼数学、理解数学的过程. 培养学生总结知识的习惯,并为以后的学习提供改进方向. 当然,对函数思想的理解和掌握是需要通过长期的、持续性的渗透习得.

五、布置作业,自主探究

(1)已知 $\{a_n\}$ 是等差数列,$a_1 > 0$,$S_{12} > 0$,$S_{13} < 0$,则当 $n = $ _____ 时,S_n 取得最大值.

答案：6.

（2）已知数列 $\{a_n\}$ 满足 $a_1=33$，$a_{n+1}-a_n=2n$，则 $\dfrac{a_n}{n}$ 的最小值为 _____.

答案：$\dfrac{21}{2}$.

（3）已知数列 $\{a_n\}$ 的通项为 $a_n=n^3+3n-54$，判断 56 是否为数列 $\{a_n\}$ 中的项？

答案：否.（你能用多种方法判断吗？）

【专家点评】

高三复习课与基础年级新授课的重要区别在于：要站在整个高中数学知识体系的高度看待和研究问题. 非常有必要在完成数列基本知识复习后，以微专题复习的形式，引导学生回归数列的函数本质，帮助学生对数列知识进行递进式整合，进一步理解函数思想在数学学习中的应用，从而整体地理解数学知识间的有机联系. 数列是一类特殊的函数，本节课以函数观点下数列问题的解决为题，为高三一轮数列复习课画上句号.

本节课立足函数变化的观点，精选合适例题，以方程、图象、不等式等为研究函数的基本手段，结合函数的基本性质来研究数列. 在解题过程中，引导学生构建函数与数列的关系，让"数"的问题有了"形"，提升了学生的几何直观核心素养；引导学生体会离散变量与连续变量的区别，彰显本质化解难点，使数列问题的解决方法更有新意和综合性. 本节课不仅有助于学生认识数列的本质，也使学生对函数概念的理解逐步升华，体会了一般与特殊、化归与转化、函数与方程等丰富的数学思想.

点评专家：福建省泉州第一中学　张海峰

"立体几何中的作图问题" 教学设计

福建师范大学附属中学　许丽丽

【设计理念】

数学知识不是孤立的、零散的、碎片的，而是围绕基本命题和统一概念体系组织建构的，是一个相互联系的整体. 教师要基于数学知识之间内在的纵向、横向的结构关系进行整体性的教学设计，努力培育学生的整体性数学思维. 整体性数学思维是指在研究问题时，以全方位的研究视角去思考问题，系统地看待知识整体及局部的内在结构，综合地观察认识对象，研究因果关系. 复习课是实现整体性思维培育的重要渠道. 立体几何中，点、线、面的位置关系层次丰富，平行与垂直关系的判定、性质定理繁多，如何让学生从整体的角度厘清各种结论的关系，并更深层次地领悟定理（公理）的内涵、外延？立体几何中的作图问题是近年高考的热点、难点，它主要考查学生直观想象能力和推理论证能力. 解决此类问题的关键是准确感知立体图象中各元素的位置关系，深刻理解平面的公理及空间中线面（面面）平行、垂直关系的判定与性质定理，并应用其作图. 因而，将作图问题作为立体几何位置关系整体性教学的载体，是一项有意义且富有挑战的工作.

【教学目标】

（1）理解平面三公理，空间中线面平行、垂直的判定与性质定理，面面平行、垂直的判定与性质定理及其应用；

（2）感知所给图象中元素的位置关系，并在已有特殊位置关系的基础上，思考所求作图问题；

（3）在经历以直观感知、逻辑分析、精确作图来解决问题的过程中，感悟转化、化归思想，提高直观想象、推理论证能力，发展直观想象与逻辑推理等核心素养.

【教学重难点】

（1）教学重点：掌握立体几何作图的基本方法；

（2）教学难点：厘清平行、垂直关系与作图问题的关系.

【教学过程】

一、能力测评

例1　如图，已知正三棱锥 P-ABC 的侧面是直角三角形，$PA = 6$，顶点 P 在平面 ABC 内的正投影为点 D，D 在平面 PAB 内的正投影为点 E，连接 PE 并延长交 AB 于点 G.

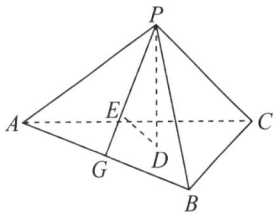

（1）证明：G 是 AB 的中点；

（2）在图中作出点 E 在平面 PAC 内的正投影 F（说明作法及理由），并求四面体 P-DEF 的体积.

设计意图：本题是与垂直有关的点的作图问题；为了确定出所求投影点的位置，要求学生充分认识该棱锥三个侧面两两垂直的事实，以该平面原有的垂线作为依托，顺利解决问题. 解决本题可有效提升学生对垂直关系的直观感知及垂直判定与性质定理的应用.

二、诊断分析

根据学生的作答情况我们看到，高三学生在一轮复习的过程中，已经能熟记平面三公理和平行、垂直判定（性质）定理，但是对定理内涵的理解并不到位，对立体图象中各元素位置关系不敏感，导致在作图时，往往直观感觉较多，理性分析较少．因此，教学过程中，应注重强化学生对相关公理、定理的深入、全面理解，注重引导学生提取题目中的重要信息，并获得已有特殊位置关系以作为作图的有力依据．

三、典例精析

例2　如右图，AB 是圆 O 的直径，点 C 是圆 O 上异于 A、B 的点，$PC \perp$ 面 ABC，点 E、F 分别是 PA、PC 的中点．设平面 BEF 与平面 ABC 的交线为 l，试判断直线 l 与平面 PAC、平面 PCB 的位置关系，并加以证明．

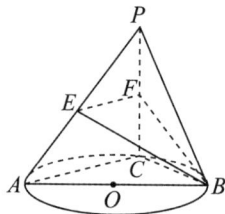

设计意图：本题是与平行有关的平面交线作图问题；观察出直线 l 是线面平行背景下两平面的交线，问题就可迎刃而解．通过本题可有效提升学生对平行关系的直观感知及平行判定与性质定理的应用．

例3　如图，在长方体 $ABCD\text{-}A_1B_1C_1D_1$ 中，$BC=BB_1$，M、N 分别为棱 A_1D_1、AB 的中点．已知过 MN 的平面 α 与 BD_1 平行，求作 α 与长方体各个面的交线．

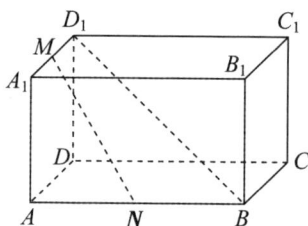

拓展1：在矩形 $ABCD$ 内（包含边界），找一个点 E，使得 $B_1E /\!/ \alpha$；

拓展2：在 α 截长方体所得的矩形内（包含边界），作出满足 $B_1F \perp BC_1$ 的点 F 的轨迹．

设计意图：本题综合应用平行关系解决截面的作图问题，可根据线面平行或面面平行的判定及性质定理确定平面，再利用平面公理作出截面交线；解决本题可进一步提升学生对平行关系的直观感知、平行判定性质定理及平面公理的应用．

四、归纳小结

1. 师生活动

引导学生概括（或复述）立体几何中点、交线、截面的作图依据：

（1）平面三公理；

（2）线面（面面）平行的判定与性质定理；

（3）线面（面面）垂直的判定与性质定理.

2. 教师总结

立体几何中有关点、线、面的作图问题，需要同学们在对平面三公理、线面（面面）平行、垂直的判定与性质定理深刻理解的基础上，准确感知所给图象中元素的位置关系，提取题目中的重要信息、获得已有特殊位置关系，以作为作图的有力依据. 在解决作图问题的过程中，实现直观想象、推理论证能力的提升.

五、目标检测

例 4 平面 α 过正方体 $ABCD\text{-}A_1B_1C_1D_1$ 的顶点 A，平面 $\alpha/\!/$ 平面 CB_1D_1，平面 $\alpha\bigcap$ 平面 $ABCD=m$，平面 $\alpha\bigcap$ 平面 $ABB_1A_1=n$，则 m、n 所成角的正弦值为（   ）

A. $\dfrac{\sqrt{3}}{2}$ B. $\dfrac{\sqrt{2}}{2}$ C. $\dfrac{\sqrt{3}}{3}$ D. $\dfrac{1}{3}$

设计意图：本题综合应用面面平行的判定及性质定理解决异面直线成角问题；可以通过作出平面、作出交线，再求线线成角，也可通过逻辑分析、转化化归，不作平面，甚至不作交线，直接求角. 随堂训练，以达到检测本节课教学效果的目的，进一步提升学生推理论证、直观想象的能力.

【专家点评】

数学的灵魂是思维，整体性思维的养成既有利于对知识的理解，也有利于数学解题. 在数学教学中，注重教与学的统一，注重思维结构的协调性、知识结构的整体性，就能发挥整体的最佳功能，使它大于各部分功能之和.

本节课是基于整体性思维的微专题课教学. 授课教师以立体几何中点、线、面位置关系的内在逻辑联系作为出发点，努力寻找一类合适的问题并将其作为研究对象，确立课题为作图问题，这是既科学又合理的一项工作. 整节复习课的教学过程以章建跃先生提出的"能力测评—诊断分析—典例精析—归纳小结—目标检测"复习五环节呈现，教学效果理想，教学目标达成，做到了真正意义上的精准教学. 在例题的选择、问题的设置上也能感受到教师的精心安排，做到了把数学的精神、思想和方法置于课堂教学的中心位置，为学生理清研究问题的基本思路，培养学生自主构建知识的能力. 这是一个有助于学生自我生长的数学课堂，是可持续发展的数学课堂！

点评专家：福建师范大学附属中学　江泽

"统计推断" 教学设计

福建师范大学附属中学　张春晓

【设计理念】

统计推断，是指根据带随机性的观测数据以及问题的条件和假定，对未知事物作出的以概率形式表述的推断. 我们希望学生在学习的过程中，学会收集、分析、处理数据并利用其进行推断，处理常见的统计问题，锻炼统计的计算能力. 在日常生活学习中，让学生学会自己运用统计学知识处理各种问题，运用科学的方法解决问题.

【教学目标】

通过解决实际应用问题，提高数学建模、统计推断能力，培养并发展学生的数学建模、数据分析等数学核心素养.

【教学重难点】

从实例中获取有价值的信息并进行定量分析，运用统计中的方法对数据进行整理、分析和推断.

【教学过程】

一、创设情境，激发兴趣

例1　美团外卖和百度外卖两家公司的骑手日工资方案如下：美团外卖规定底薪70元，每单抽成1元；百度外卖规定底薪100元，每日前45单无抽成，超出45单的部分每单抽成6元，假设同一公司的骑手一日送餐单数相同，现从两家公司随机各抽取一名骑手并记录其100天的送餐单数，得到如下条形图：

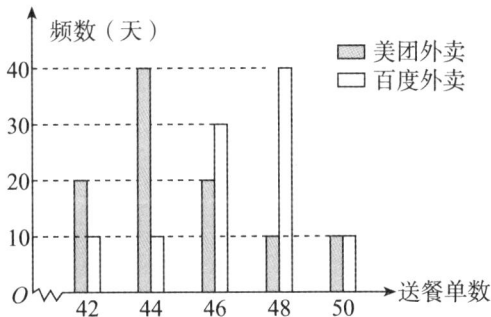

问题：小明拟到这两家公司中的一家应聘骑手的工作，若将频率视为概率，请你利用所学的统计学知识为他作出选择，并说明理由.

设计意图：选取均值、方差、概率等统计量进行多角度分析，让学生感受统计推断的结论并非是唯一的，只要有理有据，都可以进行推断.

二、分析数据，统计推断

师：你们如何思考这个问题？

生$_1$：以日平均工资的高低为标准，选择公司.

师：很好，那如何计算骑手的日平均工资呢？

生₁：记骑手的日工资为 x，将频率视为概率，列出 x 的分布列，计算 x 的期望值.

师：非常好，下面请同学们将生₁的想法付诸实践.

生₂：记美团外卖的骑手日工资为 x_1（单位：元），得到 x_1 的分布列为：

x_1	112	114	116	118	120
P	0.2	0.4	0.2	0.1	0.1

记百度外卖的骑手日工资为 x_2（单位：元），得到 x_2 的分布列为：

x_2	100	106	118	130
P	0.2	0.3	0.4	0.1

$E(x_1)=115$（元），$E(x_2)=112$（元），$E(x_1)>E(x_2)$，故推荐小明去美团外卖应聘.

师：同学们有没有不同的意见？

生₃：在实际生活中，骑手可能只会选择某一段时间兼职送外卖，比方说只做一个月，这时就不能只看日平均工资的高低，还需看日平均工资高低的波动情况，即方差.

师：说得很有道理，我们做结论也要兼顾到实际情况，那你的结论是什么？

生₃：我计算得到 $D(x_1)=5.8$，$D(x_2)=86.4$，$D(x_1)<D(x_2)$. 而日平均工资相差并不大，所以如果骑手只是短期兼职，应该选择去百度外卖应聘.

师：同学们的回答都非常好，针对实际问题，统计推断的结论并非是唯一的，我们可选取均值、方差、概率等统计量进行多角度分析.

三、典例分析，探究应用

例2 某公司为确定下一年度投入某种产品的宣传费，需了解年宣传费 x（单位：千元）对年销售量 y（单位：吨）和年利润 z（单位：千元）的影响，对近13年的年宣传费 x_i 和年销售量 y_i（$i=1$，2，…，13）作了初步数据处理，得到下面的散点图及一些统计量的值.

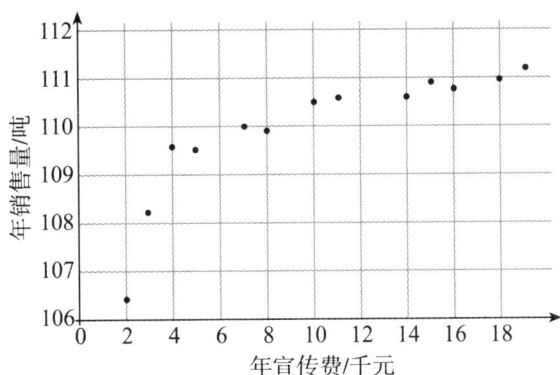

由散点图可知，分别按模型：$y=a+b\sqrt{x}$、$y=c+\dfrac{d}{x}$ 建立 y 关于 x 的回归方程均可能是合理的. 令 $s=\sqrt{x}$，$t=\dfrac{1}{x}$，经计算得如下数据：

$\bar{x}$	$\bar{y}$	$\bar{s}$	$\bar{t}$
10.15	109.94	3.04	0.16

$\sum\limits_{i=1}^{13}s_iy_i-13\bar{s}\bar{y}$	$\sum\limits_{i=1}^{13}t_iy_i-13\bar{t}\bar{y}$	$\sum\limits_{i=1}^{13}s_i^2-13(\bar{s})^2$	$\sum\limits_{i=1}^{13}t_i^2-13(\bar{t})^2$	$\sum\limits_{i=1}^{13}y_i^2-13(\bar{y})^2$
13.94	-2.10	11.67	0.21	21.22

（1）从以上模型中选择更优的回归方程；

（2）已知这种产品的年利润 z 与 x、y 的关系为 $z=10y-x$. 回答下列问题：

（i）年宣传费 $x=20$ 时，年利润的预报值是多少？

（ii）年宣传费 x 为何值时，年利润的预报值最大？

附：对于一组数据 (u_1, v_1)，(u_2, v_2)，$\cdots$，(u_n, v_n)，其回归直线 $v=\alpha+\beta u$ 的斜率和截距的最小二乘法估计分别为 $\beta=\dfrac{\sum\limits_{i=1}^{n}(u_i-\bar{u})(v_i-\bar{v})}{\sum\limits_{i=1}^{n}(u_i-\bar{u})^2}$，$\alpha=\bar{v}-\beta\bar{u}$.

设计意图：利用相关系数、残差图判断模型拟合的好坏，建立相关变量的回归直线方程，并进行预测，提升学生解决实际问题的能力.

例3 为了监控某种零件生产线的生产过程，检验员每天从该生产线上随机抽取 16 个零件，并测量其尺寸（单位：cm）. 根据长期生产经验，可以认为这条生产线正常状态下生产的零件的尺寸服从正态分布 $N(\mu,\sigma^2)$.

（1）假设生产状态正常，用 x 表示一天内抽取的 16 个零件中其尺寸在 $(\mu-3\sigma,\mu+3\sigma)$ 之外的零件数，求 $P(x\geq 1)$ 及 x 的数学期望；

（2）一天内抽检零件中，如果出现了尺寸在 $(\mu-3\sigma,\mu+3\sigma)$ 之外的零件，就认为该生产线在这一天的生产过程可能出现了异常情况，需对当天的生产过程进行检查.

（ⅰ）试说明上述监控生产过程方法的合理性；

（ⅱ）下面是检验员在一天内抽取的 16 个零件的尺寸：

9.95	10.12	9.96	9.96	10.01	9.92	9.98	10.04
10.26	9.91	10.13	10.02	9.22	10.04	10.05	9.95

经计算得 $\bar{x}=\dfrac{1}{16}\sum\limits_{i=1}^{16}x_i=9.97$，$s=\sqrt{\dfrac{1}{16}\sum\limits_{i=1}^{16}(x_i-\bar{x})^2}=\sqrt{\dfrac{1}{16}\left(\sum\limits_{i=1}^{16}x_i^2-16\bar{x}^2\right)}\approx$ 0.212，其中 x_i 为抽取的第 i 个零件的尺寸，$i=1$，2，…，16.

用样本平均数 $\bar{x}$ 作为 μ 的估计值 $\hat{\mu}$，用样本标准差 s 作为 σ 的估计值 $\hat{\sigma}$，利用估计值判断是否需对当天的生产过程进行检查？剔除 $(\hat{\mu}-3\hat{\sigma},\hat{\mu}+3\hat{\sigma})$ 之外的数据，用剩下的数据估计 μ 和 σ（精确到 0.01）.

附：若随机变量 Z 服从正态分布 $N(\mu,\sigma^2)$，则 $P(\mu-3\sigma<Z<\mu+3\sigma)=$ 0.9974，$0.9974^{16}=0.9592$，$\sqrt{0.008}\approx 0.09$.

（1）哪个变量服从正态分布？x 服从什么分布？如何计算其期望值？

（2）正态分布与二项分布的区别在哪里？

（3）$x\geq 1$ 包含哪些情况？如何计算其概率值？

（4）如何用剩下数据估算 μ 和 σ 的近似值？附录数据如何利用？

设计意图：以正态分布、二项分布为载体，提高学生的阅读能力和信息处理能力.

【专家点评】

统计推断是从总体中抽取部分样本，通过对抽取部分所得到的带有随机性的数据进行合理的分析，进而对总体作出科学的判断．本节课从生活情境出发，以替骑手选择应聘公司为目标，引入均值、方差等统计量，探讨了从多角度分析问题．让学生在解决问题的过程中，学会分析、处理数据并利用数据进行推断．通过学生之间的交流讨论，以及对高考真题的解答，从不同的方面提升学生的数学素养，从而实现本节课重难点的突破．

另外，本节课通过引入不同例子，帮助学生辨析随机变量的几种常见分布，这是本节课的一个亮点．但统计推断涉及的文字信息量较大，如何帮助学生提取有效信息，从而迅速破题，在教学中需要引起一定的关注．

点评专家：福州三中　林风

育素养，对标细教

《普通高中数学课程标准》明确提出了数学学科核心素养，包括数学抽象、逻辑推理、数学建模、直观想象、数学运算、数据分析等六个核心素养要素（即六大关键能力），凸显了数学学科的本质. 正如史宁中教授所言："会用数学的眼光观察世界"（直观想象、数学抽象）、"会用数学的思维分析世界"（逻辑推理、数学运算）、"会用数学的语言表达世界"（数学建模、数据分析），言简意赅地揭示了数学学科核心素养的精髓.

数学核心素养是在"四基"（基础知识、基本技能、基本思想和基本活动）上形成的，是对"四基"的继承与发展. 核心素养的各个方面既有相对独立性，又相互交融渗透，是一个有机的整体. 它们植根于日常数学学习的体验与感悟，是数学知识与能力的内化，综合体现在对学科知识的理解、对学科技能方法的掌握、对学科思想的感悟、对学科活动经验的积累.

发展学生数学学科核心素养，实现数学教育的立德树人目标，就是要充分发挥数学在形成人的理性思维、科学精神和促进人的智力发展中的独特作用，使学生在掌握"四基"、提高"四能"的过程中，学会有逻辑性地、创造性地思考，形成重论据、有条理、合乎逻辑的理性思维品质，成为善于认识问题、解决问题的人才. 所以，发展学生数学核心素养的聚焦点应放在理性思维的发展和科学精神的培育上，如从概念教学路径涵育抽象思维素养，着力深化学生对概括过程的体验与内涵的认知；从命题教学路径涵育推理思维素养，努力提高学生进行探究发现与关系建构的能力；从应用教学路径涵育建模思维素养，致力启发学生领悟数学的思想方法与策略智慧；从理性精神层面涵育数学学科素养，重在培养学生善于思考、严谨求实的科学精神.

数学核心素养的形成与提升离不开数学的学习、运用与创新，综合体现在"发现与提出问题、分析与解决问题"的过程中. 以往论及数学建模，我们更多的是从数学技能和方法层面上考量，今日重述数学建模，我们更应着眼于培养学生的数学应用意识，提高学生分析和解决问题的能力. 只有从概念重述走向价值重塑，才能真正实现新课程改革中的转型与升级. 我们要深刻体会新教材中"生活即数学"的理念，充分发挥教材的示范性和引领性作用，从"解题教学"走向"问题教学"，引导学生善于发现数学问题的本质、关系和规律，从多元的变化因素中找出关键的"变元"，从纵横关联的关系中抽象出数学的本质关系，返璞归真、以简驭繁，通过模型的建立、辨识、重组、优化和应用，渗透问题意识、模型意识、数学意识和创新意识.

作为连接基础教育与高等教育的桥梁和纽带，高考主动对接新课程标准，把核心素养作为考查的重点和主线，实现从能力立意到核心素养立意的历史性转变. 从能力立意到素养立意的转变，突出表现为考查目的从关注知识到关注人；考核目标从常规性的问题解决技能到创造性的探究能力；考查情境从学科知识化到真实情境化；试题条件从结构良好到结构不良；试题要素从单一因素到复合因素；试题结构从碎片到整体. 近几年的高考数学命题注重学科规律的考查、科学思维的考查、探究能力的考查，以及情境化试题的考查，把核心素养考查细化渗透到各个能力考查点，体现了"考知识，重推理，注运算，显素养"的命题原则，使高考成为助推学生核心素养发展的重要力量.

课堂作为教改的主阵地，教好数学就是实现核心素养的落地生根. 教师可以启发引导学生，通过对现实问题的数学抽象获得数学对象，构建研究数学对象的基本路径，发现值得研究的数学问题，探寻解决问题的数学方法，获得有价值的数学结论，通过建立数学模型解决现实问题. 在课堂教学中，教师应加强对学生"如何思考""如何发现"的启发和引导，把如何抽象数学对象、如何发现和提出数学问题作为教学的关键任务，以实现从"知其然"到"知其所以然"再到"何由以知其所以然"的跨越．正所谓"法无定法，万法归宗"，这个宗，就是数学本质，也就是核心素养．唯有真正理解核心素养，我们的课才能更显从容，更显深刻．

数学思维素养深度涵育：教学的近路与方略

福建教育学院数学教研室　王钦敏　余明芳

在数学学习和研究中，我们都需要依赖抽象思维概括数学研究对象，依据推理思维构建数学理论体系，依靠模型思维发挥数学应用价值．众多研究成果表明，数学思想是重要的文化素养，而抽象、推理与建模是数学的基本思想与思维方式，是学生适应个人和社会发展需要的关键能力与必备思维素养．

发展学生数学思维素养，促使知识向素养转化，正成为中学数学教学的重要导向．但不少身处教学一线的教师经过教学观察与分析后认为，当前课堂广被应试需求主导，数学教学常被严重异化为解题的模仿与训练，大部分时间培养的只是学生进行机械运算和演绎推理的能力，很难全面且有深度地培育学生的数学思维素养．

被严重异化为解题模仿与训练的数学课堂，不能真正激发学生的学习兴趣，其急功近利的行为只能让学生获得碎片的知识、零散的记忆和僵化的思维，难以让学生构筑厚实的学习基础，形成必要的探究发现能力，更难以让学生的数学思维素养得以深度涵育，助力部分优秀学生成长为有数学家潜质的数学英才．

数学思维素养是对数学知识与能力的内化，植根于日常数学学习的体验与感悟．从课堂教学过程看，数学抽象、推理与建模等三个思维素养的涵育，需要教师更新教学观念，调整目标方向，分别从概念、命题与应用教学等三个路径，有针对性地实施相应的促进方略．下以《向量》章节教学为例，对此进行具体的分析、探讨与总结．

一、从概念教学路径涵育抽象思维素养，着力深化学生对概括过程的体验与内涵的认知

数学抽象是人脑舍去某一类事物的具体属性得到其相同数学属性的一种思维过程，通常可用数学符号或术语对抽象所得的共同数学属性进行概括和表达．数学抽象主要包括从数量与图象，以及数量关系和图象关系中抽象出数学概念及概念间的关系，以及从事物具体背景抽象出一般规律和结构等过程．在这个过程中，数学认识由感性上升到理性，所得到的数学概念是人脑对实际事物中数量、空间、结构和变化等本质特征的一种意识反映，是进行数学思维和建立数学理论体系的基本构筑元素．在数学教学中，概念教学是培育学生数学抽象思维素养的主要路径．

在概念教学中，学生数学抽象思维素养的形成，是基于其对诸多和概念相关联知识的整体理解与认识，需要教师适当腾出时间对引入概念的必要性和历史背景等作较详细说明．以"向量"这一概念的教学为例．在课堂上，教师可先解说引入向量概念的因由与作用，讲述与之相关的亚里士多德、威塞尔、牛顿、居伯斯等数学家所处的历史背景和思考内容．可指出，在 17 世纪初，代数、几何与三角等分支已形成相对完整的知识结构，但主要是以常量研究静态事物，而客观事物始终处于运动和变化状态，很需要采用变量去研究其运动与变化特征；用变量表示一个动点，可刻画动点的运动与变化属性，若要刻画动态线段的运动与变化属性，就必须引入一个和变量类似的新概念．

获得数学概念的主要思维方式是抽象与概括，抽象与概括是一种思维的体验和领悟．因而，在数学概念教学中，应尽量多地让学生亲历概念的抽象与概括思维过程，在不断的体验与领悟中将经验与概念、直觉与逻辑整体融

合并凝聚、升华形成素养. 例如, 教学中引入向量概念, 大都只对物理学中力和位移等矢量进行简单的类比与推广, 概念生成过程缺少抽象与概括思维, 要让学生有机会亲历抽象与概括的思维过程, 就必须引导学生对物理的质量、距离、温度、密度等标量, 以及力、位移、电场强度、速度、磁感应强度等矢量进行具体、细致的比较分析.

分析与抽象有着密切联系, 是抽象思维过程的主要手段. 辩证唯物主义认为: 人对客观事物的认识是在实践的基础上, 通过分析感性的具体获得理性的抽象, 然后对各种理性抽象的规定进行更深刻的分析加工, 进一步获得理性的具体, 达到具体的再生产, 从而才能把握事物的本质与内在联系. 在向量概念形成之后, 还需要引导学生对向量进行分类分析, 并对某些特殊的向量和向量关系进行命名, 如零向量、单位向量, 以及直线的方向向量、平面的法向量, 还有相等向量、共线向量等, 让学生细化认知, 以便进一步明确概念外延.

学生在面对一个全新的数学概念时, 认识通常是迟钝和模糊的, 不能进行快速的抽象提炼和明确的概括说明. 比如, 古希腊亚里士多德早已知道, 对物理的 "力", 需要关注其大小与方向, 可以用平行四边形法则将两个力合成, 但他却不懂得使用有向线段去表示力, 直到 17 世纪, 数学家牛顿才知道使用有向线段表示矢量和向量. 因此, 让学生亲历向量这样的概念抽象与概括思维过程, 还需要教师给予充裕的时间并适时引导, 直到学生通过比较分析发现: 物理标量可以只用有长度的线段表示, 而位移等矢量有长度与方向, 必须用有向线段表示.

在概念教学中, 着力深化学生对概念内涵与知识意义的认知, 才能促使概念知识和思维能力在精神、思想和价值观等文化层面涵养化育成为抽象思维素养, 否则, 抽象思维就可能仅仅是形式思维的游戏. 例如, 在向量概念教学中, 教师应启发学生探讨向量知识在几何方面的意义, 让学生能像 18 世纪挪威测量学家威塞尔那样对向量的几何意义进行研究, 尝试用坐标平面上的点表示复数, 然后用具有几何意义的复数运算对向量运算进行定义, 把向量和坐标平面上的点进行对应, 使之成为研究几何和三角问题的一种工具.

学生关于数学概念内涵及其知识意义的认知，是一个由浅入深渐次展开的过程，需要教师结合新章节的学习内容逐步予以启迪深化．例如，对于向量概念，可以在复数章节教学中引导学生比较分析向量与复数的几何意义和运算法则；在解析几何教学中引导学生使用向量坐标处理图形位置关系和运算问题，认识到将向量用坐标 (x, y) 表示后，就可以成为二维变量广泛应用在代数和几何中；在立体几何教学中引导学生将平面向量知识逐个推广到空间，感悟向量知识体系本身具备的优良运算律和内在统一性．

作为数学的一个基本概念，向量的理论方法一直在不断地渗透到数学各分支领域，为使学生对向量概念的内涵与知识意义有更深的了解与认识，教师可在教学中拓展性地介绍向量概念在高等数学中的推广运用：在线性代数中，由 n 个实数（或复数）组成的有序数组可视为 n 维向量；可以将全体实系数多项式看作一个向量空间，使向量概念的外延涵盖任意数学或物理对象，让向量方法的应用范围更加广阔；等等．从以上叙述不难得到这样的结论：学生抽象思维素养的形成和发展，需要教师在各个学段进行点拨与启迪，更需要学生在学习过程中不断思考与感悟．

二、从命题教学路径涵育推理思维素养，努力提高学生进行探究发现与关系建构的能力

数学推理是从一些事实和命题出发得出其他命题的思维过程，一般可分为演绎推理与合情推理两种．通常，演绎推理可用以判断一个数学结论是否正确，而合情推理可用以发现数学结论和探索证明思路．在数学的学习和研究中，可以通过抽象思维定义概念明确研究对象，通过推理思维发现并论证概念间的关系，构建庞大的数学理论体系．在构建理论体系过程中获得的定义、公理、公式、性质、法则与定理等，均可称为数学命题．命题教学大多可以围绕着概念内涵辨析、命题的发现与证明、新旧命题的关系等问题依次开展．

命题教学是培育学生数学推理思维素养的重要路径．数学的定义、公式

和定理等命题前后相联，形成众多环环相扣的知识链条和错综复杂的知识网络结构. 学生在厘清概念内涵与外延的基础上，较完整地把握命题间的生成关系和逻辑关系，明了知识结构，才能较好地理解数学和应用数学. 因而，在命题教学中，教师引导学生运用归纳与类比等合情推理探究发现新命题，并运用演绎推理予以证明，可以从命题的生成与论证两个角度双向促进学生的数学关系性理解，让学生的合情推理与演绎推理思维素养都能随着对知识关系结构的理解与感悟得到切实涵育.

合情推理是根据已有的事实和正确的结论、实验和实践的结果，以及个人的经验和直觉等推测出某些结果的思维过程. 数学中最常见的合情推理是归纳和类比，二者都具有猜测和发现结论、探索和提供思路的作用. 合情推理是进行数学发现的一种具有创新意义的思维方式，是数学再创造学习时不可缺少的工具性方法. 涵育推理思维素养，必须同步并重地培养演绎推理与合情推理能力. 但在许多数学课堂的命题教学过程中，由于高考考查的解题能力，主要包括数学运算与演绎推理的能力，较少涉及合情推理能力，合情推理能力培养的重要性也被大大忽视.

在概念教学之后，针对概念定义进行内涵辨析，判断某个实例能否符合定义要求，列举和定义不相符的反例，探讨为什么可以这样定义，以及能否用其他方式定义，都要进行推理论证，但其中的思维形式大都是演绎推理. 只关注公式、定理的演绎推导与证明，将时间移用作例（习）题教学，省略了在课堂再创造重现公式、定理的探究与发现过程，很少去研究新旧命题的联系进行知识关系建构，是当前数学课堂在命题教学中的常见现象. 这样的命题教学和对概念进行内涵辨析一样，都难以培养学生的合情推理能力.

为全面涵育推理思维素养，使学生的合情推理与演绎推理能力能在命题教学中得到同步并重的培养，可以在对概念进行内涵辨析的基础上，将概念间的关系探究视为教学重要内容，引导学生运用合情推理探索概念的性质与概念关系，运用归纳与类比推理去发现新知，运用演绎推理对公式定理进行推导证明，通过探究新旧命题间的联系，进行知识关系建构. 除了命题教学外，还可以在解题教学、专题探究式教学和应用教学中涵育推理思维素养，无论哪一种形式，都应努力使学生的演绎推理与合情推理能力获得协调发展.

以《向量》章节教学为例，在对向量概念进行定义、分类与内涵辨析后，应将向量与向量间、向量与其他元素间的关系探究视为教学重要内容，这样可以引导学生探究向量与向量间的相等与共线等关系，探究向量与向量的加法运算，探究向量与数的关系，发现数乘运算法则，等等. 探索数学概念知识间的关系是获得有关性质、公式和定理的重要途径. 例如，探索向量与坐标间可能存在的关系，可以引导学生得到向量的坐标表示法. 将向量运算转为向量坐标运算，可得到大量的公式和定理.

在《向量》章节教学中，教师可以在很多场合引导学生运用归纳、类比推理思维去发现新知. 数学的向量与物理中的力与位移等矢量存在密切的类比关系，向量概念的抽象与概括、向量加减法运算法则、向量的正交分解与坐标化、平面向量基底的概念和平面向量基本定理、向量数量积的概念与公式等结果，都可以通过类比获得，而向量数乘运算的法则，也可以通过归纳推理获得结果. 在研究空间向量时，仍然可以通过类比推理，将平面向量的概念、法则、公式与定理等全面推广至空间向量.

开展探究式教学，提高学生进行探究发现与关系建构的能力，是命题教学中深度涵育推理思维素养的主要方略. 在命题教学中，通过探究式教学引导学生整体发掘关联性知识，发现知识间内在、必然、直接的有意义联系，将它们连成线、结成网，形成牢固的知识结构，可以有效增强学生推理思维和运用知识解决问题的能力；而数学思维素养的涵育，离不开对概念内涵与意义的认知和对知识发展的体验，也离不开对知识关系结构的发现与掌握，以及在应用知识解决问题过程中对数学思想、精神的感悟.

三、从应用教学路径涵育建模思维素养，致力启发学生领悟数学的思想方法与策略智慧

数学建模一般是指在研究一个现实问题时，先从问题信息中抽象出形式化的数学模型，再根据模型求解结果统一处理同类现实问题的思维过程. 这

个过程与数学理论形成、发展与应用的基本思想是一致的，二者都是主要使用抽象与推理思维从现实世界中概括出理想化的模型，用以描述客观事物的数形特征和内在联系，所建立的模型和众多的数学概念、公式和定理等知识一样，都可以广泛应用于现实世界. 引导学生应用数学概念、公式、定理、思想方法或建立新模型去解决数学问题与现实问题，是数学课堂应用教学的主要内容.

应用教学是涵育学生数学建模思维素养的主要路径. 数学建模思维素养是致力从数学视角看问题、用数学方法处理问题的一种意识与能力，也是学以致用精神的体现. 在应用教学中，教师引导学生整体理解数学知识结构及其思想方法，在建模思维的指导下将其活学活用到各类新的问题情境，可以让学生从中学会使用联系的观点系统地审视问题，使用转换与化归的方式灵活处理问题，养成运用数学思想方法解决问题的意识与习惯，感受并秉承数学理论知识为人类服务的价值取向，从而不断涵育、提升个人的数学建模思维素养.

广义地看，数学教材中的许多概念、公式、定理和思想方法都是重要的基本模型，如向量知识中的向量概念、平行四边形法则与向量数量积公式等，都是从物理情景中抽象出来的. 抽象过程中的探究与发现，就是建模的过程. 在应用教学中，引导学生应用这些基本模型证明两角差的余弦公式、正弦定理、点到直线的距离公式、柯西不等式、海伦公式等，可让学生体会到运用基本模型处理问题的便利，感受其广泛应用范围，以及数学知识间的普遍联系和内在的统一性，帮助学生深刻感悟模型中蕴含的数学思想，也有涵育建模思维素养之效.

引导学生应用数学概念、公式和定理处理现实问题，首先需要让学生了解问题的现实意义，以及问题蕴含的数形特征，启发学生用数学符号语言将现实问题转化为数学问题，然后通过联想为问题选取适当的已学知识模型，并根据问题中参数的实际意义完善模型，最后对模型求解和检验结果. 如果无法为问题找到合适的已学知识模型，就必须通过抽象与概括，参考已学知识模型，发挥想象构造新的数学模型. 以上的应用教学方式，都可以涵育数学建模思维素养，让学生学会如何应用数学知识和思想方法有策略地去解决各种问题.

在应用教学中，需要教师引导学生从数学角度观察、发现并提出有意义的好问题. 一个好的问题，往往与已学的数学概念、知识和思想方法有广泛联系，能让学生更深刻理解概念内涵、意义与作用，能帮助学生对知识进行关系建构，可以向多个方向推广，促人反思，耐人寻味. 好问题可以活跃建模思维，让学生主动使用恰当的数学符号语言描述问题，积极运用数学思想方法进行独立思考，通过合作交流做好各个环节的研究活动，并从中认识数学建模在处理各类问题时的强大作用，领悟其中蕴含的数学思想方法与策略智慧.

应用教学课程要恰当运用现代教育技术，为学生营造多维交互的数字化探究环境，适切发挥计算机数学软件的探索实验功能. 在数字化环境下，教师更易于创设丰富多彩的问题情境，唤醒学生好奇天性与问题意识，使之全身心投入到建模思维活动. 多维交互功能使合作交流更加便捷，更易于使学生在评价反馈中反思改进，获得信息化环境下的数学活动经验. 在先进的智能教育环境中，还可以利用虚拟现实（VR）等新技术营造虚实互动情境、可视化影像与可进化场景，让学生进入沉浸式学习状态，身临其境般地去体验和探究.

建模教学课程能给予学生直接参与的机会，相对于单纯就教材理论知识进行的讲授和思考，参与中的亲身体验更易于使学生的知识与能力升华为思维素养. 立足于现成性、实体性信念的知识与教学观，封闭了知识迁移、运用的空间，难以构成素养生成的实在基础. 美国教育家达克沃斯（Duck-worth，E.）曾经说过："最理想的教学应是投入式的，它应鼓励学习者与学习内容直接接触，形成一种具身体验，而不是建立在他人的理解之上". 抽象的数学概念知识仍然和现实世界有着千丝万缕的联系，建模教学可以让学生亲身经历和直接接触现实世界的事物，使其对数学概念知识的感知与理解，有一个更为可靠和实在的基础.

致力启发学生领悟数学的思想方法与策略智慧，是应用教学中深度涵育建模思维素养的主要方略. 在应用教学中，教师应致力于引导学生专心致志地去探索与发现，了解数学在其他学科和科技等领域的广泛应用，赏识数学理论的和谐统一与思维的自由奇妙，让学生能有意识地运用已有知识、经验对问题进行转化与化归，思考并掌握解决问题的一般方法，并从中深刻感悟数学的思想方法与策略智慧. 数学思想是数学文化素养的核心，促使学生的知识能力在思想层面内化升华，是数学教育的一个观念追求，也是应用教学中深度涵育建模思维素养的必要过程.

四、从数学精神层面深度涵育数学思维素养，重在引导学生求真、乐善和唯美的追求意向

数学思维素养的深度涵育，需基于以上列举的概念、命题与应用教学等路径与方略，也有赖于教师对学生数学精神等心理内在力量的激发和养育. 学科的学习认知过程，是人的心智与价值、观念、习惯、情感、意志和精神等各种心理因素相辅相成的过程，而学科素养的涵育，也是一个在习得新知中充分体验、深入感悟和塑造品格的过程. 在数学的学习过程中，数学精神是上述心理与品格等因素的聚焦点，它是学生对数学经验、知识、方法、思想、意识、观念等不断概括和内化的产物，也是学生数学思维的方式与规范、价值与追求等意向性心理的集中表征，因而是数学思维素养涵育中需要高度关注和深入研究的因素.

数学精神渗透在数学理论知识与数学文化传统中，也存在于所有的数学思维活动中，并体现为个体数学思维的主观性、目的性、选择性与价值性等. 正因在数学家思维活动中存在的强烈数学精神导引下，数学理论才得以不断创生与扩张，系统性日益增强，应用日渐广泛. 有意义的数学学习行为，也是一个理智认识与求真、乐善、唯美等精神追求相契合的过程，需要学生在丰富多彩的思维方式中不断感悟数学思想，在层出不穷的困难体验中逐渐强化数学精神，继而凝练形成以数学的精神与思想为核心的学科文化素养. 其中，数学精神是数学思维体验的深化与思想颖悟的升华，也是数学思维素养

得以进一步形成和持续发展的主要动力.

抽象性、逻辑性与应用的多样性是数学思维的主要特征. 整体而言,数学抽象、推理与建模等思维素养与学生思维的韧性、理性、严谨性、专注程度、问题意识等重要品质都存在密切联系. 例如,思维韧性与专注程度不足,就无法长时间集中注意力进行连贯的思考;问题意识淡薄,就难以在平凡的事物中提出新概念、发现新问题. 所以,教师在引入一个数学概念之初,就必须有意识地从数学精神层面思考数学思维素养的深度涵育问题,特别注重学生学习的毅力、爱好和习惯等因素,要时常对教材进行有益的拓展与改造,增补可以触动思考、引发兴趣和激励创新的教学内容. 此外,对一个概念内涵的深入理解,也需要师生都具有持之以恒的精神,能在后续教学中进行反思与提升.

从数学精神层面深度涵育数学思维素养的教学行为,可以落实在数学概念、命题与应用教学等具体环节. 例如,数学推理具有显著的科学文化素养特征,曾被誉为"人类最伟大的发现",古希腊人从最简明的公理出发,利用推理得到基于严密逻辑的几何知识系统,其中的公理化思想曾被竞相效仿,对人类理性精神与科学文明的发展产生了重大影响. 教师可以在数学命题教学中涵育推理思维素养,引导学生在严谨的演绎推理和运算中养成缜密思考的习惯、求实诚信的品格和崇尚理性的精神,同时帮助学生在问题解决过程中不断增强变的意识与化的智慧,在运用合情推理思维过程中养成细致观察、善于归纳与类比、勤于思考、勇于创新的精神.

从数学精神层面深度涵育数学思维素养的课内外教学,宜采用有较强挑战性的问题作为研究素材. 例如,应用教学中的问题可以选自现实、数学内部和其他学科,但都应遵循有效难度法则,使所设定的研究任务具有较强的挑战性. 有较强挑战性的问题,才能激发学生进行深入探究的欲望,并在长久思考后迸发的灵感与顿悟中感受到数学的乐趣;才能让学生有更多运用数学策略思维战胜困难的机会,使推理思维素养得以深度涵育;才能让学生在克服困难的过程中经受情感与意志的考验,塑就不畏困难、愈挫愈勇的精神品格. 实践表明,有较强挑战性的教学课题,更易于促进学生的数学深度学习，使数学思维素养得以深度涵育.

数学思维素养是数学知识与思维能力在学生心理内化后的概括性产物，比知识与能力更深层、更稳定，也更持久，它的形成，离不开可进行复杂心智操作的抽象与推理思维，也密切依赖于可带给学生主体体验和感悟的具象思维与顿悟思维. 在概念、命题与应用教学中，让学生亲历抽象与概括、探究与发现、建模与应用的过程，其所获取的体验，以及对知识结构体系的统一性、数学方法中的策略思想、思维过程中的精神力量的感悟，可以促使经验与概念、逻辑与直觉、方法与思想、理智与情感等深度融合，潜移默化地增强主体的认同感和自觉意识，让数学知识与思维能力晋升到思想、精神、价值、观念和意志层面，逐步内化并升华成为富有文化属性的数学思维素养.

从数学精神层面深度涵育数学思维素养，重在引导学生求真、乐善和唯美的追求意向. 数学科学理论思维是人脑对客观事物数形特征与属性的概括与反映，它始终坚持以公理化体系反映事物本质规律，整体选择为人类服务的价值取向，苛刻追求理论的和谐统一与思想的自由简易，使得数学名副其实地成为真、善、美的统一体，也使得求真、乐善和唯美的思想品格成为数学精神的三大支柱. 数学的精神与思想同为数学文化素养的核心，从数学精神层面深度涵育数学思维素养，才能更切实地养育学生求真、乐善和唯美的数学精神品格，更完满地实现数学教育的宏大目标.

五、结　语

从概念教学路径涵育数学抽象思维素养，着力深化学生对概括过程的体验与内涵的认知，可以让学生"知其然"也"知其所以然"，更少地依赖简单机械的记忆与模仿；从命题教学路径涵育推理思维素养，努力提高学生进行探究发现与关系建构的能力，可以让学生头脑中孤立的知识形成有机体系和完整结构，走出零散型解题教学与碎片化学习的困境；从应用教学路径涵育建模思维素养，致力启发学生领悟数学的思想方法与策略智慧，可以让学生学会如何将所学知识灵活应用于现实问题情境，远离目标指向模糊和被无意

　　　杏坛哲思——基于高中数学核心素养发展的教学探究

义问题填充的课堂教学；从数学精神层面深度涵育数学思维素养，重在引导学生求真、乐善和唯美的追求意向，可以让学生的思维与精神相互渗透、相互促进、协调发展，在忘了所学知识后仍留有可终生受益的东西. 以上教学路径与促进方略，既有利于激发好奇心智、提高学习兴趣，引导学生进入专心致志的沉浸式学习状态，也有助于学生建构知识关系，培育数学精神，使学生的数学思维素养得到全方位的深度涵育.

重述、重构：基于核心素养观点下数学建模的教学思考

福州三中　林风

核心素养是当下教育教学的热词，是整个高中教育关注的焦点. 作为一线教师，我们更关心的是：如何把核心素养与教学实践相结合？数学教学该怎么做？数学建模作为数学六大核心素养之一，是加强数学应用意识教育的突破口和出发点，对教学实践具有重要的影响和深远的意义，它不是以往数学建模概念的简单重述，而是从理念到实践都需要重构的一次转变.

一、从概念重述走向价值重塑

当下的高中数学教学处于尴尬和纠结之中：一方面，教师想教给学生有用的数学知识，但高考过后不少学生认为数学除了高考拿分外别无他用；另一方面，虽然重压之下学生的应试能力增强，但他们一碰到陌生的题型或者实际问题便束手无策，学了十多年的数学却没有起码的问题解决能力，更不用说发现问题、解决问题了. 因此，重述数学建模不是老生常谈，更不是新瓶装旧酒，只有从概念重述走向价值重塑，我们才能真正实现新课程改革中

的转型与升级. 以往论及数学建模，我们更多的是从数学技能和方法层面上考量；而今重述数学建模，形势不同，理念不同，层次不同，我们的做法也应不同. 作为数学新课程六大核心素养之一的数学建模，基于新一轮的数学课程改革的新形势，站在"以人为本""未来发展""必备品格和关键能力"的角度上重新审视和理解学生的能力，着眼于让学生体会数学的应用价值，培养学生的数学应用意识；着眼于增强学生数学学习兴趣，教会学生团结合作，提高学生分析和解决问题的能力；着眼于培养学生的数学创造能力.《教育部关于全面深化课程改革落实立德树人根本任务的意见》指出：经济全球化深入发展，信息网络技术突飞猛进，国际竞争日趋激烈，人才强国战略深入实施，时代和社会发展需要进一步提高国民的综合素质，培养创新人才. 这些变化和需求对数学教学提出了新的更高要求，在此背景下以解决实际问题为主阵地的数学建模也必然被赋予新内涵. 无论从教育、科学的观点来看，还是从社会和文化的观点来看，数学应用、建模都已被广泛地认为是重要的. 培育学生数学建模能力，落脚点在于：引导学生获得进一步学习以及未来发展所必需的数学基础知识、基本技能、基本思想和基本活动（四基），感悟数学与现实之间的关联，从数学角度发现和提出问题的能力、分析和解决问题的能力（四能），增强应用和创新意识，学会用数学模型解决实际问题，认识数学建模在科学、社会、工程技术等领域中解决问题的作用，引导学生实现将一个情境中的所学运用于新情境的过程（即迁移），实现深度学习. 如果视角不变、观念不改，数学建模的培育就难免陷入以往的题海误区.

二、从简单重复到重新建构

教学实践表明，数学建模难教、难学、难奏效，有道是"两年难过年年过"，其中的原因也是众说纷纭. 从教学角度上看，把数学建模窄化为"解题"是比较重要的原因，把数学建模看做一种题型、一种套路、一种技巧，那么就会认为今天重提数学建模只是一种概念重述，教学就会依然故我，乐于题型、好于技巧、沉于题海，不讲问题解决，只求形式化地讲设元、列式、化简、求解、作答，那么数学建模的"痛点"必然难以消除．例如，部分教师对二项分布与超几何分布的差异没讲透，学生解题时必然只会"张冠李戴"；对"函数模型""基本不等式""三角函数模式"的此长彼短没有讲好，解决优化问题时必然难以有效"对症下药"；对排列组合的"两个基本原理""有序"与"无序"没有厘清，解决实际问题必然头绪不清……，凡此种种，遇到问题难免只会"刻舟求剑"，不会灵活应用，更有甚者抱着"惹不起就躲得起"心态，知难而退，回避和淡化的态度更加弱化了学生在这方面的能力和素养．从今年我省高考的概率统计题的改卷情况来看，数学建模存在的问题令人担忧，不少学生连概率问题基本思路都"找不到北""无从下笔"，解题的"规定动作"都没有到位，存在大量的"短斤缺两"现象．概念不到位、解读不到位、规范不到位、运算不到位，学生必然难以真正理解概率的特征和意义，无法区分函数关系与概率关系，难以弄清如何用字母符号表示现实事物对象，难以从情境中找到关键的数式及其等量或不等关系，更加难以用方程、不等式、函数模型表示事物关系，数学建模只能是一个空壳，建模思想的培养也只是一句空话．凡此种种，不是简单地靠"五加二、白加黑"加班加点、加课加时能解决的．

教什么、怎么教、教得怎么样是教学之本．根据《普通高中数学课程标准（2017 年版）》（以下简称《高中数学课标 2017 年版》）精神，要教好数学建模关键是要"四个立足"——立足教材、立足生活、立足理解、立足素养．首先，把教材教好教透是关键，切忌热衷于题型、教辅和所谓母题和套路．教材内容纷繁复杂，题材多姿多彩，许多重要知识、概念、公式、性质、定理的生成和证明过程大都全面体现数学建模的不同类型、思想和方法，体现现实问题的数学抽象过程，规范完整地呈现如何用数学语言表达问题、用数学知识与方法建构模型并解决的过程．字里行间从图表数形、正文旁注、例题练习渗透着"高中数学课标（2017 年版）"等方面精神、教学核心、教育价值，展示解决相关知识的数学建模"全景图"．例如"二项分布"，教材内容看似平铺直叙，但要读懂教材、领会精神、把握实质则需要细心揣摩、深入理解，这样才能抓住其核心内容和线索就是贯穿"生活即数学""数学即生活"的理念．教材引导学生用数学的眼光观察身边的事物（如投掷筛子、图钉、射击等问题），在引言、正文、旁注、探究、例题、练习等栏目呈现丰富多彩的生活素材，引导学生观察、分析不同问题的相同本质和规律，找出现实情境与数学知识之间的联系与规律，归纳出具有一般意义的数学模型，从二项分布定义中抓住"n 次独立""重复""恰好发生 k 次"的生活意义和数学内涵，概括和归纳建模的特点和程序、一般格式、基本思路和知识理解的范式，即独立重复事件的应用问题数学建模求解的过程. 教材还引导学生用字母表示事件，写明事件间的关系（相互独立），标明目标事件，建构二项分布的概率模型 $P(x=k)=C_n^k p^k (1-p)^{n-k}(k=1,2,3,\cdots,n)$，计算相关事件的概率，用概率统计的语言回答问题等. 这里既展现了解答相关应用题的路线图，也呈现了生活问题数学化的精气神，更蕴含数学素养的养成和培育，这些看起来平平淡淡，但都环环相扣、严谨有序. 我们只有紧紧围绕"四个立足"，发挥教材的示范性、指导性和辐射性作用，才能实现"举一隅不以三隅反"的教学效果.

三、从"解题教学"走向"问题教学"

数学建模就是把实际问题转换成数学问题，用好"转化"这根有力的杠杆，就能让数学建模从简单的解题教学的藩篱中走出，实现从"解题教学"到"问题教学"的转型. 解题教学重视题型分类、技能技法套路和程序以及应试策略，其特点是单一性、封闭性和模式化. 在特定的情况下，解题教学有积极的意义和正面的作用. 基于核心素养的数学建模落脚点在问题解决，它关注问题的求解，更关注数学本质——数学模型的建构和优化，集开放性、实践性、探究性和综合性于一身. 较之于一般数学问题的解决，数学建模门槛比较高，情境多变、结构多样、变因多元，要求学生从多元的变化因素中找出关键的"变元"，从纵横关联的关系中抽象出数学的本质关系（方程、不等式、函数等），它需要一种生活体验、跨界联系、抽象归纳和学用结合的视角，不仅要求学生能够进行纵深方向的数学知识应用，而且要求学生能够在横向上广泛利用已学知识、生活经验、学习感悟和思想方法，找好问题，解好问题，用好问题，让习题教学脱离"应试"的藩篱. 例如 2017 年全国高考 I 卷第 16 题：如图 1，圆形纸片的圆心为 O，半径为 5 cm，该纸片上的等边三角形 ABC 的中心为 O. D、E、F 为圆 O 上的点，$\triangle DBC$、$\triangle ECA$、$\triangle FAB$ 分别以 BC、CA、AB 为底边的等腰三角形. 沿虚线剪开后，分别以 BC、CA、AB 为折痕折起 $\triangle DBC$、$\triangle ECA$、$\triangle FAB$，使得 D、E、F 重合，得到三棱锥. 当 $\triangle ABC$ 的边长变化时，所得三棱锥体积（单位：cm^3）的最大值为 _____.

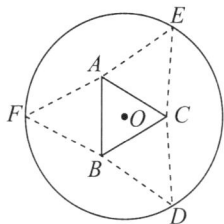

图 1

作为一个高考数学问题，本题着重考查数学建模方法与思想的应用能力，要求能用字母表示几何元素，用关系表示几何元素之间的代数关系，将立体几何的体积最值问题转化为函数的最值问题，通过数学运算获得问题的答案. 不难通过数学建模方法获得简约解法如下，如图 2，连接 DO 交 BC 于点 G，设 D、E、F 重合于 S 点，等边三角形 ABC 的边长 $BC = x (x > 0)$，则 $OG <$

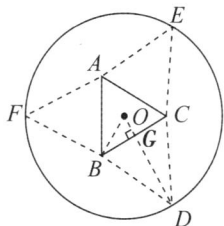

图 2

GD，故 $0 < x < 5\sqrt{3}$（构成三棱锥的制约条件），不难求得三棱锥的体积 $V = \frac{1}{3} S_{\triangle ABC} \cdot h = \frac{\sqrt{3}}{12} x^2 \sqrt{25 - \frac{5\sqrt{3}}{3} x}$，由导数知识得 $x = 4\sqrt{3}$ 时取得最大值 $4\sqrt{15}$.

如果满足于"一城一池得失"，显然是停留在应试解题的固有思维定势上. 其实好的高考题往往是一类数学问题的特例或缩影，通过对这样一个典型例题进行追问、变式、延伸、衍生，关注其中的深层结构，关注其所反映的知识、思想方法及思维模式，进而掌握此类问题的解题思路和方法，由此从简单的解题走向问题发现、问题解决，形成数学模. 除了常规的建模程式之外，应激发学生思考原题解决问题的关键和难点所在，一是最值问题的变量 x 潜在的制约条件是什么，二是在体积目标函数最值求法时的选择与优化，除了常用导数方法是否还有其他方法，经过探究学生发现将教材二元基本不等式拓展为五元基本不等式可以简明地获解，即 $V = \frac{\sqrt{3}}{12} \sqrt{x \cdot x \cdot x \cdot x \cdot \frac{5}{4\sqrt{3}} \cdot (20\sqrt{3} - 4x)} \leqslant \frac{\sqrt{3}}{12} \sqrt{\frac{5}{4\sqrt{3}} \left(\frac{20\sqrt{3}}{5} \right)^5} = 4\sqrt{15}$，在此基础上进行变式延伸便是思维的二次拓展. 如原题底面等三角形 ABC 改为正方形, 所得的正四棱锥体积最大值是多少? 不难类比得到, 若设正方形的边长为 $2x$, 则 $0<2x<5$, $V=\dfrac{1}{3}S_{ABCD}\cdot h=\dfrac{4}{3}x^2\sqrt{25-10x}\leqslant\dfrac{16}{3}\sqrt{5}$, 等号当且仅当 $x=2$ 时成立. 一般地, 当等边正三角形 ABC 改为正 n 边形, 圆半径为 r, 设正 n 边形边长为 $2x$, 则 $0<x<\dfrac{r}{2}\tan\dfrac{\pi}{n}$, 得到问题的一般模型 (正 n 棱锥) 体积的目标函数 (或数学模型) 是 $V=\dfrac{nx^2}{3}\cdot\cot\dfrac{\pi}{n}\sqrt{r^2-2rx\cot\dfrac{\pi}{n}+2x^2\cot^2\dfrac{\pi}{n}}$, 当 $x=\dfrac{2r}{5}\tan\dfrac{\pi}{n}$ 时, 其最大值是 $V_{\max}=\dfrac{4nr^3}{75}\tan\dfrac{\pi}{n}$.

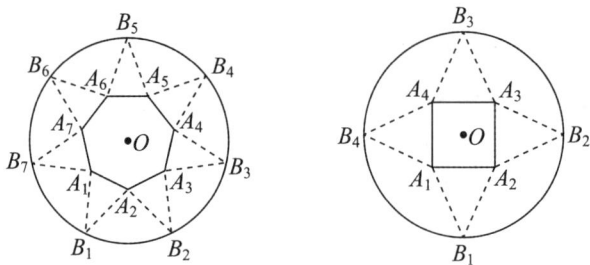

图 3

除了用好教材以及相关资料提供的教学素材, 还要充分利用身边的 "熟知并未真知" 的生活例子, 如 A 系列复印纸的数学特性是什么 (A2、A3、A4……是相似形), 看电影选座位为何要挑选居中偏后的位置. 利用社会焦点、热点问题来激发学生发现问题解决问题的兴趣, 如房贷中的利息、分期付款计算问题, 商品产销中的折扣、利润、成本计算问题, 数据的分析与预测问题 (线性回归、曲线拟合), 工期效益、合理施肥、最短路、最小流等优化类别问题, 彩票与摸奖、市场统计、评估预测、风险决策等问题, 让问题更具时效性和即时感.

课程标准指出, 数学核心素养之一的数学建模具有广泛的数学意义和价值, 尤其是其内在的模型思想与应用能力. 著名数学家怀特海曾说: "数学就是对于模式的研究." 数学建模的核心思想就是模型思想, 它要求学生能够有意识地用数学的概念、原理和方法，理解、描述现实世界中一类问题的思想，这种思想可以帮助学生理解现实世界的本质与规律．问题教学的核心就是通过模型的建立、辨识、重组、优化和应用，渗透"问题意识""模型意识""数学意识"和"创新意识"．函数模型、方程模型、不等式模型、三角函数模型、概率模型、几何模型、圆锥曲线模型等，既有差异又有联系，形不同质相近，数学建模的模型固然千变万化，但万变不离其宗，"生活问题—数学问题—模型建立—求解模型—解释结果—生活问题"是其永恒的脉络，阅读理解、语言转化、抽象概括、设元表示、数据收集、模式应用等问题解决的"十八般武艺"，都离不开六大核心素养的联动合作．

四、从数学建模走向深度学习

数学建模不像工业生产中的筑模，一个模型可以批量生产一个模子的产品．今天我们关注和发展学生的数学建模素养，需要跳出知识本位和接受式教学的围城，着眼于学生应具备的、能够适应终身发展和社会发展需要的必备品格和关键能力．社会发展出现的各种实际问题千变万化，通过课堂学习，学生固然可以掌握教材中的函数、不等式、方程、概率统计等数学模型，但面对新问题、新概念、新模式，他们不可能简单地使用几种模型、技法便能找到通解，这就要求他们能够学以致用、随机应变，对问题进行深入思考，对教学内容深刻理解，自觉进行自主探究，深度学习，能够用数学的眼光观察世界，用数学的思维分析世界，用数学的语言表达世界．数学建模立足于问题解决，挑战在于建立数学模型，因此学生不仅要有娴熟的套路技法，更要学在当下、创新突破．我们不妨来看正面的例子：

下表给出的是某港口在某季节每天几个时刻的水深：

时刻	0:00	3:00	6:00	9:00	12:00
水深/m	5.0	8.0	5.0	2.0	5.0
时刻	15:00	18:00	21:00	24:00	
水深/m	8.0	5.0	2.0	5.0	

（1）请根据数据建立该港口的水深 y（m）和时刻 t（$0 \leqslant t \leqslant 24$）的适当数学模型；

（2）若一条货船的吃水深度（船底与水面的距离）为 4 m，安全条例规定至少要有 2.5 m 的安全间隙（船底与海底的距离），试用（1）中的数学模型函数关系判断该船何时能进入港口.

要解决这个问题，学生需要对数表中的数据进行分析、归纳，提取有效的、有关联的数学表征. 通过画散点图可以看出，时刻、水深符合三角函数模型 $y = A\sin \omega t + b$（其中 $A > 0$，$\omega > 0$，$b \in \mathbf{R}$），学生可对三角函数的特征数值 A、ω、b 进行求解，发现函数的周期为 12，振幅 $A = 3$，$b = 5$. 要解决实际问题，学生还需要对"吃水深度""安全间隙""进入港口时间"这些概念进行解读，并用数学方式（如数学图形和符号）表示和刻画，将碎片化、表面化的现实对象和关系，用数学的方式转译为数量关系（函数、方程、不等式等），并进行数学化处理（作图、建立函数关系 $y = 3\sin \dfrac{\pi}{6}t + 5$，$0 \leqslant t \leqslant 24$），由不等式求解得到 $3\sin \dfrac{\pi}{6}t + 5 \geqslant 6.5$，并结合实际作合理解答，即该船可在当日 1:00～5:00 和 13:00～17:00 进入港口. 问题解决的过程中，学生需要即时学习新概念，适应新情境，从解读问题到表述问题，再到概括抽象问题，建立模型解决问题，是一个知识、技能和思想方法综合应用的过程，是一个思维层次性发展的认知过程，也是一个学会学习、学会转化、学会迁移、学会创新的自主发展的过程.

数学建模作为一种数学学习活动，不能仅仅囿于课堂教学的围城，要通过研究性学习等方式让学生走市场商场、下工厂车间、到农村田间地头，调查、采集、分析、处理数据、问卷调查、访谈研究，通过做小课题、动手做数学、撰写小论文，真正成为学习的主人，在做中学、学中做. 近年来，我校学生通过选修课程、研究性学习活动完成了一系列小课题、小论文，如《银行存款利息和利税的调查》《购房贷款决策问题》《养老金问题的几种数学模型》《电脑福利彩票中的概率问题》《由 A 系列复印纸谈纸张设计的优化》《共享汽车车费的合理定价》……经历过小课题、微研究，学生初步懂得如何进行问题创设、项目创意、过程创造和方法创新. 让学生交流、分享在课外研究性学习中的成果、体验和收获,例如一个学生在汇报研究性小论文《利用 PMI 指数估计经济趋势》时,其中一个案例是:通过采购经理指数(简称 PMI)可以及时监测和预测经济与商业活动中出现的问题和趋势. 一般而言,PMI 在 50 以上,反映出经济总体扩张;接近 60 时,有经济过热的风险;低于 50 时,反映出经济衰退;接近 40 时,是有经济萧条的忧虑. 现从某地统计局得到该地区 1 月份到 10 月份的 PMI 数据如下,根据以上数据预测该地的 11 月的 PMI:

月份	1	2	3	4	5	6	7	8	9	10
PMI	45.3	49	52.4	53.5	53.1	53.2	53.3	54	54.3	55.2

学生说:"以前学习数学就是'两耳不闻窗外事,一心只顾猛刷题',通过建模活动,感知数学就在生活中,欲知建模要躬行. 以前只了解 PMI 值是一个现象,现在知道它也是一个数学模型的问题,可以通过数据进行评估和检验,从中学到不少课本以外的知识. 例如,这个问题没有明确的数学模式套路,需要阅读理解、数据处理、领会转化,数学求解和实践检验,学会读表看数,从中发现数据是有关系的、有规律的,领悟万物皆数的意蕴,初步学会如何用数据说话,在具体解答问题时由于表格中实测数据较大,用传统的手工描点不好处理又容易出错,为了拟合效果更好,我自学了 Excel 软件,学会通过数表描绘其散点图,根据散点图的图象特征(平缓递增)选择拟合函数为对数函数 $y = a\ln x + b$,并求得对数拟合函数为 $y = 3.8\ln x + 46.6$,即为 PMI 与月份 x 的拟合函数. 当 $x = 11$ 时,y 的估计值为 55.5,了解到教材之外许多形式的拟合函数,如指数函数拟合、对数函数拟合、三角函数拟合等,拓展了眼界."

数学建模只有走出书斋,走出应试才能成为课堂教学的一种有效延伸,在建构、解构和重构中培养学生的实践能力、思维能力、批判精神、创新意识,让数学建模真正成为广视角、深建构、可延伸、重应用的数学学习核动力.

学生数学建模能力的培育不可能一蹴而就,需要教师长期不懈的努力、持之以恒的渗透. 格物致知、经学致用,方可促成学生数学建模能力的成型与提升.

基于学科核心素养的 2019 高考全国卷立几试题的分析

福州格致中学　宋建辉

透过 2019 年高考全国 3 套试卷立体几何试题，读到了命题人对数学知识、数学思想以及数学核心素养考查的新理解、新思考，对即将实施的"文理不分科"新高考模式背景下的高中数学教学有积极的指导意义．总体而言，2019 年的立体几何试题总体还是比较平稳的，但是也有明显的变化．具体体现在以下两个方面：

一、保持风格，突出重点

试题继续保持以往的全国命题风格和考查重点，考查空间点、线、面的位置关系以及线线角、线面角、二面角、空间向量的应用等基础知识、推理论证能力、空间想象能力和运算求解能力，并且文、理科试题有同也有别．

从下表中可以看出：

2019 年全国 3 套试卷立体几何统计

卷别		题号	考点	题量	分值	备注
全国 I 卷	理科	(12)	外接球（体积）	一小	5+12	直四棱柱
		(18)	线面平行 二面角计算	一大		二面角正弦值
	文科	(16)	求点面距	一小	5+12	
		(19)	线面平行；求点面距	一大		直四棱柱

卷别		题号	考点	题量	分值	备注
全国Ⅱ卷	理科	(7)	面面平行（充要条件）	两小一大	5+5+12	
		(16)	半正多面体（数学文化）			两个空
		(17)	线面垂直，二面角计算			长方体 二面角正弦值
	文科	(7)	同理（7）	两小一大	5+5+12	
		(16)	同理（16）			
		(17)	线面垂直，体积			长方体
全国Ⅲ卷	理科	(8)	异面直线，两点间距离计算	两小一大	5+5+12	
		(16)	体积（实际应用）			
		(19)	证明四点共面＋面面垂直 二面角计算			斜三棱柱（图形翻折）
	文科	(8)	同理（8）	两小一大	5+5+12	
		(16)	同理（16）			
		(19)	证明四点共面＋面面垂直 求面积			斜三棱柱（图形翻折）

选填题：除全国Ⅰ卷外，全国Ⅱ卷和Ⅲ卷文、理科试题相同，且题次也相同；考查的内容保持了全国卷的风格，如全国Ⅰ卷理科的求外接球的体积，全国Ⅰ卷文科的求点面距，全国Ⅱ卷的面面位置关系的判定，全国Ⅲ卷的异面直线的判定和计算两点间距离.

解答题：3套试卷文、理科试题背景一致，分别是直四棱柱、长方体、斜三棱柱（图形翻折），且第1问3套试卷文、理科试题也一致，分别考查了线面平行、线面垂直、四点共面与面面垂直思维的证明，第2问均体现了文理科的差别；3套理科试卷集中考查了二面角的计算，文科试卷分别考查了几何体的体积和表面积的计算，全国Ⅰ卷文科再次考查了点面距的计算，实质是体积法的应用；值得注意的是，全国Ⅰ卷和Ⅱ卷均为直接求二面角的正弦值，回避了二面角锐角或钝角的判断"争议"问题.

二、稳中有变，突出素养

立体几何试题更加突出了对能力与素养的要求，比如向量法的应用，对基本图形的理解，立体几何作图等能力要求均有所提高，加大了立体几何的难度和重视程度. 具体体现在以下几个方面：

1. 分值的变化

除全国Ⅱ卷和Ⅲ卷继续保持"两小一大"的传统风格外，全国Ⅰ卷的文理科均只考查了"一小一大"，分值为17分，比以往少了5分，这种情况在全国卷历史上第一次出现，其中一个原因是新课程剔除了三视图的内容.

2. 题型的变化

全国Ⅱ卷文理科第16题，试题首次设计了两个空，从过去的一题一空发展到一题两空，目的是为了更精确地区分考生，从而分出了难度梯次，使得不同层次的考生都有展示自己的平台，加大了试题的区分度，也为文理合卷后的试题结构变化做了有益探索.

（2019年全国Ⅱ卷高考数学理16）中国有悠久的金石文化，印信是金石文化的代表之一. 印信的形状多为长方体、正方体或圆柱体，但南北朝时期的官员独孤信的印信形状是"半正多面体"（图1）. 半正多面体是由两种或两种以上的正多边形围成的多面体. 半正多面体体现了数学的对称美. 图2是一个棱数为48的半正多面体，它的所有顶点都在同一个正方体的表面上，且此正方体的棱长为1. 则该半正多面体共有_____个面，其棱长为_____.

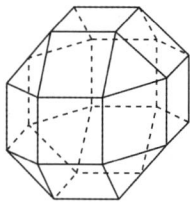

图1   图2

试题要求考生能根据条件作出正确的截面,将立体几何问题转化为平面问题,正确分析出图形中的基本元素及其相互关系,是立体几何教学的核心内容以及处理空间问题的核心方法之一. 试题融数学文化于其中,侧重于知识的理解和运用,对立体几何的教学有积极的引导作用.

3. 难度的变化

难度的变化之一体现在题目的次序上. 从上表的统计可以看出,3 套文理试卷均有一道立体几何试题在选填题的压轴位置,解答题的位置也有所变化,部分试卷的立体几何试题在解答题的第 19 题,可以反馈出命题者对于立体几何的重视程度.

难度变化之二体现在注重综合考查,关注知识交汇,深度考查数学思想和数学方法.

(2019 年全国Ⅰ卷高考数学理 12)已知三棱锥 $P\text{-}ABC$ 的四个顶点在球 O 的球面上,$PA = PB = PC$,$\triangle ABC$ 是边长为 2 的正三角形,E、F 分别是 PA、AB 的中点,$\angle CEF = 90°$,则球 O 的体积为( )

A. $8\sqrt{6}\pi$ B. $4\sqrt{6}\pi$

C. $2\sqrt{6}\pi$ D. $\sqrt{6}\pi$

试题要求考生能根据条件推理论证出该三棱锥的线面特征,判断球心与三棱锥的位置关系,从而找到两者间的数量关系,进而将空间问题转化为平面问题来进行运算求解. 既考查了考生的推理论证能力、空间想象能力以及立体几何作图能力,也考查了考生的建模化归能力,深度考查了考生的数学核心素养.

由题意先画出图形,如图 3 所示,根据已知条件证明三棱锥 $P\text{-}ABC$ 为正三棱锥,且三条侧棱两两互相垂直,这是解决问题的切入点、关键点. 其次,利用补形法,如图 4,将该三棱锥嵌入正方体,直接求得外接球的半径;或者利用重新作图法,如图 5 所示,利用球的截面性质,确定球心与三棱锥的位置关系,进而求得球的半径,最终根据球的体积公式解决问题.

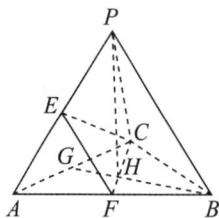

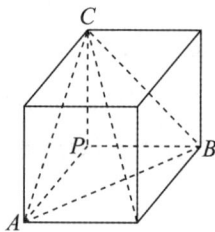

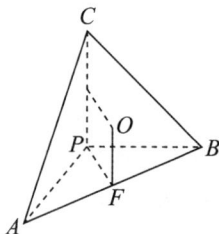

图 3   图 4   图 5

立体几何问题总是以各种棱锥（柱）作为载体，考查线线、线面与面面的位置关系，而各种棱锥（柱）都可以由一个外接的长方体切割而成，因此找到对应的外接长方体（立方体），就犹如搭好了脚手架，让问题变得一目了然，正所谓"识得棱锥真面目，只缘身在立体中".

4. 考点的变化

3 套文理科试卷在立体几何考查上，知识点明显拓宽，被遗漏的知识技能再次呈现. 如全国 3 卷的异面直线判断以及四点共面的证明，那些看似不考的内容被一部分教师忽视，但这次给了这些教师一个警示，所谓的遗漏知识技能并不是不考了，教学与高考复习中不能存在侥幸心理. 重视基础知识落实和数学基本技能、方法的灵活应用依然是当今新课改的主题思想.

（2019 全国Ⅲ卷高考数学 19）图 6 是由矩形 $ADEB$，$Rt\triangle ABC$ 和菱形 $BFGC$ 组成的一个平面图形，其中 $AB=1$，$BE=BF=2$，$\angle FBC=60°$. 将其沿 AB，BC 折起使得 BE 与 BF 重合，连接 DG，如图 7.

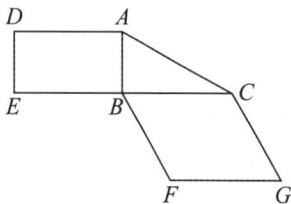

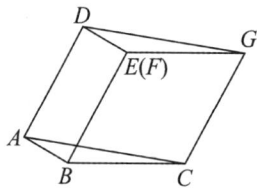

图 6   图 7

（1）（文理同问）证明：图 7 中的 A、C、G、D 四点共面，且平面 ABC $\perp$ 平面 $BCGE$；

（2）（理）求图7中的二面角 B-CG-A 的大小．（文）求图7中的四边形 ACGD 的面积．

本题考查考生对基本几何图形的变形、组合和折叠变换的想象、掌握程度．试题设置空间图形变换的情境，考查数学推理能力和理性思维，题型包含基础性和综合性．

试题的命制是从矩形 ADEB，Rt$\triangle ABC$ 和菱形 BFGC 入手，将其沿 AB、BC 折起使得 BE 与 BF 重合，连接 DG，从而构建一个确定的空间图形．文理科背景一致，均有 3 个小问，其中两问不偏不难、中规中矩，而证明 A、C、G、D 四点共面是全国高考中几乎没有考查过的内容，虽然不难，但也有不少考生不适应．

实质上，该题是通过折叠前后图形中的某些位置关系的不变性，认识四点共面，证明它既可以根据两直线平行确定一个平面，也可以运用空间向量知识，通过向量运算来实现证明，给广大考生充分发挥和展示自己能力的机会．

5．强调应用

强调应用是高考命题的指导思想之一，体现了新课标的"在玩中学、在学中思、在思中得"的新理念，既有利于培养考生的探究意识和创新意识，又能够很好地提升考生的数学核心素养．如全国 3 卷文理第 16 题是以学生到工厂劳动实践，利用 3D 打印技术制作模型为背景命制的与空间几何体的体积有关的问题．

（2019 全国Ⅲ卷高考数学 16）学生到工厂劳动实践，利用 3D 打印技术制作模型，如图 8，该模型为长方体 $ABCD$-$A_1B_1C_1D_1$，挖去四棱锥 O-EFGH 后所得的几何体，其中 O 为长方体的中心，E、F、G、H 分别为所在棱的中点，AB=BC=6 cm，AA_1=4 cm，3D 打印所用原料密度为 0.9 g/cm³，不考虑打印损耗，制作该模型所需原料的质量为_____g．

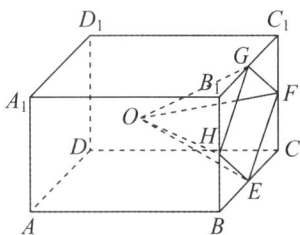

图 8

本题一改以往直接求解空间几何体的体积的命题方式，以劳动实践为背景，考生只要认真审题、认真计算，就能得到正确的结果．本题主要考查考生应用基本图形的相关知识解决实际问题的能力，考查了直观想象、逻辑推理和数学运算核心素养，也是近年来少有的将立体几何与实际问题相结合的应用题．

6. 凸显选择性

笔者研究发现，3 套文理科试卷的立体几何试题，基本上都既能运用综合（几何）法推理论证解决，也可以运用向量法计算求解解决，充分体现了起点低、入口宽、有梯度的特点，给广大考生充分发挥和自主选择的机会．

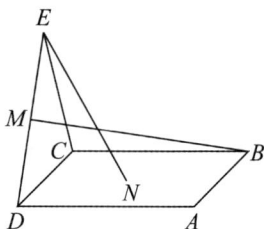

图 9

（2019 全国Ⅲ卷高考数学 8）如图 9，点 N 为正方形 $ABCD$ 的中心，$\triangle ECD$ 为正三角形，平面 $ECD \perp$ 平面 $ABCD$，M 是线段 ED 的中点，则（　　）．

A. $BM = EN$，且直线 BM、EN 是相交直线

B. $BM \neq EN$，且直线 BM、EN 是相交直线

C. $BM = EN$，且直线 BM、EN 是异面直线

D. $BM \neq EN$，且直线 BM、EN 是异面直线

解法 1：因为点 N 为正方形 $ABCD$ 的中心，$\triangle ECD$ 为正三角形，平面 $ECD \perp$ 平面 $ABCD$，M 是线段 ED 的中点，所以 $BM \subset$ 平面 BDE，$EN \subset$ 平面 BDE，因为 BM 是 $\triangle BDE$ 中 DE 边上的中线，EN 是 $\triangle BDE$ 中 BD 边上的中线，所以直线 BM，EN 是相交直线．如图 10，作 $MG /\!/ EF$，交 CD 于 G 点，设 $AB = 2$，则 $BD = 2\sqrt{2}$，$EF = \sqrt{3}$，$FN = 1$，

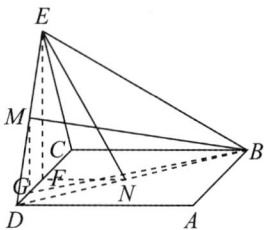

图 10

所以 $EN = \sqrt{(\sqrt{3})^2 + 1^2} = 2$，$BG = \sqrt{2^2 + \left(\dfrac{3}{2}\right)^2} = \dfrac{5}{2}$，$BM = \sqrt{\left(\dfrac{\sqrt{3}}{2}\right)^2 + \left(\dfrac{5}{2}\right)^2}$

$= \sqrt{7}$，所以 $BM \neq EN$，故选 B．

解法 2：如图 11，建立空间直角坐标系，设 $AB=2$，易得 $E(0, 0, \sqrt{3})$，$N(0, 1, 0)$，$M\left(\dfrac{1}{2}, 0, \dfrac{\sqrt{3}}{2}\right)$，$B(-1, 2, 0)$.

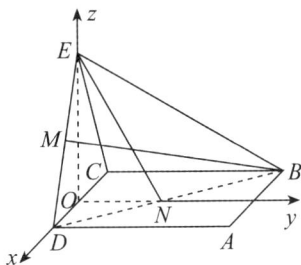

图 11

所以 $EN=\sqrt{1^2+(\sqrt{3})^2}=2$，$BM=\sqrt{\left(\dfrac{3}{2}\right)^2+(2)^2+\left(\dfrac{\sqrt{3}}{2}\right)^2}=\sqrt{7}$，$BM \neq EN$. 连接 BD、BE，因为 N 为正方形 $ABCD$ 中心，所以 N 在 BD 上，且 $BN=DN$，又因为 BM、EN 是 $\triangle BDE$ 的中线，所以 BM、EN 是相交直线，故选 B.

解法 3：将图形补成长方体，如图 12. 设 $AB=2$，则 $ED=EC=2$. 连接 BD、DE、EB，显然 E、M、D、N、B 共面，所以 BM、EN 是相交直线，在 $\triangle BDE$ 中，$ED=2$，$EB=BD=2\sqrt{2}$，则 $BM=\sqrt{7}$，$EN=2$，故选 B.

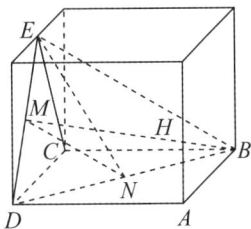

图 12

由于每种方法都可以归结为原理选择的不同，从而对应逻辑推理能力、空间想象能力和运算能力的难度也不尽相同. 若用几何法，则凸显空间想象能力；若用建立空间直角坐标系的代数法，则凸显运算能力；若用补形法，则凸显了对基本图形的深刻理解，体现了数学建模思想和意识，这说明试题命题者充分尊重学生个体差异，求同存异，体现公平性原则，也体现了高中数学核心素养的本质.

三、教学启示

通过以上分析，我们可以得到如下教学启示：

1. 渗透立体几何研究方法，发展直观想象的数学素养

直观想象是指借助几何直观和空间想象感知事物的形态与变化，利用图形理解和解决数学问题的素养. 在立体几何的教学中，认识基本立体图形，

认识基本图形的位置关系，发现和探索直线、平面平行（垂直）关系的判定和性质等，要立足从整体到局部，从一般到特殊，构建立体几何的研究路径，渗透立体几何的研究方法，发展学生直观想象的数学素养．

2. 重视"基本图形"的作用，形成完善的知识与思想方法体系

立体几何问题对学生来说，总感到图形线条多，又处在不同平面内，难以发现要素之间的关系．实际上，空间图形有一些简单的基本图形，把这些基本图形的组成元素的位置关系搞清楚了再解决其他问题，就很容易排除干扰，提炼出本质特征来．因此，教学中要重视基本图形的作用，立足从基本图形到变式图形再到综合图形，尤其要特别关注长方体这一最基本的立体图形，充分发挥它在研究立体图形及其位置关系中的作用，从而形成完善的知识与思想方法体系．

3. 循序渐进地安排推理训练，发展逻辑推理的数学素养

逻辑推理是数学素养的核心，立体几何则是发展学生逻辑推理素养的重要载体，而立体几何定理的掌握和理解是推理论证的保障．

立体几何定理的学习既需要理解，也需要记忆，记住定理是运用定理的前提．但是，当下学生对几何定理记忆的意识和习惯比较差，许多学生到了高三仍对立体几何的基本定理说不清楚，谈何运用？因此，对立体几何定理教学在重视理解的同时，还要强化表述和记忆，特别是三种语言——文字语言、符号语言、图形语言之间的灵活转换．以笔者之见，文字语言有助于记忆，符号语言有助于推理过程的正确书写，图形语言有助于从复杂问题情境中提取定理的基本模型，从而发展逻辑推理的数学素养．

4. 重视向量法的过程性教学，提高数学运算的数学素养

向量的核心价值就是向量的运算，向量法就是通过向量的运算研究空间基本图形的位置关系和度量关系．在向量运算以及运用运算解决几何具体问题的教学过程中，应立足让学生理解建立在这些运算对象上的各种运算及其运算律的内涵及其背景、作用；在横向联系与比较中感悟运算的本质，体会并领悟运算律在处理运算中的价值与意义；在借助直观、经验构建运算思路、设计运算程序、实施运算获得正确结果的过程中，提高运算技能与能力，体

会与领悟运算对于问题解决的价值与意义，提升数学运算素养.

2019 年高考全国 3 套试卷的立体几何试题，粗看与往年的试题是一样的风景，但命题稳中有变，立意鲜明，体现了"考知识，重推理，注运算，显素养"的命题原则，并且文、理科难度有接近的趋势，对即将实施的"文理不分科"新高考模式背景下的高中数学教学有积极的指导意义，也是在为今后新高考方案——数学"文理合卷"作铺垫.

基于学科核心素养的课例点评

福建师范大学附属中学　江泽

学科核心素养是在依托学科知识、技能、思想方法、活动经验建构中生成的，它综合体现对学科知识的理解，对学科技能方法的掌握，对学科思维的感悟及学科活动经验的积累. 它是"三维目标"的继承与发展，"三维目标"内涵的深化，"三维目标"的整合、汇聚与归宿，"三维目标"的精髓. 它是基础教育课程总目标"育人为本、素养为纲"的学科具体体现，也是一线教师课堂实践的指导思想. 数学学科的数学抽象、逻辑推理、直观想象、数学建模、数学运算、数据分析六大核心素养，有利于学生学习方式和教师教学方式的变革，需要一线数学教师进行深入思考. 本文立足于我校一位教师开设的教学公开课《等比数列前 n 项和公式及其初步应用》，探讨课堂教学中如何践行数学学科核心素养的培养.

【教学目标】

（1）掌握等比数列前 n 项和公式的推导，明晰公式结构特征，并能结合等比数列通项公式知三求二.

（2）由中国古代数学问题导入，关注数学抽象、数学建模核心素养的培养．经历等比数列前 n 项和公式的推导过程，感悟转化与化归、分类与讨论、函数与方程等数学思想方法，提高合情推理与演绎推理能力；在初步应用过程中，探究一题多解，关注算理算法，培养学生的数学运算能力，注重提高学生逻辑推理和数学运算两大核心素养．

（3）在数学学习中，感受数学的严谨、自然、和谐、统一之美，培养创新意识与理性精神．

【教学重难点】

（1）教学重点：等比数列前 n 项和公式的推导；

（2）教学难点：公式推导的思想方法提炼．

评析：教学目标关注感悟、感受、体验过程，教学重难点的正确把握，凸显数学知识技能、思想方法、数学能力、核心素养的关系，使得学科知识、方法、能力、素养自然和谐统一，也使得学科核心素养的培养有依托、有根基，水到渠成．

【教学过程】

一、导入课题

明代程大位《算法统宗》记载："远望巍巍塔七层，红灯点点倍加增．共灯三百八十一，请问尖头几盏灯？"

师：请语文课代表将其翻译成现代汉语，请数学课代表用数学符号语言描述并解决以上问题．

生：可以构建一个等比数列来解决以上问题，从尖头到底层灯的数目可构成一个公比为 2 的等比数列，设最上层为 x 盏灯，则可列方程 $x(1+2+2^2+2^3+2^4+2^5+2^6)=381$，解得 $x=3$，则尖头 3 盏灯．

评析：以中国古代数学问题导入，渗透数学文化，转化化归为等比数列求和与一元一次方程求解问题，经历用数学眼光观察世界，用数学思维分析世界，用数学语言表达世界，有利于数学抽象、数学建模核心素养的培养.

二、公式推导

师：等差数列前 n 项和公式可以用基本量首项 a_1，公差 d 以及项数 n 表示，等比数列前 n 项和公式如何？

生：可以用基本量首项 a_1，公比 q 以及项数 n 表示.

师：合情，如何推导？

师生共研：$S_n = a_1 + a_2 + a_3 + \cdots + a_{n-1} + a_n = a_1 + a_1 q + a_1 q^2 + \cdots + a_1 q^{n-1}$.

提取 a_1，则有 $S_n = a_1 + a_2 + a_3 + \cdots + a_{n-1} + a_n = a_1(1 + q + q^2 + \cdots + q^{n-2} + q^{n-1})$，问题转化为求以 1 为首项，公比为 q 的等比数列前 n 项和，记 $T_n = 1 + q + q^2 + \cdots + q^{n-2} + q^{n-1}$. ①

师：如何求 T_n？

生$_1$：$qT_n = q + q^2 + \cdots + q^{n-1} + q^n$， ②

①②两式相减，则有 $(1-q)T_n = 1 - q^n$. ③

从而 $T_n = \dfrac{1-q^n}{1-q}$.

师：有补充的吗？

生$_2$：要分类讨论，当 $q \neq 1$ 时，$T_n = \dfrac{1-q^n}{1-q}$，当 $q = 1$ 时，$T_n = n$.

师：将 T_n 的运算结果代入得到当 $q \neq 1$ 时 $S_n = \dfrac{a_1(1-q^n)}{1-q}$，当 $q = 1$ 时，$S_n = na_1$.

对 T_n 求和过程中，蕴含着一个特殊而且重要的处理问题的方法，那就是"错位相减，消除差异"的方法. 我们将这种方法简称为"错位相减法". 这种方法除了能推导等比数列前 n 项和，也能解决某些特定数列的求和问题.

评析：运用类比推理，由等差数列猜想等比数列的前 n 项和可以用基本量首项 a_1，公比 q 以及项数 n 表示，把控推导目标，运用通项公式，进而转化为一个以 1 为首项，公比为 q 的特殊等比数列前 n 项和问题，比对课本的

"错位相减法"，推导目标更明确，化一般等比数列为特殊数列求和，易于发现"错位相减"推导法，显得更自然，凸显逻辑推理的合理性，有助于逻辑推理素养的建构.

师：等比数列的前 n 项和公式的推导还有其他的方法吗？

思路 1：根据等比数列的定义有 $\dfrac{a_2}{a_1}=\dfrac{a_3}{a_2}=\dfrac{a_4}{a_3}=\cdots=\dfrac{a_n}{a_{n-1}}=q$，再由等比定理得，$\dfrac{S_n-a_1}{S_n-a_n}=q$，从而就有 $(1-q)S_n=a_1-qa_n$，即 $(1-q)S_n=a_1(1-q^n)$，对 q 分类讨论得到 S_n 关于首项 a_1，公比 q 以及项数 n 的表达式. 以上推导严谨吗？显然不严谨，等比定理要求分母 $a_1+a_2+\cdots+a_{n-1}$ 不为 0，而当 $q=-1$ 时，对于奇数 n，有 $a_1+a_2+\cdots+a_{n-1}=0$，怎么办？

生$_3$：规避分式，把分式变整式，由等比数列的定义得 $a_2=a_1q$，$a_3=a_2q$，$\cdots$，$a_n=a_{n-1}q$，把以上各式累加得 $a_2+a_3+\cdots+a_n=(a_1+a_2+\cdots+a_{n-1})q$.

师：很好！至此我们得到了两种方法.

评析：波利亚说过数学解题很重要的方法是"回到定义去"．基于等比数列的定义，展开推理，很自然合理，难在变形，为什么这样变？这涉及逻辑推理的深刻性.

师：这两种方法有何共同点？方法 1，变形作差得 $(1-q)T_n=1-q^n$；方法 2，累和变形得 $(1-q)S_n=a_1(1-q^n)$，都是在构建关于和为未知量的方程.

思路 2：把 $S_n=a_1+a_2+\cdots+a_n$ 变形为 $S_n=a_1+q(a_1+a_2+\cdots+a_{n-1})$，$S_n=a_1+q(S_n-a_n)=a_1+q(S_n-a_1q^{n-1})$，整理得 $(1-q)S_n=a_1(1-q^n)$.

师：这三种推导方法有什么共同点？

生$_4$：都是在构建关于和 S_n 为未知量的方程.

评析：殊途同归，都是在构建关于和 S_n 为未知量的方程．把控了变形的方向，事实上，等差数列的倒序相加也是构建关于和 S_n 为未知量的方程，揭示不同方法的共同思想，从感性思维上升为理性思维，深刻感悟了函数与方程的思想方法，逻辑推理的深刻性依托数学思想方法的感悟和体验，依托等比数列前 n 项和公式的推导方法的多样性与统一性，有效地提升了逻辑推理的深刻性.

三、公式应用（课堂实录略）

例 1　求下列等比数列前 6 项和：

(1) $\dfrac{1}{2}$，$\dfrac{1}{4}$，$\dfrac{1}{8}$，…；(2) $a_5 = 81$，$a_6 = 243$.

评析：根据已知条件，求解首项和公比，直接代入公式求和即可.

例 2　等比数列 $\{a_n\}$ 中，已知 $a_3 = \dfrac{3}{2}$，$S_3 = \dfrac{9}{2}$，求 S_n.

解法 1：(1) 当 $q = 1$，$S_3 = \dfrac{9}{2} = 3a_3$，此时 $a_1 = \dfrac{3}{2}$，$S_n = \dfrac{3}{2}n$.

(2) 当 $q \neq 1$，由已知得 $\begin{cases} a_3 = \dfrac{3}{2}, \\ S_3 = \dfrac{9}{2}, \end{cases}$ 从而 $\begin{cases} a_1 q^2 = \dfrac{3}{2}, \\ \dfrac{a_1(1-q^3)}{1-q} = \dfrac{9}{2}, \end{cases}$ 消去 a_1 得

$\dfrac{1+q+q^2}{q^2} = 3$.

去分母得 $2q^2 - q - 1 = 0$，解得 $q = -\dfrac{1}{2}$ 或 $q = 1$（舍去），故 $q = -\dfrac{1}{2}$.

此时 $a_1 = 6$，从而 $S_n = 4\left[1 - \left(-\dfrac{1}{2}\right)^n\right]$.

评析：在课堂实践中，学生板演，教师讲评，板演的两位学生均采用解法 1 解题，都没有得出正确答案，问题出在对于公比 q 没有分类，直接列出 $q \neq 1$ 时关于基本量 a_1、q 的方程组，由于没有把分式 $\dfrac{1-q^3}{1-q}$ 及时化简，直接去分母，受阻于 q 的三次方程 $2q^3 - 3q^2 + 1 = 0$ 的求解. 教师对学生的错因进行了很好的剖析，并规范板书示范，同时师生共研探讨出规避对 q 分类的解法 2.

解法 2：由 $\dfrac{a_3}{q^2} + \dfrac{a_3}{q} + a_3 = S_3$，以及 $a_3 = \dfrac{3}{2}$，$S_3 = \dfrac{9}{2}$，可得 $2q^2 - q - 1 =$

0，解得 $q=1$，或 $q=-\dfrac{1}{2}$．最后教师对 S_3 进行规避公式套用的转化，$S_3=$ $a_1(1+q+q^2)$，回避了 $\dfrac{1-q^3}{1-q}$ 的化简．通过师生互动，找出错因，加强算法算理分析，规范板书示范，有效提高运算能力，使数学运算核心素养的培养落到实处．

例 3　在数列 $\{a_n\}$ 中，已知 $a_{n+1}=ca_n$（c 为非零常数），$S_n=3^n+k$，求实数 k 的值．

解法 1：由已知条件可知，数列 $\{a_n\}$ 为等比数列（若首项 a_1 为 0，则 a_n $=0$，进而 $S_n=0$，不合题意），

由 $a_n=\begin{cases}S_1, & n=1,\\ S_n-S_{n-1}, & n\geqslant 2,\end{cases}$ 得 $a_n=\begin{cases}3+k, & n=1,\\ 2\cdot 3^{n-1}, & n\geqslant 2,\end{cases}$ 故 $3+k=2$，则 $k=-1$．

评析：学生把数列 $\{a_n\}$ 中，已知 $a_{n+1}=ca_n$（c 为非零常数）等价于等比数列的定义，不加说明进行后续解题．教师对学生的思维不严谨进行剖析，继续探究得到 $\{a_n\}$ 为等比数列的充要条件是 $3+k=2$，揭示了逻辑推理的严谨性．接着，教师又启发学生观察等比数列前 n 项和公式的结构特征，得出解法 2．

解法 2：同上可得 $\{a_n\}$ 是等比数列且 $q\neq 1$，依据 $S_n=\dfrac{a_1(1-q^n)}{1-q}=\dfrac{a_1}{1-q}$ $-\dfrac{a_1}{1-q}q^n$，知常数项和 q^n 前面系数互为相反数，又 $S_n=3^n+k$，故 $k=-1$．

评析：从函数的观点分析等比数列前 n 项和的结构特征，明晰了公式的结构特征，提高了对公式的理解层次和灵活应用能力，有效提升了思维品质，促进了逻辑推理核心素养的培养．

教师：同学们还有其他方法求解吗？

解法 3：同上可得 $\{a_n\}$ 是等比数列，所以有 $a_2^2=a_1a_3$，由已知得 $a_1=3+$ k，$a_2=S_2-S_1=6$，$a_3=S_3-S_2=18$，

所以 $6^2=(3+k)\times 18$，则 $k=-1$．经检验，$k=-1$ 符合题意．

评析：前两种解法是通法，解法 3 利用等比数列的性质，通过前三项成

等比中项求解，从特殊到一般，体现了化归与转化思想.

四、课堂小结

（1）等比数列前 n 项和公式的推导思想方法归根到底是构建 S_n 的方程求解，"错位相减法"是其中很重要的构建方法；

（2）等比数列求和公式，注意分类，在应用时要特别关注对公比 q 是否等于1的判断；

（3）当 $q=1$ 时，等比数列前 n 项和 S_n 是 n 的正比例函数；当 $q\neq1$ 时，S_n 是关于 n 的"指数型"函数形式，且 $S_n=A-Aq^n(A\neq0)$.

评析：教师不是简单回顾学习了什么知识，而是突出对课内涉及的函数与方程、分类与讨论等数学思想方法进行小结，有利于数学核心素养的建构与生成.

五、布置作业

思考题：已知数列 $\{a_n\}$ 的通项公式为 $a_n=n\cdot2^n$，求其前 n 项和 S_n.

评析：思考题是"错位相减法"的拓展变式应用，有效促进学生对"错位相减法"的理解，提高应用数学知识、思想方法分析问题、解决问题的能力，有利于数学核心素养的进一步提升.

数学学科六大核心素养的培养，应立足于数学概念定义教学、公式法则定理公理等命题教学中，立足于函数与方程、数形结合、分类与整合、化归与转化、特殊与一般、有限与无限、必然与或然等数学思想方法感悟中，立足于提高抽象概括能力、推理论证能力、空间想象能力、数学建模能力、运算求解能力、数据处理能力实践中，依托代数、三角、几何、概率统计等模块内容教学，贯穿高一、高二的新课教学以及高三总复习始终.

"单元整体教学视角下的基本不等式"教学设计

莆田第一中学　蔡晶晶

《普通高中数学课程标准》突出函数、几何与代数、概率与统计、数学建模活动与数学探究活动四条主线，凸显数学的内在逻辑和思想方法，关注数学逻辑体系、内容主线、知识之间的关联，提倡单元整体教学设计．单元整体教学设计将各个相互联系、相互作用的若干环节有机融合成一个整体，以数学六大核心素养为纲领，整合优化教学内容体系，选择恰当的整体教学策略，使点状的知识得以结构化、整体化，让单一的数学思想方法和数学核心素养得到系统化建构和持续性培养．本文以人教 A 版《普通高中教科书·数学必修第一册》中的 2.2《基本不等式》（2 课时）的单元教学设计为例，进行整理与思考．

【创设情境】

在前面研究不等式性质中，我们发现：在第 24 届国际数学家大会会标（根据中国古代数学家赵爽的弦图设计）抽象得出的图形（图 1）中，四个小直角三角形的面积之和与大正方形 ABCD 的面积，其大小关系如何？请用数

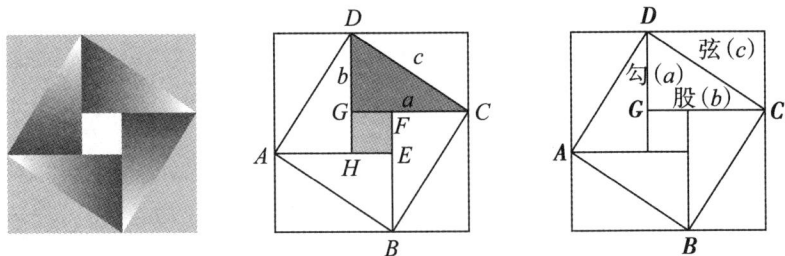

图 1

　　　　杏坛哲思——基于高中数学核心素养发展的教学探究

学式子表示.

追问：a，b 满足什么条件时等号成立？如何利用代数方法证明这个不等式？

设计意图：通过对两部分面积的比较，帮助学生从直观上理解基本不等式的一种变形形式 $a^2+b^2 \geqslant 2ab$，为接下来利用换元法推导出基本不等式作铺垫. 最后利用完全平方公式证明上述不等式，体现了数学知识之间的联系.

探究 1　令 a、$b>0$，用 $\sqrt{a}$ 和 $\sqrt{b}$ 分别代替不等式 $a^2+b^2 \geqslant 2ab$ 里的 a、b，可以得到什么结论？

设计意图：利用换元法，推导出基本不等式，把基本不等式与完全平方公式建立联系，并利用不等式性质进行证明，体现了化归与转化思想.

【深化认识】

探究 2　我们还可以怎样证明基本不等式？

追问：用分析法证明命题的思路是什么？格式是什么？

设计意图：利用分析法执果索因，让学生对基本不等式有更深刻的认识，并通过典型案例理解分析法，为高中阶段的推理与证明数学提供更丰富的策略.

【理解升华】

探究 3　如右图 2，AB 是圆 O 的直径，点 C 是 AB 上一点，$AC=a$，$CB=b$，$CD \perp AB$. 如何利用这个几何图形证明基本不等式 $\sqrt{ab} \leqslant \dfrac{a+b}{2}$？

设计意图：借助学生熟知的几何图形，引导学生将 $\sqrt{ab}$ 和 $\dfrac{a+b}{2}$ 与图中的几何线段联系起来，从而得到基本不等式的几何解释：圆的半径不小于半弦（即圆的直径

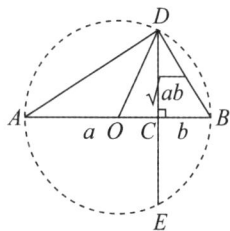

图 2

是最长的弦），通过数形结合赋予基本不等式几何直观形象. 同时借助信息技术，展示点 C 在直径 AB 上移动的过程，体会基本不等式中蕴含的等式与不等式的内在联系.

【归纳提升】

一、理解基本不等式的背景及其变式

（1）基本不等式的代数解释：我们把 $\dfrac{a+b}{2}$ 叫做两个正数 a、b 的算术平均数，$\sqrt{ab}$ 叫做两个正数 a、b 的几何平均数，则基本不等式可表示为"两个正数的算术平均数不小于它们的几何平均数"；

（2）基本不等式的几何解释：令 $AC=a$，$CB=b$，则 $CD \leqslant OD$，即 $\sqrt{ab} \leqslant \dfrac{a+b}{2}$（当且仅当 $a=b$ 时等号成立）；

（3）基本不等式的变形形式：$a+b \geqslant 2\sqrt{ab}$，$ab \leqslant \left(\dfrac{a+b}{2}\right)^2$（$a$，$b>0$）.

引申：$\dfrac{2}{\dfrac{1}{a}+\dfrac{1}{b}} \leqslant \sqrt{ab} \leqslant \dfrac{a+b}{2} \leqslant \sqrt{\dfrac{a^2+b^2}{2}}$（当且仅当 $a=b$ 时等号成立）.

二、注意基本不等式求最值的条件

学生在运用基本不等式求最值时，经常会忽略"一正、二定、三相等"这一前提条件，其中"一正"是指"正数"（a、$b>0$）；"二定"是指"定值"（若 ab 为定值，则 $\dfrac{a+b}{2}$ 有最小值；若 $\dfrac{a+b}{2}$ 为定值，则 ab 有最大值）；"三相等"是指"相等"（等号成立的条件是 $a=b$）.

例1 已知 $x>0$，求 $y=x+\dfrac{1}{x}$ 的最小值.

追问1："求 $y=x+\dfrac{1}{x}$ 的最小值"的含义是什么？

追问2：所求代数式与基本不等式在形式上有何联系？如何求 $y=x+\dfrac{1}{x}$

的最小值?

变式1：已知 $x>0$，求 $y=x+\dfrac{2}{x}$ 的最小值.

变式2：已知 $x>1$，求 $y=x+\dfrac{1}{x-1}$ 的最小值.

设计意图：利用基本不等式求最值问题，需要从所求代数式与基本不等式在形式上的联系入手，必要时还可对代数式进行适当变形，使之符合"一正、二定、三相等"的形式.

例2　已知 a、$b>0$，且 $\dfrac{1}{a}+\dfrac{9}{b}=1$，求 $a+b$ 的最小值.

追问1：请观察以下解法是否正确，并说明你的理由.

解：由 $1=\dfrac{1}{a}+\dfrac{9}{b}\geqslant 2\sqrt{\dfrac{1}{a}\times\dfrac{9}{b}}=\dfrac{6}{\sqrt{ab}}(a,b>0)$. 得：$\sqrt{ab}\geqslant 6$，又 $a+b$

$\geqslant 2\sqrt{ab}$，所以 $a+b$ 的最小值为12.

错误原因：两个等号不能同时成立.

追问2：请观察已知等式与所求代数式的结构特征，思考本题正确解法.

解法1（"1"的代换）：由 a，$b>0$，且 $\dfrac{1}{a}+\dfrac{9}{b}=1$ 得

$$a+b=(a+b)\left(\dfrac{1}{a}+\dfrac{9}{b}\right)=10+\dfrac{b}{a}+\dfrac{9a}{b}\geqslant 10+2\sqrt{\dfrac{b}{a}\times\dfrac{9a}{b}}=16\text{（当且仅当}$$

$\dfrac{b}{a}=\dfrac{9a}{b}$ 即 $a=4$，$b=12$ 时取到等号）.

解法2（配凑法）：由 $\dfrac{1}{a}+\dfrac{9}{b}=1$ 得 $(a-1)(b-9)=9$，又因为 a，$b>0$，所以 $0<\dfrac{1}{a}<1$，$0<\dfrac{9}{b}<1$，即 $a>1$，$b>9$；所以 $a-1>0$，$b-9>0$，$a+b$ $=(a-1)+(b-9)+10\geqslant 2\sqrt{(a-1)(b-9)}+10=16$（当且仅当 $a-1=b-9$ 即 $a=4$，$b=12$ 时取到等号）.

解法3（消元法）：由 $\dfrac{1}{a}+\dfrac{9}{b}=1$（$a$，$b>0$）得 $b=\dfrac{9a}{a-1}>0$，$a>1$，

所以 $a+b=a+\dfrac{9a}{a-1}=a+\dfrac{9}{a-1}+9=a-1+\dfrac{9}{a-1}+10\geqslant 2$

$\sqrt{(a-1)\times\dfrac{9}{a-1}}+10=16$（当且仅当 $a-1=\dfrac{9}{a-1}$ 即 $a=4$，$b=12$ 时取到等号）.

变式：已知 a，$b>0$，且 $a+b=4$，求 $\dfrac{1}{a}+\dfrac{9}{b}$ 的最小值.

设计意图：本题解题方法多样，不过最常用的当属"1"的代换. 有时和不一定为"1"，还需加以变形，利用化归思想，实现举一反三.

三、掌握基本不等式的运用技巧

例3 已知 x，$y>0$，求证：

（1）如果积 xy 等于定值 p，那么当 $x=y$ 时，和 $x+y$ 有最小值 $2\sqrt{p}$；

（2）如果和 $x+y$ 等于定值 S，那么当 $x=y$ 时，积 xy 有最大值 $\dfrac{1}{4}S^2$.

追问：利用基本不等式可以解决哪两类最值问题？

变式：已知 $0<x<1$，求 $y=x(1-x)$ 的最大值.

设计意图：让学生体会到利用基本不等式可以解决两类最值问题"积定和最小，和定积最大"，为后续实际应用埋下伏笔.

四、掌握基本不等式的实际应用

例4 （1）用篱笆围一个面积为 100 m^2 的矩形菜园，当矩形的边长为多少时，所用篱笆最短？最短长度是多少？

（2）用一段长为 36 m 的篱笆围一个矩形菜园，当矩形的边长为多少时，菜园面积最大？最大面积是多少？

追问：如何把本例加以简化，转化为上述两种模型求解？

设计意图：可将例4简化为：（1）已知矩形的面积为定值，长与宽分别取何值时周长最短？（2）已知矩形的周长为定值，长与宽分别取何值时面积最大？从而转化为"积定和最小，和定积最大"进行求解，发展学生的数学建模能力，体会数学在生活中的应用价值.

例5 某工厂要建造一个长方形无盖贮水池，其容积为 4800 m^3，深为 3 m. 如果池底每平方米的造价为 150 元，池壁每平方米的造价为 120 元，那么怎样设计水池能使总造价最低？最低总造价是多少？

追问1：如何求水池的总造价？（设池底相邻两边的边长分别为 x（m），y（m），水池的总造价为 z 元）

追问2：如何把本例转化为基本不等式运用的常见模型求解？

设计意图：本题背景更加复杂，要对实际问题加以提炼，转化为数学模型"已知 $xy=1600$，x，y 取何值时，$z=240000+720(x+y)$ 最小"，从而利用"积定和最小"求解，引导学生用数学的思维思考世界，用数学的语言表达世界.

变式：（P48 练习第 2 题）用一段长为 30 m 的篱笆围成一个一边靠墙的矩形菜园，墙长 18 m. 当这个矩形的边长为多少时，菜园面积最大？最大面积是多少？

五、总结提升

引导学生回顾本单元内容，回答下列问题：通过本节课，你学到了哪些知识？掌握了哪些方法？体会到哪些思想？

单元整体教学设计整合了教学内容、教学要素、教学目标、教学流程与教学评价和反思，是一个有机的整体. 整体中的各部分，层层递进、相互作用，在具体实践中要从整体把握、整体优化、整体设计、整体推进四个方面展开. 本节课正是从培养学生的抽象思维和逻辑思维入手，通过多层次、多角度挖掘内涵，达到对基本不等式的熟练掌握，有利于学生直观想象、抽象概括、逻辑推理、数学运算等核心素养的达成.

从核心素养视角重新审视"二分法"的教育价值

福建师范大学附属中学　江　泽　黄喜滨

党的十八大提出："教育的根本任务在于立德树人."而数学教育的核心

任务是"数学育人". 数学学科的"立德树人"目标, 首先体现在数学学科的核心素养上. 如何把这个要求落实在数学教育中, 在课程教材中体现出来, 在课堂教学中实施下去呢? 笔者结合自己指导的教师在全国部分大学附中教学协作体第 26 届年会中的实践, 以人教 B 版《普通高中课程标准实验教科书·数学必修第一册》第二章第四节第二小节的"求函数零点近似解的一种计算方法——二分法"的教学为例介绍相关设计和教学过程.

【教学内容分析】

本节选自人教 B 版《普通高中课程标准实验教科书·数学 1》第二章第四节第二小节, 主要分析的是函数与方程的关系. 用二分法求方程的近似解是新课程中的新增内容, 它以上节课的"连续函数的零点存在定理"为确定方程解所在区间的依据, 从求方程近似解这个侧面来体现"方程与函数的关系". 求方程近似解其中隐含"逼近"的数学思想, 并且运用"二分法"来逼近目标是一种普通而有效的方法, 其关键是逼近的依据. 而且在"用二分法求函数零点"的步骤中渗透了算法的思想, 为学生后续学习算法的内容埋下伏笔. 整节课充分体现新课程"渗透数学方法, 关注数学文化以及重视信息技术应用"的理念, 有力培养了学生的直观想象素养、数学建模素养、数据分析素养及逻辑推理素养.

【学情分析】

学生有了第一节课的基础, 对函数的零点具备基本的认识; 而二分法来自生活, 是由生活中抽象而来的, 只要我们选材得当, 能够激发学生的学习兴趣, 达到渗透数学思想、关注数学文化的目的, 学生也能够很容易理解这种方法.

【设计理念】

本节课倡导积极主动、勇于探索的学习方式，经历"生活实际—理论—实际应用"的过程，应用数形结合、图表、信息技术，采用教师引导与学生探索相结合的教学方法，注重提高学生数学的提出问题、分析问题和解决问题的能力，让学生经历直观想象、观察发现、数学建模、符号表示、运算求解、数据分析、逻辑推理等思维过程.

【教学目标】

（1）理解二分法的概念，掌握运用二分法求简单方程近似解的方法，了解这种方法是求方程近似解的常用方法；

（2）利用直观想象分析问题来培养学生的直观想象素养，利用建立模型解决问题来培养学生的数学建模素养，通过让学生概括二分法思想和步骤培养学生的归纳概括能力；在二分法思想的探求中培养学生数据分析、逻辑推理的能力.

【教学重点与难点】

（1）重点：掌握二分法的原理，能够借助计算器，会用二分法求相应方程的近似解；

（2）难点：方程近似解所在初始区间的确定及逼近的思想，二分法的原理，精确度的理解.

【教学情境设计】

一、创设情境，提出问题

情境 1：16 枚金币中有一枚略轻，是假币，请你设计一个寻找这枚假币的方案.

情境 2：在一个风雨交加的夜里，从某水库闸房到防洪指挥部的电话线路的某一处发生了故障. 这是一条 10 km 长的线路，你能否给维修线路的师傅设计一个寻找故障点的方法？

设计意图：从简单有趣的金币问题开始，迅速调动学生的积极性，在学生分组讨论解决问题的过程中，让学生迅速建立二分查找的思想与方法. 但是金币问题属于离散型问题，而二分法是对连续函数而言的，所以在直观的金币问题后，又设置了连续型的线路问题. 一方面和主题更加吻合，另一方面也让学生体会用一分为二的思想来解决实际问题的过程，感受数学来自生活，培养学生从实际情境中抽象出数学问题的能力，培养学生数学抽象素养.

二、合作探究，解决问题

探究 1：当确定函数在区间内存在一个变号零点后，如何求出这个零点的近似值？

设计意图：教师引导学生作类比，鼓励学生大胆尝试探求，感受二分法的定义，培养学生数据分析素养和逻辑推理素养.

探究 2：尝试归纳二分法的定义.

设计意图：发展学生用文字语言、符号语言等数学语言表达世界的基本素养. 通过二分法的无限逼近，让学生体会逐渐逼近的极限思想；将区间一分为二，通过确定零点的存在位置，重点培养学生的数据分析素养和逻辑推理素养.

探究 3：一定要二分吗？有没有别的方法？比如三分、四分，甚至十等分呢？

设计意图：通过对其他方法的比较，让学生感受二分法的优点：简单方便易操作，同时渗透对数学文化的关注.

探究 4：用二分法求函数 $f(x)=x^3+x-1$ 的零点（精确度为 0.1）.

设计意图：教师通过追问的方式对同一函数从根的存在性问题深入到初始区间的求法，思路自然，引起学生认知冲突，激起学生进一步探究的欲望，有利于培养学生的逻辑推理素养.

课堂活动：教师和学生一起完成表格，体会用二分法求解函数零点近似解的过程，并在黑板画上数轴帮助学生理解.

课堂活动：教师黑板上画出数轴讲解精确度的含义（如图）. 精确度为 0.1，即指误差不超过

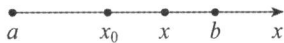

$$|x-x_0|<|b-a|<\varepsilon$$

0.1. 当区间长度小于 0.1 时，区间内的任意一个值都可以作为近似值，为了方便，我们一般取区间端点.

设计意图：利用多媒体辅助教学有利于完善学生认知，深刻体验二分法思想的本质，为学生自身总结归纳步骤奠定基础，并且提高教学效率. 利用动态演示展现二分法的全过程，使学生的感官受到强烈的冲击，加深对二分法的理解. 利用数轴画出简图辅助说明，理解为求得方程更为精确的近似解. 直观上就是去探求零点所处的更小的范围，即求方程近似解的问题可以转化为不断缩小零点所在范围或区间的问题，有利于培养学生的数据分析素养.

课堂活动：教师展示一个由高一同学编写的用二分法求函数零点近似解的小程序.（如图）

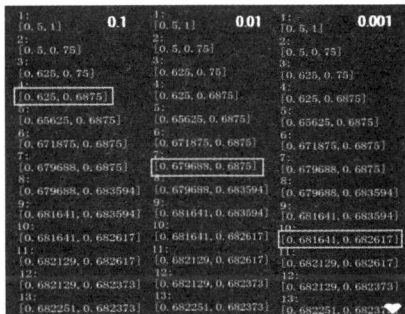

设计意图：算法与程序本来是必修 3 的内容，本节课设计这一环节基于如下几点：①凸显二分法的优点. 二分法虽然简单方便易操作，但是如果一直停留在徒手计算，那就无法真正体现出它的优越性，而程序化就像是给二分法插上了翅膀，让它能自由翱翔. ②充分尊重教材. 在人教 A 版教材的阅读材料中就提供了用二分法求解的程序框图，因此将它结合进来，编成课堂中展示的程序，对整节课也是一个完善和补充. ③鼓励学生运用计算机、计算器等进行探索和发现. 实验过程中，随着实验次数的增加，学生感受到无限逼近的极限思想；感受精确与近似的对立统一，有利于培养学生的数据分析素养，同时也为后续学习算法作铺垫.

课堂活动：教师和学生一起分析"精确到"与"精确度"的区别.

设计意图："精确度"和"精确到"对学生来讲是一个难点,很多教师都只选择一个来讲. 不同版本的教材,采取的终止计算的条件也不同,如人教B版教材中的题目都是用"精确到",而A版教材中都是用"精确度". 本节课刻意把两者都放进来,希望学生能区分"精确到"与"精确度". 虽然两者都是用来终止计算的,但是要求不同,这也体现了数学的严谨与统一. 另外从实际生活角度分析,精确度立足于误差角度,也更为贴近和吻合. 整个过程有助于提高学生的数据分析能力,培养了学生的数据分析素养.

三、归纳总结,揭示新知

设计意图:发展学生用数学语言表达世界的基本素养. 通过框图形式归纳梳理二分法求解步骤,简洁直观,形成数学模型,培养学生的数学建模素养.

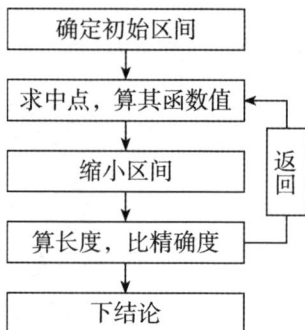

四、概念拓展,实践巩固

课堂活动:用二分法求函数 $f(x)=x^2+x-1$ 的正零点(精确到 0.1).同桌两人一组,一人用计算器算,一人填写课前发好的表格,最快的一组上来投影展示.

设计意图:鼓励学生自行尝试,让学生体验解题时的困惑以及解决问题的成就感. 让学生体会用二分法来求方程近似解的完整过程,进一步巩固二分法的思想方法. 培养学生的直观想象素养、数学建模素养、逻辑推理素养、数据分析素养、数学运算素养.

课堂活动:在一个风雨交加的夜里,从某水库闸房到防洪指挥部的电话线路的某一处发生了故障,这是一条 10 km 长的线路,请你用二分法算一算:

要把故障可能发生的范围缩小到 50～100 m 左右，要检查多少次?

设计意图：首尾呼应，学以致用，培养学生应用与创新的能力，利用二分法的逼近思想解决实际问题. 发展学生的数学应用意识，发展学生的数学建模素养、数学运算素养、数据分析素养.

五、课堂小结，作业创新

设计意图：通过总结，培养学生用数学语言表达世界的能力，养成及时总结的良好习惯，并将所学知识纳入已有的认知结构.

课堂活动：PPT 展示今天作业：①P74/A1，2；②P81/阅读与欣赏"数学文化"；③研究性作业：利用 Internet 查找有关资料，查阅牛顿法、华罗庚优选法等其他求函数零点的方法，上交小报告.

设计意图：在作业中提出对"数学文化"的学习要求，让学生通过自主查阅、阅读自学等学习数学的方式，提高学习的主动性，逐步形成正确的数学观，实现教师引导下的"再创造".

核心素养的提出为高中数学课程改革指明了方向，在本节课的教学设计中，坚持学生的主体地位，通过问题的引导，层层推进，将问题的分析与解决都归结到学生已有的知识上，引导学生自主探究并渗透相应的数学思想. 整个教学过程水到渠成，不仅使学生掌握了相关的知识和技能，还锻炼了学生的思维，提高了学生的创新能力，发展了学生的学科核心素养.

基于核心素养视野下"空间几何体外接球"之探究

福建师范大学附属中学　黄喜滨　江泽

学科核心素养是在依托学科知识、技能、思想方法、活动经验建构中生成的，它综合体现对学科知识的理解，对学科技能方法的掌握，对学科思维的感悟及学科活动经验的积累. 数学核心素养不是指具体的知识与技能，也不是一般意义上的数学能力，而是学生通过数学的学习、反思、积累、升华孕育出来的，在面对复杂的、不确定的现实情境和问题时，能够综合运用特定的数学观念、知识、技能、思维模式、探究技能等，用积极的态度、科学的精神去分析问题、提出问题、解决问题、交流结果表现出来的综合性品质。数学学科提出数学抽象、逻辑推理、直观想象、数学建模、数学运算、数据分析这六大学科核心素养，有利于促进学习方式和教学方式的改进，期待一线数学教师思考和实践。

若一个多面体的各顶点都在一个球的球面上，则称这个多面体是这个球的内接多面体，这个球是这个多面体的外接球。每个多面体至多有一个外接球，也就是说，如果某个多面体有外接球，那么它的外接球是唯一的。由于这个唯一性使得外接球问题成为历年高考的热点，也成了学生眼中的难点，解答这类题目要求学生有较强的空间想象能力和准确的运算能力，即重点考察数学抽象和数学运算两大核心素养。数学抽象是指舍去事物的一切物理属性，得到数学研究对象的思维过程。数学抽象主要包括从数量与数量关系、图形与图形关系中抽象出数学概念及概念之间的关系，从事物的具体背景中抽象出一般规律和结构，并且用数学符号或者数学术语予以表征。数学运算是指在明晰运算对象的基础上，依据运算法则解决数学问题，包括理解运算对象、掌握运算法则、探究运算方向、选择运算方法、设计运算程序、求得运算结果。数学核心素养主要体现在情境与问题、知识与技能、思维与表达、交流与反思，它是在过去"三大能力"的基础上逐步发展形成的。在一线教学中我们经常发现很多同学在研究空间几何体的外接球问题时，常常因缺乏空间想象力而感到束手无策，因此这部分知识是学生掌握较为薄弱、认识较为模糊、看到就头疼的部分。分析原因，除了这类题目的入手确实不易之外，主要是学生没有形成解题的模式和套路，以至于遇到类似的题目便产生畏惧心理。事实上，有时无需画出整个球体，只需要找出球心和半径即可，或者画出球的大圆转化为平面几何问题。下面结合教学实例，就外接球问题求解时常见的几种方法，谈谈笔者的一点体会。

一、直接法（公式法）

例1 设长方体的长、宽、高分别为 $2a$、a、a，其顶点都在一个球面上，则该球的表面积为（ ）

A. $3\pi a^2$ B. $6\pi a^2$ C. $12\pi a^2$ D. $24\pi a^2$

解：设球的半径为 R，则根据球的直径等于长方体的体对角线，即 $2R=\sqrt{(2a)^2+a^2+a^2}$，所以 $2R=\sqrt{6}\,a$，$R=\dfrac{\sqrt{6}}{2}a$，从而球的表面积 $S=4\pi R^2=6\pi a^2$，选 B.

小结：对于正方体或长方体，其外接球球心在其体对角线的中点位置，所以几何体的外接球直径等于体对角线，而直棱柱的外接球球心位置也可以直接确定，就在上下底面的外接圆圆心连线的中点处，它们的外接球半径都可直接求得. 从学生较熟悉的模型开始学习，有利于学生数学抽象、数学运算核心素养的培养.

二、构造法（补形法）

（1）三棱锥的三条侧棱两两互相垂直时，常构造长方体. 当三棱锥的三条侧棱两两互相垂直且相等时，可直接构造正方体.

例2 若三棱锥的三条侧棱两两垂直，且侧棱长均为 $\sqrt{3}$，则其外接球的表面积是_____.

解：三棱锥的三条侧棱两两垂直，很快联想到"墙角"模型，即长方体的一个角，从而马上构造长方体，又因为侧棱长均相等，所以可构造正方体模型，如图1所示，则三棱锥的外接球的直径即为正方体的体对角线，即球的直径 $2R=\sqrt{3+3+3}$，所以球的半径 $R=\dfrac{3}{2}$，故所求的表面积是 $S=4\pi R^2=9\pi$.

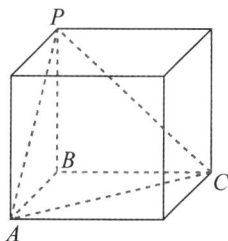

图1

小结：出现"墙角"结构利用补形知识，构造长方体. 一般情况下，若一个三棱锥的三条侧棱两两垂直，且其长度分别为 a、b、c，则可以将这个三棱锥补成一个长方体，于是长方体的体对角线的长就是该三棱锥的外接球的直径. 设其外接球的半径为 R，则有 $2R=\sqrt{a^2+b^2+c^2}$. 通过构造法，将陌生的问题转化为学生熟悉的模型，大大降低了试题难度，凸显逻辑推理的合理性，有助于逻辑推理素养的建构.

（2）三棱锥的四个面均是直角三角形时，可构造长方体.

例 3 在三棱锥 $P\text{-}ABC$ 中，$PA\perp$ 平面 ABC，$CB\perp PB$，$CB\perp AB$，且 $PA=2AB=2BC=2$，求其外接球的体积.

解：依题意得，三棱锥 $P\text{-}ABC$ 的四个面都为直角三角形，如图 2 所示，将其补形为长方体，设球的半径为 R，则根据球的直径等于长方体的体对角线，即 $2R=\sqrt{2^2+1^2+1^2}=\sqrt{6}$，所以 $R=\dfrac{\sqrt{6}}{2}$，从而球的体积 $V=\dfrac{4}{3}\pi R^3=\sqrt{6}\,\pi$.

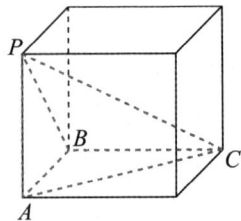

图 2

小结：一般情况下，三棱锥的四个面是直角三角形时，可补形为长方体. 根据已知条件求出构造出的长方体的三边长度 a、b、c，于是长方体的体对角线的长就是该三棱锥的外接球的直径. 设其外接球的半径为 R，则有 $2R=\sqrt{a^2+b^2+c^2}$.

（3）三棱锥的对棱相等时，常构造长方体. 当三棱锥的各条棱相等，即为正四面体时，可直接构造正方体.

例 4 一个四面体的所有棱长都为 $\sqrt{2}$，四个顶点在同一球面上，则此球的表面积为（　　）

A. 3π B. 4π C. $3\sqrt{3}\pi$ D. 6π

解：四面体的所有棱长都相等，很自然使人联想到正方体，如图 3 所示，先构造一个正方体，再从中寻找棱长相等的四面体，图中的四面体 $P\text{-}ABC$ 显然满足条件，即 $PA=PB=PC=AB=AC=BC=\sqrt{2}$，由此可求得正方体的棱长为 1，体对角线为 $\sqrt{3}$，从而外接球的直径为 $\sqrt{1+1+1}=\sqrt{3}$，所以此球的表面积为 $S=3\pi$，故选 A.

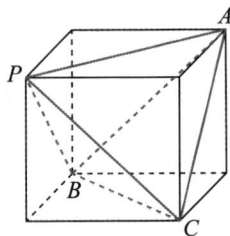

图 3

小结：一般情况下，当三棱锥对棱相等时，可补形为长方体．当它为正四面体时，可补形为正方体．根据已知条件构造出的正方体的边长 a，于是正方体的体对角线的长就是该正四面体的外接球的直径．设其外接球的半径为 R，则有 $2R=\sqrt{3}a$．

（4）三棱锥只有一条侧棱与底面垂直时，可构造直棱柱．

例 5　已知三棱锥 P-ABC 的四个顶点均在同一球面上，其中 $\triangle ABC$ 是正三角形，$PA\perp$ 平面 ABC，$PA=2AB=2\sqrt{3}$，则该球的表面积为（　　）

A．8π　　　　B．16π　　　　C．32π　　　　D．36π

解：依题意得，侧棱 $PA\perp$ 平面 ABC，将三棱锥 P-ABC 补形为直三棱柱（如图 4 所示），设外接球球心为 O，$\triangle ABC$ 的外接圆圆心为 O'，则在 $\mathrm{Rt}\triangle OO'C$ 中，$OO'=\dfrac{1}{2}PA=\sqrt{3}$，$O'C=1$，由勾股定理得球的半径 $OC=2$，所以球的表面积 $S=16\pi$，故选 B．

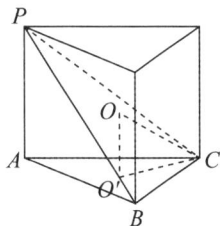

图 4

小结：一般情况下，当三棱锥出现一条侧棱与底面垂直时可补形为直三棱柱．由于可以在直三棱柱的球心上下底面外接圆圆心连线的中点处寻找轴截面圆，从而把立体几何问题转化为平面几何问题来研究．

三、定义法

例 6　在矩形 $ABCD$ 中，$AB=4$，$BC=3$，沿 AC 将矩形 $ABCD$ 折成一个直二面角 B-AC-D，则四面体 A-BCD 的外接球的体积为（　　）．

A．$\dfrac{125}{12}\pi$　　　　B．$\dfrac{125}{9}\pi$　　　　C．$\dfrac{125}{6}\pi$　　　　D．$\dfrac{125}{3}\pi$

解：如图 5 所示，不妨设矩形对角线的交点为 O，则由矩形对角线互相平分，可知 $OA=OB=OC=OD$．所以点 O 到四面体的四个顶点 A、B、C、D 的距离相等，即点 O 为四面体的外接球的球心，所以外接球的半径 $R=OA=\dfrac{5}{2}$．故 $V=\dfrac{4}{3}\pi R^3=\dfrac{125}{6}\pi$．故选 C．

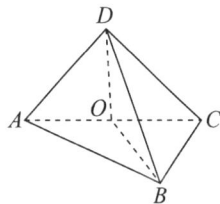

图 5

小结：多面体的外接球球心，本质为到多面体的各个顶点距离相等的点，如果几何体的侧面和底面中有直角三角形，一般球心比较容易找到．本题利用初中平面几何知识，直角三角形斜边上的中线等于斜边一半，直接找到一个点到四面体的四个顶点距离相等，即直接找到球心，它就为直角三角形斜边的中点．

四、轴截面法

例 7　已知正三棱柱 ABC-$A_1B_1C_1$ 的顶点 A_1、B_1、C_1 在同一球面上，且平面 ABC 经过球心．若此球的表面积为 4π，则该三棱柱的侧面积的最大值为（　　）

A. $\dfrac{\sqrt{3}}{2}$ 　　　　 B. $\sqrt{3}$ 　　　　 C. $\dfrac{3\sqrt{3}}{2}$ 　　　　 D. $3\sqrt{3}$

解：如图 6 所示，设外接球球心为 O，正三棱柱的底面边长为 a，高为 h，$\triangle A_1B_1C_1$ 的外接圆圆心为 O'，连接 OA_1、OO'、A_1O'，则 $OO' \perp$ 面 $A_1B_1C_1$，$\triangle OO'A_1$ 是直角三角形，因为球的表面积为 4π，所以球的半径为 1，即 $OA_1=1$，又因为 O' 为等边三角形 $\triangle A_1B_1C_1$ 的中心，所以 $OA_1=\dfrac{\sqrt{3}}{3}a$，根据勾股定理及基本不等式可得 $\left(\dfrac{\sqrt{3}}{3}a\right)^2$

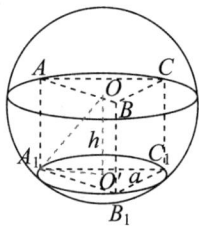

图 6

$+h^2=1$ 即 $\dfrac{a^2}{3}+h^2=1 \geqslant 2\sqrt{\dfrac{a^2h^2}{3}}$，当且仅当 $\dfrac{a^2}{3}=h^2$ 时取等号，所以 $ah \leqslant \dfrac{\sqrt{3}}{2}$，

所以该三棱柱的侧面积 $S=3ah \leqslant \dfrac{3\sqrt{3}}{2}$，选 C.

小结：根据题意，我们可以选择从最佳角度找出含有正棱柱特征元素的外接球的一个轴截面圆，于是该圆的半径就是所求的外接球的半径．这种思路是探求正棱柱外接球半径的通解通法，该方法的实质就是通过寻找外接球的一个轴截面圆，从而把立体几何问题转化为平面几何问题．这种等价转化的数学思想方法值得学习．在解决与球有关的接、切问题时，一般作一个适当的截面，将问题转化为平面问题，这类截面通常指圆锥的轴截面、球的大圆、多面体的对角面等，在这个截面中应包括每个几何体的主要元素，且这个截面必须能反映出体和体之间的主要位置关系和数量关系．加强算法算理分析，有效提高运算能力，能使数学运算核心素养的培养落到实处．

五、性质法

例 8　四面体 $A\text{-}BCD$ 中，$AB=AD=CD=1$，$BD=\sqrt{2}$，$BD\perp CD$，平面 $ABD\perp$ 平面 BCD．若四面体 $A\text{-}BCD$ 的顶点在同一个球面上，求该球的体积．

解：如图 7 所示，因为 $AB=AD=1$，$BD=\sqrt{2}$，所以 $AB^2+AD^2=BD^2$，所以 $\triangle ABD$ 为直角三角形，其外接圆圆心为 BD 中点 M；同理，$\triangle BCD$ 也为直角三角形，其外接圆圆心为斜边 BC 中点 N．过点 M 作垂直于平面 ABD 的直线 m，显然 m 即为 MN，$m\subset$ 面 BCD 且过点 N；同理，过点 N 作垂直于面 BCD 的直

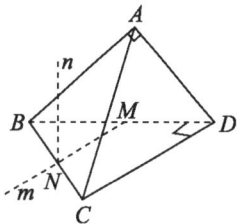

图 7

线 n，容易发现 $m\bigcap n=N$，则 N 即为球心．所以球的半径 $R=\dfrac{\sqrt{3}}{2}$，所以球的体积为 $V=\dfrac{4}{3}\pi R^3=\dfrac{\sqrt{3}}{2}\pi$．

小结：球中小圆圆心与球心的连线与小圆所在面垂直．因此，球心在过小圆圆心且垂直于小圆所在平面的直线上．如果能找到多个这样的直线，则这些直线的交点即为球心．因此先寻找两条过小圆圆心且垂直于小圆的直线，它们的交点即为球心．因此，对于不规则几何体可以先在各个面内找出平面几何图形的外接圆圆心，再过这些圆心作所在平面的垂线，找到垂线的交点即可．

数学学科六大核心素养的培养，应立足于提高抽象概括能力、推理论证能力、空间想象能力、数学建模能力、运算求解能力、数据处理能力，实践中，依托代数、三角、几何、概率统计等模块内容教学，贯穿高一、高二的新课教学及高三总复习始终．本文通过对外接球问题常见解法的归纳总结与反思，不仅有效调动了学生的学习热情，激发了学生浓厚的学习兴趣，更重要的是消除了学生对外接球问题的恐惧心理，帮助学生建立学好数学的信心，培养了学生的创造性思维，也使得学科核心素养的培养有依托、有根基，水到渠成．

"利用导数求含参函数的单调区间" 教学设计

福建省泉州第五中学　黄寒凝

【设计理念】

提高学生的数学能力，培育学生的数学核心素养是高中数学教学的基本要求，也是在素养立意的高考命题背景下，高三数学复习的策略取向．在一轮复习中，对符合学生认知结构的、层次分明的、比较系统的知识板块进行微专题突破，能在帮助学生构建相对有效的解题思路与策略的同时，提高学生的数学能力、数学核心素养．函数与导数考查的最核心部分是以凹凸函数为载体考查函数的单调性问题，从而进一步探究函数的零点、极值、最值等问题，因此利用导数研究函数的单调区间成为研究函数的"先行部队"，是高考考查的一个热点、难点问题，更是高三一轮复习的重点内容．本节课为复习完导数与函数单调性关系后的微专题，起承上启下的作用，利于学生掌握对含参函数零点、极值、最值等图象特征的分析．学生最大的困难是对含参函数单调性的分类讨论标准模糊不清，因此本节课核心在于如何揭示解题的本质，引领学生自然地产生讨论的分类标准．

【教学目标】

(1) 强化导数与函数单调性的关系，掌握求含参函数单调区间的解题步骤，形成解题的微策略；

(2) 引导学生经历分类讨论标准的形成过程，培养学生分类与整合、数形结合、化归与转化的数学思想方法；

（3）揭示数学解题的本质，提高学生数学抽象、直观想象与逻辑推理等核心素养.

【教学重难点】

（1）教学重点：掌握几种常见的求含参函数单调区间分类讨论题型.
（2）教学难点：扣紧解题的本质，产生分类讨论的分类标准.

【教学过程】

一、回顾知识，提出课题

例1　求函数 $f(x)=2x-\dfrac{1}{x}-3\ln x$ 的单调区间.

解：$f(x)$ 的定义域为 $(0, +\infty)$，$f'(x)=2+\dfrac{1}{x^2}-\dfrac{3}{x}=\dfrac{2x^2-3x+1}{x^2}$

$=\dfrac{(2x-1)(x-1)}{x^2}$，

令 $f'(x)=0$，得 $x=1$ 或 $x=\dfrac{1}{2}$，

令 $f'(x)>0$，解得 $x>1$ 或 $0<x<\dfrac{1}{2}$，令 $f'(x)<0$，解得 $\dfrac{1}{2}<x<1$，

所以函数 $f(x)$ 的单调递增区间为 $\left(0, \dfrac{1}{2}\right)$、$(1, +\infty)$，单调递减区间为 $\left(\dfrac{1}{2}, 1\right)$.

回顾用导数求函数单调区间的基本步骤：
（1）确定函数 $f(x)$ 的定义域；
（2）求导数 $f'(x)$；
（3）在定义域内解不等式 $f'(x)>0$，所得解集为函数 $f(x)$ 的增区间；

（4）在定义域内解不等式 $f'(x)<0$，所得解集为函数 $f(x)$ 的减区间.

我们发现利用导数求函数单调区间的本质就是解不等式，函数单调区间的分界点就是 $f'(x)=0$ 的根，而不等式 $f'(x)>0$（或 $f'(x)<0$）的解集，即 $f'(x)$ 图象在 x 轴上方（或下方）对应的 x 的取值范围，因此我们可以用这样的流程求函数的单调区间：

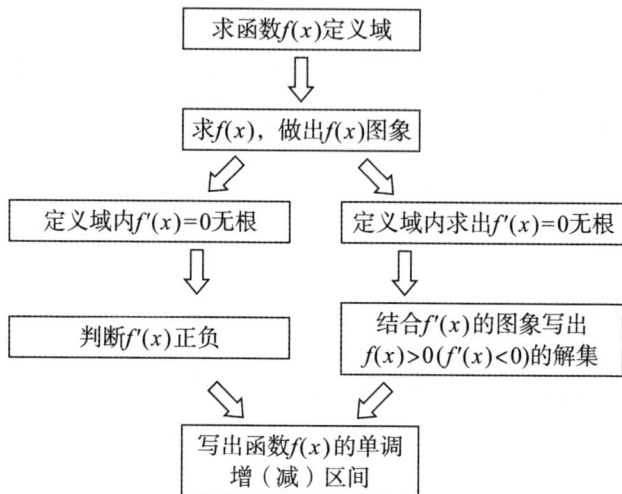

```
        求函数f(x)定义域
              ↓
       求f(x)，做出f(x)图象
          ↙          ↘
  定义域内f'(x)=0有根    定义域内求出f'(x)=0无根
        ↓                    ↓
   判断f'(x)正负        结合f'(x)的图象写出
                        f(x)>0(f'(x)<0)的解集
          ↘          ↙
       写出函数f(x)的单调
          增（减）区间
```

那如果函数是一个含参函数呢？让我们一起进入今天的微专题"利用导数求含参函数的单调区间".

设计意图：面对刚进入一轮复习的高三理科班学生，本题从学生已有的认知水平出发，从一道高考题入手，复习利用单调性求已知函数单调区间的基本流程，同时引出本节课的课题.

二、典例分析，形成解题策略

例 2　已知 $f(x)=ax^2-bx+\ln x\,(a,b\in\mathbf{R})$，

（1）当 $a=0$ 时，求函数 $f(x)$ 的单调区间；

（2）当 $b=0$ 时，求函数 $f(x)$ 的单调区间；

（3）当 $b=2a+1$ 时，求函数 $f(x)$ 的单调区间.

解：（1）当 $a=0$ 时，$f(x)=-bx+\ln x$，定义域为 $(0,+\infty)$，$f'(x)=-b+\dfrac{1}{x}=\dfrac{-bx+1}{x}$，

令 $g(x) = -bx + 1$,

设问：是否有根？根 $g(x) = 0 \Rightarrow x = \dfrac{1}{b}$ 是否在定义域内？

①当 $b \leqslant 0$ 时，$g(x) = -bx + 1 \geqslant 0$，即 $f'(x) > 0$，所以函数 $f(x)$ 的单调增区间为 $(0, +\infty)$，无单调减区间；

②当 $b > 0$ 时，$g(x) = 0 \Rightarrow x = \dfrac{1}{b} \in (0, +\infty)$，如图 1，

由 $f'(x) > 0$ 即 $g(x) > 0$，得 $0 < x < \dfrac{1}{b}$，

由 $f'(x) < 0$ 即 $g(x) < 0$，得 $x > \dfrac{1}{b}$，

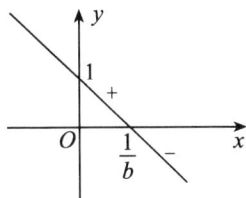

图 1

所以函数 $f(x)$ 的单调增区间为 $\left(0, \dfrac{1}{b}\right)$，单调减区间为 $\left(\dfrac{1}{b}, +\infty\right)$.

综上可得：当 $b \leqslant 0$ 时，函数 $f(x)$ 的单调增区间为 $(0, +\infty)$，无单调减区间；

当 $b > 0$ 时，函数 $f(x)$ 的单调增区间为 $\left(0, \dfrac{1}{b}\right)$，单调减区间为 $\left(\dfrac{1}{b}, +\infty\right)$.

(2) 当 $b = 0$ 时，$f(x) = ax^2 + \ln x$，定义域为 $(0, +\infty)$，$f'(x) = 2ax + \dfrac{1}{x} = \dfrac{2ax^2 + 1}{x}$，令 $g(x) = 2ax^2 + 1$，

①当 $a \geqslant 0$ 时，$g(x) = 2ax^2 + 1 > 0$，即 $f'(x) > 0$，所以函数 $f(x)$ 的单调增区间为 $(0, +\infty)$，无单调减区间；

②当 $a < 0$ 时，$g(x) = 0 \Rightarrow x = \sqrt{-\dfrac{1}{2a}}$（舍去 $x = -\sqrt{-\dfrac{1}{2a}}$），

由 $f'(x) < 0$ 得 $x > \sqrt{-\dfrac{1}{2a}}$，$f'(x) > 0$ 得 $0 < x < \sqrt{-\dfrac{1}{2a}}$，

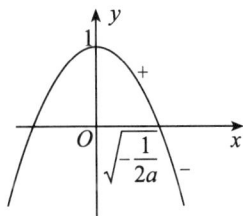

图 2

所以函数 $f(x)$ 的单调增区间为 $\left(0, \sqrt{-\dfrac{1}{2a}}\right)$，单调减区间为 $\left(\sqrt{-\dfrac{1}{2a}},\ +\infty\right)$.

综上可得：当 $a \geqslant 0$ 时，函数 $f(x)$ 的单调增区间为 $(0,\ +\infty)$，无单调减区间；

当 $a < 0$ 时，函数 $f(x)$ 的单调增区间为 $\left(0, \sqrt{-\dfrac{1}{2a}}\right)$，单调减区间为 $\left(\sqrt{-\dfrac{1}{2a}},\ +\infty\right)$.

(3) $b = 2a + 1$ 时，定义域为 $(0,\ +\infty)$，$f'(x) = 2ax - (2a+1) + \dfrac{1}{x}$

$= \dfrac{2ax^2 - (2a+1)x + 1}{x}$，

令 $g(x) = 2ax^2 - (2a+1)x + 1 = (2ax-1)(x-1)$，

①当 $a = 0$ 时，$g(x) = -(x-1)$，

由 $f'(x) > 0$ 即 $g(x) > 0$，得 $0 < x < 1$，由 $f'(x) < 0$ 即 $g(x) < 0$，得 $x > 1$，

所以函数 $f(x)$ 的单调增区间为 $(0,\ 1)$，单调减区间为 $(1,\ +\infty)$；

②当 $a < 0$ 时，$g(x) = 0 \Rightarrow x = 1$ 或者 $x = \dfrac{1}{2a} < 0$（舍去），

由 $g(x) > 0$ 即 $f'(x) > 0$ 得 $0 < x < 1$，

由 $g(x) < 0$ 即 $f'(x) < 0$ 得 $x > 1$，

所以函数 $f(x)$ 的单调增区间为 $(0,\ 1)$，单调减区间为 $(1,\ +\infty)$；

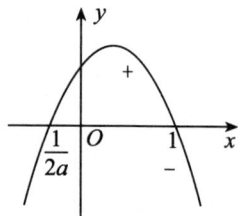

图 3

③当 $a > 0$ 时，$g(x) = 0 \Rightarrow x = 1$ 或者 $x = \dfrac{1}{2a} > 0$，

（ⅰ）当 $a = \dfrac{1}{2}$ 时，$g(x) = 2ax^2 - (2a+1)x + 1 = (x-1)^2 \geqslant 0$，

所以函数 $f(x)$ 的单调增区间为 $(0,\ +\infty)$，无单

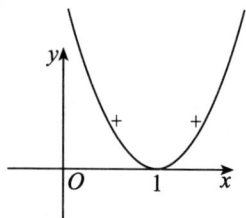

图 4

调减区间；

（ⅱ）当 $a>\dfrac{1}{2}$ 时，$x=\dfrac{1}{2a}<1$，

由 $f'(x)>0$ 即 $g(x)>0$，得 $0<x<\dfrac{1}{2a}$ 或 $x>1$，

由 $f'(x)<0$ 即 $g(x)<0$，得 $\dfrac{1}{2a}<x<1$，

所以函数 $f(x)$ 的单调增区间为 $\left(0,\dfrac{1}{2a}\right)$、$(1,$

$+\infty)$，单调减区间为 $\left(\dfrac{1}{2a},1\right)$；

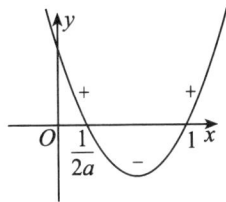

图 5

（ⅲ）当 $0<a<\dfrac{1}{2}$ 时，$x=\dfrac{1}{2a}>1$，

由 $f'(x)>0$ 即 $g(x)>0$，得 $0<x<1$ 或 $x>\dfrac{1}{2a}$，

由 $f'(x)<0$ 即 $g(x)<0$，得 $1<x<\dfrac{1}{2a}$，

所以函数 $f(x)$ 的单调增区间为 $(0,1)$、

$\left(\dfrac{1}{2a},+\infty\right)$，单调减区间为 $\left(1,\dfrac{1}{2a}\right)$；

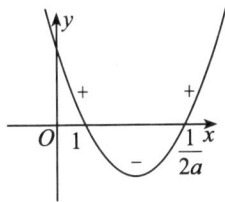

图 6

综上可得：当 $a\leqslant0$ 时，函数 $f(x)$ 的单调增区间为 $(0,1)$，单调减区间为 $(1,+\infty)$；

当 $0<a<\dfrac{1}{2}$ 时，函数 $f(x)$ 的单调增区间为 $(0,1)$. $\left(\dfrac{1}{2a},+\infty\right)$，单调

减区间为 $\left(1,\dfrac{1}{2a}\right)$；

当 $a=\dfrac{1}{2}$ 时，函数 $f(x)$ 的单调增区间为 $(0,+\infty)$，无单调减区间；

当 $a>\dfrac{1}{2}$ 时，函数 $f(x)$ 的单调增区间为 $\left(0,\dfrac{1}{2a}\right)$. $(1,+\infty)$，单调减区

间为 $\left(\dfrac{1}{2a},1\right)$；

设计意图：通过例 2 的分析，从含参数的一次函数到简单的二次函数，引领学生体会、参与分类标准的产生过程，理解研究含参函数单调性问题的本质就是解含参不等式，从而把问题化归转化到含参不等式解集的讨论，结合图象引导学生寻找影响含参不等式解集的因素，确定分类讨论的标准.

例 3　设函数 $f(x)=x^2-1+a\ln(x+1)(a\neq0)$，求 $f(x)$ 的单调区间.

解：由题意可得 $f(x)$ 的定义域为 $(-1,+\infty)$，$f'(x)=2x+\dfrac{a}{x+1}$

$=\dfrac{2x^2+2x+a}{x+1}$，

令 $g(x)=2x^2+2x+a$，$\Delta=4-8a$，

(1) 当 $\Delta=4-8a\leqslant0$，即 $a\geqslant\dfrac{1}{2}$ 时，方程

$g(x)=0$ 无实根或只有唯一根 $x=-\dfrac{1}{2}$，

所以 $g(x)\geqslant0$ 在 $(-1,+\infty)$ 上恒成立，即

$f'(x)\geqslant0$ 在 $(-1,+\infty)$ 上恒成立，

所以函数 $f(x)$ 的单调增区间为 $(-1,$

$+\infty)$，无单调减区间；

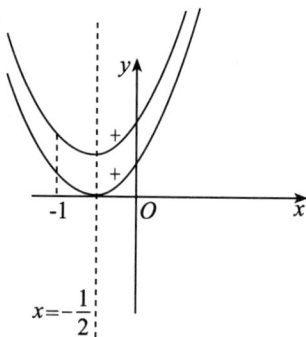

(2) 当 $\Delta=4-8a>0$，即 $a<\dfrac{1}{2}$ 时，$f'(x)=0$ 有两个不相等的实根：

$x_1=\dfrac{-1-\sqrt{1-2a}}{2}$，$x_2=\dfrac{-1+\sqrt{1-2a}}{2}$，

这两个根是否都在定义域 $(-1,+\infty)$ 内呢？又需要对参数 a 的取值分情况作如下讨论：

①当 $g(-1)=a<0$ 时，$x_1=\dfrac{-1-\sqrt{1-2a}}{2}<-1$

(舍去)，$x_2=\dfrac{-1+\sqrt{1-2a}}{2}>-1$，

所以由 $f'(x)>0$ 得 $x>x_2$，由 $f'(x)<0$ 得 $-1<$

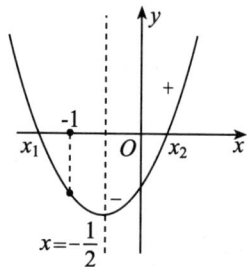

$x<x_2$，

所以函数 $f(x)$ 的单调增区间为 $(x_2, +\infty)$，单调减区间为 $(-1, x_2)$；

②当 $0 < g(-1) = a < \dfrac{1}{2}$ 时，$x_1 = \dfrac{-1-\sqrt{1-2a}}{2}$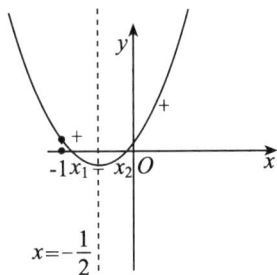

> -1，$x_2 = \dfrac{-1+\sqrt{1-2a}}{2} > -1$，所以 x_1，$x_2 \in$

$(-1, +\infty)$，由 $f'(x) > 0$ 得 $-1 < x < x_1$ 或 $x >$

x_2，$f'(x) < 0$ 得 $x_1 < x < x_2$，

所以函数 $f(x)$ 的单调增区间为 $(-1, x_1)$，$(x_2, +\infty)$，单调减区间为

(x_1, x_2).

综上可得：当 $a \geqslant \dfrac{1}{2}$ 时，函数 $f(x)$ 的单调增区间为 $(-1, +\infty)$，无单

调减区间；

当 $0 < a < \dfrac{1}{2}$ 时，函数 $f(x)$ 的单调增区间为 $(-1, x_1)$，$(x_2, +\infty)$，单

调减区间为 (x_1, x_2)；

当 $a < 0$ 时，函数 $f(x)$ 的单调增区间为 $(x_2, +\infty)$，单调减区间为 $(-1, x_2)$.

教师提问：本题还有其他解题思路吗？请大家回去进行探索，下节课再

继续进行交流.

通过这几题的分析，我们把它抽象出来可得"利用导数求含参函数的单

调区间"的基本解题的流程与解题策略如下：

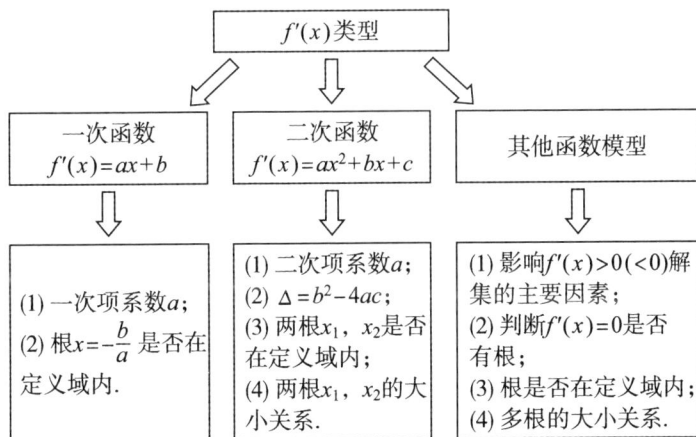

设计意图：通过例 3 的分析，促进学生参与思考，把对一道题的思考上升到对一个微专题的解题策略的思考，形成核心思想，突破本节课的难点．在例 3 的分析过程中，有意识地培养学生的逻辑推理能力，渗入对直观想象与逻辑推理等数学核心素养的涵育．

三、课题实践，强化训练

例 4　讨论 $f(x)=(x-2)e^x+a(x-1)^2(a\in\mathbf{R})$ 的单调性．

解：$f(x)$ 的定义域为 $(-\infty,+\infty)$，$f'(x)=(x-1)e^x+2a(x-1)=(x-1)(e^x+2a)$，

(1) 若 $a\geqslant 0$ 时，由 $f'(x)>0$，得 $x>1$，由 $f'(x)<0$，得 $x<1$，

所以 $f(x)$ 的单调增区间为 $(1,+\infty)$，单调减区间为 $(-\infty,1)$；

(2) 若 $a<0$ 时，$f'(x)=0$ 得 $x=1$ 或 $x=\ln(-2a)$，

①若 $a=-\dfrac{e}{2}$，$f'(x)=(x-1)(e^x-e)\geqslant 0$ 恒成立，

所以 $f(x)$ 的单调增区间为 $(-\infty,+\infty)$，无单调减区间；

②若 $-\dfrac{e}{2}<a<0$，即 $\ln(-2a)<1$ 时，

故由 $f'(x)>0$，得 $x<\ln(-2a)$ 或 $x>1$，由 $f'(x)<0$，得 $\ln(-2a)<x<1$，

所以 $f(x)$ 的单调增区间为 $(-\infty,\ln(-2a))$、$(1,+\infty)$，单调减区间为 $(\ln(-2a),1)$；

③若 $a<-\dfrac{e}{2}$，即 $\ln(-2a)>1$ 时，

由 $f'(x)>0$，得 $x<1$ 或 $x>\ln(-2a)$，由 $f'(x)<0$，得 $1<x<\ln(-2a)$，

所以 $f(x)$ 的单调增区间为 $(-\infty,1)$，$(\ln(-2a),+\infty)$，单调减区间为 $(1,\ln(-2a))$．

综上所述，当 $a\geqslant 0$ 时，$f(x)$ 的单调增区间为 $(1,+\infty)$，单调减区间为 $(-\infty,1)$；当 $-\dfrac{e}{2}<a<0$ 时，$f(x)$ 的单调增区间 $(-\infty,\ln(-2a))$、$(1,+\infty)$，单调减区间 $(\ln(-2a),1)$；当 $a=-\dfrac{e}{2}$ 时，$f(x)$ 的单调增区间为

$(-\infty, +\infty)$，无单调减区间；当 $a < -\dfrac{e}{2}$ 时，$f(x)$ 的单调增区间为 $(-\infty,$

$1)$、$(\ln(-2a), +\infty)$，单调减区间为 $(1, \ln(-2a))$.

设计意图：通过例 4 的分析，立足于培养学生在理解知识、领悟解题本质的基础上，将"知识与方法迁移到陌生情境中以解决新问题"的意识与能力，跳出模式化的题型训练，这也是微专题解题研究的着力点.

四、归纳总结，思想提升

求含参函数的单调性，核心是四个步骤，以问题为驱动引导学生进行分类讨论：

$f'(x)$ 是什么类型的函数？$\Longrightarrow$ $f'(x)=0$ 是否有根？$\Longrightarrow$ $f'(x)=0$ 的根是否在定义域内？$\Longrightarrow$ 定义域内的根大小关系如何？可以用下图表体现出来：

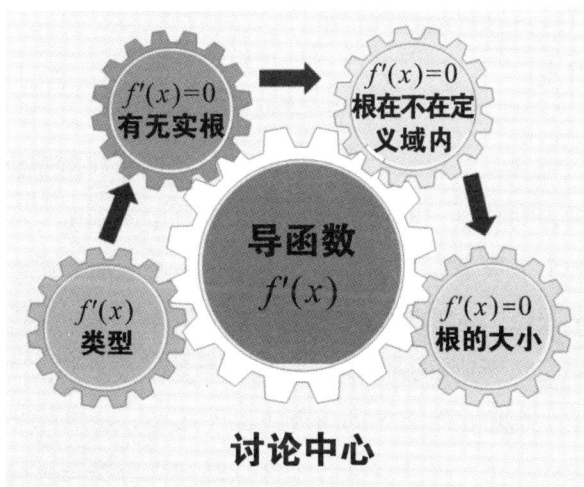

本微专题的核心思想在于：

（1）理解"利用导数求含参函数的单调区间"的本质就是解含参不等式，而解不等式通常是先研究对应的方程的根，因此围绕 $f'(x)=0$ 根的分布，结合函数图象自然就产生了分类讨论的标准. 讨论时要注意分类须不重不漏，对参数的所有可能取值都要讨论到，对应结论相同时参数范围要合并. 整个解题过程充分体现了分类与整合数学思想方法的应用；

（2）整个解题过程把求含参函数的单调区间问题转化为解含参不等式问题，不断地借助函数图象来研究方程的根、不等式的解集，充分体现了函数与方程、化归与转化及数形结合的思想方法在解题中的应用.

五、布置作业，结束课程

（1）已知 $f(x)=x-a\ln x-\dfrac{4}{x}(a\in\mathbf{R})$，求函数 $f(x)$ 的单调区间；

（2）已知 $f(x)=x^2-a\ln x-(a-2)x(a\in\mathbf{R})$，求函数 $f(x)$ 的单调区间；

（3）已知 $f(x)=\ln x-ax+\dfrac{1-a}{x}-1\left(a\leqslant\dfrac{1}{2}\right)$，求函数 $f(x)$ 的单调区间；

（4）讨论 $f(x)=a\mathrm{e}^{2x}+(a-2)\mathrm{e}^x-x(a\in\mathbf{R})$ 的单调性.

【专家点评】

本节课是围绕含参函数求单调区间的微专题课. 利用导数研究函数的单调区间是高考考查的热点、难点. 这类高考题目由于学生对分类讨论的标准模糊不清，再加上一般是作为压轴题，导致学生解题时间不够且信心和能力都不足，得分率很低. 本节课第一个亮点是采取层层递进、内研外拓的教学设计，让学生由简到繁地掌握几种常见的求含参函数单调区间. 这样的教学方式，在帮助学生构建相对有效的解题思路与策略，提升学生的数学核心素养上有非常有效的作用；本节课第二个亮点是突出分类与整合数学思想方法在教学中的应用，使学生能够准确掌握含参函数单调性的分类讨论标准，培养学生分类与整合、数形结合、化归与转化的数学思想方法；本节课第三个亮点是围绕数学教学的本质进行教学，整节课紧扣解题的本质，推动产生分类讨论的标准，以本质的教学方法，让学生在已有知识和经验的基础上由浅入深探究解题本质，推动学生思考提升，突出教学的重点，突破教学的难点.

点评专家：福建省泉州第一中学　张海峰

"直观想象指引下的解析几何问题解决" 教学设计

福建省泉州第五中学　黄寒凝

【设计意图】

本课例是以解析几何为载体，体现直观想象核心素养培育的微专题课. 直观想象的定义是借助几何直观和空间想象感知事物的形态变换、利用图象理解来解决数学问题的思维过程. 它的主要载体是图形，建立了数与形的联系，这也恰恰是解析几何的重要特性. 解析几何的本质是用代数方法研究几何问题，数形结合是其主要特征. 因此，在灵活运用代数知识的同时，借助直观想象感知和研究基本对象的形态与变化，利用基本对象几何元素、几何性质的转化，建立数与形的联系，将平面几何与解析几何融为一体，更好地实现解析几何问题的解决. 本节课开课对象是实验班的学生，该班级学生已经较为系统地学习了解析几何的概念及相应的知识、方法，有较好的知识方法基础，解题能力较强，因此对例题的处理重在启发、生成与转化，通过解题教学培养学生的图象分析意识与构图、识图、用图能力，渗透数形结合、化归与转化、无限与有限、一般与特殊等数学思想方法，促进学生的直观想象、逻辑推理与数学运算等核心素养的提升.

【教学目标】

（1）培养学生构图、识图、用图能力，引导学生建立良好的形与数的联系，学会利用图形理解、探索、解决解析几何问题；

（2）引导学生利用直观想象感知研究对象的运动变化规律，多角度构建解析几何中几何关系代数化的直观模型；

（3）渗透数形结合、化归与转化、无限与有限、一般与特殊等数学思想方法，着重培养学生的直观想象、逻辑推理与数学运算等核心素养.

【教学重难点】

（1）教学重点：以特殊平面几何图形与圆锥曲线为背景，并通过分析、联想、推理将解析几何的定义、几何性质等与图形有机结合，培养学生作图、识图能力，实现几何与代数的深度融合.

（2）教学难点：学生多角度构图能力的培养及应用直观想象探究解题思路.

【教学过程】

一、复习引入，引领思考

师：你认为解析几何研究的基本对象是什么？

生：点、线、圆、椭圆、双曲线、抛物线的定义、表示（方程）、性质与应用.

师：解析几何常用的基本解题思想方法，你知道的有哪些？

生：方程与函数的思想、数形结合的思想、无限与有限的思想、化归与转化的思想等；

师：解析几何的本质是什么？

生：解析几何的本质是用代数方法研究几何问题.

师：虽然解析几何的本质是用代数方法研究几何问题，但是同学们要注意：解析几何首先是几何，因此，灵活运用代数知识的同时，借助几何直观想象与感知研究对象的形态与变化，利用问题中的"几何性质"来建立数与形的联系，将平面几何与解析几何融为一体，能更好地实现解析几何问题的解决. 让我们一起进入今天的新课. 首先，让我们从一道高考题入手，开启研究之旅.

二、讲授新课，三个维度落实直观想象核心素养

例 1 在直角坐标系 xOy 中，F_1、F_2 是椭圆 C：$\dfrac{x^2}{a^2}+\dfrac{y^2}{b^2}=1(a>b>0)$ 的左、右焦点，A、B 分别为 C 的左、右顶点，P 为 C 上异于 A、B 的动点，

(1) 若 $PF_1\perp x$ 轴，连接 PB 交 y 轴于点 E，连接 AE 交 PF_1 于点 M，若 M 是线段 PF_1 的中点，则椭圆 C 的离心率为_____.

师：请大家自主作图，如何处理"M 是线段 PF_1 的中点"的条件？

分析 1：求出点 P 的坐标，进而可求得点 E、M 的坐标，由 A、M、E 三点共线得出 $k_{AE}=k_{AM}$，化简可得 a 与 c 的等量关系，进而可求得椭圆 C 的离心率的值.

解：易知点 $F_1(-c, 0)$，将 $x=-c$ 代入椭圆 C 的方程得 $\dfrac{c^2}{a^2}+\dfrac{y^2}{b^2}=1$，可得 $y^2=\dfrac{b^4}{a^2}$，设点 P 为第二象限内的点，则 $P\left(-c, \dfrac{b^2}{a}\right)$、$B(a, 0)$，直线

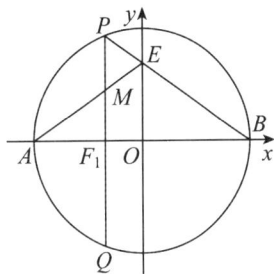

PB 的斜率为 $k_{PB}=\dfrac{\dfrac{b^2}{a}}{-c-a}=-\dfrac{a^2-c^2}{a(a+c)}=\dfrac{c-a}{a}$，

所以，直线 PB 的方程为 $y=\dfrac{c-a}{a}(x-a)$. 当 $x=0$ 时，$y=a-c$，即点 $E(0, a-c)$，M 为 PF 的中点，则 $M\left(-c, \dfrac{b^2}{2a}\right)$，又因为点 $A(-a, 0)$，

且 A、M、E 三点共线，则 $k_{AE}=k_{AM}$，所以 $\dfrac{a-c}{a}=\dfrac{\dfrac{b^2}{2a}}{a-c}$，整理得 $a-c$ $=\dfrac{a+c}{2}$，解得 $a=3c$，则 $e=\dfrac{c}{a}=\dfrac{1}{3}$. 因此，椭圆 C 的离心率为 $\dfrac{1}{3}$.

师：该生是从坐标的角度来解决问题，有没有其他处理方法？图形中有较多的垂直关系，构成多个直角三角形，如何处理这些直角三角形？"中点"

条件起什么作用？（引导学生从几何直观的角度，分析图形的构图，产生知识、方法的联想）

分析2：由题意结合平面几何知识，可由三角形相似结合 M 为 PF 的中点找到 a、c 的关系，即可确定椭圆的离心率.

简解：$\triangle BPF_1 \backsim \triangle AMF_1 \Rightarrow \dfrac{|AF_1|}{|BF_1|} = \dfrac{|MF_1|}{|PF_1|} = \dfrac{1}{2}$，所以 $\dfrac{a-c}{a+c} = \dfrac{1}{2} \Rightarrow a = 3c \Rightarrow e = \dfrac{1}{3}$.

（2）已知圆 C_1：$x^2 + y^2 = b^2$，若椭圆 C 上存在点 P，使得过点 P 作圆 C_1 的两条切线互相垂直，则椭圆 C 的离心率的取值范围是_____.

师：如何理解"存在"？如何处理"圆 C_1 的两条切线互相垂直"的条件？请同学们互相讨论一下

生$_1$：存在点 P，可以考虑设点 P 坐标，从有解的角度研究存在性，但是运算量好像比较大（自行否定）.

师：试看从几何直观的角度恰当地转化"切线互相垂直"这一条件.

生$_2$：多个垂直关系可以联想到四点共圆.

生$_3$：不仅仅四点共圆，记两切点为 E、F，则四边形 $OEPF$ 为正方形，从而得出 $OP = \sqrt{2}b$，若存在满足条件的点 P，则 $\sqrt{2}b \leqslant a$，即可求椭圆 C 的离心率的取值范围.

设计意图：直观想象的载体是图形，通过例题1培养学生的图象分析意识，训练学生的精准作图与识图能力，引导学生对解析几何中的点、线、曲线等几何元素及其常见的位置关系进行联想，紧扣几何元素的定义、性质，借助几何直观合理转化几何条件，化抽象为形象，培养学生的构图、识图、用图能力，从而实现直观想象核心素养的涵育.

（3）已知 $|F_1F_2| = 4$，若 M 是 $\angle F_1PF_2$ 的角平分线上的一点，且 $F_1M \perp MP$，则 $|OM|$ 的取值范围为_____.

本环节由一个学生模仿老师引导其他学生思考几何条件：角平分线的性质及位置关系 $F_1M \perp MP$.

设计意图：数形结合，理解几何中的概念、定理、公式具有的数与形的双重特征，引领形数转化，化复杂为简单.

直观想象的载体与工具			
特殊直线、圆、椭圆、双曲线、抛物线的定义与性质			
几何元素	联想 1	联想 2	联想 3
线线平行	角度转化	斜率转化	比例（相似）转化
线线垂直	圆的转化	中线定理转化	斜率、向量关系转化
中垂线	垂直转化	中点（中位线）转化	对称转化
角平分线	角度转化	比例关系转化	对称转化
中点	中垂线	中位线	等腰三角形三线合一
……	……	……	……

变式：已知 F_1、F_2 是双曲线 $\dfrac{x^2}{a^2}-\dfrac{y^2}{b^2}=1(a>0，b>0)$ 的左、右焦点，点 P 在双曲线上且不与顶点重合，过 F_2 作 $\angle F_1PF_2$ 的角平分线的垂线，垂足为 M. 若 $|OM|=b$，则该双曲线的离心率为_____.

练习 1：在直角坐标系 xOy 中，已知 F_1、F_2 是双曲线 C：$\dfrac{x^2}{a^2}-\dfrac{y^2}{b^2}=1$ $(a>0，b>0)$ 的左、右两个焦点，A、B 分别为 C 的左、右顶点，点 P 是 C 左支上异于 A 的动点，若线段 PF_2 的垂直平分线恰好是 C 的一条渐近线，则双曲线离心率为_____.

设计意图：复习双曲线的定义与性质，通过类比法进行知识迁移，强化方法技巧.

例 2 已知抛物线 C：$y^2=2px(p>0)$ 的焦点为 F，引直线 l 与 C 在 x 轴同侧交于 A、B 两点，若 A、B 满足 $\angle AFH+\angle BFH=\pi$，则直线 AB 过定点_____.

师：如何从运动变化的角度直观分析"A、B 满足 $\angle AFH+\angle BFH=\pi$"这个几何条件？

生$_1$：由对称性可知，定点必在 x 轴负半轴.

生$_2$：可以从极限的位置来分析，当直线 l 运动到与抛物线相切时，A、B 重合，此时为满足 $\angle AFH + \angle BFH = \pi$，即斜率和 $k_{AF} + k_{BF} = 0$，则 A、B 重合且 $A(B)F \perp x$ 轴，即求过点 $H\left(\dfrac{p}{2}, p\right)$ 作抛物线 C：$y^2 = 2px(p > 0)$ 的切线，以及此切线与 x 轴负半轴的交点.

练习 2：如图，已知椭圆 C：$\dfrac{x^2}{8} + \dfrac{y^2}{4} = 1$ 的右焦点为 F_1，C 上两个不同的点 A、B 满足直线 AF_1、BF_1 的斜率之和为零，则直线 AB 过定点（　　）.

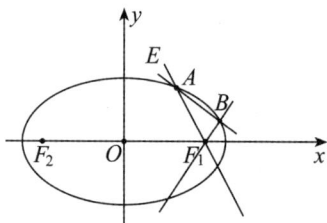

A．（2，0）　　B．（4，0）　　C．（5，0）　　D．（6，0）

设计意图：例 3 和练习 2 抓住几何图象运动变化的特征，由静到动，利用直观想象从极端或特殊位置出发，感知、预测几何元素的变化规律与变化趋势，让学生体会从特殊到一般，从有限到无限的转化.

三、总结反思，融会贯通

（1）精准作图，抓住解析几何中直观想象考查的载体，多维度联想转化几何条件与几何性质，化抽象为形象；

（2）数形结合，理解解析几何的概念、定理、公式都有数与形的双重特征，抓住代数的直观几何解释与几何的代数结构，引领形数转化，化复杂为简单；

（3）由静到动，利用直观想象从极端或特殊位置出发，感知、预测几何元素的变化规律与变化趋势，从特殊到一般，从无限到有限.

四、布置作业，自主探究

（1）已知直线 $y = kx(k < 0)$ 与椭圆 E：$\dfrac{x^2}{a^2} + \dfrac{y^2}{b^2} = 1(a > b > 0)$ 交于 B、C 两点，A 为椭圆 E 的右顶点，F 为椭圆 E 的右焦点，直线 BF 平分线段 AC，则 E 的离心率为＿＿＿＿＿＿；

（2）已知双曲线 C：$\dfrac{x^2}{a^2} - \dfrac{y^2}{b^2} = 1(a > 0, b > 0)$ 的右顶点为 A，O 为坐标

原点，以点 A 为圆心的圆与双曲线 C 的一条渐近线交于 P、Q 两点，若 $\angle PAQ = 120°$ 且 $\overrightarrow{OQ} = -2\overrightarrow{OP}$，则双曲线 C 的离心率为_____；

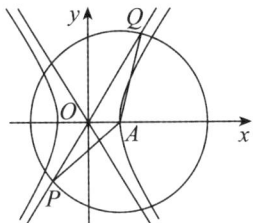

（3）已知 F_1、F_2 是双曲线 C：$\dfrac{x^2}{a^2} - \dfrac{y^2}{b^2} = 1 (a > 0，b > 0)$ 的左、右两个焦点，点 P 是 C 左支上一点，连接 PF_2，过 F_2 作垂直于 PF_2 的直线交 C 的右支于 R、Q，满足直线 PR 过原点，$\triangle QF_2P$ 为等腰三角形，则 C 的离心率为_____；

（4）自主探究阿基米德三角形，深入理解直观想象的应用.

【专家点评】

　　《直观想象指引下的解析几何问题解决》教学设计，独具匠心，能够深入本质地分析教材，根据实验班的学情进行教学设计，例题选配紧扣主题，充分体现直观想象对问题解决的指引，并与代数方法优势互补. 该教学设计兼顾各种曲线类型及各种典型的问题情景，内容丰富精彩，难度适合实验班. 教学过程层次分明，螺旋上升，充分利用问题串和问题变式，一题多问，增加思考量，提高课堂容量和效率，并使得教学内容链条化、逻辑化，让学生有"一线串珠"的感觉. 教学方法灵活得当，分析点评归纳到位. 作为高二"核心素养的培育与应用"微专题课，除了注意到对知识与方法的优化，还注意到对数学思想的感悟、解题规律的总结、经验的积累、能力的提升，以期让学生在学科素养指引下居高临下，跳出题海，主动适应新高考.

点评专家：福建省泉州第五中学　林燎

"统计推断"教学设计

福建师范大学附属中学　许丽丽

【设计理念】

统计学是应用数学的一个分支，通过收集数据、量化分析，并进行推断预测，为相关决策提供依据和参考. 统计推断是其中最具实际价值的环节. 因此，统计推断问题成为近年高考的命题热点. 此类问题主要考查学生的统计思维，以及数学建模能力和数据分析能力. 解决问题的关键是深入理解问题背景，顺利建构数学模型，准确制定决策标准，有序整理分析数据，合理作出统计推断.

本节课将概率统计中的决策问题作为高三第二轮复习的微专题进行突破，旨在帮助学生系统化地识别推断问题，整体性地梳理建立推断标准所涉及的统计量，最终达成解决问题能力的提升、统计思想方法的渗透.

【教学目标】

（1）能深入理解实际问题，提取有效信息和数据，建立数学模型，并制定推断标准；通过对统计量的计算、分析，为合理决策提供依据；

（2）在推断决策过程中，体会用样本估计总体的思想、极大似然思想，认识统计的作用，体会统计思维与确定性思维的差异；

（3）在解决推断问题的过程中，提高数学建模、数据分析能力，发展数学建模与数据分析、数学运算等核心素养.

【教学重难点】

（1）教学重点：制定决策标准，选取合适的统计量并计算.

（2）教学难点：理解问题背景，构建数学模型.

【教学过程】

一、牛刀小试

例 1　甲、乙两名射击爱好者在一次测试中，各射靶 60 次，成绩的频率分布柱状图如下；如果你是教练，要从中挑出一名选手参加射击比赛，会如何作出选择？

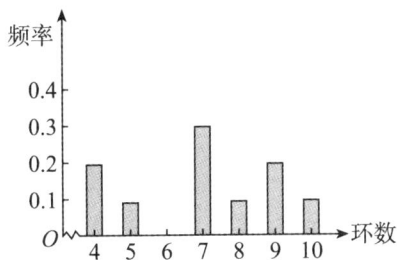

（甲）

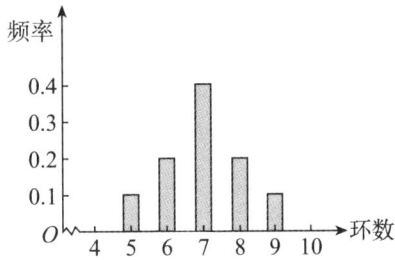

（乙）

设计意图：本题是开放式的统计推断问题；可以选取均值、方差、概率等统计量进行多角度分析，作出不同的选择. 解决本题，可让学生感受统计推断的结论并不是唯一的. 只要有理有据，贴合实际情境，都可以成为有效推断.

例 2　在应用线性回归模型拟合两个变量间的相关关系时，经计算，相关系数 $r = -0.97$，那么下列推断不正确的是（　　）.

A. 两个变量呈负相关性关系

B. 两个变量的关系用线性回归模型拟合效果很好

C. 两个变量相应的散点图分布在从左上角到右下角的区域内

D. 两个变量的线性相关程度一般

设计意图：本题是针对统计量相关系数作出的推断，复习巩固用函数拟合相关关系效果的检验依据.

二、典例引领

例3 近年来我国电子商务行业迎来发展的新机遇. 2016 年"618"期间，某购物平台的销售业绩高达 516 亿元. 与此同时，相关管理部门推出了针对电商的商品和服务的评价体系. 现从评价系统中选出 200 次成功交易，并对其评价进行统计，对商品的好评率为 0.6，对服务的好评率为 0.75，其中对商品和服务都做出好评的交易为 80 次.

请先完成关于商品和服务评价的 2×2 列联表，再判断能否在错误率不超过 0.001 的前提下，认为商品好评与服务好评有关？

附临界值表：

P（$K^2 \geqslant k$)	0.15	0.1	0.05	0.025	0.010	0.005	0.001
k	2.072	2.706	3.841	5.024	6.635	7.879	10.828

K^2 的观测值：$k = \dfrac{n(ad-bc)^2}{(a+b)(c+d)(a+c)(b+d)}$（其中 $n=a+b+c+d$).

设计意图：本题是调查预测问题，判断两个分类变量是否有关系，通过计算随机变量 K^2 的观测值，利用独立性检验方法及极大似然估计原理作出推断. 此处要求学生自己画出列联表（相当于数据整理），再计算统计量，最后作出决策，解决本题可使学生经历完整的推断过程，更好地感悟统计思维.

三、真题再现

例4 为了监控某种零件的生产线的生产过程，检验员每天从该生产线上随机抽取 16 个零件，并测量其尺寸（单位：cm）. 根据长期生产经验，可以认为这条生产线正常状态下生产的零件的尺寸服从正态分布 N（μ，σ^2).

（1）假设生产状态正常，记 x 表示一天内抽取的 16 个零件中其尺寸在 $(\mu-3\sigma, \mu+3\sigma)$ 之外的零件数，求 $P(x \geqslant 1)$ 及 x 的数学期望；

（2）一天内抽检零件中，如果出现了尺寸在 $(\mu-3\sigma, \mu+3\sigma)$ 之外的零件，就认为该条生产线在这一天的生产过程可能出现了异常情况，需对当天的生产过程进行检查.

（ⅰ）试说明上述监控生产过程方法的合理性；

（ⅱ）下面是检验员在一天内抽取的 16 个零件的尺寸：

9.95	10.12	9.96	9.96	10.01	9.92	9.98	10.04
10.26	9.91	10.13	10.02	9.22	10.04	10.05	9.95

经计算得 $\bar{x}=\dfrac{1}{16}\sum\limits_{i=1}^{16}x_i=9.97$，$s=\sqrt{\dfrac{1}{16}\sum\limits_{i=1}^{16}(x_i-\bar{x})^2}=\sqrt{\dfrac{1}{16}(\sum\limits_{i=1}^{16}x_i^2-16\bar{x}^2)}$

≈ 0.212，其中 x_i 为抽取的第 i 个零件的尺寸，$i=1$，2，…，16.

用样本平均数 $\bar{x}$ 作为 μ 的估计值 $\hat{\mu}$，用样本标准差 s 作为 σ 的估计值 $\hat{\sigma}$，利用估计值判断是否需对当天的生产过程进行检查？剔除 $(\hat{\mu}-3\hat{\sigma}$，$\hat{\mu}+3\hat{\sigma})$ 之外的数据，用剩下的数据估计 μ 和 σ（精确到 0.01）.

附：若随机变量 Z 服从正态分布 $N(\mu,\sigma^2)$，则

$P(\mu-3\sigma<Z<\mu+3\sigma)=0.9974$，$0.9974^{16}\approx 0.9592$，$\sqrt{0.008}\approx 0.09$.

设计意图：本题是生产过程中质量控制问题，以正态分布、二项分布为载体，要求以概率为统计量，以极大似然估计为决策原则作出推断. 本题信息量大，解决本题可让学生提高阅读能力和信息提取加工能力，并感受统计学与生活的紧密联系.

例5 某超市计划按月订购一种酸奶，每天进货量相同，进货成本每瓶 4 元，售价每瓶 6 元，未售出的酸奶降价处理，以每瓶 2 元的价格当天全部处理完. 根据往年销售经验，每天需求量与当天最高气温（单位：℃）有关. 如果最高气温不低于 25 ℃，需求量为 500 瓶；如果最高气温位于区间 [20，25)℃，需求量为 300 瓶；如果最高气温低于 20 ℃，需求量为 200 瓶. 为了确定六月份的订购计划，统计了前三年六月份各天的最高气温数据，得到下面的频数分布表：

最高气温/℃	[10，15)	[15，20)	[20，25)	[25，30)	[30，35)	[35，40)
天数	2	16	36	25	7	4

以最高气温位于各区间的频率代表最高气温位于该区间的概率.

（1）求六月份这种酸奶一天的需求量 X（单位：瓶）的分布列；

（2）设六月份一天销售这种酸奶的利润为 Y（单位：元）. 当六月份这种酸奶一天的进货量 n（单位：瓶）为多少时，Y 的数学期望达到最大值？

设计意图：本题是运筹决策问题. 通过对数据的再加工，分布列的计算，以及期望的求解，结合函数单调性，获得最优解. 解决本题可以提高学生的阅读能力、信息提取加工能力，并感受统计从描述生活到预测生活的力量.

四、总结提升

统计学是研究如何合理收集、整理、分析数据的学科，它可以为人们制定决策提供依据. 统计推断是统计学的精华，是最具价值的问题，近年来已经成为高考的热点. 解决问题时，应基于统计思维，经历数据整理、统计量计算、多角度分析、作出推断等环节；实现数学建模能力、数据分析能力的提高.

【专家点评】

现代社会是信息化的社会，人们常常需要收集数据，根据所收集的数据提供有价值的信息，作出合理的决策，这就是统计推断思想. 在我国，概率与统计相关内容进入中小学课程的时间并不长. 近年来，随着人们越来越意识到统计在决策中所起的作用，高考加大了统计内容的考查力度. 本节课作为高三第二轮复习的微专题课，能扎实立足高考考查要求，紧密关注课程标准设置，充分考虑学情教法，课堂教学的各个环节都能较好地依据学生的认知水平而设计，同时又着眼于学生的最近发展区. 因此，整个课堂进程自然、流畅，师生互动效果良好，但又不失挑战性，学生参与度高，探究欲望强烈.

此外，本节课作为微专题课，能突显微专题的特点，发挥微专题的作用. 在课堂的推进过程中，教会学生识别统计推断问题，并厘清解决问题的一般步骤：深入理解问题背景，建构数学模型，准确制定决策标准，有序整理分析数据，合理作出统计推断. 由此可见，授课老师在专题的有效突破上下足了功夫，顺利达成了设定的教学目标.

点评专家：福建省普通教育研究室　陈中峰

促和谐，佳哉与共

　　早在古希腊时期，柏拉图就提出应通过德、智、体、美诸因素使受教育者养成"身心既美且善"的人．之后，亚里士多德提出适应自然的和谐发展思想，使和谐教育思想得到进一步提升．瓦·阿·苏霍姆林斯基在《给教师的建议》中，把和谐教育理解为认识与自我表现结合起来的教育，即帮助学生发现自己的天赋，找到某种表现自己的活动领域，在积极劳动及与集体成员的相互关系中，培养"道德纯洁、精神丰富和体魄健全的人"．就我国而言，和谐教育的理念可以追溯到春秋时期的孔子，孔子所说的"成人"就是"仁""智""勇""三达德"的统一．王守仁则较为明确地提出了和谐教育的内涵——教育要"开其知觉""发其意志""导之以理"，简而言之，就是使受教育者"知情""意情"得到协调发展．近代教育家蔡元培也明确提出教育要"以世界观为终极目的，以美育为桥梁，要进行体、智、德、美四育和谐发展的教育"．

　　《普通高中数学课程标准》指出，数学学科核心素养是具有数学基本特征的、适应个人终身发展和社会发展需要的人的思维品质与关键能力．由此可见，数学核心素养的基本要素是数学基本特征、思维品质和关键能力．就外在表现而言，数学素养首先是一种"万物皆数"的思维习惯——能够自觉地、科学地观察，提出并分析问题，然后是这种思维习惯的目标指向得以实现所需要的基础知识、基本方法和基础能力．核心素养形成于数学具体内容，又高于数学具体内容，是一种内在修为，以思维的形式存在，表现于行为之中，它是数学知识、方法、能力经过长期积淀，最终内化于人的结果. 在日常教学的每一堂课中，基于数学的学科特点，从数学知识发生发展过程的合理性和学生思维过程的合理性上加强思考，这是落实数学学科核心素养的关键点. 数学知识的生长应该是自然和谐，瓜熟蒂落的；数学核心素养的落实应该是顺理成章，水到渠成的. 教师在进行教学研究时，应努力寻找将素养从内隐走向外显的合适载体，用显性的行为实践隐性的意图，努力寻找"知识—方法—能力—素养"和谐发展的有效途径；就教学实施而言，素养和能力的培养必须植根于相应的知识和方法，如何将和谐发展理念融入教育，构建知识、方法、能力、素养的和谐发展，是一个重大而崭新的课题，需要广大教育工作者深入思考和不断探索.

实现知识、方法、能力、素养的和谐发展的主渠道是课堂教学. 我们在实践中，提出"和谐数学""简约数学""朴真数学"等不同的课堂教学主张，其共性是淡化课堂教学的外在形式，撇弃形式主义数学课堂，努力寻求简约高效地构建知识结构、拓展知识技能、感悟思想方法、提升学习能力、发展核心素养的课堂教学模式. 此外我们还进行了解题教学、变式教学、微课教学等研究，形成了《知识能力素养三位一体并进》《自然和谐授知识 水到渠成育素养》等具有一定指导性的文章. 提出和谐发展的基本策略：立足基础知识，形成基本方法，提高基本能力，发展核心素养. 相应的基本途径：在基础知识的习得与应用过程中，恰时恰点地"显性化"基本数学能力的应用，养成基本数学能力运用的自觉意识，由"量变"而"质变"内化升华基本数学能力，进而追求数学核心素养的发展.

人的全面发展是人在发展中的最高阶段和理想层次，教育必须以人的全面发展作为自己的最终目的. 和谐发展就是遵循人的发展规律，促进学生知识、方法、能力、素养等诸方面相生相成和谐发展，促进学生个体与群体全面和谐发展，促进学生与社会、自然和谐发展.

简约自然理念下"问题导学"教学实践研究

福建省宁德市第一中学　王神华

自普通高中新课程改革以来，培养学生发现问题、提出问题、分析问题、解决问题的能力越来越受到广大教师的高度重视，并成为当下教师研究的热点."问题导学""问题驱动"等教学模式逐渐盛行，旨在通过设计问题情境、提出合适问题引导教学活动，激发学生思考与交流，培养问题意识，孕育创新精神，从而实现知识的建构、技能的提升、方法的形成."问题导学"教学成功与否，在很大程度上取决于"问题"设计和实施的水平.由于教学水平的制约以及社会"跟风"现象日益严重，教师在教学中，不能科学合理地提出切实的问题，严重地制约了"问题导学"的教学效果.首先表现在教师对学生的"最近发展区"了解甚少，导致设计的问题"太难"或"太易"；其次，教师对学科知识的系统性、知识间的联系性理解不够深刻，导致所设计的问题没有梯度，不能层层渐进、环环相扣，问题与问题间衔接不自然；再次，由于不能真正把握知识本质及知识所承载的能力素养，导致所设计的问题没有真正扣住知识本质和能力素养，没有导学价值，或显得杂乱无章、太多、太碎，缺乏简约性.透过这些现象，究其本质原因在于教师缺乏简约意识、自然意识，没有在简约自然理念的引领下进行问题设计.因此，"问题导学"需要从"简约自然"的视角进行审视与实践.

一、简约自然理念下"问题导学"教学的特征及内涵

1. 教学内容"问题化"

"问题导学"教学最关键的是"问题"，将教学内容转化成系列化"问题"

是"问题导学"教学的显著特点和基本要求. 教学内容"问题化"，既能使课堂教学内容更清晰地呈现，且隐含启发和探究等特点，同时又能使教学内容与教学目标更加趋向一致，这样能为增强课堂教学的针对性和实效性提供必要的基础和现实的可能，从而促进新知识的有效建构，有利于促进学生积极思考，培养学生的问题意识，提升学生的思维品质.

2. 问题设计及解决过程"简约"

前苏联教育家巴班斯基的最优化教学理论指出：无论是教学设计、教学内容的选择还是教学策略、教学评价的实施都把简约化作为一项重要原则来指导教学. 用"简约"理念来指导"问题导学"教学，就是要求能对"问题导学"的问题设计、活动组织、结构安排等教学要素进行精确把握和经济妙用，使所设计的问题简洁、清晰、深刻，表现在形式上不仅是提问的语言简洁明了，能揭示本质、体现能力，使"问题""精于形，简于心"；还体现在问题的解决过程无多余环节，每一个教学环节都能发挥其价值与功用.

3. 问题提出及引导过程"自然"

捷克教育家夸美纽斯在《大教学论》中阐释了一个主要教学原则：教育教学应遵循自然规律，"问题导学"教学也要顺其自然、追求自然，这合乎知识本身的逻辑结构与发展规律，即问题的提出与解决是知识逻辑发展所自然产生的，或者是生产生活实践中人们自然感悟到的. 从学生角度看，问题的提出与解决既是基于他们原有的认知结构，又是他们原有认知结构的自然发展与完善. 自然理念下的"问题导学"教学，其问题提出是自然的，引导过程是自然的，问题之间的过渡是自然的，问题解决方法的产生也是自然的.

二、简约自然理念下"问题导学"教学的问题设计原则

简约自然理念下，"问题导学"教学的问题设计是实施教学的关键，所设计问题是否具备"简约自然"特征直接影响"问题导学"的课堂教学质量，抓住了问题设计环节，就抓住了"问题导学"的灵魂. 问题设计必须遵循以下原则：

1. 基于学生主体

一切问题的设计都是为了让学生通过问题的解决掌握知识与技能，因而问题设计要基于学生主体，要从学生学习状况及其认知规律来思考如何进行问题设计，切不可教师"想当然"地去思考. 现代认知心理学认为，新知识只有纳入原有的认知结构，并在原有认知结构中找到联结点，才能将新知识同化. 由此，教师在设计问题时，须先了解学生已经具备的能力和掌握的知识，而后思考学生现有知识与能力水平怎样？如何确定"期待学生发展出的能力和掌握的知识"？所设计的问题是否位于学生的"最近发展区"？这样才能让"问题导学"的过程不断深入. 同时，在"问题导学"教学中，所设计的问题往往不止一个，有时需要设计一组或一串问题来推进，这些问题之间也有必然的知识内在联系和应有梯度，这同样需了解学生原有的认知基础.

2. 基于学科本源

问题设计要围绕学科核心知识和知识的核心，要在课程学习目标、课堂教学目标的引领下设计问题，要从学科本源去思考问题的设计与提出. 在进行问题设计时，教师须认真考量当前教学内容的特点，精准把握课堂教学目标、明确教学重点、厘清问题源头，然后进行问题设计；同时，思考如此设计问题的教育教学价值在哪里？这些问题能否真正发挥导学功能？问题解决后能否达成知识与技能目标？能否让学生充分经历学习过程、掌握问题解决的方法？对关键能力和必备品格（核心素养）的养成是否有效？可以说，这些都是"问题导学"教学成败的最重要的评价标准.

3. 基于简约自然

简约自然理念下，"问题导学"教学中所设计的问题要简约自然，这也是高效课堂的重要特征. 著名的美国心理学家布鲁纳的认知理论认为：任何学科的内容都可以用更为经济、富有活力的简约方法表达出来. 基于学生主体和学科本源而设计的问题关键在于精而不在于多，要能简约地表达教学内容，能精准地揭示本质、体现能力. 从自然的维度看，要让学生感受到问题的产生、问题的过渡都是水到渠成、浑然天成的，不仅合情合理，甚至很有人情味，而不是强加于人的.

三、以高中数学教学为例，开展简约自然理念下"问题导学"教学实践

在进行简约自然理念下"问题导学"教学设计时，首先应明确学科知识系统、课堂教学目标，以及与教学内容相关联的知识；然后了解学生的认识基础，依据认知基础给学生准备一些预备知识，可以用问题的方式呈现，美国教育心理学家奥苏伯尔称为"先行组织者"，即教学之前先呈现的一个抽象概括水平较高的引导性材料；最后在遵循学生主体、学科本源、简约自然等原则的基础上进行问题设计. 课堂教学流程如下：设置情境—提出问题—解决问题—达标检测，"设置情境"环节可以依照教学的实际情况进行取舍，"提出问题"与"解决问题"两个环节是相互渗透的循环过程，在提出问题中解决问题，在解决问题中又产生问题，"达标检测"环节可采用问题检测方式.

案例《三角函数的诱导公式》

1. 设计支架性问题，引导学生对学习难点的感悟

在数学教学中，常遇到学生学习的难点，此时教师需设计简约自然的支架性问题逐步引导学生. 这些问题犹如隐形的阶梯，让学生思维沿着阶梯不断向上攀登，直至最终感悟难点.

问题 1：我们利用单位圆定义了三角函数，而圆具有对称性，能否利用圆的对称性来研究三角函数的性质呢？

问题 2：角 $\pi - \alpha$ 的终边与角 α 的终边有什么对称关系？

问题 3：角 $\pi - \alpha$ 与角 α 的三角函数之间有什么关系？

设计说明：三角函数诱导公式的探索方法获取比较难，问题 1 给出探索方法的支架，问题 2、问题 3 通过一个具体问题的探索，为解决后面的问题提供支架.

2. 设计对应性问题，引导学生建构方法体系

开普勒有段名言："我珍爱类比胜过任何别的东西"，类比是创造性思维的重要途径. 在数学中，许多知识之间有相似之处，比如空间与平面、数与形等，教师可以设计简约自然的对应性问题，在加强知识间联系的同时引导学生建构方法体系.

问题 4：角 $\pi + \alpha$ 与角 α 的三角函数之间有什么关系？

问题 5：角 $-\alpha$ 与角 α 的三角函数之间有什么关系？

问题 6：角 $\dfrac{\pi}{2} + \alpha$ 与角 α 的三角函数之间有什么关系？

设计说明：类比不仅可以在知识间类比，也可以在方法上类比，问题 4、5、6 与问题 3 相对应，解决方法也是探索这些角的终边满足何种对称关系，通过解决问题不但获取了诱导公式，而且强化了对方法体系的建构.

3. 设计总结性问题，引导学生对学科知识的巩固

在某类问题解决之后，或者在每个教学环节的结尾处，可设计简约自然的总结性问题引导学生"回头看"，对问题解决过程进行反思，对相关的思想方法或关键点等进行归纳与总结，加强知识巩固.

问题 7：能否用简洁的语言概括一下你所获得的诱导公式？它们的作用是什么？

问题 8：对诱导公式的探索，你获得哪些方法及过程体验？

设计说明：这些总结性问题对诱导公式及其探索方法做了简约自然的概括，不仅强化了知识巩固，也关注到了对公式的适度形式化.

四、反思与提升

1. 将"提出问题"与"设计问题"相结合

爱因斯坦有句名言：提出问题比解决问题更重要. 在简约自然理念下"问题导学"教学中，教师在预设问题时不能过满，要给问题留有余地，给学生留下发现问题、提出问题的空间，这样"问题导学"教学才能更富有生命力，如问题 5、6，是否可以在教师的引导下由学生提出呢？其意义在于不仅

让学生掌握发现问题、提出问题的策略，而且养成问题意识.

2. 将"学生自主"与"教师引导"相结合

普通高中课程理念强调"学生主体"和"教师主导"，提倡创设合适的教学情境，启发学生思考；提倡独立思考、自主学习、合作交流等多种学习方式相结合. 在"问题导学"教学中，应充分发挥问题的导学功能和教师的"引导"作用，不能用教师的讲解来代替"问题导学"，更不可忽略学生的感受而"自问自答". 教师要敢于把学习的主动权还给学生，大力调动学生学习的积极性，引导学生独立思考，带领学生自主学习、合作交流，要时刻关注学生的思维过程，及时发现学生的思维障碍，并用启发性、鼓励性的语言帮助学生排除障碍、解决问题.

3. 将"简约自然"与"回归本真"相结合

"简约"与"自然"都具有其本真性，而不是人为的"简约自然"，切不可追求人为的"简约"而省去一些重要的"问题设计"，略去一些关键的引导"环节"；也不可追求人为的"自然"而生搬硬套、矫情造作；更不可过度地追求形式化的"简约自然"，从而丢失知识本质、课堂本真.

总之，简约自然理念下的"问题导学"教学，是对"问题导学"教学的一种反思与提升，是"问题导学"教学的一种全新视角.

行课堂之朴　求数学之真

福建省福州第一中学　丘远青

新课程在我省全面实施，在高考综合改革及《普通高中课程标准（2017年版）》的指引下，如何在课堂上发展学生的学科素养，落实立德树人根本任务，是教师面临的关键问题. 广大教师在课堂教学方式、形式和手段等方面都做了相应的尝试和研讨，不尽如人意的是，有些数学课堂流于形式，缺少了数学深度. 笔者认为,高效数学课堂应该"行朴求真".

一、数学课堂形式要"行朴"

当下的高中数学课堂,少数教师片面追求课堂的外在形式,实效甚微之因就是舍本求末,片面追求外形新颖华丽而忽略了更为重要的数学内涵. 大道至简,教师应该着力思考如何超越形式追求,让数学课堂从形式走向实效,从华丽转向朴真.

(一)创设合适的教学情境——显课堂之朴

合适的问题情境设计,不仅能让新知识的出现成为必然,还可以启发学生思考,激发学生的求知欲. 教师备课时应该在如何创设问题情境上作出思考,切勿举着创设情境之旗,一味求新求异,对合适二字视而不见.

以《函数的方程与零点》为例,三位教师有三个情境创设:

情境一:横看成岭侧成峰,远近高低各不同. 不识庐山真面目,只缘身在此山中……

情境二:在神圣的罗马帝国时期,人们经常在公共场所举办解方程大赛. 比赛常常吸引众多的观众,其盛大情况堪与明星演唱会媲美. 神圣罗马帝国皇帝腓特烈二世也是个数学迷,有一次,他举办了一场宫廷数学竞赛,其中一道竞赛题是求三次方程 $x^3+2x^2+10x=20$ 的根. 来自比萨的大数学家斐波那契成功地获得了它的近似解,并精确到了小数点之后 6 位数字,斐波那契赢得了比赛,受到皇帝的赞赏.

情境三:我们已经学习了用二次函数的观点认识一元二次方程,知道一元二次方程的实数根就是相应二次函数的零点. 像 $\ln x+2x-6=0$ 这样不能用公式求解的方程,是否也可以采用类似的方法,用相应的函数研究它的解的情况呢?

情境一,教师富有情感地吟诵苏轼的《题西林壁》,而后从山峰的重峦叠嶂绕到该课的函数零点,新颖但不自然,也缺乏数学内涵;情境二,把数学史融入课堂,激发学生兴趣,但是一开始就去探求三次方程的近似解,难度过大，不利于整节课的展开．如果教师在介绍数学史后，把问题引导为探求较为简单的方程，比如 $3\,567x^2 - 3\,569x + 1 = 0$ 是否有根，效果更佳；情境三，首先引起学生的认知冲突，激发学生的探究热情，同时也考虑到学生学习的最近发展区，提出与上章所学的对数函数有关，学生又暂时无法解决的新问题，将新课置于主题整体内容中去把控．比较而言，情境三引入方式朴实却最为合适．

数学概念和结论的形成，都是源于实际问题的需要，自然而然生成的．合适的课堂引入可以从知识产生的背景、形成过程、应用、与其它知识的关联等方面入手，从而让情境多些数学内涵，课堂的引入水到渠成、浑然天成．切勿为了情境而情境，取情境之形而忽视内容之实．

（二）注重信息技术与数学课程的深度融合——还课堂之朴

信息技术与教学融合是社会发展所需，是现代科学发展的必然选择，是教学现代化的一种体现形式．注重信息技术与数学课程的深度融合，不仅可以提高教学的实效性，还能培养学生学习和应用信息技术的兴趣和意识．但是为了技术而技术，没有与数学融合，将违背使用技术辅助教学之初衷，必然会导致教学效率低下．笔者曾经参加过一次《斐波那契数列》展示课的活动，授课教师利用精美的课件，花了近二十分钟去展现斐波那契数列之美，对该数列的数学方法、数学本质分析却甚少，对数学思维的启迪几乎没有，最后留给学生的不是数学知识和方法，而是信息技术．这样的课，显然不是一堂好的数学课．

信息技术的使用并非是优质课的必备条件，不少数学课以传统的粉笔和黑板模式，更能展现思维过程，启迪学生思考．当然，也不能以没有必要为托词而脱离信息技术，信息技术在使学习对象形象化、复杂的数据处理、数学对象变化过程中的"可视化""连续性"等方面都有非常积极的作用．教师在信息技术的使用过程中，应当关注技术与教学内容深度融合，关注有利于促进学生对教学内容的理解和感悟，利用技术呈现以往教学中难以呈现的课程内容，鼓励学生应用信息技术等进行探索和发现，真正做到让信息技术与教学内容有机整合．

（三）数学课上讲数学——行课堂之朴

单墫教授早在十几年前就呼吁"数学课上讲数学"，这种普通人的常识历经多年仍非师师具备．当下有些数学课，为了理念而理念，为了素养而素养，为了文化而文化，花在数学上的时间却越来越少了．素养和文化应该是润物细无声的潜移默化，片面追求理念的课堂不是真正的数学课堂．

网络上曾疯传某中学的一份数学材料："周而复始，踏着朝霞当思如何学习，踏着晚霞当思是否进步？已知函数 $f(x)$ 是定义在 **R** 上的周期为 6 的奇函数，且满足 $f(1)=1$，$f(2)=3$，求 $f(8)-f(5)$ 的值""还是原来的味道，还是原来的配方，已知等差数列……"等等．这样的设问风格有些教师也将其借用到了数学课堂．若只是偶尔用之，博众一乐，无可厚非．若长期如此，数学课将会变成文学课甚至段子课．还有少数教师，整节课把"我们要用数学眼光看问题，用数学思维思考问题……"挂在嘴边，却不引导学生如何看问题，如何思考问题，如何表达问题，空喊口号之课怎能高效？

数学课堂不宜过分强调场面的"高大上"，弥漫浮躁之风．教师应该从挖掘数学知识的教育内涵、把握数学本质出发，让学生体味数学思维的乐趣，才能让数学课堂弥漫着数学味．

二、数学课堂内涵要"求真"

构建高效数学课堂，在简化教学形式、教学手段之时，还应该努力在数学内涵上求真，让数学课堂从外在走向内涵，从肤浅走向深刻，让学生在数学课堂上掌握数学知识之时，数学关键能力和数学素养都能自然而然地得到不同程度的提升．

（一）注重数学知识的理解——明数学之真

数学课堂应在数学上多下功夫，应当注重数学知识的理解．数学知识理解主要包括：明了数学知识的背景、地位与作用；精通数学基础知识、基本技能、基本思想方法；熟悉数学知识内部的系统结构，知识与知识之间、知识与生活间的联系．

例1 已知四棱锥 $P\text{-}ABCD$，底面 $ABCD$ 为菱形，$PD=PB$，H 为 PC 上的点，过 AH 的平面分别交 PB，PD 于点 M，N，且 $BD/\!/$平面 $AMHN$.

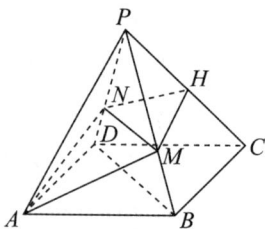

（Ⅰ）证明：$MN\perp PC$；

（Ⅱ）若 H 为 PC 的中点，$PA=PC=\sqrt{3}AB$，PA 与平面 $ABCD$ 所成的角为 $60°$，求二面角 $P\text{-}AM\text{-}N$ 的余弦值.

评析：许多学生无法解答问题（Ⅱ），其根源在哪？对向量法解决立体几何问题的认知不足！学生把问题聚焦在点 M，N 坐标的求解，计算繁杂，遇阻是必然. 事实上，利用空间向量解决立体几何问题，求坐标仅是一个常用过程，其根本目的是求解平面的法向量，以法向量确定平面方向. 平面法向量的求解可以通过平面上两个不共线向量来完成，本题只需要把平面 PAM 转化为平面 PAB，即可避开求点 M 坐标，从而轻松求得平面 PAM 的法向量；类似地，平面 AMN 法向量的求解，可以通过向量 $\overrightarrow{AH}$，$\overrightarrow{MN}$ 来完成，而向量 $\overrightarrow{MN}$ 又可转化为 $\overrightarrow{BD}$. 如果教师自身对该问题认识透彻，在课堂上和学生一起把方法探究明了，那么问题（Ⅱ）就是一道常规的求角问题了.

教师对数学知识和技能、数学内容所反映的思想和精神有较深入的体会和理解，才能明了数学知识所蕴含的科学研究方法和理性思维过程，才能在课堂教学中让学生"学什么"和"如何学".

（二）恰当进行变式教学——揭数学之真

顾泠沅教授曾说："变式教学是我国中学数学课堂教学的一大法宝". 在数学课堂中恰当地运用变式教学，可以有效地促进学生对知识和方法的理解，提高学生解决问题的能力，培养学生的创新能力，从而全面提升数学素养. 那么，如何进行变式教学呢？下面是笔者在高三函数单调性复习课上的一道例题变式教学.

例2 已知函数 $f(x)=\begin{cases}-x^2+6x+\mathrm{e}^2-5\mathrm{e}-2, & x\leqslant \mathrm{e}, \\ x-2\ln x, & x>\mathrm{e},\end{cases}$ 若 $f(3-m^2)\geqslant f(2m)$ 成立，则实数 m 的取值范围是_____.

变式1：设定义在 $\mathbf{R}$ 上的函数 $f(x)$ 的导函数 $f'(x)$ 满足 $f'(x)<0$，且

$f(2)=-1$，则使得 $f(3-m^2)+1\geqslant0$ 成立的 m 的取值范围是 _____．

变式 2：定义在 **R** 上的函数 $f(x)$ 满足 $f(1)=2$，且对任意 $x\in\mathbf{R}$，都有 $f'(x)>\dfrac{1}{2}$，则不等式 $f(\log_2 x)<\dfrac{\log_2 x+3}{2}$ 的解集为 _____．

该变式教学设计了三个层次：例题是具体函数，可以直接研究单调性；变式 1 是抽象函数，可以利用导数的正负研究单调性；变式 2 直接研究函数 $f(x)$ 的单调性无法解答，需要分析题目结构特征，构造函数才能解决．三个问题层层递进，课堂高潮迭起，学生思维能力得到不断升华．相对于仅仅是更换题中 $f(x)$ 的表达式，或是把大量题目杂乱堆砌起来的题海式的假变式教学，其教学效果差异显而易见．

教师在实施变式教学的过程中，首先应该揭示该例题的教学功能，再从中确定变式的逻辑线索，而后思考如何变式，才能促进学生对知识的认知和思维能力的提升．好的变式教学，需要教师在教学中对例题"巧选、善用、精处理"．

（三）思维是数学的灵魂——求数学之真

数学课上求真，应该注重学生数学思维能力的培养．数学思维是数学地思考问题和解决问题的思考形式，也就是能够用数学的观点去思考问题和解决问题的能力．思维是数学的灵魂，数学思维能力得到了提升，核心素养也就得到了落实．我们要培养学生的数学能力不是单纯的解题能力，是会思考问题并能应用研究问题的一般方法探索研究对象的性质或关系，并找到具体方法解决问题的能力．数学课堂应该着力教会学生思考，尤其是有逻辑、有创造力地思考．

例 3　几位大学生响应国家的创业号召，开发了一款应用软件．为激发大家学习数学的兴趣，他们推出了"解数学题获取软件激活码"的活动．这款软件的激活码为下面数学问题的答案：已知数列 1，1，2，1，2，4，1，2，4，8，1，2，4，8，16，…，其中第一项是 2^0，接下来的两项是 2^0，2^1，再接下来的三项是 2^0，2^1，2^2，依此类推，求该数列的前 440 项和．那么该款软件的激活码是什么？

评析：对于该问题，教师引导学生思考，首先弄清楚"要做什么"——

求该数列的前 440 项和；其次考虑"怎么做"——分组求和；"为什么可以这么做"——因为将该数列适当分组后，每组数列为等比数列；"怎么想到这么做"——因为我们观察到 2^0，2^1，2^2，…的等比数字特征；最后才是动手解决问题.

教育的首要目标是独立思考和判断，而非教授特定的知识. 判断一个学生是否具备数学素养，在于其是否能应用知识解决实际问题，是否具备逻辑推理和提出论点的能力；能否阅读文本且进行提取，思考并作出基本的判断. 作为教师，不讲知识形成的思维过程、不讲知识之间的逻辑关系进行教学，损害的是学生的思维水平，弱化的是学生理解数学的思维能力. 教师教学前一定要对一个单元、一节课、一个问题的教学内容作出逻辑上的判断，思考该知识所承载的思维是什么？只有思考知识上位，即思维层面的东西，才能把握住知识教学的出发点和落脚点，也才能真正地实现知识教学的目标. 数学核心素养的基本涵义就在于：我们应当通过数学教学帮助学生学会思维，并能使学生逐步学会想得更清晰、更深入、更全面、更合理.

时代在发展，不同时期数学课程承载着不同的使命，数学课堂是学生发展的主阵地，教师应该在深入挖掘数学内涵，精准把握数学本质上多下功夫，脚踏实地地培养学生的能力和素养，促进学生思维能力、实践能力和创新意识的发展. 数学课堂应"行朴求真"，少点浮夸，多点数学.

知识能力素养　三位一体并进

福建省宁德市第一中学　杨恩彬

2017 年 3 月，《普通高中数学课程标准（送审稿）》在教育部组织的评审活动中获得与会专家的一致认同. 这意味着，如何培养学生的数学核心素养已经成为所有高中数学教师必须直面的问题. 本文拟基于教学实施，简述笔

杏坛哲思——基于高中数学核心素养发展的教学探究

者对数学核心素养培养的认识与思考.

一、数学核心素养的内涵

《普通高中数学课程标准（送审稿）》指出："数学核心素养是具有数学基本特征的、适应个人终身发展和社会发展需要的人的思维品质与关键能力."

研读以上表述，可以清晰地分离出数学核心素养的基本要素——数学基本特征、思维品质（习惯）和关键能力．换言之，就外在表现而言，数学素养首先应该是一种"万物皆数"的思维习惯——能够自觉地、数学地观察、提出、分析问题，然后应该是这种思维习惯的目标指向得以实现（解决问题）所需要的基础知识和基础能力.

二、数学核心素养的培养

上述关于数学核心素养内涵的解读表明，培养数学核心素养应该明晰素养的外显特征，明了素养的基础载体，明确素养的培养途径.

1. 明晰素养的外显特征

《普通高中数学课程标准（送审稿）》指出："高中阶段数学核心素养包括：数学抽象、逻辑推理、数学建模、直观想象、数学运算和数据分析."

基于教学实施而审视上述数学核心素养，应先进一步明晰这些素养的外显特征.

表 1　高中阶段数学核心素养的外显特征

核心素养	外显特征
数学抽象	①获得数学概念和规则；②提出数学命题和模型；③形成数学方法与思想；④认识数学结构与体系.
逻辑推理	①发现问题和提出命题；②掌握推理基本形式和规则；③探索和表述论证过程；④理解命题体系；⑤有逻辑地表达与交流.

核心素养	外显特征
数学建模	①发现和提出问题；②建立和求解模型；③检验和完善模型；④分析和解决问题.
直观想象	①建立形与数的联系；②利用几何图形描述问题；③借助几何直观理解问题；④运用空间想象认识事物.
数学运算	①理解运算对象；②掌握运算法则；③探究运算思路；④形成程序化思维.
数据分析	①收集和整理数据；②理解和处理数据；③获得和解释结论；④概括和形成知识.

表1呈现的内容清晰表明，六个数学核心素养的划分并非基于"逻辑分类"，这些核心素养既相互独立，又相互交融，形成一个有机整体. 这也就意味着，在数学核心素养的培养过程中，必须厘清何为主要培养的数学核心素养、何为兼顾发展的数学核心素养. 如是，方能使相关培养更加明确有效.

2. 明了素养的基础载体

关于数学核心素养内涵的解读表明，关键能力是数学核心素养的基本要素. 就教学实施而言，能力的培养必须植根于相应的知识. 因而，明了素养的知识和能力载体，应该是数学核心素养培养的基础保障.

表2 高中阶段数学核心素养的基础载体

核心素养	主要知识载体	主要能力载体
数学抽象	①集合；②函数的概念与性质；③三角函数；④立体几何初步；⑤概率；⑥导数及其应用；⑦空间向量与立体几何；⑧平面解析几何.	抽象概括能力
逻辑推理	①常用逻辑用语；②相等关系与不等关系；③三角函数；④立体几何初步；⑤数列；⑥空间向量与立体几何；⑦计数原理.	推理论证能力
数学建模	①平面向量及应用；②复数；③概率；④数列；⑤一元函数导数及应用；⑥空间向量与立体几何；⑦平面解析几何；⑧计数原理.	应用意识（应用能力）

核心素养	主要知识载体	主要能力载体
直观想象	①函数的概念与性质；②三角函数；③平面向量及应用；④立体几何初步；⑤空间向量与立体几何；⑥平面解析几何.	空间想象能力（几何直观能力）
数学运算	①相等关系与不等关系；②一元二次不等式；③函数的概念与性质；④幂函数、指数函数、对数函数；⑤三角函数；⑥函数应用；⑦平面向量及应用；⑧复数；⑨概率；⑩数列；⑪一元函数导数及应用；⑫空间向量与立体几何；⑬平面解析几何；⑭计数原理.	运算求解能力
数据分析	①统计；②数学建模活动与数学探究活动.	数据处理能力

3. 明确素养的培养途径

如前所述，能力是培养数学核心素养的基础，能力的培养必须植根于相应的知识. 因而，数学核心素养培养的基本策略应该是：立足知识基础，提高基本能力，发展核心素养. 相应的基本途径应该是：在基础知识的习得与应用过程中，恰时恰点地"显性化"基本数学能力的应用，养成基本数学能力运用的自觉意识，由"量变"而"质变"内化升华基本数学能力，进而追求数学核心素养的发展.

（1）教学目标的制定要凸显数学核心素养.

例1 单调性与最大（小）值（第一课时）

【知识与技能目标】

引导学生几何直观地描述函数图象的特征，建立形与数的关系，进而理解和掌握函数单调性的概念，并能够通过函数图象直接写出函数单调区间，藉此提高学生的几何直观能力和抽象概括能力，培养直观想象素养和数学抽象素养.

【过程与方法目标】

①引导学生在函数单调性形成过程中，发现和提出问题，分析和解决问题，藉此提高学生的应用能力，培养数学建模素养.

②引导学生在函数单调性形成过程中，探索和表述论证过程，有逻辑地

表达与交流，藉此提高学生的推理论证能力，培养逻辑推理素养.

【情感态度与价值观目标】

①引导学生通过函数单调性概念的获取，体会数学对象的抽象和数学思维的严谨，发展数学抽象素养和逻辑推理素养.

②引导学生通过函数单调性概念在物理问题中的应用，体会数学知识与方法的应用价值，激发学生学习数学的兴趣和积极性.

评析：基于数学核心素养的培养而审视教学目标的制定，必要的关注点为：剖析预定的教学内容，明晰必须在哪些具体知识点、哪些学习过程中"显性化"、哪些数学基本能力、培养哪些数学相应的核心素养. 如是，数学核心素养的培养才能够有明确的方向与落脚点，其培养的实效性也才能得以实现.

（2）教学活动的设计要立足数学核心素养.

例2 "单调性与最大（小）值（第一课时）"的教学片段

环节一

①给出著名心理学家艾宾浩斯的遗忘曲线，指出这是记忆量 y 关于时间 t 的函数的图象. 引导学生从左到右观察函数图象的变化趋势，并尝试用语言描述这一变化趋势.

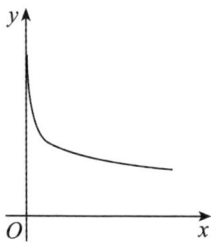

②请学生作出 $y=x$，$y=\dfrac{1}{x}$，$y=x^2$ 的图象，而后从左到右观察函数图象的变化趋势，并尝试用语言描述这一变化趋势.

设计意图：引导学生几何直观地描述函数图象的特征，初步建立形与数的关系，得到一个直观而具体的感受：函数单调递减. 提高学生的抽象概括能力，培养其数学抽象素养.

环节二

①请学生用文字语言描述函数图象从左到右的变化趋势，并尝试用数学语言描述这一变化趋势.

②师生共同完善上述关于函数图象变化趋势的语言描述，进而给出函数单调性的概念.

设计意图：引导学生将函数图象变化趋势的几何直观描述转化为文字语言、数学语言的表述，进而获得函数单调性的概念和几何意义．在发现和提出问题、有逻辑地表达和交流等过程中提高学生的推理论证能力，培养其逻辑推理素养．

环节三

请学生借助 $y=x$，$y=\dfrac{1}{x}$，$y=x^2$ 的图象，比照函数单调性的概念，并思考如下问题：

①对于函数 $f(x)=x^2$（$x\in\mathbf{R}$），取 $x_1=-2$，$x_2=1$，此时 $x_1<x_2$，且 $f(x_1)>f(x_2)$，据此可以认为函数 $f(x)=x^2$ 在 $\mathbf{R}$ 上是减函数吗？

②对于函数 $f(x)=x^2$（$x\in\mathbf{R}$），取 $x_1=-1$，$x_2=1$，此时 $x_1<x_2$，但 $f(x_1)=f(x_2)$，据此可以认为函数 $f(x)=x^2$ 在 $\mathbf{R}$ 上不是增函数、也不是减函数吗？

③对于函数 $f(x)$（$x\in\mathbf{R}$），若 $f(-2)>f(1)$，是否可以认为函数 $f(x)$ 在 $\mathbf{R}$ 上是减函数？是否可以认为函数 $f(x)$ 在 $\mathbf{R}$ 上一定不是增函数？

设计意图：引导学生在概念应用中，强化借助几何直观理解问题的意识，准确认识函数单调性概念的基本结构与基本要素，提高学生的抽象概括能力和几何直观能力，培养其数学抽象素养和直观想象素养．

评析：基于数学核心素养的培养而审视教学活动的设计，必要的关注点为：剖析预定的教学内容，明晰蕴含于其中的数学能力和数学核心素养，据此设计恰当的情境、活动或问题，引导学生自觉地运用数学的眼光观察对象、提出问题，进而引导学生使用恰当的数学语言、模型描述问题，并选择相应的知识与方法解决问题．如是，牢固知识、提高能力、发展素养就不会只是一种教学"追求"．

（3）问题解决的教学要植根数学核心素养．

例 3　已知 $f(x)$ 是定义在 $\mathbf{R}$ 上的减函数，其导函数 $f'(x)$ 满足 $\dfrac{f(x)}{f'(x)}+x<1$，则下列结论正确的是

　　A．对任意 $x\in\mathbf{R}$，$f(x)<0$

B. 对任意 $x \in \mathbf{R}$，$f(x) > 0$

C. 当且仅当 $x \in (-\infty, 1)$ 时，$f(x) < 0$

D. 当且仅当 $x \in (1, +\infty)$ 时，$f(x) > 0$

评析：求解本题的关键在于，学生能够依托相关知识储备（导数的四则运算），从题设条件中抽象进而建构出函数 $g(x) = (x-1)f(x)$．在这一过程中，导数的四则运算等知识得到了夯实，抽象概括能力得以提高，数学抽象素养（提出数学命题与模型）也因此而得到了发展．

此外，学生若能依托题型特征，选取恰当的特值，则可借助排除法完成本题的求解．在这一过程中，函数单调性的知识得到了夯实，运算求解能力得以提高，数学运算素养（理解运算对象、形成程序化思维——对于某一范围内的所有对象，结论恒成立的选择题，首选特值排除）也因此而得到了发展．

例 4   已知实数 a，b 满足 $2a^2 - 5\ln a - b = 0$，$c \in \mathbf{R}$，则 $\sqrt{(a-c)^2 + (b+c)^2}$ 的最小值为

A. $\dfrac{1}{2}$ B. $\dfrac{\sqrt{2}}{2}$ C. $\dfrac{3\sqrt{2}}{2}$ D. $\dfrac{9}{2}$

评析：求解本题的关键在于：学生能够依托相关知识储备（两点之间的距离公式），将问题转化为已知曲线 $y = 2x^2 - 5\ln x$ 与直线 $x - y = 0$ 上的动点之间的最小距离．在这一过程中，导数在研究函数性质中的应用等相关的知识得到了夯实，推理论证能力和应用意识得以提高，逻辑推理素养（探索和表述论证过程）和数学抽象素养（提出数学命题与模型）也因此而得到了发展．

例 5   已知过双曲线 C：$\dfrac{x^2}{a^2} - \dfrac{y^2}{b^2} = 1(a > 0,\ b > 0)$ 的焦点的直线 l 与 C 交于 A，B 两点，且使得 $|AB| = 4a$ 的直线 l 恰好有 3 条，则 C 的渐近线方程为

A. $y = \pm\sqrt{2}\,x$ B. $y = \pm\dfrac{\sqrt{2}}{2}x$ C. $y = \pm 2x$ D. $y = \pm\dfrac{1}{2}x$

评析：求解本题的关键在于：学生能够依托相关知识储备（双曲线的几何性质——对称性），数形结合地审视问题，得出结论——双曲线存在长为 $4a$

的通径，进而借助双曲线的定义求解问题．在这一过程中，双曲线的定义与性质等相关的知识得到了夯实，几何直观能力得以提高，运算求解能力、推理论证能力和应用意识也同时得以提高，直观想象素养（利用几何图形描述问题，借助几何直观理解问题）、数学运算素养（探究运算思路）、逻辑推理素养（探索和表述论证过程）和数学抽象素养（提出数学命题与模型）也因而得到了发展．

本文只是较为浅层地基于教学实施而言及数学的核心素养，意在表明，如何基于某一知识的习得而通盘设计教学方案、如何基于某一数学核心素养的体现而命制恰当的试题，于数学核心素养的培养而言，应该是值得深入探究与思考的，笔者期待更多的相关研究成果面世．

简约自然理念下的数学教学
——以《直线的倾斜角与斜率》为例

福建省宁德市第一中学　王神华
福建宁德市民族中学　邱琳

无论是从数学知识的本身形态，还是从数学产生和发展来看，简约与自然是数学的两个重要特征，由此数学教学须遵循简约自然原则，但新课程改革实施以来，由于受到功利性教育的影响，社会"跟风"现象日益严重，很多教师热衷于课堂的繁华与花哨，忽略了数学及其教学过程的简约性和自然性，导致课堂的教学目标、教学素材、教学环节"繁且乱"，知识呈现、问题产生、方法形成不自然，与简约、自然的课堂渐行渐远，严重影响了课堂教学效率．从有利于数学教育教学长远发展的角度，我们呼唤数学课堂回归简约自然本色．基于这一原因，笔者以普通高中课程标准实验教科书为载体进行了多次简约自然理念下的教学尝试，本文展现的是《直线的倾斜角与斜率》

的教学过程，愿能引起广大读者的思考与共鸣.

一、简约自然的教学理念

前苏联教育家巴班斯基的最优化教学理论中指出："无论是教学设计、教学内容的选择还是教学策略、教学评价的实施都把简约化作一项重要原则来指导教学."用"简约"理念来指导数学教学，就是对教学中的目标确定、素材选择、环节安排等教学要素的精确把握和经济妙用，使整个课堂教学过程简洁、清晰、深刻，不仅表现在形式上简洁与明了，更能高效地完成教学任务、达成教学目标，具体表现为教学目标简明、教学环节简化、教学素材简略、教学语言简洁等.

夸美纽斯在《大教学论》中提出了教育应遵循自然规律的观点，其含义是教育要遵循自然秩序和依据学生的认知规律，用"自然"理念来指导数学教学，有如下两层意思：从数学角度看，教学要合乎数学知识本身的逻辑结构与发展规律，即数学概念产生、数学问题提出与解决是数学知识逻辑发展所自然产生的，或者是学生在学习中能自然感悟到的；从学生角度看，教学要合乎他们的认知规律和思维特点，即数学概念产生、数学问题提出与解决是基于他们原有的数学认知结构，是他们原有数学认知结构的自然发展与完善. 具体表现为知识呈现是自然的、问题产生是自然的、方法形成是自然的、环节过渡是自然的等，使学生在不知不觉中完成了学习任务、养成了数学素养.

二、简约自然理念下的数学教学案例分析

1. 从简约自然的角度分析教材

对于《直线的倾斜角和斜率》的教学，从教学目标简明角度看，本节课的目标是理解倾斜角的定义及斜率的定义，领悟直线上任意两点的坐标、直线的倾斜角、直线的斜率三者之间的关系；从教学素材简略的角度看，教材

中用"坡度比"引出斜率的定义显得杂乱且多余，可以不用；从教学环节简化的角度看，斜率的定义环节和已知两点求直线的斜率环节可以整合；从知识呈现自然的角度看，课堂教学要立足于解决为什么把 x 轴正向与直线 l 向上的方向之间所成的角定义为倾斜角，以及为什么把一条直线的倾斜角 α 的正切值定义为直线的斜率；从问题产生自然的角度来看，直线上的一个点以及它的倾斜角可以确定一条直线，两个点也可以确定直线，要探究的问题就是直线上任意两点的坐标与直线的倾斜角 α 有何关系；从方法形成自然的角度看，已知直线上的一点和直线的斜率如何画出直线，自然要转化为用两点画直线或一点及倾斜角画直线.

2. 倾斜角的定义过程

问题 1：以 x 轴为"基准"，当直线 l 与 x 轴相交时成四个角，我们用其中的哪个角表示直线的倾斜程度比较好呢？

设计意图：让学生从坐标轴的"基准"作用出发思考问题、做出选择，初步树立应用坐标系解决问题的意识.

活动预设：学生可能会联想两条相交直线所成角的概念，用直线 l 与 x 轴所成的角（是一个不大于 $90°$ 的角）表示直线 l 的倾斜程度.

问题 2：已知直线过点 $P(1，0)$，且与 x 轴所成的角是 $45°$，请画出满足条件的直线.

设计意图：通过学生亲自操作，体会用直线 l 与 x 轴所成的角表示直线的"倾斜程度"是不合适的，至少是不完善的，有改进的空间.

活动预设：学生画图后发现满足条件的直线不唯一.

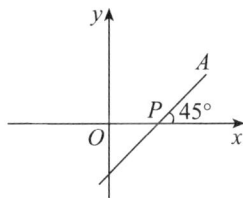

图 1

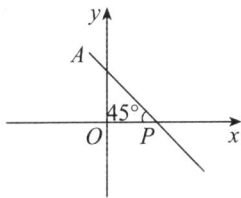

图 2

一般地，过一点 P 与 x 轴成 α（$\alpha \neq 90°$）的直线有两条，在学生活动基础上，教师进行启发性讲解：坐标系是由原点重合的两条相互垂直的数轴构成的，数轴有方向，所以在上述选择时要注意发挥方向的作用．以 x 轴的正向为基准作为角的一边，以直线在 x 轴上方的部分作为角的另一边，用角 $\angle xPA$ 表示直线的"倾斜程度"（如图1）．至此，直线的倾斜角的定义呼之欲出．

从倾斜角的定义过程看，知识的呈现是自然的，没有强加于学生，而且"问题提出""学生活动""教师讲解"等教学环节都能恰到好处地发挥作用，真正做到目标简明、环节简化，提高了课堂效率．

3. 斜率的定义过程

教材中写道：如果我们使用"倾斜角"这个概念，那么这里的"坡度比"实际就是"倾斜角 α 的正切"．我们把一条直线的倾斜角 α 的正切值叫做这条直线的斜率．为什么用坡度比引出直线斜率的定义？若直线的倾斜角 α 为钝角，此时的"坡度比"是不是"倾斜角 α 的正切"呢？这显得突然、不自然、杂乱且多余．从追求简约自然的课堂教学的维度来看，可以在探索"直线上任意两点的坐标"与"直线的倾斜角 α"关系的过程中引出斜率的定义．

问题3：我们知道两点确定一条直线，如果直线经过点 A、B，它的倾斜角为 α，那么这两个点的坐标及倾斜角之间一定存在某种数量关系吗？让我们从具体的例子开始研究，如图3，已知点 $A(1,0)$，$B(2,1)$，$C(2,\sqrt{3})$，$D(-1,2)$，你能求出直线 AB、AC、AD 的倾斜角吗？

设计意图：从简单而具体的特例入手，发现两种"确定直线的几何要素"之间有密切联系．

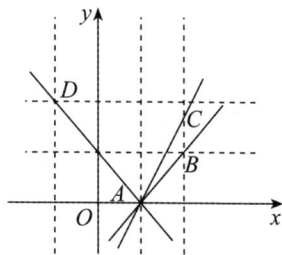

图3

活动预设：学生结合平面几何与初中所学的三角函数的有关知识，得到直线 AB、AC、AD 的倾斜角分别 $45°$、$60°$、$135°$．

问题4：由问题3的解决过程可以看出，已知直线上两点的坐标可以确定直线的倾斜角，那么直线上的任意两点 $P_1(x_1，y_1)$、$P_2(x_2，y_2)$ 与直线的倾斜角 α 有何联系呢？

设计意图：将特殊问题一般化，在寻找直线上"任意两点的坐标"与"倾斜角"的数量关系的过程中发现变化中的不变量（$\tan\alpha$），自然引进斜率的概念，让学生经历"从几何到代数"的转化过程，体验从特殊到一般的思想，理解直线斜率的本质.

活动预设：对于一般情况，学生经过交流探究得到：当 $\alpha \neq 90°$，即 $x_1 \neq x_2$ 时，有 $\dfrac{y_2-y_1}{x_2-x_1}=\tan\alpha$，当然也有可能找到用坐标表示倾斜角的正弦或余弦的代数式，经过比较确认 $\dfrac{y_2-y_1}{x_2-x_1}=\tan\alpha$ 比较简洁，虽然它不能表示与 x 轴垂直的直线.

在学生交流讨论的基础上，教师恰时恰点进行讲解：对于直线 l 上任意两点 $P_1(x_1,\ y_1)$、$P_2(x_2,\ y_2)(x_1 \neq x_2)$，恒有 $\dfrac{y_2-y_1}{x_2-x_1}=\tan\alpha$，这说明 $\tan\alpha$ 是联系"直线上任意两点的坐标"与"倾斜角 α"的桥梁，是倾斜角等于 α 的直线的固有属性，它不随直线上两点的变化而变化，是给定直线 l 的一个不变量，可以完全刻画直线的倾斜程度，我们将倾斜角 α 的正切值 $\tan\alpha$ 定义为直线的斜率 k，其本质是直线上纵坐标的变化量 Δy 与横坐标的变化量 Δx 的比值，即当横坐标变化 Δx 时，纵坐标变化 $k\Delta x$，与教材中提到的"坡度比"相同. 当倾斜角 $\alpha = 90°$ 时，直线的斜率不存在.

问题 5：已知 $A(1,\ 0)$，直线 l_1、l_2、l_3 都经过 A 点，且斜率分别为 1、-1、2，画出直线 l_1、l_2、l_3.

设计意图：让学生再次感悟斜率是联系"直线上任意两点的坐标"与"倾斜角 α"的桥梁，可将其转化为"直线上的两点"或"一点和倾斜角"来画直线.

活动预设：当直线的斜率为 1、-1 时，学生依据斜率公式找出直线上除 A 点外的另外一点，然后由两点画出直线，或由一点及倾斜角画出直线. 但直线的斜率为 2 时，倾斜角不是特殊角，此时只能通过找点画直线.

从直线斜率的定义过程来看，问题 3、4 从知识的联系中自然产生，在问题的解决过程中使斜率的定义自然出现. 同时将教材中"坡度比"略去，把直线斜率的定义过程与探索"直线上任意两点的坐标"与"直线的倾斜角 α"关系的过程融为一体，让斜率的坐标计算公式成为这个过程的一个自然结果，真正做到教学素材简略、教学环节简化. 问题五是教材例题的改编，不仅简化了教学的例题环节，而且使各环节之间过渡自然、方法形成自然，这些都促进了课堂效率的提高.

三、反思与提升

1. 明确"教什么"

教学目标是一节课的灵魂与统帅，课堂教学任务都是围绕着教学目标展开的，有些数学课堂教学拖沓冗长，不够简约自然，源于教学目标不够明晰，教学任务繁重且目的性不强. 简约自然理念下的数学教学必须依据明晰的教学目标安排教学任务，即明确"教什么"，首先要认真研读教材及教学大纲，把握好数学教学内容的整体性和联系性，对每一章、每一节课的内容和地位要有较深入的分析，明确课程学习目标、课堂教学目标；然后依据目标科学合理地安排课堂教学任务，同时思考这些教学任务能否真正达成教学目标，让每一个教学任务恰到好处、简约自然. 比如《直线的倾斜角和斜率》这节课，问题 1、问题 2 是为理解倾斜角设计的，问题 3、问题 4 是为理解斜率设计的，而问题 5 让学生再次领悟直线斜率、直线上任意两点的坐标、直线的倾斜角三者关系，教学任务的目的性很强，整个教学过程显得简约自然. 当然一节课的教学目标有主有次，教师要依据主要目标安排简明的教学任务，切不可主次不分致使教学任务杂乱.

2. 明确"用什么教"

教学素材是教学内容的载体，课堂教学不简约自然，有时是由教学素材造成的，比如过程性材料过于复杂、素材与教学内容匹配度不高、例题的设置繁难、课堂练习不够精炼等. 简约自然理念下的数学教学必须提炼优质的教学素材，即明确"用什么教"，要从传统的"教教材"向"用教材教"转变，依据教材中的教学内容，提炼简约、自然、有效的教学素材，包括引导性材料、教学情境设计、问题设置、例题选择等，能用一个素材完成教学任务的绝不用两个素材，让每一个教学素材都能精准地服务于教学目标、教学任务；适当改造教学素材，在不改变教学素材背景的前提下变换内容，节省学生时间，做到一"材"多用．比如《直线的倾斜角和斜率》这节课，用"坡度比"引出"直线的斜率"，显得突然且杂乱，因此教学中没有采用这个素材，转而通过探索"直线上任意两点的坐标"与"直线的倾斜角 α"关系引出斜率的定义．

3．明确"怎么教"

课堂教学由很多教学环节组成，比如知识引入、提出问题、自主探究（或交流讨论）、解决问题、归纳反思等，不同的课型有不同的教学环节，课堂教学的有效实施，离不开教学环节的合理选取和恰当应用，繁琐复杂的教学环节浪费了课堂教学时间，直接影响到一节课的教学节奏，与简约自然的数学教学格格不入．简约自然理念下的数学教学，必须综合考虑教学任务、内容特点以及学情，科学合理地拟定教学环节，让每一个教学环节都发挥其价值与功用，即明确"怎么教"．要充分考虑问题提出、学生思考、师生交流、教师讲解等教学环节的实效性，略去低效、无效或重复的教学环节，对交叉的教学环节进行整合，让每个教学环节简约出现、高效使用；要对每个教学环节所花的时间进行合理调整，真正做到用时简约得当；切实设计环节与环节之间的过渡语言，让环节之间的过渡显得自然，使由多个环节组成的课堂成为有机的整体．比如《直线的倾斜角和斜率》这节课，把斜率定义的教学环节与探究斜率公式的教学环节进行整合，教学过程简约自然，节省了课堂教学时间，提高了课堂教学效率．

"简约"与"自然"都应具有其本真性，而不是人为的"简约自然"，切不可追求人为的"简约"而省去一些重要的"教学任务"，舍去一些优质的教学素材，略去一些关键的"教学环节"；也不可追求人为的"自然"而生搬硬套、矫情造作；更不可过度地追求形式化的"简约自然"，从而丢失知识本质、课堂本真．

简约理念下的解题教学

福建省宁德市第一中学　王神华

考试考查的是学生的解题能力，而解题教学的质量是提高学生解题能力的关键因素．在高三的复习课中，数学教师要用大量的精力进行选题、编题、讲题，具体到一节课选编什么题来讲、讲几道题、怎么讲？这是每一位教师必须面对的问题．当今解题教学的课堂中，存在着题目多而不精、引导启而不发、揭示浅而不透、反思杂而不深等现象，这些都严重影响了解题教学的质量与课堂效率，制约了学生解题能力的提高．本文基于简约理念，结合自己平时解题教学中的实践与思考，提出几点看法供大家交流与参考．

一、简约理念下解题教学的内涵

从数学产生和发展来看，简约是它重要的特性之一．克莱因的《西方文化中的数学》更是从数学的起源、发展，以及在西方文化中的统领性地位讲述了数学简约性．著名的美国心理学家布鲁纳的认知理论认为：任何学科的内容都可以用更为经济、富有活力的简约方法表达出来，从而使学习者易于掌握，为实施简约理念下的数学解题教学提供了理论依据．根据现代教学理论，我们可这样认为：数学解题就是解题者运用数学基础知识、基本技能、数学思想方法分析、解决数学问题的过程，那么解题教学就是教师引导学生运用数学基础、基本技能、数学思想方法分析、解决数学问题的过程．用简约理念来指导数学解题教学，就是对解题教学中的习题选编、引导启发、本质揭示、反思提炼等解题教学环节的精确把握和经济妙用，使整个解题教学过程简洁、清晰、深刻，在有限的课堂时间内让学生的解题能力获得尽可能多的发展，促进解题教学质量与课堂效率的提升.

二、简约理念下解题教学的实践

1. 简约理念下的解题教学要实现选题的"一统江山"

在进行解题教学时，首先要确定本节课的解题教学目标，即本节课的解题教学完成后，要达成何种知识目标、能力目标、思想方法目标；其次，思考要达成这些目标，需要选编哪些习题来讲解，通过这些习题的解题教学，是否能达成这些目标；再次，明确一节课能讲几道例题，这些例题能否集中到相同的情境中去讲解，以节省学生熟悉情境的时间.

例如，高三理科二轮复习"立体几何大题"中，研究近几年高考对空间几何大题的考查内容，主要有空间中线线、线面、面面垂直关系的相互转化、点坐标的设法及求法、空间角的向量求法等，所以将本节课的解题教学目标确定为厘清线线、线面、面面的垂直关系，掌握点坐标的设法及求法，进一步熟练空间角的向量求法. 因此选择了如下两道题作为本节课的例题，涉及垂直的转化、点坐标的确定、空间角的向量求法，完全可以实现选题的"一统江山".

例 1　如图，在三棱锥 P-ABC 中，$AB = BC = 2\sqrt{2}$，$PA = PB = PC = AC = 4$，O 为 AC 的中点.

（1）证明：$PO \perp$ 平面 ABC；

（2）若点 M 在棱 BC 上，且二面角 M-PA-C 为 $30°$，求 PC 与平面 PAM 所成角的正弦值.

分析：（1）根据等腰三角形性质得 PO 垂直 AC，再通过计算，根据勾股定理得 PO 垂直 OB，最后根据线面垂直判定定理得结论. （2）根据条件建立空间直角坐标系，设立各点坐标，根据方程组解出平面 PAM 一个法向量，利用向量数量积求出两个法向量夹角，根据二面角与法向量夹角相等或互补关系列方程，解得 M 坐标，再利用向量数量积求得向量 PC 与平面 PAM 法向量夹角.

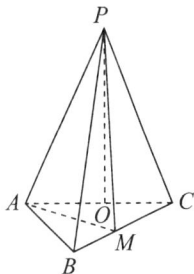

例 2　如图，三棱锥 $ABC\text{-}A_1B_1C_1$ 中侧面 BB_1C_1C 为菱形，$AB\perp B_1C$.

(1) 证明：$AC=AB_1$；

(2) 若 $AC\perp AB_1$，$\angle CBB_1=60°$，$AB=BC$，求二面角 $A\text{-}A_1B_1\text{-}C_1$ 的余弦值.

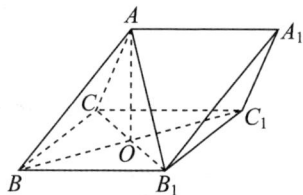

分析：(1) 由 BB_1C_1C 为菱形可得 $B_1C\perp BC_1$，又已知 $AB\perp B_1C$，所以 $B_1C\perp$ 平面 ABO，由此得 $B_1C\perp AO$，故 $AC=AB_1$. (2) 证得 OA，OB，OB_1 两两相互垂直，根据条件建立空间直角坐标系，观察或通过计算求得各点坐标，列方程组分别求得平面 AA_1B 和平面 $A_1B_1C_1$ 的法向量，利用向量数量积求得两个法向量所成的角，最后观察锐（钝）二面角求得结果.

2. 简约理念下的解题教学要在思维的关键处"画龙点睛"

由于课堂时间有限，简约理念下的解题教学不可能处处对学生进行引导，而是要在解题思维的关键处对学生进行恰到好处的引导，达到"画龙点睛"的作用.

例 1 (1) 的引导：要证 $PO\perp$ 平面 ABC，只需证 PO 垂直于平面 ABC 内的两条相交直线，其中一条是 AC，另一条是什么呢（BO）？如何证明 PO 与它垂直呢？

例 1 (2) 的引导：棱 BC 上的每一个动点 M，都可以确定二面角 $M\text{-}PA\text{-}C$ 的度数，那么二面角 $M\text{-}PA\text{-}C$ 为 $30°$ 时点 M 的位置在哪里呢？如何设定点 M 坐标？如何建构方程求点 M 的坐标？

例 2 (1) 的引导：连接 BC_1 和 CB_1，设其交点为 O，可知 $OC=OB_1$，要证 $AC=AB_1$，须证什么呢？

例 2 (2) 的引导 1：建系需要找到三条两两垂直的直线，由已知可得 $OB\perp OB_1$，那么 AO 与平面 B_1BC 是否垂直呢？如何证明呢？又因为 $OA\perp OC$，故只需证 $OA\perp OB$.

例 2 (2) 的引导 2：以 OB、OB_1、OA 分别为 x、y、z 轴建立空间直角坐标系后，要求二面角 $A\text{-}A_1B_1\text{-}C_1$ 的余弦值，就必须求平面 $A_1B_1C_1$ 与平面 A_1B_1A 的法向量，那就得求 A_1 的坐标，那又如何求得 A_1 的坐标呢？能通过观察图形得到吗？能否根据两个向量相等求得呢？

3. 简约理念下的解题教学要透过现象"望表知里"

两道题的图形结构一致，解题后，引导学生认识图形结构，透过现象"望表知里"，便于领悟问题本质，培养学生的识图能力，发展学生的直观想象核心素养. 例 2（图 1）中的三棱锥 B-B_1AC 其实就是将例 1 图中的三棱锥 P-ABC 倒过来，证明 $AO\perp$ 平面 BB_1C 就是证明例 1 图中的 $BO\perp$ 平面 PAC（也是成立的）. 例 1 中的第二个问题：若点 M 在棱上，且二面角 M-PA-C 为 $30°$，求 PC 与平面 PAM 所成角的正弦值. 也可在例 2（图 2）的三棱锥 B-B_1AC 中进行设问，即若点 M 在棱 AC 上，且二面角 M-BB_1-C 为 $30°$，求 BC 与平面 BB_1M 所成角的正弦值.

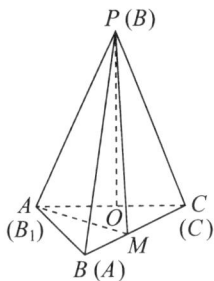

图 1

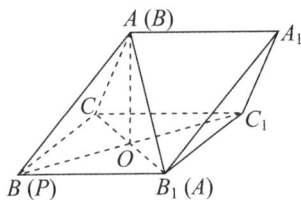

图 2

设 BO 等于单位长度，例 2 中的第二问求得平面 $A_1B_1C_1$ 的法向量 $\boldsymbol{n}=(1,\ -\sqrt{3},\ \sqrt{3})$，平面 A_1B_1A 的法向量 $\boldsymbol{m}=(1,\ \sqrt{3},\ \sqrt{3})$，$\cos(\boldsymbol{n},\ \boldsymbol{m})=\dfrac{\boldsymbol{n}\cdot\boldsymbol{m}}{|\boldsymbol{n}||\boldsymbol{m}|}=\dfrac{1}{7}$. 所以二面角 A-A_1B_1-C_1 的余弦值为 $\dfrac{1}{7}$，那为什么不是 $-\dfrac{1}{7}$，凭什么说 A-A_1B_1-C_1 是锐二面角呢？其实三棱锥 ABC-$A_1B_1C_1$ 是由三棱锥 B-B_1AC 补形得到的，由于平面 $A_1B_1C_1$ 与平面 ABC 平行，所以二面角 A-A_1B_1-C_1 与二面角 C-AB-B_1 互补，可以观察出二面角 C-AB-B_1 是钝二面角，所以二面角 A-A_1B_1-C_1 是锐二面角，故其余弦值为 $\dfrac{1}{7}$. 既然如此，那么第二问就根本无须求 A_1 的坐标，可根据二面角 A-A_1B_1-C_1 与 C-AB-B_1 的关系求出二面角 A-A_1B_1-C_1 的余弦值，同时还可以避免在锐（钝）二面角的判断上

出现错误.

若课堂教学时间不足,教师完全可以对这两道题进行编整,在一个图形上设问例 1、例 2 中的四个问题,节省学生熟悉情境的时间,提高课堂效率.

4. 简约理念下的解题教学要在反思提炼时"高屋建瓴"

解题结束后,要带领学生对解题过程进行反思与提炼,从中获得解题经验;反思提炼要"高屋建瓴",从而达到解一题、通一片、提高一步的目的.

反思提炼 1:证明线线、线面、面面垂直时,从三种垂直关系着手,探寻垂直条件. 研究线线垂直,有时要通过计算有关线段的长度,应用勾股定理进行证明. 例 2 中证明 $OA \perp OB$ 也可以应用勾股定理进行证明.

反思提炼 2:至于变动点的坐标设置问题,如果变动点所在的直线在 xOy、xOz、zOy 某个坐标平面内,可以用直线方程的关系进行设置. 例 1 中(以 OB、OC、OP 分别为 x、y、z 轴建系)点 M 在平面 xOy 内,设 M $(a,2-a,0)$. 如果变动点不在 xOy、xOz、zOy 坐标平面内,就应该设成 $\overrightarrow{BM}=\lambda\overrightarrow{BC}$ 的形式.

反思提炼 3:对于固定点坐标的求法,可以直接观察图形,如果观察难度较大,则可以应用向量相等的方式求解,例 2 中点 A_1 的坐标就是通过 $\overrightarrow{BB_1}=\overrightarrow{AA_1}$ 求得的.

反思提炼 4:要树立图形的整体观念,建立模型意识,熟练掌握具体模型的数量和位置关系,这样可以提高解题效率;如果事先能观察到例 2 中二面角 A-A_1B_1-C_1 与二面角 C-AB-B_1 互补,解题中完全可以避免求解 A_1 坐标和判断锐(钝)二面角所带来的麻烦.

三、总结与提升

1. 简约理念下的解题教学不等于简略解题的分析过程

数学教育家傅种孙先生言:"几何之务不在知其然,而在知其所以然;不在知其然,而在知何由以知其所以然." 为数学解题教学标明了三层境界:一是知其然,二是知其所以然,三是知何由以知其所以然. 要达成这三层境界,教师引导学生进行解题分析显得尤其重要，解题分析到位与否直接关系到解题方法是否能自然产生，决定了解题教学的效率和质量. 因此在进行解题教学时，教师要注重解题分析技巧，舍得在解题分析上花时间，决不可追求所谓的"简约"而简略解题的分析过程.

2. 简约理念下的解题教学不等于压缩学生的思考时间

《普通高中数学课程标准》提出："高中数学教学以发展学生数学学科核心素养为导向，创设合适的教学情境，启发学生思考，引导学生把握数学内容的本质，提倡独立思考、自主学习、合作交流等多种学习方式.""思考"是重要的关键词之一. 解题教学中，问题本质与解题方法的内化都依赖于学生的独立思考，因此教师在实施解题教学时，决不可追求所谓的"简约"而压缩学生的思考时间，直接告知学生问题本质和解题方法；应该留给学生足够的思考时间，启发学生积极思考，让问题本质在思考中自然领悟，让解题方法在思考中自然产生.

3. 简约理念下的解题教学不等于略去必要的环节

简约理念下的解题教学，是对解题教学环节的精确把握和经济妙用，而不是略去一些必要的环节，对于解题教学中的审题、分析、反思等重要环节"一个都不能少"，因为这些都是影响解题教学质量与课堂效率的重要因素. "简约"具有其本真性，切不可过度地追求形式化的"简约"，而丢失解题教学的课堂本真，以致解题教学的教学效果很差.

基于数学教育价值视角下的例题教学

福建省南安第一中学　林少安

《普通高中数学课程标准》明确指出，高中数学学科教学层面的价值表现为"对于认识数学与自然界、数学与人类社会的关系，认识数学的科学价值、文化价值，提高提出问题、分析问题和解决问题的能力，形成理性思维，发展智力和创新意识具有基础作用". 数学的教育价值，主要体现在数学教育的应用价值、思维训练价值、文化价值及科学素养价值等. 数学教学离不开例题教学，因此我们应充分挖掘例题的教育价值，在传授知识的同时，注重能力的培养，理性思维的养成，文化的熏陶及科学素养的提升，实现教学目标的多元化，促进学生的全面发展. 下面从体现数学教育价值的层面谈谈在例题教学中彰显数学教育价值的几点思考，以期抛砖引玉.

一、注重纵横拓展，培养探究能力

在例题教学中，可以从教育价值的高度来设计问题，精心预设富有启发性的"好问题"，帮助学生构建知识体系，加强纵、横向的联系. 在例题讲解过程中，适度的研讨可以让更多的学生主动参与，在师生对话中实现师生合作，促进生生交流以及团队精神. 知识的动态生成和问题的解决可以让学生感受到成功的喜悦，激发求知欲，激起思维火花，有效提升学生的探究创新能力. 在例题教学中，常见的"好问题"有"一题多变"（类比、拓展、延伸）、"一题多用"、"多题归一"等.

例 1 已知函数 $f(x)=x^3-4x^2+4x$.

（1）求 $f(x)$ 的单调区间；（2）求 $f(x)$ 的极值.

在教师与学生共同完成此问题解答后，教师可引导学生对此问题进行编题变式. 笔者在教学中做过尝试，学生在经过合作探究后有如下几种变式：

生$_1$（变式 1）：已知函数 $f(x)=x^3-4x^2+4x$，$x\in\left[0,\dfrac{5}{2}\right]$，求 $f(x)$ 最大值与最小值. 设计意图是限定自变量的取值范围，求函数单调区间、函数的极值，最后确定函数的最值.

生$_2$（变式 2）：已知函数 $f(x)=x^3-4x^2+ax$ 在区间（1，2）为减函数，在区间（2，$+\infty$）为增函数，求实数 a 的值. 设计意图是根据极值的定义，设计 $x=2$ 是函数的极小值点.

生$_3$（变式 3）：已知函数 $f(x)=x^3-4x^2+ax$ 在区间（1，2）为减函数，

求实数 a 的范围. 设计意图是引入参数, 由函数单调性求参数的取值范围, 即 $f'(x) = 3x^2 - 8x + a < 0$ 对 $x \in (1, 2)$ 恒成立.

在此基础上, 经教师的引导, 师生又共同探究下列几种变式:

变式 4: 已知函数 $f(x) = x^3 - 4x^2 + 4x$, 试证: 对任意的 x_1, $x_2 \in \left[0, \frac{5}{2}\right]$, 不等式 $|f(x_1) - f(x_2)| < \frac{3}{2}$ 恒成立.

设计意图: 考查化归与转化的思想. 此问题可转化为求函数 $f(x)$ 在 $x \in \left[0, \frac{5}{2}\right]$ 的最大值为 m, 最小值为 n, 证明 $|m - n| < \frac{3}{2}$ 即可.

变式 5: 已知函数 $f(x) = x^3 - 4x^2$, $g(x) = a - 4x$, 试问实数 a 取何值时, 两函数的图象有且仅有三个公共点.

设计意图: 考查函数与方程思想、数形结合思想、化归与转化的思想. 此问题可转化为实数 a 取何值时, 方程 $f(x) = g(x)$ 有三个根, 即 $x^3 - 4x^2 + 4x = a$ 有三个根.

变式 6: 已知函数 $f(x) = x^3 - 4x^2 + 4x$, $g(x) = 8x^2 - 16x - k$ (其中 k 为实数), 若对于任意 $x_1 \in [0, 3]$, 总存在 $x_2 \in [0, 3]$, 使得 $g(x_2) = f(x_1)$ 成立, 求 k 的取值范围.

设计意图: 考查化归与转化的思想, 考查函数的值域、集合间的包含关系等.

当然还可再进行变式, 在此不一一列举.

波利亚说:"拿一个有意义又不复杂的题目, 去帮助学生发掘问题的各个方面, 使得通过这道题, 就好像通过一道门户, 把学生引入一个完整的领域."我们知道, 中学数学函数与导数的核心内容, 就是利用导数研究初等函数——图象特征(包括函数的单调性、函数的凹凸性、图象的切线及两函数图象间的关系). 上述问题是从函数与导数的基本问题出发, 从研究函数的本质内容、函数单调性及极值出发, 通过变式探究, 将导数在研究函数中的应用作了较为系统的学习, 设计是自然而有效的. 一题多变, 变的是形式, 不变的是本质. 问题的变式, 使学生更清楚地认识了函数与导数的本质, 增强了思维的广阔性, 提高了对数学的兴趣和热情, 培养了探究精神.

爱因斯坦在《物理学的进化》中说："提出一个问题往往比解决一个问题更为重要，因为解决一个问题也许是一个数学上或实验上的技巧问题．而提出新的问题、新的可能性，从新的角度看旧问题，却需要创造性的想象力，而且标志着科学的真正进步．"在例题教学过程中，教师要密切关注学生的学习动态，通过引导、启发、指导、点拨、评价和矫正，让学生自主地提出问题，才能有效实现拓展思路、开阔视野、提炼精要、升华情感的教学目标，让师生对话得以持续，学生自主、合作、探究的学习活动顺畅，学生的思维才有可能从懵懂走向顿悟，内心才有可能从迷惘变得敞亮．

二、关注呈现方式，养成理性思维

理性思维就是人们借助抽象思维，在概括、整理大量感性材料的基础上达到关于事物本质的、全体内部联系和事物自身规律的认识．理性思维是在感性思维的基础上，把所获得的感觉材料，经过思考、分析，加以去粗取精、去伪存真、由此及彼、由表及里的整理和改造，形成概念、判断、推理．理性思维是感性思维的飞跃，它反映了事物的全体、本质和内部联系．

波利亚认为："掌握数学意味着除掌握逻辑分析方法外，还必须掌握探索性思维能力．"数学教学不能仅限于一些演算规则和解题技巧的教学，其中最本质的还是对学生理性思维方法的培养．培养和发展学生的理性思维，其教育意义一点也不亚于数学知识和数学方法的教学．引导学生借助感性材料通过概括获得数学结论并对命题进行逻辑证明是数学教育目标使然，是体现例题教学价值的重要方面．

例 2　$n \in \mathbf{N}^*$ 且 $n \geqslant 3$，证明：$n^{n+1} > (n+1)^n$．

（此题呈现方式是直接将结论给学生）

教师在分析题意后问："与自然数有关问题如何解决？"

生答："用数学归纳法．"

在此基础上，教师引导学生用数学归纳法、二项式定理进行证明，似乎也完成了教学任务．但如此教学，追求的仅仅是演算规则和解题技巧的教学，或者说，只是为了完成解决问题而已，未能充分体现对学生的理性思维的培养.

我们不妨做一下改编：你能否判断 n^{n+1} 与 $(n+1)^n$ 的大小？$(n\in\mathbf{N}^*)$

教学效果会大不一样. 我们知道，在数学学习过程中，对公式、定理、法则的学习往往都是从特殊开始，通过归纳总结得出结论，经过证明后，又利用它们来解决相关的数学问题.

教师可引导学生观察、试验：$1^2<2^1$，$2^3<3^2$，$3^4>4^3$，$4^5>5^4$，….

学生有了这些感性材料时，可作出猜想：

当 $n<3$ 时，$n^{n+1}<(n+1)^n(n\in\mathbf{N}^*)$；

当 $n\geqslant3$ 时，$n^{n+1}>(n+1)^n(n\in\mathbf{N}^*)$.

此时，教师进一步引导学生用数学归纳法、二项式定理进行证明. 接着，对于基础较好的学生，教师又可适时提出能否将此结论推广到 n 为实数？通过进一步探索，作出新的猜想：

当 $0<x<y<\mathrm{e}$ 时，$x^y<y^x$；

当 $\mathrm{e}<x<y<+\infty$ 时，$x^y>y^x(x，y\in\mathbf{R})$.

这样的教学活动，不仅有利于学生形成勇于探索的精神，而且使学生的理性思维探索能力得到了训练和培养.

案例启示：教育家加里宁说过："数学是训练思维的体操"，数学学科在发展学生思维尤其是理性思维方面具有特有的优势，数学教学必须高度重视理性思维的养成，以充分展示数学理性光芒来提升学生数学学习的层次，实现理性精神的传承，为学生的终身发展奠基.

众所皆知，在心理学上，因信息呈现的方式及顺序不同会出现首因效应或者第一印象效应问题. 同样的，在数学例题教学上，例题信息的呈现方式及顺序也会影响学生的数学思维. 在例题教学中，我们要注意到在不改变例题本质内容的前提下，研究例题呈现方式、例题条件和结论信息呈现的顺序对数学教学产生的不同教学效果. 教师有必要根据学生的思维特点，对例题的呈现方式尽量合理优化，考虑采取何种恰当的、有效的呈现策略，能更好地开启学生的思维，也可以促使更多的学生积极主动地参与到课堂教学活动中来. 在此要说明的是，教师在引用他人编拟的例题时应"多长点心眼"，根据自己的教学意图充分挖掘例题的教育功能，例题信息呈现的方式是一种相对"简便"的教育功能挖掘方式，教师完全可以根据自己的教育意图灵活处理.

此问题的设置，揭示了从特殊到一般的理性思维过程，学生对感性材料进行抽象和概括、分析和综合，寻找事物的本质，进而解决问题，这样的教学处理，理性思维方法就渗透其中，思维的探索品质也得到了培养.

三、展示数学文化，弘扬文化价值

数学中蕴含的文化价值是客观存在的，但学生往往感觉不到，导致这一结果的原因是多方面的，其中之一是在数学教学中，过分夸大了数学的智育功能，而忽视了数学的美育功能和人文价值.

例3　通过观察下列等式，猜想出一个一般性的结论，并证明结论的真假.

$$\sin^2 15° + \sin^2 75° + \sin^2 135° = \frac{3}{2}; \quad \sin^2 30° + \sin^2 90° + \sin^2 150° = \frac{3}{2}; \quad \sin^2 45°$$
$$+ \sin^2 105° + \sin^2 165° = \frac{3}{2}; \quad \sin^2 60° + \sin^2 120° + \sin^2 180° = \frac{3}{2}.$$

设计意图：设置此练习题，从知识层面上看，是为了让学生进一步熟悉归纳推理进行的一般过程，同时体会归纳推理的特点和作用. 更重要的是，期望学生能从数学对称美的角度出发，得到 $\sin^2(\alpha - 60°) + \sin^2 \alpha + \sin^2(\alpha + 60°) = \frac{3}{2}$.

但学生的解答令人失望，绝大部分的学生只想到一般性的结论为 $\sin^2 \alpha + \sin^2(\alpha + 60°) + \sin^2(\alpha + 120°) = \frac{3}{2}$，从而导致在证明一般性的结论的解答过程时较为繁琐. 究其原因是学生未能感受到数学美的客观存在.

世界数学名题是数学大师们智慧的沉淀，其蕴含的独特构思、创造性思维技巧以及精彩的结论都堪称数学中的瑰宝. 在中学例题教学中, 适当引入以数学名题为背景的试题, 能让学生领会数学的美妙, 提高学生的数学思维能力, 对学生感受数学文化有积极的促进作用.

例 4 已知数列 $\{a_n\}$ 满足: $a_1 = m$ (m 为正整数), $a_{n+1} = \begin{cases} \dfrac{a_n}{2}, & \text{当 } a_n \text{ 为偶数时}, \\ 3a_n + 1, & \text{当 } a_n \text{ 为奇数时}. \end{cases}$ 若 $a_6 = 1$, 则 m 所有可能的取值为_____.

对于本题, 如果就题解题、论题, 只是得到形式上、逻辑上的解答, 学生对此不会留下什么印象, 对观念发展、思维成熟的益处甚微. 仅从知识层面解决这一问题, 这是例题教学中数学文化价值的缺失. 教师对这一背景可作恰当的介绍, 此题的背景就是 "$3a_n + 1$" 问题 (克拉茨猜想、舒拉古猜想或角古猜想): 给定一个正整数 n, 如果 n 是偶数就除以 2 变成 $\dfrac{n}{2}$, 如果 n 是奇数就乘以 3 再加 1 变成 $3n + 1$, 不断地重复这两种运算, 则有限步后均可回到 1.

本例表面上看似一道普通的数列问题, 孰不知该试题却蕴含浓厚的文化背景. 问题如此清晰、明了, 连小学生都能看得懂, 却难倒了 20 世纪的许多伟大的数学家. 当时, 有许多专家、学者都对这个问题陷入了狂热的迷恋中. 据说, 问题提出之初, 耶鲁大学的数学系曾长达一个月之久, 人人都在研究这个问题, 但却没有任何实质性的进展, 经过几十年的探索与研究, 人们似乎接受了大数学家爱尔特希的说法: 数学还没有成熟到足以解决这样的问题.

克莱因曾指出: "数学是形成现代文化的主要力量, 也是这种文化极其重要的因素." 数学的本质是一种文化, 不仅闪烁着理性、智慧的光芒, 更有艺术审美的享受以及厚重的文化意向. 因此, 加强数学文化的渗透是必要的. 在数学教学中, 关键是对教学内容的挖掘和理解, 不但要将数学知识的工具价值展示出来, 还要把它的文化价值挖掘出来. 既要注意它的知识形态, 更要注意它的文化形态, 达到全面育人的目的.

法国启蒙思想家狄德罗有一段名言精辟地指出: "数学中所谓美的问题, 是指一个又一个难以解答的问题, 所谓美的解答是对一个困难复杂问题的简易回答."对数学的探索伴随着一个探索发现的过程，需要综合运用逻辑思维与非逻辑思维，去找寻解题途径，达到正确地、完美地解题目的．而在这一问题解决过程中，数学审美活动起着不可忽视的潜在作用．数学问题解决中的审美活动主要体现在，审视数学美，启迪问题解决的思路；挖掘数学美，简化问题解决的思路；创造数学美，探索问题解决的途径；追求数学美，总结问题解决的规律．

本题将数学史融入数学课堂教学，展示了数学文化的魅力，是一道意味深长的好题．通过介绍例题的文化背景，不但可以让学生领悟数学文化的价值，而且能激发学生的学习兴趣，给枯燥的数学课程增添生机与活力．

四、捕捉动态生成，养成良好品质

"岁岁年年人不同，题题错错总相似．"每次练习测验考试之后总有一些学生后悔不已，追悔莫及．虽然发生在不同的学生身上，但错因总是那么相似．究其原因主要是审题不深入，甚至看错题或者看漏条件，导致这一原因的主要根源就是缺乏严谨的科学态度．

例5 已知函数 $f(x) = \dfrac{x}{1+x^2}$，是否存在实数 m 满足方程 $f(x) = m$ 有三个不同的实根，若存在，求实数 m 的取值范围；若不存在，请说明理由.

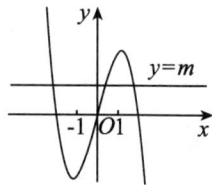

图1

提出这一问题时，教师不必急于分析解题思路，可让学生独立思考，动手实践．笔者在教学中做过尝试，发现大部分学生是如此解答：

求导可得函数 $f(x)$ 在 $(-\infty, -1)$ 上递减，在 $(-1, 1)$ 上递增，在 $(1, +\infty)$ 上递减，画出草图，如图1，则当 $f(-1) < m < f(1)$，即 $-\dfrac{1}{2} < m < \dfrac{1}{2}$ 时，方程 $f(x) = m$ 有三个不同的实根.

到此，学生很满足，思维进入休眠状态．这时需要教师的点拨激活思维.

教师提出："答案对吗？当 $x \to -\infty$（或 $x \to +\infty$）时，函数 $f(x) = \dfrac{x}{1+x^2}$ 的值如何？"

这一问题犹如一块石头投入平静的思维海面，激起层层思维波澜，学生人人动手思考，由函数 $f(x) = \dfrac{x}{1+x^2}$ 分析，当 $x \to -\infty$ 时，$f(x) \to 0$；$x \to +\infty$ 时，$f(x) \to 0$，也就清楚函数 $f(x)$ 并非图 1，正确图形应是图 2. 由图 2 可知不存在实数 m 满足方程 $f(x) = m$ 有三个不同的实根.

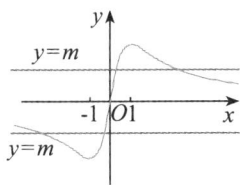

图 2

小结：对于"研究方程 $f(x) = c$ 的实根问题"，若 x 的范围为非闭区间时，一般都要在 x 趋近端点值时对 y 进行逼近，判断函数 $f(x)$ 在端点处的取值情况，防止出现错误.

案例启示：面对教师设计的熟知问题，学生虽然容易入手，但常因思维的不严谨，如审题不清、画图的随意性等而致误. 教师通过对答案提出疑问，使学生思维高度集中，找出问题的症结而产生内驱力，理解也更为深刻. 学生经历"犯错—查因—纠错"的探究过程，揭示问题的本质，加深了学生对问题的深层次的认识和理解，与此同时培养了学生严谨的科学态度.

有智慧的教师应懂得举轻若重. 其实，学生在一些看似无足轻重的解题环节的疏忽，恰恰暴露了学生数学知识的缺陷和数学思维的幼稚. 如果只注重分析试题的思路，忽略了其中的算理和对运算途径的优化，就会影响答题的效率和准确率. 忽略对解题的严谨性的强调，学生在解题中就容易丢三落四. 作为教师一定要充分预见学生在解题时，有哪些容易出错的地方，这些问题是数学知识存在的缺陷，还是基本技能不够娴熟，防患于未然. 例题教学时，要注意细节，要求学生做到字字有据，步步有理，行行准确. 正所谓：小事成就大事，细节成就完美，细心赢得先机，严谨走向成功.

自然和谐授知识 水到渠成育素养

——基于核心素养培养的《余弦定理》教学思考

福建师大附中 许丽丽 江 泽

2016 年以来，"核心素养"成为教育界关注的热点. 笔者也积极地投身到新理论、新思想的研究热潮中，由衷地感叹六大数学核心素养的提法全面阐明了数学学科特征，深刻揭示了数学本质内涵，直接服务于"立德树人"的教育目标. 核心素养是一种内在修为，以思维的形式存在，表现于行为之中，它是数学知识、方法、能力经过长期积淀，最终内化于人的结果. 然而，核心素养的培育能否落实，真正的挑战在课堂. 作为一名一线教师，笔者最感兴趣的问题莫过于，每节数学课该在哪些方面下工夫、做研究，才能朝着核心素养培养的方向稳步前进，不偏离，不动摇.

2017 年暑期，笔者在昆明参加了由《中学数学教学参考》编辑部举办的"第四届课堂教学创新高级研修会"，在人民教育出版社章建跃博士的报告"核心素养统领下的数学教学变革"中找到了答案，适逢其时，倍感欣喜. 章博士指出，在日常教学的每一节课中，基于数学的学科特点，从数学知识发生发展过程的合理性和学生思维过程的合理性上加强思考，这是落实数学学科核心素养的关键点. 笔者学习后，深受启发. 一方面，这句话中前一个合理性是数学课程的核心概念、基本思想问题；后一个合理性是学生认知规律、基本活动经验问题，两者结合可以把发现和提出问题、分析和解决问题的能力培养落到实处. 另一方面，两个合理性要达成有机结合，就要求教学设计应沿着学生的思维水平出发，尽可能完整地让他们经历数学研究的全过程，即"事实—概念—性质（关系）—结构（联系）—应用"；而这些环节的承接过程恰恰是核心素养渗透的良好契机. 在近日的某次教研活动中，笔者迫不及待地将这些感悟应用到课堂中，开设了一节《余弦定理》公开课.

一、关于两个合理性的思考

正弦定理和余弦定理是解三角形理论的两大定理，它们是实际测量中，将"不可达"问题转化为"可达"问题的"有力武器". 它是初中三角形知识的延续，既是勾股定理的推广，又是"三角形任意两边之和（差）大（小）于第三边"的定量结论. 余弦定理的结论精巧美妙、证明方法多样、实际应用广泛. 本节课的重点是余弦定理的应用，难点是余弦定理的推导. 从数学知识发生发展过程的合理性来看，余弦定理是为了解决实际测量问题而提出的，最终又应用于实际问题；因此教学主线应该由实际问题引入，抽象出数学问题，在数学体系中解决后，再解决实际问题，如此便可以突出重点. 关于余弦定理的探究与推导，向量法有它的优越性，这也是教材中提供的方法；然而从学生的思维过程的合理性来看，直接讲向量法是不合适的. 一方面，这是一个平面几何问题，惯性思维是直接用平面几何方法解决；另一方面，难以与初中的三角形理论形成一个完备的体系. 因此，为了顺应学生对三角形研究的思路，也为了与初中三角形理论形成系统性，笔者考虑从特例勾股定理出发，先探索公式的结构，再探究具体的等量关系，然后再启发学生是否有其他证明方法，引出向量法；这样应该能有效突破难点.

二、教学过程的实施与效果

1. 创设情境，抽象问题

问题 1：修建一条公路，需要将一段山体打通，开凿隧道. 工程队想要测量该山体底端 A，B 两点间的距离（如图），你有办法解决这个问题吗？

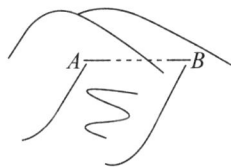

学生已具备初步解三角形理论，在此基础上，容易提出构造三角形并解三角形的方案：在不远处（可到达，且与 A，B 不共线）选点

C，可测量出 AC、BC 长度，再测出 $\angle ACB$ 大小，就可以计算出 AB 的长度.

教学分析：正余弦定理是解三角形的重要依据，也是解决实际生产、生活中测量问题的有力工具. 从实际情境出发提出问题显得合理、自然，让学生从中抽象出数学问题，回归解三角形本质，渗透数学抽象素养.

2. 特例导引，合情推理

问题 2：这实际上就是一个解三角形问题，已知三角形两边及夹角，求第三边. 第三边是唯一确定的吗？你能很容易求出第三边吗？

基于初中三角形全等的知识，学生知道解是唯一的，但无法快速求出第三边. 有学生提到，如果这个夹角是直角，那就可以用勾股定理了.

问题 3：我们就从直角三角形的结论出发，当夹角改变时，第三边的长度会受什么样的影响？怎么操作？

固定 AC、BC 长度不变，改变夹角大小，观察第三边长度的变化情况. 学生通过作图，直观感知，当夹角变大时，第三边变长；夹角变小时，第三边变短.

问题 4：如此看来，第三边的长度与夹角有密切关系，可是勾股定理公式中并未出现角度，这是为什么？你能否大胆猜想一般性的结论？

根据边长的变化规律及直角的特殊结论，猜想一般化的结论应该与夹角的余弦有关，有可能是在勾股定理结论的后面加一个"小尾巴".

教学分析：数学结论的猜想往往比证明更有价值，而怎样引导学生沿着合情的数学思维，得出合理的猜想是教学中值得推敲的地方. 余弦定理是勾股定理的延伸. 问题 2、问题 3、问题 4 让学生从勾股定理切入思考，降低难度，增强趣味，提升信心，同时得出一个阶段性成果，让学生有成就感. "小尾巴"的猜想过程蕴含着直观想象素养和逻辑推理素养.

3. 探幽入微，演绎论证

问题 5：那么，这个"小尾巴"究竟是什么？你们的猜想是否正确？如何用严谨的方法来求第三边？

学生想到作三角形的高，构造直角三角形求第三边. 在推导时发现，要对夹角进行分类.

（1）当 C 为直角时，由勾股定理知，$c^2 = a^2 + b^2$；

（2）当 C 为锐角时，如图，过 A 作 $AH \perp BC$ 于 H，则 $AH = b\sin C$，$CH = b\cos C$，故 $BH = a - b\cos C$，从而

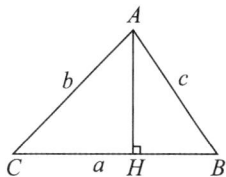

$$c^2 = (b\sin C)^2 + (a - b\cos C)^2$$
$$= b^2 \sin^2 C + a^2 - 2ab\cos C + b^2 \cos^2 C$$
$$= a^2 + b^2 - 2ab\cos C;$$

（3）C 为钝角的情形，可类似地求出 $c^2 = a^2 + b^2 - 2ab\cos C$.

综上可得，第三边有统一的表达式 $c^2 = a^2 + b^2 - 2ab\cos C$. 当然，鉴于式子中 a，b，c 的轮换性质，我们还有相应的结论 $a^2 = b^2 + c^2 - 2bc\cos A$，$b^2 = a^2 + c^2 - 2ac\cos B$. 这便是余弦定理了！

教学分析：余弦定理的证明方法有多种，平面几何法需要分类讨论、整合归纳，但它沿用一般三角形向直角三角形转化的思想，是最自然的一种证法，符合学生的认知规律. 这种过程让学生对本节课、本章节有系统的、整体的定位，余弦定理是勾股定理的推广，解三角形是解直角三角形的推广，而这个证明自然是逻辑推理素养与数学运算素养的直接体现.

问题 6：原来 $-2ab\cos C$ 是"小尾巴". 余弦定理是一个很漂亮、很经典的公式，它完美地解决了已知两边及夹角求第三边的问题. 是否还有别的解决方法？几何问题我们通常还可以借助什么工具？

学生想到可以借助坐标系，将几何问题代数化；或者利用向量，将边长转化为向量模长计算.

问题 7：这两种方法都行得通，而且过程可以很简洁. 我们这里先考虑向量法，坐标法同学们可以课后尝试. 在向量背景下，每条边都可构造成向量，那么，问题就转化为已知两个不共线向量的模长及夹角，求第三个向量的模长. 同学们有什么思路？

学生能想到基底思想，化未知为已知求解. 如图，将向量 $\overrightarrow{CA}$，$\overrightarrow{CB}$ 视为一组基底，则 $\overrightarrow{AB} = \overrightarrow{CB} - \overrightarrow{CA}$，从而

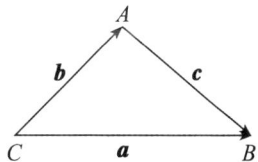

$$c^2 = |\overrightarrow{AB}|^2 = \overrightarrow{AB}^2 = (\overrightarrow{CB} - \overrightarrow{CA})^2 = \overrightarrow{CB}^2 + \overrightarrow{CA}^2 - 2\overrightarrow{CB} \cdot \overrightarrow{CA} = a^2 + b^2 - 2ab\cos C.$$

教学分析：向量法是教材所呈现的方法，它非常简洁、优美。再者，此法着眼于学生的最近发展区，在基底思想的指引下，学生需要去构造向量，用基底向量表示所求向量，再计算模长；整个过程自然流畅、简明扼要，让学生体验后又一次惊叹向量的威力；也又一次体现逻辑推理素养与数学运算素养的落实。

4. 追踪成果，陈述结论

问题 8：我们看到，余弦定理内容包含三个公式，能否用文字语言统一表述？

与学生一起将符号语言翻译成文字语言：三角形中任意一边的平方等于另外两边的平方和减去这两边与它夹角的余弦的积的两倍。

教学分析：图形、符号、文字是数学结论的三大经典语言，各有特点。不同语言的切换对深刻理解该结论具有重要意义。这一环节让学生再次感悟数学抽象素养。

5. 水到渠成，学以致用

问题 9：已知一架飞机从 A 地飞往相距 700 km 的 B 地。飞行员为了避开雷雨云层，飞机起飞后，先沿与原方向成 30°的方向飞行 500 km，再改变方向，沿直线飞行抵达终点。问：这次飞行路程比原计划远了多少呢？

学生能快速理解题意，并顺利将实际问题（如图 1）转化为数学问题（如图 2），应用余弦定理轻松求解。

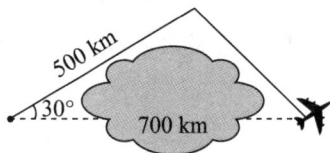

图 1

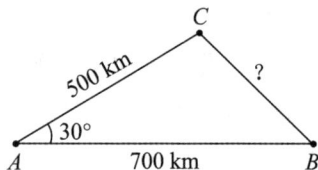

图 2

教学分析：实际测量问题是正余弦定理最直接的应用，而数学建模素养是构建数学与外部世界的枢纽，在此设置实际问题作为定理的深化理解与巩固应用再合适不过了.

三、教学反思

　　数学的研究过程是：从客观事实中抽象出概念理论；再从概念出发推理出性质、结构；最后遇到实际生产问题时，寻找建构数学模型，利用已获性质结构解决问题. 本节课的教学设计恰恰就是数学研究过程的一个缩影，没有刻意追求核心素养的凸显，但在知识的自然发展中，丰富的素养已渗透其中，可谓"春风化雨，润物无声".

　　数学知识的生长应该是自然和谐，瓜熟蒂落的；数学核心素养的落实应该顺理成章，水到渠成的. 教师在进行教学设计时，应努力寻找将素养从内隐走向外显的合适载体，用显性的行为实践隐性的意图. 具体说来，就是要在充分"理解数学、理解学生、理解教学"的基础上，沿着数学知识发生发展过程和学生思维的过程，铺设从原有认知水平到欲达到认知水平的道路，让学生真正地参与学习过程，经历完整的自主性活动和对数学知识的自主建构，而后内化为数学素养.

后　记

　　本书的编写得到许多教育界同行的支持，在此特别感谢福建省教育厅提供的省名师工作室的平台；感谢福建省中小学教师继续教育指导中心对工作室的指导与帮助；感谢挂靠单位福建师范大学附属中学对工作室的支持与帮助；感谢林风、林少安两位市级名师工作室领衔人对工作室活动的建议与意见；感谢张瑞炳老师对本书编著的建议；最后感谢本书的编著人员丘远青、宋建辉、黄寒凝、蔡晶晶、许丽丽等.